2판

사회복지학개론

배기효·박영국·송정애·오현숙·이남순
이은영·이채식·이형렬·전영록

창지사

머리말

최근 우리 사회는 정치권을 비롯하여 복지에 대한 관심이 높아지고 있고, 2013년 국가예산 편성에서도 국가예산 총 342조원 가운데 복지예산이 차지하는 비중이 약100조원으로서 사상 최대를 기록했다. 이는 우리 사회가 급속한 고령사회로 인한 노인문제와 출산율 저하로 인한 인구감소를 비롯하여 가족해체 및 이혼율 증가, 이로 인한 아동 및 청소년문제 등 실로 다양한 문제에 직면해 있기 때문이다. 특히 최근의 경제적 침체로 인한 저성장 국면에서 실업 및 고용문제를 더욱 가중시키면서 기존의 사회복지제도와 실천 프로그램으로는 새로운 사회복지적 욕구를 따라가지 못하는 상황에 놓여 있다. 따라서 새롭게 증가하고 있는 다양한 사회복지적 욕구에 대해 우리 사회는 새로운 복지적 패러다임을 갖고 기존의 복지제도 전반에 관한 개혁과 제도적 확충을 이루어 나가야 할 시점이다.

이와 같이 사회복지는 끊임없이 변화하는 사회에서 제기되는 인간생활상의 여러 가지 문제에 대처하기 위하여 계속 노력해 나가야 한다는 지극히 당위적인 것으로 인식되고 있으며, 이는 사회복지교육을 담당하는 대학에서도 마찬가지로 이러한 새로운 변화에 맞추어 사회복지실천 지식과 기술을 도입하고 적용하여 나가야 할 것이다. 요컨대, 현대사회에서는 사회복지가 중요한 사회제도와 실천 프로그램으로 발전함에 따라 사회복지를 전문적으로 실천하는 데 있어서 사회복지전문직이 탄생하였고, 사회복지실천을 위한 지식과 기술을 제공하기 위해 학문으로서의 사회복지가 발전하게 되었다고 설명할 수 있다.

본서는 이러한 관점과 문제의식에서 출발하였고, 새로운 환경변화에 미력하나마 탄력적으로 대응하고자 전국 전문대학 사회복지과 및 관련학과로 구성된 한국전문대학 사회복지교육협의회의 회원 교수들이 집필하게 되었다. 아울러, 사회복지학을 전공하거나 교양과목으로 공부하려는 사람들에게 사회복지를 좀 더 쉽게 설명하기 위한 길잡이로서의 역할과 일선 현장의 사회복지사, 그리고 사회복지행정 및 정책담당자들에게도 본서가 유용하게 활용될 수 있도록 구성하려고 노력하였다.

본서는 최근의 사회환경적 변화와 이에 따른 새로운 제도와 실천내용을 고려하여 크게 다섯 영역으로 구성하였다. 제1영역에서는 사회복지에 대한 기본적 이해를 돕는 과정으로서 제1장 인간의 삶과 사회복지, 제2장 사회복지의 개념정의, 제3장 사회복지의 동기, 제4장 사회복지의 이념, 가치와 윤리, 제5장 사회복지의 구성요소, 제6장 사회복지의 발달을 소개하였다. 제2영역에서는 사회복지실천 영역으로서 사회복지 문제를 해결해 나가는 과정을 이해하는 과정으로 제7장 사회복지의 실천 대상과 공급자, 제8장 사회복지의 미시적 실천방법, 제9장 사회복지의 거시적 실천방법을 소개하였다. 제3영역에서는 사회복지의 정책적 접근 방법으로서 제10장 사회복지 정책분야를 소개하였고, 제4영역에서는 사회복지실천분야로서 제11장 아동 및 청소년 · 노인 · 장애인 · 가족복지를, 제12장 자원봉사, 의료 및 정신보건 · 학교사회 · 산업 · 교정복지 등 사회복지실천분야를 이해하는 과정을 담았다. 마지막 제5영역에서는 제13장 전문직으로서의 사회복지, 제14장 복지국가와 복지사회, 제15장 한국 사회복지의 전망과 과제로서 최근의 주요 이슈를 중심으로 다루었다.

이상의 내용으로 본서를 구성하였으나 인간의 욕구가 더욱 증대되고 사회문제가 다양화되어 가고 있고, 이로 인해 사회복지를 둘러싼 환경이 계속 변화되고 있는 시점에서 사회복지의 전반적인 내용을 세세하게 다루기에는 필자들의 능력에 한계가 있었음을 못내 아쉽게 생각한다. 또한 기존에 사회복지교육 현장에서 이미 활용되고 있는 사회복지개론 관련 서적에 비해 훨씬 뛰어난 개론서라고도 장담하지 못한다. 다만, 이 책은 새로운 환경변화에 따른 최근의 달라진 내용들을 사회복지교과목지침서에 기초하여 담고 있고, 이러한 내용의 이해를 통하여 우리 사회의 다양한 인간의 문제와 사회적 문제를 해결해 나가는 데 조금이라도 도움이 되었으면 하는 바람을 갖고 있을 뿐이다.

본서를 발행한 저자들은 사회복지제도와 실천 내용들이 최근의 사회환경 변화를 반영하듯이 향후 사회복지제도와 정책 및 서비스들이 변화될 때마다 이 책을 더욱 보완하고 발전시켜 나갈 것을 약속드리며 또한 많은 이들의 충고도 바란다. 끝으로 본서가 나오기까지 많은 도움을 주신 창지사 사장님과 관계자 여러분께 감사를 드린다.

2021년 2월

참여 저자 일동

차 례

Chapter 01

인간의 삶과 사회복지

우리 사회는 그동안 급속한 산업화, 정보화, 가족의 변화 등 다양한 사회적 문제로 인하여 개인의 생존과 인간다운 삶을 살아가는 데 영향을 미치는 여러 가지 사회적 위험과 문제들에 직면하고 있다. 인간의 삶의 질 향상을 지원하는 사회복지에 대한 보다 명확한 이해를 위하여 무엇보다 인간에 대한 이해가 필요하다. 특히 인간을 이해할 때 환경 속의 인간(Person in Environment)이라는 관점에서 이해하고 그것을 토대로 사회복지의 관점을 이해할 필요가 있다.

본 장에서는 이러한 맥락에서 인간욕구에 기반을 둔 인간의 이해와 이러한 욕구가 충족되지 못하였을 경우 발생하는 개인문제와 사회문제를 살펴보고 인간의 생애주기별 욕구에 따른 사회적 문제와 그에 따른 사회복지적 관점에 대하여 살펴보고자 한다.

제1절 인간욕구와 사회적 위험

1. 인간과 사회복지 이해

사회복지란 사회의 구성원으로서 인간이 살아가면서 그 사회에서 경험하는 다양한 사회문제를 해결하고, 사회구성원 개개인이 보다 더 행복한 삶을 살 수 있게 하는 사회를 이루는 것을 목적으로 한다. 이와 같은 사회복지의 궁극적 목적을 이루기 위하여 우선 인간에 대한 본질적 이해가 필요하다. 인간존재와 본질에 대하여 철학, 종교, 고고학, 심리학, 사회학 등에서 정의하고 있으며 이를 토대로 사회복지적 관점에서 인간존재와 본질에 대한 이해를 할 수 있다.

먼저 철학적 관점에서 유명한 소크라테스는 "인간은 이성을 가진 동물"이라고 정의하였으며 아리스토텔레스는 "인간은 사회생활을 하는 동물이다"라고 정의하였다. 또한 사르트르는 "인간은 어떤 목적에 따라 만들어지지 않았으며 신이 창조한 것도 아니며 진화에 의하여 만들어진 것도 아니며 그 무엇에 의하여 창조된 것이 아니며 단지 우리가 존재하는 것을 발견하게 될 뿐이고 우리 스스로 어떤 존재가 될 것인지를 결정해야 하는 존재"라고 정의하였다.

종교적 관점으로 기독교에서는 "인간은 단순한 윤리적·철학적 존재가 아닌 하나님과 예수의 영과 인격을 가진 피조물이 될 수 있다"는 점을 중시하였다. 유교에서는 "인간은 형이상학적인 이론체계에서보다 일상의 실천윤리 안에서 인간의 존재와 본질을 찾아낼 수 있다"고 하였다. 불교에서는 "인간은 깨닫는 사람", 고고학에서는 "인간은 진화된 동물 또는 구조와 기능을 가진 창조하는 기계", 심리학에서는 "인간은 무의식의 지배를 받는 사람"이라고 보았으며 행동주의 심리학자인 스키너는 "인간의 행동은 어떤 종류의 과학법칙에 의하여 지배된다"고 각각 정의하였다. 또한 사회학에서는 "인간의 본성은 본질적으로 사회적이다"라고 보고 있으며 사회는 개인에게 영향을 주는 추상적 실체가 아니라 사회 안에 있는 개인이 어떤 사람이며, 어떤 종류의 일을 하고 있는가를 중시하였다. 즉, 개인이 살고 있고, 소속된 사회가 어떤 성격의 사회인가가 개인의 성격을 결정한다고 보았다. 특히 마르크스는 "사회적 존재가 인간의 의식을 결정한다"고 주장하였다. 사회복지는 인간으로서의 생존과 인간다운 삶의 질 향상과 인간이 직면한 다양한 문제의 원인, 이러한 문제에 대한 해결 방안 등에 관심을 두고 있다. 인간에 대한 사회복지적 관점은 하나의 관점을 고수하기보다는 앞서 서술한 인간에 대한 다양한 관점을 토대로 개개인들이 경험하고 있는 문제해결에 대처할 수 있다는 관점을 가지고 있다.

다시 말하자면 사회복지적 관점은 인간이 직면한 다양한 문제는 매우 복합적인 요인에 의하여 발생하며 하나의 이론으로 설명하기 어렵다는 것이다. 사회복지적 관점은 인간이 직면한 다양한 문제는 개인 혹은 개인이 속한 환경 중 어느 한쪽이 문제이기보다는 양자가 서로 맞물려 나타난다고 보고 있다. 즉, 사회복지적 관점에서는 인간을 '환경 속의 인간(Person in Environment)'으로 보며 개인의 역할수행과 개인주변사회의 기능수행 등 사회적 상황을 고려하고 개인과 사회적 환경 모두에 초점을 두면서 인간존재를 이해하고자 한다.

2. 인간의 욕구와 사회적 위험

1) 인간의 욕구이해

사회복지에 있어서 핵심적 개념 중 하나는 인간의 욕구이다. 사회사업사전에 의하면 욕구는 생존이나 안녕, 충족을 위한 신체적, 심리적, 경제적, 사회적 필요라고 정의하고 있으며 대부분의 사회문제는 개인문제로부터 출발하게 되는데 개인문제는 욕구 불충족에서 시작된다.

따라서 인간의 욕구는 문제해결을 위한 필수적 단서가 된다. 즉, 욕구는 어떠한 목적을 위하여 좋은 것, 필요한 것, 필수적인 것을 의미하지만 이러한 것이 결여되었거나 결핍되었을 때 욕구결핍문제가 발생하고 그것이 개인문제 혹은 사회문제가 되는 것이다.

인간을 포함하여 모든 생물은 개체유지와 종족보존을 위하여 필요한 기본적 욕구 혹은 필요를 가지고 있다. 따라서 욕구는 충족되어야 할, 즉 해결되어야 할 문제로 볼 수 있으며 대부분의 경우 욕구를 문제와 같은 의미로 사용하기도 한다. 인간은 생존하기 위하여 혹은 인간다운 삶을 살기 위하여 필요한 욕구를 스스로 충족시킬 수 없을 때 외부로부터 도움을 필요로 한다. 사회복지는 욕구 미충족상황은 왜 발생하며, 그러한 욕구를 어떻게 충족시킬 것인가에 대한 방법과 대책에 관심을 두고 있다. 즉, 인간의 욕구충족을 위한 외부적 도움을 체계적으로 구조화한 것이 사회복지라고 할 수 있다. 즉, 사회복지를 이해하기 위하여 욕구에 대한 이해는 무엇보다 중요하다.

(1) 인간욕구유형

사회복지적 관점에서 중요하게 고려되고 있는 욕구는 인간욕구(human needs), 기본욕구(basic needs), 사회적 욕구(social needs) 등으로 구분하고 있다(남세진·조흥식, 1995).

인간욕구는 생존과 인간다운 삶을 영위하기 위한 욕구와 최소한의 누구에게나 공통적이면서 필수적인 기본욕구, 다양한 사회적 위험으로 인하여 개인의 기본욕구를 충족시키지 못하는 사회구성원의 수가 많을 때 이들이 처해 있는 사회적 위험으로부터 벗어나고자 하는 사회적 욕구 등으로 구분할 수 있다.

① 인간욕구(human needs)

심리학자인 Maslow(1954)는 인간의 욕구를 생리적 욕구, 안전의 욕구, 사랑의 욕구, 존경의 욕구, 자아실현의 욕구로, Veit-Wilson(1987)은 생리적 욕구와 심리적 욕구 두 가지로 구분하였다. 이와 같이 인간욕구는 생리적인 욕구를 바탕으로 하여 차례로 안전의 욕구, 사랑의 욕구, 존경의 욕구, 자아실현 욕구의 계층으로 위계적 구조를 가지고 있다.

〈표 1-1〉 Maslow의 인간욕구유형

욕구유형	내용	결핍상태
생리적 욕구 (physiological need)	인간의 욕구 중 가장 기본적이고 강한 생물학적 생존의 욕구로 유기체의 생물학적 유지와 직접적으로 관련되어 있는 욕구	배고픔, 갈증, 수면, 성욕, 피로, 좌절, 긴장, 질병
안전의 욕구 (safety need)	생리적 욕구가 만족되면 개인은 안전욕구에 관심을 갖게 됨. 이러한 욕구가 생기게 되는 주된 원인은 누구나 확실하고 잘 정돈되고 조직화되고 예측할 수 있는 환경 내에서 생활하고 싶은 욕구 때문	주거결핍, 불안, 갈구, 두려움, 강박함
소속과 사랑의 욕구 (need for belonging and love)	생리적 및 안전의 욕구가 충족되면 건전한 사랑의 관계에 대한 욕구가 나타나는데 개인이 한 집단 속에서 타인과의 애정적인 관계, 준거집단, 사회적 관계를 갈망하는 욕구	무가치한 느낌, 공허감, 고독, 고립, 불안전감
존경의 욕구 (self-esteem need)	사회적으로 사랑받고 남을 사랑하려는 욕구 즉, 자기존중과 타인으로부터 존경을 받고자 하는 욕구	무능력한 감정, 열등감
자아실현의 욕구 (self-actualization need)	이상의 모든 욕구가 충족될 때 발생하며 자아실현은 자신이 원하는 유형의 사람이 되고자 하는 욕구	소외, 삶의 의미상실, 권태, 한정된 활동

② 기본욕구(basic needs)

기본욕구란 인간의 욕구 중에서 누구에게나 공통적이면서 필수적인 것들의 최저수준에 적용되는 욕구를 의미한다. 사회복지는 인간의 욕구에 대응하기 위한 사회적 제도라고 할 수 있다. 대부분의 욕구는 인간생존과 성장발달을 위하여 필요한 것, 필수적인 것으로 미충족되었거나 결핍된 상태를 의미한다.

사회복지에서의 기본욕구는 인간의 욕구 중에서 누구에게나 공통적이면서 필수적인 것들의 최저수준을 충족시켜 주는 데 그 의미가 있다. 기본욕구는 공통적 기본욕구와 필수적 기본욕구로 구분되는데 공통적 기본욕구란 의식주, 직업, 교육, 건강, 화목한 가정, 쾌적한 환경 등을 포함하며, 필수적 기본욕구란 공통적 기본욕구가 충족되지 않을 경우 인간성의 확보가 불가능해지며 이때 인간성 확보를 위하여 생존과 자율의 보장을 위한 기본욕구가 필요한데 이것을 필수적 기본욕구라고 한다.

또한 기본욕구의 최저수준이라는 것은 일시적인 욕구 미충족으로 인하여 스스로 욕구충족을 위한 자립과 자조가 어려운 사람들로 하여금 자립과 자조능력을 회복할 수 있을 만큼의 수준을 의미한다. 그러나 기본적 욕구는 시대와 장소 그리고 문화와 국가에 따라서 사회경제적 수준과 삶에서 지향하는 바가 차이가 있기 때문에 천편일률적으로 정할 수 없다. 그러나 사회, 경제, 문화수준이 높을수록 기본욕구는 다양해지고 그 수준도 높아진다.

③ 사회적 욕구(social needs)

사회적 욕구란 사회적 위험으로 인하여 개인의 욕구가 충족되지 못하는 사회구성원이 생길 때 그들이 직면하는 사회적 위험을 사회가 공동의 노력을 통하여 해결하려는 그리고 해결할 수 있는 욕구를 의미한다. 따라서 사회적 욕구는 사회적 위험과 매우 관련이 높은 욕구라고 할 수 있다. 사회적 욕구는 사회적 존재로서의 인간욕구를 의미하며 사람으로부터 사랑받고 싶은 애정의 욕구, 집단 속에서 어떤 위치를 차지하고 싶은 소속의 욕구, 무엇인가 가치 있는 일을 하고 싶은 성취의 욕구, 자신이 결정해서 그 책임을 지고 싶은 독립의 욕구, 사람들로부터 인정과 칭찬을 받고 싶은 사회적 승인의 욕구, 새로운 경험을 찾는 욕구, 우월감을 느껴 보고 싶은 욕구 등을 들 수 있는데 이를 2차적 욕구라고 한다. 이러한 2차적 욕구들은 인간이 사회생활을 하는 데 있어서 행동을 결정하는 중요한 요소가 되며 그 충족여부에 따라서 정신건강을 좌우하게 된다. 경제수준이 높아지고 생활여건과 수준이 향상되었음에도 불구하고 사회문제가 더욱 많아지는 이유는 이와 같은 사회적 욕구가 크게 증가하기 때문이다. 특정의 욕구가 사회적 욕구로 규정되기 위해서는 궁극적으로 특정사회의 정치, 경제, 사회, 문화적 특성과 시대적 변천, 개인의 가치 판단 등에 따라서 다르다.

Harvey(1978)는 사회적 욕구는 대다수의 사회구성원의 생활에 관련된 내용으로 구성되며 다음과 같이 9가지 영역으로 제시하였다.

- 음식
- 주택
- 의료
- 교육
- 사회 및 환경
- 소비재
- 레크리에이션
- 이웃 분위기
- 대중교통

또한 Bradshaw(1972)는 사회적 욕구를 다음과 같이 네 가지로 분류하여 설명하였으나 사회적 욕구의 실태를 양적인 개념으로 전환해야 하고 사회적 욕구측정을 과학적·객관적으로 할 수 있는 통일된 방법이 부재하며 욕구측정자가 누구인가가 쟁점이 될 수 있다고 하였다.

〈표 1-2〉 Bradshaw의 사회적 욕구유형

유형별	특성
규범적 욕구 (normative need)	• 전문가들에 의하여 정의된 욕구다. • 바람직한 수준과 실제적으로 존재하는 욕구수준의 비교가 가능하다. • 욕구의 계량화가 어렵다.(최저임금, 최저생계비 등)
인지적 욕구 (느낀 욕구) (felt need)	• 욕구를 가진 당사자가 인식하는 욕구로 규범적 욕구보다 내용이 다양하고, 수준도 높다. • 모든 인지적 욕구가 사회적 욕구가 되기 어렵다. • 면접, 서베이, 사회 조사 등을 통하여 파악할 수 있다.
표현된 욕구 (expressed need)	• 욕구를 가진 사람이 욕구해소를 위하여 필요한 서비스를 요구할 때 파악하는 욕구이다. • 당사자의 행동으로 표출되는 욕구로 사회복지수요가 사람마다 기준이 다를 수 있다.
비교적 욕구 (comparative need)	• 욕구대상자와 비슷한 상황에 있는 다른 사람(지역)과의 비교로 생기는 욕구다. • 지방자치제 실시로 사회복지의 공평성 문제와 관련이 있다.(출산장려금의 비교, 사회복지사 처우문제 등)

사회복지가 추구하는 궁극적 목적은 인간의 존엄성과 인간다운 삶의 질을 보장하는 것이다. 즉, 인간존엄성에 위험을 느끼고 있는 개인이나 집단에게 필요한 도움을 제공하여 문제해결을 지원하는 것이다. 특히 사회문제는 개개인의 잘못에 의하여 발생하기보다는 사회의 구조적 특성으로 인하여 발생하는 경우가 많기 때문에 사회복지에서는 개인적 욕구보다는 사회적 욕구에 보다 관심을 둔다. 이와 같은 사회적 욕구의 주요특성을 요약해 보면 첫째, 해결방법에 있어서 사회적 혹은 공동적 대처가 필요하다는 것이다. 둘째, 사회적 욕구 해결의 주된 동기가 이윤추구가 되어서는 안 된다는 것이다.

2) 사회적 욕구와 사회적 위험

(1) 사회적 위험이란

인간은 욕구충족을 위하여 환경과 끊임없이 상호작용하면서 보다 인간다운 행복한 삶을 영위하려는 경향이 있다. 그러나 인간은 전 생애를 걸쳐 인간다운 삶을 영위하는 데 따른 각종 위험을 경험하게 된다. 특히 위험에 처했을 때 환경과의 상호작용이 원활하지 못하여 욕구가 미충족되거나 해결할 수 있는 자원과 방법을 찾지 못할 때 행복한 삶을 영위하기 힘들어진다. 이와 같이 사회적 위험이란 사회구성원 대부분에게 보편적으로 발생할 수 있는 가능성이 높고 위험발생의 원인과 그 책임을 개인 탓으로만 돌릴 수 없으며, 그러한 사회적 욕구충족에 대하여 공동체적 차원에서 공동적으로 대처하기로 명시적 혹은 묵시적으로 승인된 위험을 의미한다. 한 사회가 어떤 위험을 사회적 위험으로 승인하느냐는 위험의 유형과 위험발생 원인에 대하여 사회적으로 어떻게 인식하고 있느냐에 따라 차이가 있기 때문에 각 사회마다 승인된 사회적 위험목록은 다를 수 있다.

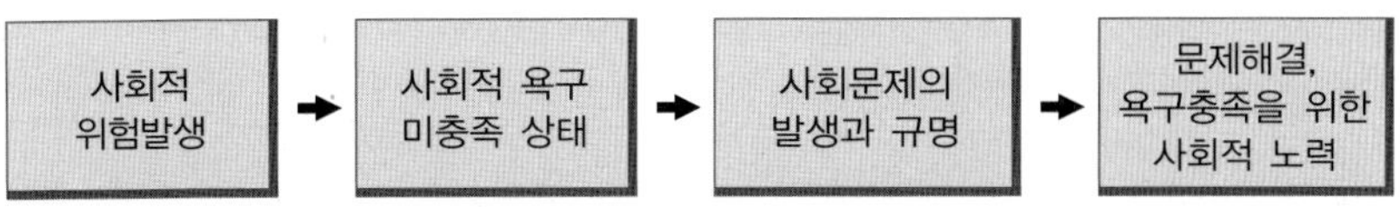

[그림 1-1] 사회적 위험, 사회문제, 사회적 욕구 간의 관계

(2) 사회적 위험의 발생원인

사회적 위험의 객관적 발생원인은 사유재산권 행사, 경제상황, 기술반전, 이윤 최대화와 기업윤리, 상품가격 및 질의 다양성 등이 원인이 되며 이에 대한 주관적 원인으로 인하여 사회적 위험이 발생하게 된다. 구체적 내용은 〈표 1-3〉과 같다.

〈표 1-3〉 사회적 위험 발생원인

객관적 원인	주관적 원인	사회적 위험
사유재산권 행사	• 사용자의 요구조건에 대한 적응력	• 노동력 상실 또는 하락(산재, 질병, 폐질, 노령화) • 노동의 질 하락
경제상황	• 노동시장의 변화에 적응하는 능력	• 실업률 증가, 임금 하락, 장기실업으로 인한 노동력 상실 • 구조적 실업
기술발전	• 근로자의 기계 및 기술에 대한 지식과 경험 • 직업능력계발 가능성	• 기계의 노동대체효과 • 신기술 투입에 의한 육체적·심리적 부담으로 인한 건강 상실
이윤 최대화와 기업윤리	• 기업전략에 대응할 수 있는 전략개발능력 및 정치력 정도	• 노사의 이해갈등 • 이윤 최대화에 적응 강요, 소외감 상승
상품가격 및 질의 다양성	• 구매력(다양한 상품 및 서비스의 선택가능성)	• 사회적 위험으로 인한 새로운 욕구생성, 재화 부족, 사회복지서비스에 대한 지출급증

(3) 사회적 위험 유형

1980년대 이후 사회구조의 변화는 사회적 위험의 양상에도 변화를 가져왔다. 즉, 전통적인 사회적 위험은 노동능력 상실, 즉 질병, 산업재해, 노령, 실업과 관련된 위험이라면 새로운 사회적 위험은 노동시장의 취약성과 노동가능성의 약화, 그리고 가족의 돌봄 책임에 의한 고용접근제한과 관련되어 있다. 다시 말하자면 전통적인 사회적 위험은 전후사회복지정책으로 사회구성원 등에 대한 일정수준 사회보장을 가능하게 하는 반면 새로운 사회적 위험은 현재의 사회복지정책으로는 위험에 대한 사회안전망을 제공할 수 없는 상황에 있다. 현재 우리 사회의 노동시장은 불안정한 고용상태를 특징으로 하며 가족구조의 변화에도 불구하고 여전히 아동, 노인에 대한 돌봄의 책임이 가족, 특히 여성에게 부여되고 있는 실정이다. 이것은 급격한 저출산·고령화에 따른 새로운 사회적 위험이라고 할 수 있다.

〈표 1-4〉 사회적 위험의 유형

구분	유형
베버리지	궁핍, 질병, 무지, 불결, 나태
국제노동기구(ILO)	의료, 질병, 휴양, 실업, 노령, 산업재해, 자녀양육, 직업능력의 상실, 임신과 분만, 부양자(가장)의 사망

이러한 점을 감안하여 향후 복지국가에서는 사회적 위험을 관리하는 주체로서 그리고 복지정책은 사회적 투자의 관점에서 방안을 모색하여야 한다. 현재의 복지정책은 소득보장정책, 조세정책, 직업 훈련정책 등으로 이루어지고 있으나 향후 수혜범위의 확대, 소득유지정책, 사회적 일자리정책, 교육 및 직업 훈련정책 등으로 보다 더 확대되어야 한다.

제2절 인간의 생애주기별 욕구와 사회적 위험

1. 인간의 생애주기

가족생활주기는 프로이트가 개인발달을 가족과 관련하여 연구한 것을 시작으로 Duvall, Hill, Rogers 등에 의하여 확장되었다. 가족생활주기는 가족구조상의 여러 가지 생애사로 인하여 경험하게 되는 공통적인 특성을 기준으로 가족의 형성과 발달과정을 구분한 단계다.

즉, 가족생활주기는 시간이 경과하면서 공통적으로 경험하게 되는 각 단계의 연속으로, 가족이 일생 동안 거치게 되는 연속적 단계라고 할 수 있다. 인간발달을 연구하는 학문에서는 각 과정의 독특성에 따라 여러 단계로 구분하고 이를 삶의 주기라 한다.

인간의 삶의 주기를 구분하는 것은 각 주기마다 나타나는 특성과 욕구를 파악하여 적합한 사회복지서비스를 발달시키는 데 중요한 지표를 제공해 준다(김성천 외, 2009).

인간의 생애주기는 임신에서 죽음에 이르는 전 생애를 단계별로 구분하며 각 단계마다 욕구와 특성이 있다. 일반적으로 가족생활주기는 여성의 경우 자녀양육과 관련되어 구분하고 남성은 연령에 따라 구분하였으나 저출산·고령화, 여성의 사회참여 증가로 인한 역할 변화, 이혼과 재혼율의 증가에 따라 가족생활주기도 변화하였다(Cater & McGoldrick, 1996).

그러나 Lansing & Kish는 인간행동연구에서 종래의 생물학적 연령은 기계적인 인구학적 변수라고 비판하며 인간의 사회활동이해는 개인의 연령보다 개인이 속한 가족생활주기단계를 고려하는 것이 유용하다고 하였다(유영주, 1984). 특히 개인의 생애주기는 여성의 사회참여 확대, 성역할 변화, 막내의 출산연령이 낮아지는 이유 등으로 개인차가 많기 때문에 개개인의 생애주기는 가족생활주기의 개념과 함께 활용되고 있다. 개인의 생애주기와 가족생활주기가 함께 활용되는 것은 개인의 욕구와 사회문제가 동시에 가족의 욕구와 가족문제와 밀접하게 관련되어 있기 때문이다.

그러나 최근 이혼, 별거, 비혼독신가족, 무자녀가족, 재혼으로 인한 혼합가족, 동거가족 등과 같은 다양한 가족형태 등장과 급격한 사회변화로 혼인관계를 가정하였던 전통적 가족생활주기에 따른 사회복지서비스 욕구와는 다른 욕구가 발생되어 그에 따른 새로운 사회복지서비스가 요청된다(김성천 외, 2009). 즉, 각각의 가족특성에 따라 가족생활주기의 발달과업을 성공적으로 수행하기 위하여 필요한 최저수준의 생활보장이 이루어져야 한다. 이를테면 고용촉진과 고용수준 유지, 국민소득 증대와 균등한 분배, 영양과 주거개선, 의료시설 정비, 일반교육과 직업교육 기회 증대 등의 조건이 갖추어져야 한다.

2. 생애주기별 욕구와 사회적 위험

가족생애주기의 특성 및 발달과업, 단계별 욕구와 사회적 위험에 따른 특수한 욕구의 구체적 내용은 다음과 같다.

1) 태아기

태아기에는 임신과 건강한 산모와 아이에 대한 욕구가 있으나 불임, 원하지 않는 임신, 성폭력에 의한 임신 등과 같은 문제가 발생할 수 있다. 또한 임신과 분만 시 위험에 놓일 수도 있다.

2) 영아기

인간과 사회에 대한 기본적인 신뢰감과 안정을 가지고 사회적 결속과 애착형성의 발달과업과 어머니의 보살핌과 양육의 욕구가 있다. 그러나 모자간의 부적절한 애착관계, 장애아 발생, 자폐증, 부부갈등에 의한 아동유기와 학대와 같은 문제가 발생할 수 있으며 자녀양육과정에서 위험에 놓일 수 있다.

3) 유아기

개별화와 자율성의 발달과업과 어머니·아버지 역할, 언어습득 및 개념화기술 등과 같은 욕구가 있다. 그러나 유아의 사회성과 관련하여 나타나는 공격성, 과잉활동문제, 불충분한 부모역할수행 등과 같은 문제가 발생할 수 있다.

4) 아동전기

사회화와 성역할 학습, 적절한 대인관계 기회의 발달과업과 학습, 사회화, 놀이와 같은 인지교육의 욕구가 있다. 그러나 조기교육 기회 부족, 보육서비스 부재, 부모 자녀간의 원활한 대인관계에 요구되는 적절한 놀이부족 등과 같은 문제가 생길 수 있다.

5) 아동기

주로 또래집단과의 관계경험을 통하여 자존감과 자아역량발달 및 평가의 발달과업과 지적·사회적 자극제공과 같은 욕구가 있다. 그러나 아동학대 문제, 또래아동과의 관계, 학습실패로 인한 열등감, 학교부적응의 문제 등이 있다.

6) 청소년기

인격의 성숙과 통합의 기초를 마련하고 가족으로부터 독립을 준비하는 발달과업과 자아정체감 확립과 성에 대한 올바른 이해, 가치관 형성 등과 같은 욕구가 있다. 그러나 청소년비행, 미혼부모문제, 학교부적응의 문제, 청소년유해환경문제, 정체감 확립과 의료, 질병 등과 같은 사회적 위험이 있다.

7) 성인초기

일에 대한 융통성과 자율적 능력함양의 발달과업과 친밀성의 성취, 결혼 등과 같은 욕구가 있으나 미혼부모문제, 직업문제, 학교, 직장부적응문제, 군대문제, 부부갈등문제, 출산, 이혼 등과 같은 문제가 있다. 의료, 질병, 산업재해, 자녀양육, 직업능력 상실, 임신과 분만 등과 같은 위험이 있다.

8) 중·장년기

생활의 안정과 취미 등을 통하여 정서적으로 안정되며 삶의 보람을 느끼는 발달과업과 원활한 가계운영과 가족보호 등을 통한 안정된 가정생활 영위, 자기개발기회확대와 같은 욕구가 있다. 그러나 신체적, 생리적 변화, 직업실패, 부부갈등, 부모 자녀 간 갈등, 가족해체, 노숙문제 등의 문제가 발생할 수 있다. 이로 인하여 의료, 질병, 실업, 산업재해, 자녀양육, 직업능력 상실, 부양자사망과 같은 사회적 위험이 있을 수 있다.

9) 노년기

삶에 대한 긍정적 수용과 자아통합, 죽음에 대한 수용 등의 발달과업과 육체적 보호와 노인역할 수행과 같은 욕구가 있으나 빈곤, 질병, 고독과 소외, 역할상실로 소득보장문제, 건강문제, 고독문제, 은퇴로 인한 역할의 문제가 있다. 이로 인하여 의료, 질병, 사망 등과 같은 위험이 있다. 생애주기별 욕구에 따른 발달과업과 욕구, 주요문제 및 위험요소의 구체적 내용은 〈표 1-5〉와 같다.

〈표 1-5〉 생애주기별욕구에 따른 사회복지적 대책

주기/발달특징	발달과업	발달욕구	주요문제	위험요소
영아기	인간과 사회에 대한 기본적인 신뢰감과 안정을 갖고 사회적 결속과 애착 형성	어머니의 보살핌과 양육	• 부적절한 애착관계 • 장애발생, 자폐증 • 부부갈등으로 인한 아동유기 • 아동학대	임신과 분만, 자녀의 양육과 어머니에 대한 불신
유아기	개별화와 자율성	부모의 보살핌과 언어습득 및 개념화의 인지적 발달	• 유아공격성 • 과잉활동문제 • 불충분한 부모역할 수행	자녀 양육
아동전기(학령전기)	사회화와 성역할 학습, 적절한 대인관계의 성취	학습, 사회화, 놀이 등의 충분한 경험	• 조기교육 부족 • 보육서비스 부재 • 적절한 놀이 부족	자녀 양육과 불충분한 보육서비스 기회
아동후기(학령기)	주로 또래집단과의 관계 경험을 통해 자존감과 자아역량 발달 및 평가, 집단정체감의 형성	교육을 통한 지적·사회적 자극의 충분한 제공	• 아동학대 문제 • 또래아동과의 관계 • 학습 실패로 인한 열등감	자녀 양육과 교육 기회의 박탈로 인한 사회성 발달 기회의 박탈
청소년기	자아정체감 형성, 인격의 성숙과 통합의 기초를 마련, 성(gender)역할의 숙지, 가족으로부터의 독립 준비	자아정체감의 확립과 올바른 성 이해 및 부모로부터의 독립적 요구	• 청소년비행 • 미혼부모 문제 • 학교부적응 문제 • 청소년 유해환경 문제	건강과 보건의 문제와 성적 취약성 노출 및 또래집단에서의 부적응
청년기	일에 대한 융통성과 근면성 및 자율적 능력의 함양	친밀감, 성취감, 결혼을 통한 새로운 가족 형성과 생활의 계획, 부부간의 관계 기술 확보	• 미혼부모 문제 • 직업 문제 • 학교·직장 부적응 문제 • 군대 문제 • 부부갈등 문제 • 출산, 이혼 문제	의료, 질병, 실업, 산업재해, 임신과 분만, 자녀 양육, 부부 갈등, 직업능력 상실
중·장년기	생활의 안정과 취미 등을 통해 정서적인 안정을 꾀하고, 삶의 보람과 성취감 획득	경제적, 정서적으로 원만한 가정생활의 운영과 가족 보호 및 자아계발의 기회 확대 욕구	• 신체적·생리적 변화 • 직업실패 • 부부갈등 • 부모 자녀 간 갈등 • 가족해체 • 노숙문제	의료, 질병, 실업, 산업재해, 자녀 양육, 직업능력 상실, 임신과 분만, 부모-자녀 간의 갈등, 중요한 타인의 죽음 및 재정적 어려움
노년기	삶에 대한 긍정적 수용과 자아 통합 및 죽음에 대한 수용	건강한 신체 유지와 노인역할 수행을 위한 자기계발 기회의 증진 및 삶의 정리 욕구	• 빈곤, 질병, 고독 소외 문제 • 역할상실로 인한 소득보장 문제 • 건강문제, 은퇴로 인한 문제	의료, 질병, 배우자의 사망, 은퇴, 정서적 고독 및 죽음의 문제

출처: 충남여성개발원(2011). 생애주기별 맞춤형 복지계획, 재구성.

제 3 절
사회문제

1. 사회문제의 특성

문제란 사람의 욕구가 미충족상태일 때 그에 대한 해결욕구를 유발시키는 불만족스러운 상태조건이라고 정의되고 있다. 일반적으로 문제는 인간이 태어나면서 사망할 때까지 지속적으로 발생되고 있으며 그 문제를 해결해 나가는 과정 속에서 인간은 지속적으로 성장 발달한다. 그러나 문제는 인간의 욕구충족이 차단된 상태로 욕구불만인 상태 그 자체로 해석되기도 한다. 사회복지에서 문제는 욕구와 밀접한 관련이 있다고 보며 사회복지의 중요한 관심이자 대상이다. 일반적으로 문제는 개인의 다양한 욕구충족에 대응하면서 발생하여 잠재되어 있다가 소멸되기도 한다. 다시 말해서 문제와 욕구는 상대적 대응관계에 있기 때문에 사회복지를 통한 욕구충족은 문제예방과 해결과 관련된다. 일반적으로 문제는 개인문제와 사회문제로 구분될 수 있는데 개인문제는 사람의 성격 및 타인의 당면한 관계 범위 내에서의 발생하는 문제인 반면 사회문제를 정의할 때는 다음의 일곱 가지 의미를 포함하여야 한다.

1) 사회적 가치, 혹은 규범에서 벗어남으로 인하여 바람직하지 못하다.
2) 상당수의 사람들이 그 현상으로 인하여 부정적인 영향을 받아야 한다.
3) 다수의 사람이나 영향력이 있는 일부 사람이 문제로 판단할 수 있어야 한다.
4) 그 원인이 사회적인 것이어야 한다. 즉, 자연재해가 아니라 사회의 조직, 구조, 제도로 인하여 파생되어야 한다.
5) 사회가 개선을 원하고 있어야 한다. 이를테면 정신질환을 신이 내린 벌이나 운명이 아니라 질병이며 이에 대한 치료를 원해야 한다.
6) 개선을 위하여 집단적, 사회적 행동이 요청되어야 한다.
7) 사회문제는 시대와 사회적 상황과 변화에 따라 상대적으로 정의되어야 한다.

위의 일곱 가지 의미를 살펴볼 때 개인문제와 구분되는 사회문제의 두 가지 기준은 사회성(sociality)과 보편성(universality)이라고 할 수 있다.

- 사회성이란 개인의 욕구충족이 어려운 상태가 특정 문제에 직면한 개인책임보다도 상대적으로 사회적 제도나 구조상의 결함으로 인하여 발생하는 경우로 문제 발생을 사회적 맥락으로 이해하는 것을 의미한다.
- 보편성이란 사회문제가 지닌 부정적인 영향력이 특정 개인에게만 한정된 것이 아니라 사회구성원 전체에게 보편적으로 영향을 미칠 수 있는 경우를 의미한다. 예를 들자면 환경오염이나 무차별적 개발로 인한 생태계 파괴로 인한 문제가 가져오는 부정적인 영향력으로 질병과 장애가 사회구성원 누구에게나 보편적으로 영향을 미칠 수 있음을 의미한다.

사회성과 보편성이 개인문제와 사회문제를 구분하는 기준이 되지만 개인문제와 사회문제는 순환적 구조로 사회복지와 다음과 같은 관련이 있다.

- 개인문제에서 사회문제로 문제의 성격이 전환되게 되면 사회적으로나 국가적으로 그 문제해결에 대한 공식적인 관심이 출현될 수 있는 바탕이 마련됨을 의미한다. 이와 같이 공식적인 관심으로서 구체적인 사회문제해결을 위한 대응책이 사회복지라고 할 수 있다.
- 개인문제가 사회문제로 승인되고 받아들여지는 것은 한 사회 내의 다양한 개인문제들 중에서 경합과정을 거쳐 선택된다는 것이다. 경합과정에서 사회문제로 인식되고 수용된다는 것은 그 문제에 관하여 사회가 해결의 의지가 있음을 의미한다. 그리고 개인문제가 사회문제화되는 과정은 그 문제를 해결하기 위한 공식적이고 체계적인 사회복지정책이 마련되는 가장 초기단계에 해당된다.

2. 사회문제의 접근방법과 유형

1) 사회문제의 이론적 관점

사회문제에 접근하는 다양한 이론적 관점이 있으나 본서에서는 최일섭과 최성재(1995)의 이론적 관점을 토대로 한 네 가지 사회문제 접근방법을 살펴보고자 한다.

(1) 기능주의적 접근(functional theory)

사회를 고유한 특성을 가진 실체로 본다. 즉, 사회는 체계로 구성되어 있으며 체계를 구성하고 있는 하위체계들은 상호 연관되어 있다고 본다. 또한 각각의 체계는 생존을 위하여 충족되어야 할 욕구와 요건이 존재하고 각각의 체계는 성장 발전하면서 정상적 상태와 병리적 상태를 가지고 균형과 항상성을 가지고 있으며 변화에 대하여 본래의 상태로 돌아가려는 회복탄력성을 가지고 있다. 따라서 사회문제가 발생하게 되는 것은 어떤 사회체계가 상위체계에 대한 기능적 요건을 충족시키지 못하거나 어떤 사회체계가 사회화과정에서 실패하였을 때 발생한다고 보고 있다. 즉, 사회화와 사회통제의 실패, 사회의 분배기능의 결함이 사회문제의 원인이 된다고 보는 관점이다.

(2) 갈등주의적 접근(conflict theory)

갈등주의적 이론은 1950년대 기능주의 이론을 비판하며서 등장하였다. 현대사회는 질서와 안정과 합의보다는 무질서, 변화, 갈등과 투쟁이 상존하고 있다고 주장하였다. 갈등주의 이론은 우리 사회에는 희소한 자원(경제적 자원, 권력, 권위 등)을 소유하고 지배하려는 경쟁과 투쟁의 갈등이 존재하고 있다고 보고 있다. 갈등주의적 관점에서 사회문제는 희소자원의 불균등한 소유로 인하여 발생하는 갈등현상이거나 자원의 불평등한 분배로 인한 갈등의 결과가 사회문제라고 보고 있다. 이와 같이 사회문제가 발생하게 되는 원인은 비합법적인 사회통제와 착취, 희소자원의 불균등한 분배, 불균등한 분배를 가져오는 사회권위와 권력의 구조에 있다고 본다.

(3) 상호작용주의적 접근(interactionism)

상호작용주의적 관점은 개인 간의 상호작용과정이 개인과 사회에 미치는 결과에 관심을 두고 있다. 특히 인간은 상호작용도구로서 언어나 몸짓 등의 상징을 사용하고 상징의 주관적 의미를 중요시한다. 인간은 가변적이고 사회와 개인세계는 끊임없이 변화되고 재창조된다고 본다. 상호작용주의적 관점에서는 상호작용에서 어떤 현상이나 행동에 대한 의미에 동의할 수 없다는 판단을 하거나 어떤 현상을 바람직하지 않은 행동으로 낙인찍는 것, 혹은 어떤 행위에 대하여 다른 의미로 사회화된 것 등 상징의 차이가 사회문제의 원인이 된다고 보고 있다.

(4) 교환론적 접근(exchange theory)

교환론적 이론은 공리주의적 경제학, 기능주의적 인류학, 갈등주의 사회학, 행동적 심리학이 통합되어 형성된 이론이라 인간의 사회적 행동은 두 사람 간의 교환자원을 주고받는 반복적인 행위이며 개인이 교환관계를 통하여 소집단을 형성하고 소집단 간에도 개인 간에서와 같이 교환관계가 성립되어 집단이 정교화되고 유형화된다고 본다. 또한 인간은 이기적이고 합리적이며 갈등적인 존재이며 환경의 변화에 적응하려는 존재이나 교환관계가 단절되거나 불균형을 이루고 있는 상태나 교환자원의 부족, 고갈 또는 가치저하가 되는 것이 사회문제라고 보고 있다.

〈표 1-6〉 사회문제접근이론 특성

	기능주의	갈등주의	상호작용	교환론적
핵심어	하위체계 균형 항상성	희소한 자원 변화 갈등, 투쟁	상호작용 수단 주관적 의미 상징	교환자원 교환관계
사회문제 원인	• 사회화실패 • 사회통제실패 • 사회분배기능 결함	• 비합법적 사회통제와 착취 • 희소자원 불균등한 분배 • 권력의 구조	• 상호작용 시 상징의 차이	• 교환관계단절 • 교환자원 부족 혹은 가치 저하
해결방법	• 사회화, 통제기능 강화 혹은 수정 • 재사회화 및 재활기능강화 • 물질적 재화분배 기능 강화 혹은 수정	• 사회체제재조직 • 역기능적인 제도 개선 • 세제의 개선	• 재사회화 • 적절한 사회제도 • 재사회화제도 확립	• 교환관계 균형화

2) 사회문제 유형

자본주의 경제체제와 산업화, 도시화, 핵가족화로 특징지어지는 현대사회는 물질적 풍요와 자율적 선택의 기회가 증가하였지만 위기에 빠질 위험성과 상호의존성이 보다 확대되었다. 특히 양극화 현상이 심화됨으로서 취약계층이 증가하고 이들이 사회적 위험으로부터 탈피하려는 사회적 욕구도 증가하고 있다. 이러한 사회적 욕구가 미충족되면서 다양한 사회문제가 발생하고 있다. 사회문제는 문제에 대한 관점과 문제의 성격과 원인, 문제분류기준에 따라 그 유형이 다양하게 구분되며 다양한 사회문제 유형에 따른 세부사회문제는 〈표 1-7〉과 같다.

〈표 1-7〉 사회문제의 유형과 세부내용

학자명	분류	세부 사회문제
Schneider 등	비극으로서의 사회문제	정신질환, 자살, 알코올중독
	부정으로서의 사회문제	인종차별, 빈곤, 성차별
	위협으로서의 사회문제	범죄, 인구폭발
	추행으로서의 사회문제	집단 살인, 집단 자살
	고압적, 간섭의 사회문제	낙태, 안락사
	예측된 결함으로서의 사회문제	관료주의, 공모된 부도덕
Merton & Nisdet	사회해체문제	인구, 인종, 가족, 노동, 교통, 빈곤, 지역, 사회해체 및 갈등
	일탈행위문제	정신장애, 범죄 및 청소년비행, 약물중독, 자살, 성문제
고영복	사회구조적 문제	도시, 노사, 빈곤, 범죄문제
	가족과 세대문제	가족, 여성, 청소년, 여가
	한국적 특수문제	부정부패, 지역감정 등
김영모	구조적 문제	빈곤, 소득분배, 노동, 교육 불평등문제
	해체적 문제	가족, 빈민지역, 인구문제
	탈선적 문제	범죄, 청소년비행, 매춘, 알코올중독, 정신질환
최일섭 외	사회변동 또는 사회해체 문제	가족, 환경, 노인문제
	사회적 불평등문제	빈곤, 성차별, 노사문제
	사회적 일탈문제	청소년비행, 범죄, 성폭력, 약물중독, 정신건강

3. 한국사회의 사회문제

최근 발표된 자료에 의하면 우리나라 국민의 삶의 질 수준은 경제협력개발기구(OECD) 회원국 중 최하위권인 것으로 나타났다. 또한 한국보건사회연구원(2011)의 보고서에 의하면 우리나라는 삶의 질 조사에서 10점 만점에 4.2점을 받아 34개국 가운데 32위인 것으로 나타났다. OECD 회원국들은 1인당 GDP가 높을수록 위험방지지출을 많이 하고 있다. 위험방지지출은 노령, 질병, 실업, 재해와 같은 위험에서 국민을 보호하기 위한 사회복지지출(Social Expenditure)을 의미한다. 그러나 우리나라의 경우 경제적 성장은 이루었지만 사회복지지출은 아직 많이 부족한 실정이다. 어느 국가이든지 사회문제는 있지만 미취업자와 빈곤층을 대상으로 하는 사회복지제도 강화, 사회적 고립과 위험에 처해 있는 특별한 욕구를 가진 대상자를 위하여 경제적인 측면뿐만 아니라 사회적, 심리적, 관계적 차원의 사회안전망이 요구된다.

사회안전망은 IBRD(세계은행), IMF(국제통화기금) 등 브레턴우즈협정 기관들이 개발도상국과 동구권 국가들에 대한 차관을 제공하면서 요구한 구조조정으로 야기된 실업 및 생계 곤란자 양산이라는 부작용을 완화하기 위하여 최소한의 인간다운 생활을 보장하고자 마련되었다. 우리나라는 1997년 경제위기 시 IMF 및 세계은행이 구제금융의 조건으로 사회안전망 확충을 요구하면서 시작되었다. 최근 우리나라에서 발생하는 사회문제유형은 무엇인지, 그리고 그 대상은 누구이며 그에 대한 사회복지적 대응은 어떠한지에 대한 답변을 토대로 저출산·고령화의 문제, 빈곤과 양극화의 문제, 폭력 및 정신건강의 문제, 사회적 소수자와 인권의 문제, 사회규범과 일탈의 문제 등에 대하여 살펴보고자 한다.

1) 저출산·고령화의 문제

2012 세계인구현황보고서에 의하면 2012년 세계 총인구는 70억 5,210만 명인 것으로 나타났다. 특히 세계 평균 합계출산율(여성 1명이 평생 낳는 자녀의 수)은 평균 2.5명으로 선진국의 경우 1.7명, 개발도상국 2.6명, 저개발국 4.1명인 것으로 집계되었으나 우리나라는 1.4명으로 181개국 중 175위로 최하위인 것으로 나타났다. 또한 2012년 우리나라 총인구 5,000만 명 중 65세 이상 노인 인구는 590만 명으로 총인구의 11.8%로 고령화 사회로 진입하였다. 다시 말하자면 우리나라의 저출산·고령화는 세계에서 유례를 찾아보기 어려울 정도로 빠르게 진행되고 있다. 전문가들은 저출산의 문제를 여성고용과 자녀양육에 대한 경제적 부담으로 보고 출산과 보육에 적절한 환경을 조성해 주고 자녀양육에 필요한 교육비 지원이나 무상급식 등 사회복지적 대책마련이 필요하다고 주장하고 있다.

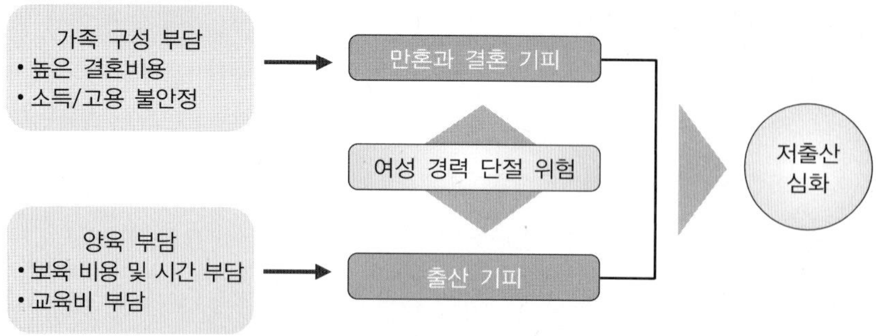

[그림 1-2] 저출산의 구조적 문제

출처: 삼성경제연구소(www.seri.org).

또한 고령인구의 증가는 경제성장 동력인 청장년층의 비율감소로 이어지고 이것은 우리나라 경제성장률을 급격히 감소시키게 될 것이다. 또한 부양인구 감소와 고령인구 증가로 인한 부양비 증가에 따른 사회문제가 증가하기 때문에 고령자고용정책, 고령자를 위한 의료, 질병, 생활보호 등 사회보장정책이 마련되어야 한다.

[그림 1-3] 이런 모습, 상상은 해보셨나요?

출처: 공익광고협의회(2006). 출산장려광고〈이런 모습, 상상은 해보셨나요?〉.

특히 급격한 인구의 고령화 현상은 생산인구감소 등 사회문제뿐만 아니라 다양한 노인문제로 이어지고 있다. 높은 노인빈곤율, 기대수명과 건강수명의 격차, 높은 노인자살률 등 문제가 증가하고 있으며 그중 노인빈곤율 49.6%로 OECD 국가 중 가장 높은 수준이다. 정부는 2007년부터 저출산·고령화 사회에 대비하기 위한 기본계획을 수립 추진하고 있다.

2) 빈곤과 양극화의 문제

우리나라는 지속적인 경제발전에도 불구하고 빈곤층이 증가하며 양극화 문제가 심화되고 있다. 우리나라에서 양극화가 사회문제로 대두되게 된 것은 1997년 IMF 구제금융 때부터라고 할 수 있다. IMF경제위기로 인하여 대규모의 실직자가 생기면서 경제활동이 불가능해지거나 경제능력에 문제가 생기고 그로 인하여 빈곤층이 증가하였기 때문이다. 이후 고용증진을 위하여 비정규직에 관련된 법규를 도입하였으나 아무리 일을 해도 급여인상이 안 되는 시한부 근로자가 양산되었고 2011년 근로자의 37.1%가 1,200만 원 이하의 연봉을 받고 살아가는 것으로 나타났다.

시장민주주의가 발달한 선진복지국가인 스웨덴에서는 일반적인 복지, 세금체계를 통하여 사회비용조절로 사회를 안정시키며 발전시키고 있다. 통계청(2018) 자료에 의하면 2017년 우리나라 비정규직 근로자는 664만4천 명으로 전체 임금근로자의 32.8% 수준인 것으로 나타났다. 2015년 OECD 보고서에 의하면 우리나라 저임금노동자의 비율은 세계 2위에 해당된다.

빈곤과 양극화의 사회문제에 대하여 국가는 세금체계조절과 사회보장제도를 통한 사회비용조절 시스템 마련이 필요하다. 즉, 사회적 수익성 평등을 위한 제도와 시스템을 구축하고 빈곤층에 대하여는 수급권 확대와 인간다운 삶을 유지할 수 있는 최저생계비지원 수준조정 등 사회안전망을 구축할 필요가 있다.

3) 폭력 및 정신건강의 문제

산업화과정 속에서 우리나라는 경쟁주의와 물질만능주의, 가족구조와 기능변화, 개인주의 강화 등 급속한 변화를 경험하면서 스트레스와 우울감, 분노와 소외감 등 정신건강의 문제를 경험하고 있다. 이로 인하여 여성과 아동, 노인, 장애인 등 사회적 약자에 대한 폭력과 학대 발생률이 증가하고 있다. 특히 2017년 세계보건통계 자료에 의하면 우리나라의 자살률은 OECD 회원국 중 1위로 2016년 기준 인구 10만 명당 자살률은 25.8명인 것으로 나타났다. 세계보건기구(WHO)에 의하면 1명이 자살했을 때 평균 6명이 심각한 충격을 받는다고 한다. 2017년 전체 자살자는 1만 2,463명이나 7만 4,778명의 주변인이 자살로 인한 외상 후 스트레스를 경험하게 되는 것이다.

2009년 쌍용자동차 사태 이후 해고노조원 및 가족 23명이 연쇄 자살했고 전직 프로야구선수가 전처와 그의 동생과 같이 자살하고 말았다는 소식이 전해지면서 베르테르효과로 불리는 주변인의 연쇄 자살에 대한 사회적 위험이 커지고 있다. 이와 같이 폭력과 정신건강에 대한 사회복지적 대책이 필요하며 지역주민, 아동과 청소년, 여성, 장애인 등 다양한 계층을 위한 전문적 서비스 지원체제가 마련되어야 한다.

4) 사회적 소수자의 인권문제

양극화에 따른 사회적 약자의 인권문제는 우리나라가 직면한 문제 중 하나다.

정부가 유엔인권이사회에 제출한 보고서에 의하면 외환위기를 극복하는 과정에서 이루어진 구조조정과 중산층 및 자영업자의 몰락, 비정규직의 양산, 부동산 가격폭등 등으로 심각한 양극화가 진행되었고 이로 인하여 사회적 약자 및 취약계층의 인권상황은 국가 전체적으로 부담이 되고 있다고 한다. 우리나라는 2001년 국가인권위원회가 출범되면서 인권의 관점에서 사회적 약자의 문제를 제기하는 경향이 나타나기 시작하였다(윤찬영, 2005). 사회복시세노와 실천의 대상자는 빈민, 노동자, 노인, 아동 및 청소년, 장애인, 여성 및 한부모가정, 다문화가정 등 사회적 소수자라고 할 수 있다. 이들은 불평등한 사회적 처우를 감수해야 하며 차별과 제약에 따라 생존위협뿐만 아니라 인권을 침해당하고 있다. 2017년 예멘인 561명이 제주도에 입국하면서 난민문제가 이슈가 되었다. 우리나라는 1994년부터 난민신청을 받기 시작하였으며 1994~2018년 난민신청은 총 4만 8,906건인 것으로 나타났다. 이와 같이 난민문제와 이들을 사회적으로 수용하는 과정에서의 찬성과 반대 등 사회갈등의 요인이 되고 있다.

사회복지는 사회적 약자의 인권을 대변하고 옹호할 뿐만 아니라 사회복지실천 현장 역시 사회복지사가 인권을 실현하는 장이 될 수 있도록 제도적 방안과 다양한 서비스 지원체계가 마련되어야 한다.

5) 사회적 규범의 일탈문제

한 인간이 태어나서 성장하는 과정은 곧 그가 속한 사회에 적응하는 과정이다. 사회에 적응하는 과정 중 사회의 규범을 받아들이고 적응하거나 규범에 적응하지 못하고 사회적 규범을 무시하거나 거부하는 일탈행동을 하게 된다. 이와 같이 일탈행위는 여러 사회적 지위와 역할을 규정하는 사회적 규범으로부터 이탈을 의미하며 범죄, 비행, 정신질환, 약물중독, 알코올중독, 매춘 및 동성애 등이 있다. 이러한 일탈행동은 개인의 욕구충족에 실패한 사회적 결함의 표출이라고 보고 있다(김영화, 2001).

즉, 어느 시대, 어느 사회든지 개인적인 일탈이 존재하지만 범죄와 마약중독과 같은 일탈은 사회와 개인에게 부정적인 영향을 미치게 되어 심각한 사회문제가 된다.

2009년 650건의 살인범죄 중 54%가 묻지 마 살인범죄인 것으로 나타났는데 이런 범죄의 경우 정신질환자가 차지하는 비율이 높으며 대표적인 유형으로 살인, 방화, 강간 등 성폭력, 상해, 손괴 등을 들고 있다. 이와 같이 묻지 마 범죄가 증가하는 원인으로는 사회계층 간 빈곤 및 양극화현상, 스트레스, 정신분열 등이 대부분이며 금품이나 금전이 목적이 아니고 특별한 동기와 목적이 없는 표출형 범죄이기 때문에 사전예방이 어렵다고 한다. 일반적으로 일탈문제에 대한 대책을 법적처벌로 한정한다면, 문제해결이 어렵게 된다. 더욱 심각한 것은 묻지 마 범죄의 대부분이 여성이나 아동, 노인과 같이 자기방어능력이 부족한 사람들을 대상으로 한다는 것이다. 특히, 묻지 마 범죄를 실행하는 대다수가 빈부격차 등으로 인한 상대적 박탈감과 사회에 강한 불만을 가지고 있는 것으로 나타났다. 이러한 문제에 대하여 개인에 대한 사회적 처벌에 한정하지 않고 사회복지를 통하여 보다 적극적이고 예방적인 차원의 사회복지서비스를 제공할 수 있는 제도적 지원체제가 필요하다. 특히 우리사회는 사회적인 갈등을 치유할 수 있는 제도가 부족하기 때문에 증가하는 묻지 마 범죄를 예방하기 위한 방안마련이 필요하다.

꼭 알아야 할 내용

- 인간의 욕구 유형과 사회복지 이해
- 생애주기별 욕구와 사회적 위험 이해
- 사회문제 특성과 사회문제 유형 파악

Chapter 02

사회복지의 개념 정의

사회복지는 인간을 대상으로 하는 학문으로서 개념에 있어서 매우 포괄적이고 광범위한 의미를 가지고 있다.

전통적 사회복지의 개념은 상호부조, 자선사업, 인보사업 및 박애사업 등의 의미를 가지고 있으나 현대적 사회복지 개념은 구빈사업, 사회사업, 사회봉사, 사회보장, 사회계획 및 사회정책 등의 의미를 가지고 있다.

이 장에서 사회복지의 개념정의는 학자마다 다양하지만 어의적 정의, 이념적 정의, 기능적 정의 및 법적 정의를 중심으로(장인협, 1992; 박용순, 2008), 사회복지와 사회제도 관련 개념은 개념의 변화, 사회복지와 사회제도 및 사회보장 등의 관련개념을 중심으로, 사회복지의 학문적 성격은 사회복지(학)의 성격, 기준 및 접근방법을 중심으로 살펴본다.

제1절 사회복지 개념 정의

1. 사회복지의 어의적 개념

1) 어의적 개념

사회복지는 영어의 social welfare를 번역한 것으로 'social(사회)'와 'welfare(복지)'의 합성어이며 'welfare(복지)'란 'well'과 'fare'가 합쳐진 말이다.

(1) Social

social(사회)이란 개인의 효용 극대화를 위해 이기적으로 행동한다는 가정을 가진 경제적(economic)에 상대적인 개념으로 사람과 사람 사이의 관계성을 강조한다. 즉, 혼자가 아닌 인간과 인간이 함께 살아가는 공동체적 행위이며, 두 사람 이상이 모인 집단으로서의 공동체를 의미한다. 즉, 개인의 행복만을 추구하는 것뿐만 아니라 사회 구성원 모두의 행복을 추구하기 위한 노력을 의미하며 차별, 빈곤이나 불행이 없는 바람직한 사회를 뜻한다.

Forder 등은 Social의 의미를 서비스가 집합적 행동에 의해 제공되며 서비스 제공의 목적이 사회적 욕구, 즉 사회적 관계(social relationship)의 효과적 조직화에 따라 욕구 충족의 정도가 결정되는 성질의 욕구를 충족하고, 이윤추구와 같은 경제적 동기가 아니라 상부상조 또는 이타주의와 같은 사회적 동기에 의해 서비스가 제공된다고 주장하고 있다(김상균 외, 2007).

따라서 'social(사회)'이란 의미는 "공동체 사회에서 사회 내적인 관계를 기초로 구성원들의 전 생애에 걸쳐 건강하고 안락한 바람직한 삶을 추구하는 비영리적이고 이타주의적인 사회적 노력"이라고 할 수 있다(김기태 외, 2004).

(2) Welfare

'welfare(복지)'란 well과 fare의 복합명사로서 '평안히 잘 지내는 상태', 만족의 상태를 의미한다.

웹스터 사전에는 welfare란 삶의 좋은 상태, 쾌적하고 안녕(well-being)과 관련된 상태, 건강·풍요·행복·안락·복락의 상태를 의미하고 있다.

(3) Social welfare

social welfare(사회복지)는 '사회적으로 평안하고 만족스런 상태'를 의미한다. 즉, 사회복지라는 사전적인 의미는 일단 사회 내의 사람들이 만족스럽고 평안한 상태를 유지할 수 있게 하는 것과 연결되어 있다.

(4) Wohlfahrt

독일어의 Wohlfahrt는 16세기 초기부터 사용되기 시작하였는데 'Wohl'과 'fahren'의 합성어로서 'Wohl'은 '행복, 원하다 혹은 바라다'의 의미이며, 'fahren'은 "한 장소에서 다른 장소로 옮긴다.", 즉 "바람직한 상태 또는 행복한 상태로 바꾼다"라는 의미를 가지고 있다.

(5) 社會福祉

중국의 문헌에서 등장하는 한문의 社會福祉(사회복지)는 社·會·福·祉가 합쳐진 말이다.

'사(社)'는 '示+土' 로서 '示'는 '제사를 지낸다'는 의미를 포함하고 있어 일을 같이하는 사람들의 단체 또는 공동 제사를 지내는 지역을 말하며, 회(會)는 '합한다'는 의미의 '人'과 '더하다, 증가하다'는 의미의 '增(증)'을 합친 글자로서 '모이다'라는 의미가 있다.

고대 중국에서 社會(사회)란 25가구(家口)를 1사(社)라고 불렀고, 1사(社)들이 많이 모인 것을 社會(사회)라고 하여 "지역사회나 집단 속에서 같이 지내다"의 뜻이다(권중돈 외, 2011).

福祉(복지)는 福(복 복)과 祉(복 지)가 합쳐진 말로 복이 두 개인 만큼 큰 행복을 의미한다. 福(복 복)자의 하단의 '田'은 곡물을 수확하는 밭을 의미하며, 그 위의 글자는 '高'자의 약자로 곡물이 높이 쌓여 있는 모습을 상징하여 물질적인 풍요를 의미하며 '示'는 절대 신에게 마음의 안정의 기원하는 자세이며, '止'는 욕망의 추진을 멈춘다는 의미를 가지고 있다. 즉, '祉'는 마음을 비우는 것이 심리적 안정의 길이라고 하는 것을 암시하고 있다. 따라서 福祉(복지)는 물질적 풍요와 정신적 안정을 의미한다.

(6) 사회복지(참살이)

우리나라의 복지는 '참살이'의 의미를 가지고 있는데 '참살이'는 well-being을 순 우리말로 순화한 것으로서 "육체적, 정신적인 건강의 조화를 통해 윤택한 삶을 향유하는 삶의 유형이나 문화"로 이해할 수 있다.

역사서에서 나타나고 있는 복지의 단어를 찾아보면 삼국유사 또는 고려사에는 복지라는 어휘를 사용한 실례가 없고, 조선왕조실록에서 일곱 번 사용되고 있는데 조선왕조실록에는 '장수, 만수무강, 건강'이 복지의 의미를 내포하고 있다(박경일 외, 2001).

보통 복지라는 말 속에는 운명적인 축복이나 우연에 의한 행운, 의외의 일로 인한 요행 등의 의미와 차이가 있다. 우리나라에서 복지(福祉)는 "부족함이 없이 잘 산다"는 의미인데 이는 물질적 풍요와 정신적 행복과 건강을 의미한다고 볼 수 있다.

2. 사회복지의 개념 정의

1) 협의의 사회복지

협의의 사회복지는 사회생활의 곤란 또는 장애를 받고 있는 자, 즉 공공부조 대상자, 시장기능에서 탈락된 가족이나 장애인, 노인, 아동 등의 요보호자에 대한 보호, 육성, 지도, 치료, 재활 등의 서비스 시책을 말한다. 영국의 구빈법과 같은 빈곤계층을 대상으로 한 공공부조와 19세기 후반 영국과 미국의 박애사업이 협의 개념으로 이해되고 있다.

협의의 개념은 대상범주를 빈곤계층, 사회적 약자계층이나 요보호대상자로 한정하여 실천하는 소극적이고 잔여적인 개념이다. 가장 좁은 의미로 사회복지는 고민과 빈곤을 경감시키거나 사회의 상태를 개선하는 데 목적을 두고 있는 사회, 공공기관 또는 자발적 단체의 비영리기능을 포함한다(Dolgoff & Feldstein, 1984; 전재일 외, 2005, 재인용).

협의의 개념은 보완적 또는 잔여적(residual) 사회복지 개념으로서 사회복지는 가족이나 시장제도에 의하여 사회가 정상적으로 기능하지 못할 때 도움을 주는 활동이다. 실제 사회복지사들이 활동하고 있는 영역이기도 하다.

2) 광의의 사회복지

광의의 사회복지는 국민 전체를 대상으로 하는 사회복지의 확대된 개념으로 적극적이고 제도적인 개념으로서 협의의 내용 외에 사회정책, 사회보장, 보건, 의료, 주택, 고용, 교육 및 문화 등이 포함되며 국가에 있어서 최저한(national minimum), 또는 평균적 욕구가 충족되지 않은 개인, 가족, 집단 등에 대하여 비복지를 해결하고 적극적으로 인간다운 삶의 질을 확보하려는 체계적으로 조직한 여러 가지 사회적 서비스를 총칭한다.

즉, 모든 국민의 최상의 복지와 안녕의 상태를 위하여 사회가 지속적·제도적·조직적으로 노력하는 모든 체계와 과정을 포괄한다.

〈표 2-1〉 협의와 광의의 사회복지 개념 비교

구분	협의 사회복지	광의 사회복지
1. 대상	장애인, 노인, 고아 등 사회적 약자	전 국민
2. 서비스 내용	보호, 지도, 육성, 치료, 재활	사회정책, 사회보장, 보건, 주택, 고용, 교육, 여가, 문화
3. 서비스(급부) 수준	표준 생활유지	최저한 생활수준
4. 복지 개념	잔여적, 보충적	제도적
5. 복지 유형	공공(적)부조	사회보험
6. 복지 성격	소극적, 개별성, 선별성	적극적, 일반성, 보편성

3) 최광의의 사회복지

최광의의 사회복지는 협의의 내용과 광의의 내용 이외에 토목, 건축, 재정, 금융, 군사, 경찰 등 전 국민의 사회생활의 안정과 발전에 공헌하는 일체의 사회적 시책을 총칭하는 것으로 사용되고 있다.

〈표 2-2〉 협의, 광의와 최광의의 사회복지 개념 비교

개념	사용국가	의미	유사개념
최광의	유럽 복지국가	소득보장, 건강, 교육, 주택, 개별적 사회서비스, 조세, 노동, 환경, 문화, 교통 등 다양한 인간의 욕구나 필요를 해결하기 위한 활동으로서 법, 프로그램, 서비스를 포함하는 사회체계	사회정책
광의	영국	소득보장, 건강, 교육, 주택, 개별적 사회서비스 등 5개 영역의 사회적 필요를 해결하기 위한 사회제도	사회(적) 서비스
협의	미국	장애인, 노인, 아동 등 요보호자에 대한 보호, 육성, 지도, 치료, 재활 등의 서비스	개별적 사회서비스

3. 기능적 사회복지 개념 정의

사회복지에 대한 개념은 정책, 제도, 법률 등에 따라 끊임없이 변화되고 있다.

Wilensky와 Lebeaux(1965)는 그들의 저서 『산업사회와 사회복지』에서 사회복지 개념을 〈표 2-3〉과 같이 잔여적(residual)인 것과 제도적(institutional)인 것으로 구분하여 설명하고 있고 길버트와 스펙트(Gilbert & Specht, 1974)도 이 개념을 원용하고 있다.

1) 잔여적 개념

잔여적(보충적) 개념의 사회복지는 안전망(safety net) 기능을 수정함으로써 자족, 경제, 종교, 정치제도의 기능적 실패를 인정하는 것으로 "사회복지는 가족이나 시장경제와 같은 정상적인 공급구조가 제 기능을 발휘하지 못할 경우에 파생되는 문제를 보완 내지 해소하기 위한 제도로서 필요하다"고 보는 것으로 사회복지활동이 사회를 유지하고 발전시키는 데 필수적이라고 생각하지 않아 점선으로 표시되어 있다(김상균 외, 2006; 도광조, 2012).

〈표 2-3〉 잔여적 복지와 제도적 복지 개념의 차이점

개념 \ 내용	잔여적 복지	제도적 복지
1. 대상	사회적 도움이 필요한 사회적 취약계층, 요보호대상자	전체사회구성원
2. 의미	좁은 의미의 사회복지	넓은 의미의 사회복지
3. 실천주체	국가의 역할 강조하지 않음	국가의 역할 강조
4. 사회복지 프로그램	일부 사회적 취약계층을 위한 최소한의 국가의 역할을 수행하는 프로그램	국가에 의한 소득보장, 의료, 주택, 사회복지서비스 등 사회구성원의 삶의 질을 향상시키는 다양한 프로그램
5. 서비스 기간	구호품, 시혜, 자선 등 일시적	예방과 재활을 강조하는 제도로 영구적
6. 기능	자원이 고갈된 후 사후적 기능 보충적(잔여적), 일시적(임시적)	자원 고갈의 예방적 기능 제도적, 항구적
7. 문제 상황	긴급한 상황, 위기상황의 문제	현대생활의 복잡성에서 문제가 발생, 문제는 항상 예측 가능
8. 단점	문제와 서비스 때문에 낙인(stigma)을 남길 수 있음	문제나 서비스에 낙인(stigma)이 없음

잔여적인 개념에서 사회복지는 비상대책으로서의 기능을 수행하므로 가정이나 시장체계가 그 기능을 회복했을 때에는 사회복지의 개입이 중단된다.

Wilensky와 Lebeaux의 잔여적 개념의 사회복지는 아직 제도적 위치를 뚜렷이 확보하지 못하고 있으며 각 제도의 교차지역에 위치하여 고유의 영역을 확보하지 못하고 있어 그 정체성도 지니지 못하고 있으며 이때 서비스는 낙인(stigma)을 수반한다.

잔여적 사회복지의 개념에서 사회복지제도는 사회적 안전망의 역할을 하며 일시적 잔여적, 보충적인 성격을 갖고 있어 좁은 의미의 사회복지 개념에 해당한다.

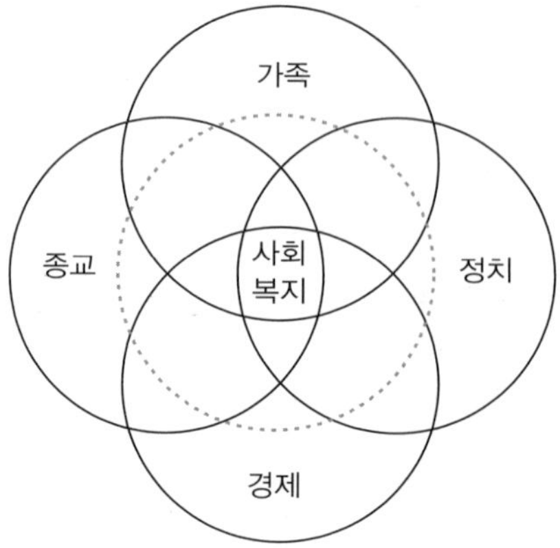

[그림 2-1] 사회복지의 잔여적 개념(안전망 기능)

출처: Wilensky, H. L. & Lebeaux, C. N.(1965).

2) 제도적 개념

제도적 개념(institutional concept)은 잔여적 개념과는 달리 현대의 산업사회에서 가족과 시장경제제도는 온전히 운영되기 힘들다고 보며 사람들이 만족할 만한 수준의 삶과 건강을 누릴 수 있도록 하는 제도적 기능을 수행하는 것으로 보아 각 개인이 자신의 능력과 자아를 최대한 계발하고 발전시키기 위해서 사회복지의 혜택을 받는 것은 정상적이라고 본다.

이런 점에서 제도적 개념의 사회복지는 상부상조의 가치를 바탕으로 그 사회의 '일차적 기능'을 수행함으로써 기존의 다른 제도들과 꾸준히 상호작용하면서 사회의 중요한 제도로서의 위치를 차지하고 있음을 실선으로 보여 주고 있다. 다른 제도들과 중복영역을 가짐과 동시에 연결도 시켜 주면서 다른 제도들과 공유하지 않는 독자적 영역을 확보하고 있다. 따라서 사회복지는 다른 사회제도들과 대등한 규모의 기능을 가지고 오히려 중앙에 위치하며 선도적, 중추적 역할을 수행하고 있어 낙인이나 비정상성을 수반하지 않고 있다.

제도적 사회복지는 [그림 2-2]에서 보는 바와 같이 기존 사회제도의 실패가 임시적인 것이 아니라 피할 수 없고 지속적인 영역을 가지고 포괄적인 사회제도로서의 영역을 확보하고 있다. 그러므로 사회복지는 사회를 유지하는 데 필수적 기능을 수행하며, 그러한 기능이 지속적 사회활동의 유형으로 조직되고 제도화되어 있어 광의의 사회복지의 개념에 해당한다.

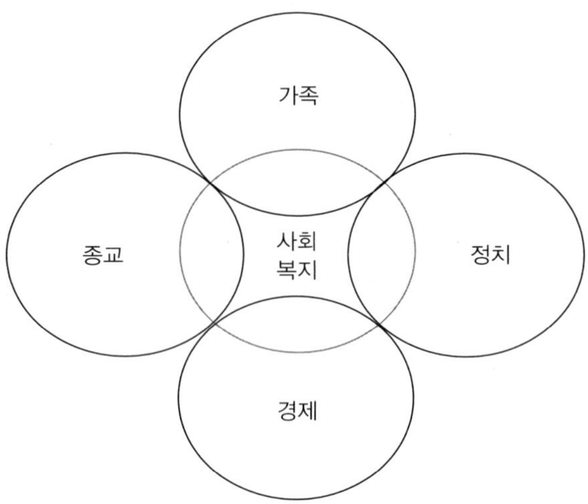

[그림 2-2] 사회복지의 제도적 개념(일차적 기능)

출처: Wilensky, H. L. & Lebeaux, C. N.(1965).

4. 이념적 정의

이념적 의미에서 사회복지란 사회복지가 궁극적으로 도달해야 할 목표로서 사회 구성원 전체의 행복추구와 같이 목적적인 개념으로 정의한 것이다. 즉, 훌륭하고 바람직한 사회, 즉 빈곤이나 불행이 없는 사회, 국민 대다수가 자유롭고 평등한 생활을 영위할 수 있는 사회를 말한다.

이념적 사회복지의 공통된 세 가지 이념은 ① 풍요의 이념(idea of abundance), ② 상호관계의 이념(idea of mutuality), ③ 개발계획의 이념(idea of developmental planning)을 지향하고 있다. 인간은 기본적 욕구를 충족시키기 위하여 물질적으로 풍요를 바라고, 대인관계를 통한 사회적 욕구를 충족시키기 위하여 사회적으로 평등하기를 바라며, 물질적 풍요와 사회적 평등은 정치, 사회, 경제개발계획의 구체화로 가능하기 때문에 풍요, 상호관계, 개발계획의 세 가지 공통된 이념을 지향하고 있다(전재일 외, 2004).

[그림 2-3]과 같이 이념적인(목적적) 측면에서의 사회복지는 위에서 설명한 만족하고 행복한 삶을 의미하며 사회복지의 목적이라고도 할 수 있다. 이는 국가와 사회가 추진하고 있는 사회복지 시책들의 목표라고 할 수 있으며, 바람직한 사회를 의미한다고 말할 수 있다.

실체적 개념으로서의 사회복지는 사회복지 이념을 달성하기 위하여 실천하는 체계적, 조직적 활동이며 이념적 개념인 만족하고 행복한 삶을 달성하기 위한 현실적인 수단으로 사회복지제도들이나 서비스들을 의미하며, 사회복지학의 주요대상이다.

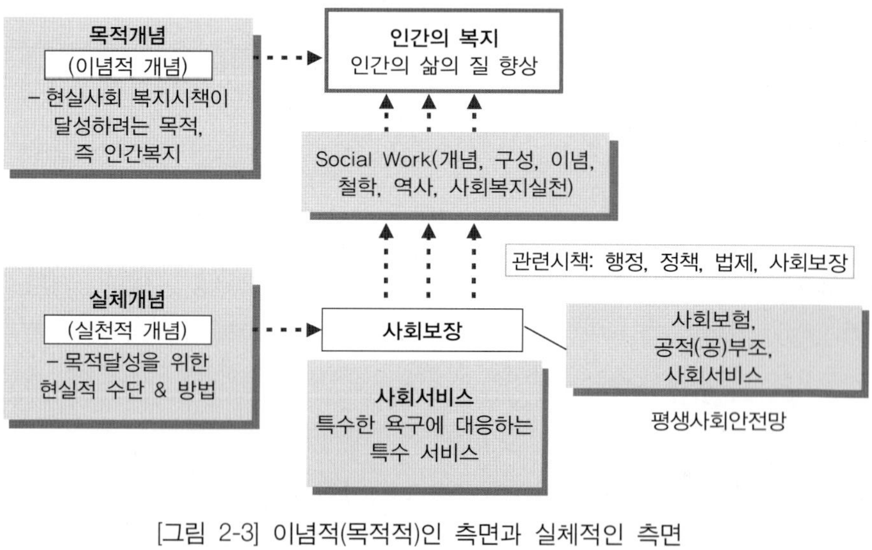

[그림 2-3] 이념적(목적적)인 측면과 실체적인 측면

자료: 전국대학사회복지교육협의회 편(1999)에서 재구성.

1) 예외주의적 이념

예외주의적 이념관에 의하면 사회문제란 특정범주 속에 속한 사람에게서 예측할 수 없이 발생하는 것이다. 그리고 사회규범에 비추어 볼 때 다분히 예외적이고 개인의 결함, 사고, 불행한 상황 속에서 발생하는 것이다. 따라서 이를 해결하기 위한 수단도 자연히 개별적인 접근방식을 사용해야 한다는 것이다. 예외주의는 잔여적 사회복지의 성격으로 사회복지의 관심분야는 문제를 갖고 있는 특수집단이나 계층(빈민, 노인, 장애인, 요보호아동 등)이 대상이다(김상균 외, 2007).

선별주의(예외주의)는 사회복지의 대상을 사회적 취약계층에 한정함으로써 사회복지 비용을 감소시킬 수 있으며 최소한의 복지를 주장하는 보수주의적 이데올로기와도 부합한다. 급여대상자 선정을 위한 자산조사 등은 낙인, 오명을 제공할 수 있으며, 자격 있는 대상자의 신청기피, 부정수급의 문제를 가져올 수 있다.

2) 보편주의적 이념

보편주의적 이념은 사회문제란 사회체제가 불안전하고 불공평한 데서 발생된다는 것이다. 그리고 그것은 예측 가능하기 때문에 공공의 노력으로 예방이 가능하다고 본다.

결국 사회문제는 어느 계층의 특수한 사람에게 특수하게 발생하는 것이 아니라고 본다. 보편주의 이념은 Wilensky와 Lebeaux의 제도적 사회복지로 볼 수 있으며 국민 전체를 사회복지의 대상에 포함시킨다.

보편주의 프로그램은 빈곤계층만이 아니라 사회구성원 전체를 대상으로 하며, 건강, 소득, 주택, 교육, 여가활동 등 광범한 영역에서 구성원들의 욕구에 대응한 정책이다.

선별적인 프로그램이 사후적 조치라고 한다면 보편주의는 사전적 예방조치라고 할 수 있다.

5. 법적 개념

법적 개념의 사회복지는 우리나라의 현행법으로 규정된 용어를 살펴봄으로써 사회복지 개념을 이해할 수 있다. 모든 사회복지의 법원 중 최상위에 있는 것은 헌법으로 전문에서 국민생활의 균등한 향상을 규정하고 있고 헌법 제10조를 위시하여 제31조에서부터 제36조까지 넓은 의미의 사회복지 개념을 포괄한다(문수열 외, 2010).

헌법 제10조에서 "모든 국민은 인간으로서의 존엄과 가치를 가지며, 행복을 추구할 권리를 가진다"라는 최상위 규정에 사회복지와 관련된 행복추구권 개념을 포괄적으로 규정하여 사회복지국가의 실현을 위한 국가의 의무를 선언하고 있다.

또 헌법 제34조는 좁은 의미에서 사회복지의 개념을 "모든 국민은 인간다운 생활을 할 권리를 가진다"라고 규정하고 있다.

그 외 사회복지와 관련된 헌법 내용은, • 제11조 평등권, • 제31조 교육을 받을 권리, • 제32조 노동의 권리, • 제33조 노동3권의 보장, • 제35조 모든 국민은 건강하고 쾌적한 환경에서 생활할 환경권, • 제36조 혼인과 가족, 모성의 보호와 보건권, • 제37조 국민의 자유와 권리 등을 규정한 것이 사회복지법의 법원이 된다.

사회복지행정의 기준이 되는 사회복지사업법 제2조에 규정한 사회복지사업의 개념은 '사회복지사업'이란 다음 각 목의 법률에 따른 보호·선도(善導) 또는 복지에 관한 사업과 사회복지상담, 직업지원, 무료 숙박, 지역사회복지, 의료복지, 재가복지(在家福祉), 사회복지관 운영, 정신질환자 및 한센병력자의 사회복귀에 관한 사업 등 각종 복지사업과 이와 관련된 자원봉사 활동 및 복지시설의 운영 또는 지원을 목적으로 하는 사업을 말하며 국민기초생활보장법 등 25개 법으로 규정하고 있다(동법 제2조 제1항).

우리나라의 사회보장에 관한 실질적 모법으로서 역할을 하여 국민들의 복지욕구에 부응하는 맞춤형 통합복지 구현이 가능한 체계로 마련된 사회보장기본법 제3조(정의)에서 ① 사회보장, ② 사회보험, ③ 공공부조(公共扶助), ④ 사회서비스, ⑤ 평생사회안전망으로 구분하여 정의하고 있다.

또한 사회복지실천 현장의 최 일선에서 일하고 있는 사회복지사 등에 대한 처우를 개선하고 신분보장을 강화하여 사회복지사 등의 지위를 향상하도록 함으로써 사회복지 증진에 이바지하는 것을 목적으로 「사회복지사 등의 처우 및 지위 향상을 위한 법률」(제11442호)이 공포되어 2012년 11월 24일부터 시행되고 있다.

동법 제3조에 사회복지사 등의 처우개선과 신분보장을 규정하고 있다.

① 국가와 지방자치단체는 사회복지사 등의 처우를 개선하고 복지를 증진함과 아울러 그 지위 향상을 위하여 적극적으로 노력하여야 한다.

② 국가와 지방자치단체는 사회복지사 등의 보수가 사회복지전담공무원의 보수수준에 도달하도록 노력하여야 한다.

③ 보건복지부장관과 지방자치단체의 장은 사회복지사 등의 보수 수준 및 지급실태 등에 관하여 3년마다 조사하여야 한다.

④ 사회복지사 등은 사회복지법인 등의 운영과 관련된 위법·부당 행위 및 그 밖의 비리 사실 등을 관계 행정기관과 수사기관에 신고하는 행위로 인하여 징계 조치 등 신분상 불이익이나 근무조건상 차별을 받지 아니한다.

따라서 우리나라는 사회복지의 법적 개념이 종전의 협의 개념에서 광의 개념으로 전환되고 있음을 엿볼 수 있다.

제2절 사회복지와 사회제도 관련 개념

1. 사회복지의 개념 변화

사회복지란 사회나 국가의 정치적, 경제적 및 문화적 요인, 사회구성원 간의 관계를 포함한 제반 사회적 요인이 반영되기 때문에 국가와 사회의 역사적 흐름과 그 특성을 반영하는 산물이라 할 수 있다. 사회복지 개념은 시대에 따라 사회적 상황의 변화 그리고 이념 및 방법과 기술의 개발에 따라 고정되어 있는 것이 아니고 그 강조점이 변화하고 있다.

티트머스(Titmuss)는 「사회정책이란 무엇인가?(What is Social Policy)」라는 논문에서 사회복지의 세 가지 유형을 이념형으로 제시하였다. 그 세 가지 모형은 보충적 복지모형, 산업적 성취수행모형 및 제도적 재분배 모형이다(Titmuss, 1974).

이들 개념은 역사적으로 변화하는 사회복지의 개념을 반영하고 있다. 예컨대, 보충적 모형에서 산업적 성취수행모형을 거쳐 제도적 재분배적 모형으로 변화 발전한다는 것이다.

사회가 변화함에 따라 사회적 개입을 필요로 하는 욕구에 대한 인식이 높아졌다. 로마니신(Romanyshyn)은 전 산업사회에서 후기 산업사회로 변화하면서 사회복지 개념이 자선과 교정, 복지국가, 복지사회로 변화되어 왔다고 하며 사회복지 개념의 변천을 다음과 같이 설명하고 있다(Romanyshyn, 1971; 백종만 외, 2001).

1) 보충적(잔여적)개념에서 제도적 개념으로
2) 자선이라는 사상에서 시민의 권리라는 사상으로
3) 빈민에 대한 특별한 서비스(선별성)에서 전체 국민들에 대한 보편적 서비스(보편성)로
4) 최저 수준의 급여와 서비스로부터 적정 수준의 급여와 서비스로
5) 개인의 치료로부터 사회의 개혁으로
6) 민간(자발적 자선)의 후원으로부터 정부(공공)의 후원으로
7) 빈민에 대한 복지로부터 복지사회로

따라서 복지사회의 개념에서는 모든 사회제도를 모든 인간의 개발을 극대화시키는 관점으로 사회복지의 이념이나 방법 및 내용 면에서 사회복지의 패러다임(Paradigm)의 변화를 가져오고 있는데 이를 요약하면 〈표 2-4〉와 같다.

〈표 2-4〉 사회복지 패러다임의 변화

구분	패러다임 변화
기본이념	보호, 구제 → 참가, 정상화의 실현
대상자	저소득자, 약자의 보호 → 복지욕구가 있는 모든 사람
공·사 관계	공·사 분리 → 공·사 협동

구분	패러다임 변화
국가와 지방의 권력 관계	중앙집권 → 지방분권
재원	공비 부담, 무료복지 → 공비 부담, 이용자 부담(서비스의 유료화)
서비스의 결정	행정(정부)의 재량 → 이용자의 선택, 자기결정권
공급주체	공적 공급, 법인위탁 → 공·사 혼합, 복지다원주의
서비스의 질	최저기준의 보장 → 적정 기준, 삶의 질 향상
서비스 공급의 관점	공급자 중심 → 이용자 중심
서비스 공급 장소	시설복지 → 재가복지

출처: 문수열 외(2010).

2. 사회복지와 사회제도

어떤 사회든지 사회구성원들의 기본적 욕구를 충족시키면서 하나의 공동체에서 존속·발전해 나아가기 위하여 필수적인 기능을 지속적 행위의 유형으로 조직화하고 관습화하여 사회제도로 정착시킨다(장인협 외, 2007).

사회복지를 사회제도로 보는 견해는 많은 학자들이 주장하는 보편적 접근방법이다. 사회제도(social institute)는 '사회와 제도'의 합성어이다. 사회는 두 사람 이상이 모인 집단이나 공동체로서 나 혼자 살아가는 것이 아니라 함께 공동으로 살아간다는 의미를 내포하고 있다. 제도는 인간생활에 꼭 필요한 기능들에 대한 공동체 구성원들의 공식적인 약속으로서의 의미를 지니고 있다.

사회복지제도는 다른 사회제도의 성격과 방향, 변화를 충분히 수렴하면서 독립적인 사회제도로 정착될 수 있어야 한다.

단순한 형태의 사회에서는 사회구성원의 모든 욕구가 가족제도를 통하여 충족되었으나 인구가 증가하고 사회가 복잡해짐에 따라 가족제도에서 종교제도, 국가제도, 경제제도가 기능적으로 분화되었고 현대 산업사회에서는 가족제도, 종교제도, 시장제도, 국가제도 외 사회복지라는 제5의 사회제도의 정착을 보게 되었다.

하나의 국가와 사회가 존립하기 위해서는 수많은 기능이 국가와 사회로부터 제공되어야 하며 그러한 기능을 가장 효과적이고도 효율적으로 수행하기 위한 사회제도가 마련되어야 한다. 즉, 사회제도의 기능적 측면과 사회복지의 본질을 연결시키는 것이 무엇보다도 필요하다.

공동체로서의 국가와 사회가 그 구성원들에게 제공해야 하는 기능에는 여러 가지 종류가 있다. Gilbert와 Specht(1974)는 Johnson(1960)과 Warren(1963)의 주장을 요약하여 사회존속의 필수적 주요 기능을 생산 - 분배 - 소비(production-distribution-consumption), 사회화(socialization), 사회통제(social control), 사회통합(social integration), 상호부조(mutual support)의 다섯 가지로 나누어 서술하고 있는데 사회제도와 주요기능에 대해 살펴보면 〈표 2-5〉와 같다(장인협 외, 1999; 김상균 외, 2006).

〈표 2-5〉 사회제도와 일차적 기능

제도		
경 제	→	생산・분배・소비
가 족	→	사 회 화
정 치	→	사회통제
종 교	→	사회통합
사회복지	→	상부상조

출처: Gilbert & Specht(1974).

1) 경제제도: 생산, 분배, 소비의 기능

사회구성원들이 일상생활을 영위하는 데 필요한 재화와 서비스를 생산하고 분배하고 소비하는 과정과 관련된 기능을 말한다. 그러나 전통사회에서는 가족, 이웃, 부락 등의 지역공동체를 중심으로 수행해왔다. 이른바 지식정보화 사회, 세계화 시대라 일컬어지는 현대사회에서는 국내외의 기업, 정부를 위한 각종 전문기관, 종교단체, 교육기관 등이 그 역할을 수행하고 있다.

이러한 기능을 주로 수행하는 제도를 경제제도라고 부른다. 경제제도는 개별적인 사회구성원의 차원에서는 생산의 방법과 가족의 욕구충족 방법에 영향을 주며, 건강한 생활을 영위하는 데 필요한 재화와 서비스를 어느 정도 제공받을 수 있느냐를 결정하는 것이다.

2) 가족제도: 사회화의 기능

가장 기본적으로 공동체가 존속하기 위해서는 공동체 구성원들의 재생산 기능이 확보되어야 하는데 이를 규정하고 있는 것이 바로 가족제도이다.

인간이 사회생활을 하는 데 필요한 가치와 규범, 지식을 전수하는 사회화 기능은 가족제도가 담당한다. 사회화(Socialization)는 사회가 향유하는 일반적 지식, 규범, 사회적 가치, 생활양태 등을 사회구성원에게 전달시키는 과정을 의미한다.

특히 사회화 과정에서는 유아기가 매우 중요하며, 사회화는 일생을 통해 계속되는 것이 보통이다. 아이는 태어나면서 부모로부터 세상을 살아가는 데 필요한 기본적인 지식, 가치, 행동양식을 배우고 이후 성장하면서 학교, 종교, 사회, 직장에서 인간관계를 통해 다양한 사회화를 경험하게 된다. 즉, 사회화 기능에서 가장 중요한 일차적 제도를 바로 가족제도라고 부른다.

3) 국가제도: 사회통제의 기능

국가는 중앙정부와 지방정부 등의 조직을 위하여 공동체의 규범을 만들고 이를 지키도록 강제하는 기능이 있어야 하는데 이를 담당하는 제도들이 법, 제도이고 정치제도인 것이다.

사회통제(Social control) 기능은 사회구성원으로 하여금 일정한 가치나 규범에 순응하도록 구성원의 행위에 영향을 미치는 장치를 의미한다. 기능은 모든 사회의 구성원들이 지켜야 할 법, 도덕, 규범 등을 가지고 있다.

사회통제를 담당하는 일차적 기관은 정부이며 정부는 경찰력(공권력)과 사법권을 통해서 보편적으로 적용될 수 있는 법을 집행하는 강제력을 발휘하게 된다. 한편으로 다른 사회조직인 가정, 학교, 종교기관, 사회기관들도 부분적으로 이러한 기능을 수행하지만 사회구성원에게 가장 광범위하고 강력하게 규범의 준수를 요구할 수 있는 곳은 국가이기 때문에 사회통제를 담당하는 일차적 제도는 정치제도인 것이다.

4) 종교제도: 사회통합의 기능

종교제도는 교회, 성당이나 사찰 등의 종교조직을 통하여 사회규범을 자발적으로 따르고 사회구성원으로서 깊은 관여와 헌신을 강화하는 사회통합과 영적개발 기능을 갖는다.

사회구성원 상호 간의 신뢰를 바탕으로 사기를 진작시킴으로써 사회에 대한 충성심을 불러 일으켜 사회존속을 유지하는 과정과 관계가 있으며 영적 개발은 종교제도가 담당하게 된다.

사회통합(Social integration) 기능은 사회체계(Social system)를 구성하는 사회의 단위조직 간의 관계와 관련된 기능을 의미한다. 사회화 기능이 사람에게 어떻게 행동할 것인지를 가르쳐 주는 기제(mechanism)라면, 사회통제의 기능은 그런 행동을 하도록 지배하고 강조하는 기제이고, 사회통합의 기능은 사람들 스스로 규범을 준수하여 바람직한 행동을 하도록 촉진하는 기제라 할 수 있다. 그리고 주어진 사회체계가 정상적으로 기능하고 전 사회체계에 이바지하기 위해서는 어느 정도의 결속력과 사기(Morale)를 유지해야 한다.

사회통합의 기능은 정치적, 경제적 및 사회적으로 급격한 변화를 경험하고 있는 사회나 시대에서 특히 강조되는 경향이 있다.

5) 사회복지제도: 상부상조의 기능

사회복지제도는 사회복지기관과 공공부조의 조직적이고 제도적인 장치를 통하여 오늘날 상호부조의 기능을 수행한다. 상부상조(mutual aid) 기능은 사회구성원들이 주요 사회제도에 의해서 자기들의 욕구를 충족할 수 없는 경우에 필요하게 되는 사회적 기능을 말한다.

사회복지는 기존의 사회제도가 사회구성원의 일부 혹은 대다수가 어떤 이유에서든지 자기들의 기본적 욕구를 충족시키는 데 실패하고 비공식적 상호부조 기제를 발전시켜 기능적 공백을 메우며 성장하였다. 과거의 전통적 사회에서는 상부상조의 기능이 주로 가족과 친척, 이웃주민, 친목단체, 자선단체와 같은 일차적 집단에 의해 수행되었다면 현대산업에서는 정부, 민간사회복지단체, 종교단체, 경제단체, 자조집단 등 이차적 집단으로 옮겨졌다.

〈표 2-6〉 주요사회제도의 주요기능과 사회복지 기능

사회제도	핵심조직	주요기능	사회복지 기능	사례
가족 (친족제도)	가족	출산, 사회화, 보호, 친밀관계, 정서적 지원	피부양가족의 보호, 가족 간·세대 간 재정지원	개인저축, 증여, 생명보호, 노인부양, 양육, 결혼혼수
종교제도	교회, 사찰, 성당	영적 성장과 발달, 사회통합	교과별 복지, 보건, 교육, 상담, 사회적 서비스	영혼구제 (복지시설의 구제)
시장 (경제제도)	생산자(회사), 소비자(가구), 기업, 협동조합	재화의 생산, 분배, 소비, 화폐를 통한 재화와 서비스의 교환	복지서비스와 재화의 영리적 생산, 기업복지	민영화, 상업화, 복지관 위탁, 유료노인요양시설, 유료실버타운
국가 (정치제도)	중앙정부, 지방정부	사회통제, 집합적 목표를 위한 자원의 동원과 분배	빈곤타파, 공공복지서비스, 소득, 의료, 교육, 주택 서비스	복지국가 (고용보장)
사회복지 (상호부조 제도)	회원단체, 이웃, 자원봉사기관, 사회복지기관	상호부조, 박애	자조활동, 자원봉사, 사회적 서비스, 사회복지서비스	향약, 두레, 계, 자조집단(알코올 중독자 모임 등) 자원봉사조직

출처: Gilbert & Terrel(1997); 장인협 외(2007)에서 재구성.

〈표 2-6〉에서 살펴본 바와 같이 모든 사회적 기능의 대부분은 가장 단순한 사회에서는 가족이라는 하나의 제도에 의해 수행되지만, 사회가 복잡해짐에 따라 이러한 기능을 전문적으로 수행하게 되어 전문화(specialization)에 따른 사회제도, 즉 정치, 경제, 종교, 사회복지 등의 제도가 생성되게 된 것이다(장인협 외, 2007).

3. 사회복지 관련 개념

사회복지를 이해하기 위해서는 일반적인 개념 정의뿐만 아니라 사회복지와 관련된 유사한 개념을 검토할 필요가 있다. 본서에서는 사회사업, 사회보장, 인간서비스, 사회(적) 서비스, 사회복지서비스, 사회안전망, 복지사회, 복지국가, 사회개발, 사회정책 및 자선사업 등으로 나누어 살펴본다.

1) 사회복지와 사회사업

우리나라에서는 현재 사회복지라는 말을 매우 보편적으로 사용하고 있으나 social work(사회사업)와 명확히 규정하여 용어를 사용하기에는 쉬운 일이 아니다.

사회복지와 관련된 용어로 소셜 워크(social work), 즉 사회사업은 상호 상관된 영역으로 종종 사회복지와 같은 의미로 사용되기도 하지만 각각의 기능을 지니고 있기 때문에 구별하여 사용할 필요가 있다.

사회사업은 원래 미국의 Social Work를 번역한 용어로 〈표 2-7〉과 같은 점에서 사회복지와 구별되고 있다.

프래드랜더와 엡트(Friendlander & Apte)는 "사회복지는 국민복지에 기본적인 것으로 인정된 사회적 욕구를 충족시키기 위하여 그리고 사회질서의 회복을 위하여 제반 급부를 확보하거나 강화시키는 법률, 프로그램 급여 및 서비스 체계이며, 사회사업은 개인, 집단, 지역사회가 개인적, 사회적 만족과 독립을 누릴 수 있도록 도와주는, 인간관계에 대한 과학적 지식과 기술에 바탕을 둔 전문적인 서비스다"라고 하였다.

장인협 교수(1994)는 "사회복지란 모든 국민들의 사회제도 및 사회체제 간의 상호작용에 파생되는 제반문제나 사회정책과 사회적 서비스를 마련하려는 정부나 민간기관들의 조직적인 노력이고 체계적인 실천 활동이며, 사회사업은 개인의 자아실현과 사회질서 및 정의를 구현하기 위해 개인이나 집단 및 지역사회 수준에서의 사회적 기능을 적절히 수행할 수 있도록 공공 또는 민간기관을 통해 도움을 제공하려는 전문직의 활동"이라고 정의하고 있다.

〈표 2-7〉에서 보는 바와 같이 사회복지는 넓은 개념으로 바람직한 사회건설을 목적으로 두고 인간의 복지를 증진시키기 위한 정부나 민간단체들의 사회적 서비스, 제도 등의 체계적이고 조직적인 노력이다.

반면, 사회사업은 바람직한 인간화에 역점을 두고 사회복지의 전문영역으로서 개인이 그 일상생활의 과정에서 사회적 기능을 원활히 수행하기 위해 사회사업가(사회복지사)가 제공하는 전문적 활동이라고 할 수 있다.

〈표 2-7〉 사회복지와 사회사업의 개념 비교

구분	사회복지	사회사업
개념/어의	거시적/이념적 측면 강조	미시적/실천적 측면 강조
목적	바람직한 사회, 사회적 시책에 의한 (제도적 체계)예방	바람직한 인간 전문적 사회사업에 의한 (기술적 체계)치료
대상	보편적, 전체적, 일반적	선별적, 개별적, 특수계층
방법(기능)	제도적, 사회복지정책적(macro)	전문지식, 기술(micro)
특성	사전적, 예방적, 적극적, 일반적	사후적, 치료적, 소극적, 선별적
실천	고정적 접근	역동적 접근
이론	예방 과학	치료 과학
범위	보편성	선별성
실천	고정적	역동적

출처: 김융일(2003); 박경일 외(2001)에서 재구성.

2) 사회복지와 사회보장

사회복지와 유사개념으로 사회보장이란 용어가 사용되고 있는데 때로는 혼돈되거나 중복되어 사용되고 있다.

사회보장(social security)이란 용어가 법률적, 공식적으로 사용된 것은 1935년에 제정된 미국의 사회보장법(Social Security Act)이다. 영국 복지국가의 설계자라고 할 수 있는 베버리지는 사회보장을 소득보장을 의미하는 것으로 정의하였는데 사회보장은 실업, 질병 및 사고, 노령, 사망, 예외적 지출과 같은 특정의 위기상황에 대처하기 위해 필요한 금전적 혜택의 제공이라고 정의하였던 것이다.

이러한 사회보장이란 용어가 보다 보편적으로 사용되게 된 것은 1942년 영국의 베버리지 보고서가 발표된 이후이다. 베버리지에 의하면 사회보장은 5대 사회 악(惡)인 궁핍, 질병, 무지, 불결, 나태 중에서도 특히 궁핍(窮乏)을 제거하기 위한 국가의 예방적, 치료적 조치였다.

일반적으로 사회보장의 정의를 내릴 때 가장 많이 인용되는 것이 ILO의 정의로 사회보장에서 중요한 것은 소득보장임을 강조하고 있다.

우리나라의 사회보장기본법(제3조)에서는 “사회보장이란 출산, 양육, 실업, 노령, 장애, 질병, 빈곤 및 사망 등의 사회적 위험으로부터 모든 국민을 보호하고 국민 삶의 질을 향상시키는 데 필요한 소득·서비스를 보장하는 사회보험, 공공부조, 사회서비스를 말한다”라고 규정하고 있다.

이렇게 역사적으로 혹은 각 나라마다 사회보장의 범위가 다양하게 규정되고 있어 사회보장의 내용을 일률적으로 규정할 수는 없으나, 일반적으로 사회보장의 범위를 질병, 노령, 장애 등의 제반 위험이나 사고에 대처하기 위한 사회보험, 그리고 사회보험으로는 필요를 충족할 수 없는 사람들을 위한 공공부조와 다양한 욕구를 가진 사람들에 대한 사회복지서비스를 포함하는 것으로 볼 수 있을 것이다.

사회복지가 보다 광의의 의미로 사용될 경우 소득보장, 보건, 의료, 주택 개별 서비스, 노동 등이 포함되어 사회복지가 사회보장의 상위개념이 된다. 따라서 어느 쪽이 상위개념이고 하위개념인가라는 논의는 별로 의미가 없으며 각각의 개념과 범위를 어떻게 규정하고 사용하는가에 따라 달라질 수 있다.

그러나 사회복지학을 전공한 사람들은 대부분 사회복지를 적어도 5대 영역을 포함하는 넓은 개념으로 생각하기 때문에 적어도 사회복지학계에서는 사회복지가 사회보장보다는 넓은 개념으로 통용된다.

3) 인간서비스

인간서비스(human services)는 개별사회서비스와 비슷한 개념으로 미국에서 흔히 사용한다. 주류사회에 적응하지 못하거나 생활문제를 경험하는 개인이나 집단의 복리증진을 목적으로 하는 보다 포괄적이고 종합적인 서비스 제공 활동이다(Mehe & Kanwischer, 2004; 권중돈 외, 2011, 재인용).

이러한 인간서비스는 사회복지는 물론 교육, 공중보건, 정신건강, 재활, 교정, 응급구호 등의 다양한 서비스 분야를 포함한다. 인간서비스에서는 삶의 부적응을 초래하는 환경의 개선을 더욱 중시하지만 개인의 심리적 문제를 무시하지는 않으며, 사후치료보다는 예방적 차원에서의 문제해결에 초점을 둔다.

최근에는 학문 분야 간의 경계가 희박해지고 융합되는 경향이 강해지면서, 통합서비스를 제공하는 경향이 증가하고 있다(권중돈 외, 2011).

결국 인간서비스는 사회복지를 포함하며 인간의 복지증진을 위한 포괄적이고 종합적인 활동이라고 할 수 있다.

4) 사회(적)서비스와 사회복지서비스

사회(적)서비스(social services)라는 용어는 영국연방권에서 사용되고 있는 용어로서 공공부조, 사회보험, 아동복지, 교정(correction), 정신위생, 공중보건, 교육, 오락, 노동보호, 주택제공 등을 포함하는 매우 광범위한 개념이다. 즉, 사회(적)서비스란 인적자원의 보존, 보호개선을 직접적 목적으로 하는 조직화된 활동이라 할 수 있다(김상균 외, 2007).

사회보장기본법 제3조(정의)는 "사회서비스란 국가·지방자치단체 및 민간부문의 도움이 필요한 모든 국민에게 복지, 보건의료, 교육, 고용, 주거, 문화, 환경 등의 분야에서 인간다운 생활을 보장하고 상담, 재활, 돌봄, 정보의 제공, 관련 시설의 이용, 역량 개발, 사회참여 지원 등을 통하여 국민의 삶의 질이 향상되도록 지원하는 제도를 말한다"라고 규정하고 있다.

사회(적)서비스란 대면관계를 기반으로 하여 개인에게 주어진다는 의미의 대인사회서비스(personal social service)가 개인적 문제해결과 성장을 위한 특수한 욕구에 대응하는 대면적 서비스를 말하는데, 이는 서비스 제공자인 전문가가 아동, 노인, 장애인 등 서비스 대상자와 대면관계에 기초하여 직접적, 전문적 서비스를 제공하는 특성이 있음을 의미한다(장인협 외, 1999).

우리나라는 사회복지사업법 제2조에서 '사회복지서비스'란 국가·지방자치단체 및 민간부문의 도움을 필요로 하는 모든 국민에게 상담, 재활, 직업 소개 및 지도, 사회복지시설의 이용 등을 제공하여 정상적인 사회생활이 가능하도록 제도적으로 지원하는 것을 말한다.

사회(적)서비스 프로그램은 사회적 취약계층의 자활 및 재활을 위한 교육 훈련에 초점을 둔 종래의 사회복지서비스와는 달리 일반계층을 대상으로 보다 광범위한 사회적 욕구충족을 위한 개별적 사회서비스를 이용할 수 있도록 신용카드와 유사한 전자 바우처(증서)를 지급하는 방식으로 실시되고 있는데 사회서비스 체계는 넓은 의미의 사회복지 개념의 현실적 모형이라고 할 수 있다(권중돈 외, 2011).

최근에 우리나라에서 사회서비스의 확충에 대한 정책적 관심이 높아졌다. 그러한 이유는 사회서비스 분야의 일자리 창출과 복지확대라는 정책지향이 맞아 떨어졌기 때문이다. 우리나라에서 논의되고 있는 사회서비스의 개념을 보면, 넓은 의미로는 우리나라 표준산업분류상 사회서비스를 공공행정, 국방, 교육서비스, 의료서비스 및 사회복지서비스를 포함하고 있으며 좁은 의미로는 사회적 돌봄 서비스(social care service)를 말한다.

우리나라에서는 사회복지라는 제도적 틀 안에서 제공되는 대인서비스라는 제한된 의미로 사회복지서비스라는 용어가 사용되고 있어 사회복지와 인간서비스, 사회(적) 서비스보다는 좁은 의미를 지니고 있다.

5) 사회안전망

1997년 11월에 일어난 외환위기는 우리의 경제를 일시적이나마 국제통화기금(IMF) 관리체제하로 편입시켰고 이와 같은 경제위기를 극복하는 상황에서 우리의 관심을 끌었던 제도가 바로 사회안전망(social safety-net)이었다.

사회안전망이란 기존의 사회보장제도하에서는 보호받을 수 없는 사람들을 보호하기 위한 대책을 의미한다. 사회안전망을 광의로 볼 때 모든 국민을 실업, 빈곤, 재해, 노령, 질병 등의 사회적 위험으로부터 보호하기 위한 제도적 장치로 사회보험과 공공부조인 사회보장제도와 보완적 장치로서 공공근로사업, 취업훈련 등을 포괄한다. 사회안전망은 대량실업, 재해, 전시 등의 국가위기상황에서 국가가 국민에게 기초생활을 보장해 줌으로써 이들이 안정된 사회생활을 할 수 있도록 하는 역할을 수행한다(김상균 외, 2006).

우리나라도 사회보장기본법 제3조에 사회안전망에 대해 '평생사회안전망'으로 정의하면서 "평생사회안전망이란 생애주기에 걸쳐 보편적으로 충족되어야 하는 기본욕구와 특정한 사회위험에 의하여 발생하는 특수욕구를 동시에 고려하여 소득·서비스를 보장하는 맞춤형 사회보장제도를 말한다"라고 규정하고 있다.

이러한 사회안전망의 목적은 모든 사회적 위험에 대한 포괄성과 사회구성원 모두에게 적용되는 보편성을 실현하고 기본적인 생활을 보장하는 데 있다.

6) 복지사회와 복지국가

복지사회(welfare society)라는 용어는 1960년대 초부터 새로운 이념으로 출현한 개념으로 국가와 시민사회 간 새로운 균형을 강조한다. 복지사회는 최저한의 소득보장뿐 아니라 사회구성원 개개인의 성장을 극대화하려는 목표가 중시된다. 복지사회의 개념은 최저수준의 소득보장을 근간으로 하는 복지국가의 논리만으로 충족될 수 없는 '사회의 인간화'를 강조한다.

복지국가란 Robson(1976)은 전체 사회의 복지구현에 대한 책임을 정부가 실천하는 것이고, 복지사회는 일반구성원이 복지에 대한 권리에 상응하는 의무를 이해하고 받아들이고 실천하는 것이라고 했다(장인협 외, 1999, 재인용).

현대적 의미의 복지국가는 영국이며, 구두로 사용한 사람은 1974년 짐 메톤이고, 문자로 출판한 최초의 사람은 1941년 템플 대주교이다.

〈표 2-8〉 복지국가와 복지사회

구분	복지국가	복지사회
책임	국가나 정부의 책임이나 임무	사회일반, 전체사회 지역공동사회의 주체성과 책임
정책목표	경제적 보상(사회보장정책), 물질적 충족(공공부조), 기초서비스 제공(교육, 의료)	비화폐적 문제(대인적 사회서비스) 비경제적 문제(비행, 범죄)등에 관심
이데올로기 배경	자유방임주의 반대	자유방임주의 찬성
주요 사용국가	영국 북구 제국	프랑스, 독일 등 서구 선진제국

7) 사회개발과 사회정책

사회개발(social development)은 경제개발(economic development)과 대비되는 개념으로 사회 전체를 정치, 경제, 사회, 문화로 나눌 때 주로 사회와 문화 부문의 개발을 도모하기 위한 활동이다(남세진·조흥식, 1995). 이러한 사회개발은 경제개발로 인하여 나타나는 사회계급과 계층 문제를 극복하기 위한 하나의 방편으로 등장했다고 할 수 있다.

사회정책(social policy)은 국가와 공공기관이 사회구성원의 욕구 충족, 사회문제해결, 사회적 형평의 실현과 같은 공공선(公共善)의 목적을 달성하기 위하여 채택한 공식적인 미래의 행동계획이라 할 수 있다.

사회복지정책은 서비스나 소득을 제공함으로서 시민들의 복지에 영향을 미치는 정부의 정책이며, 여기에 해당하는 핵심 프로그램으로는 사회보험, 공공부조, 사회복지서비스 등이라고 할 수 있다.

Gilbert와 Specht(1986)는 정책내용의 범위에 따라 가장 광의의 개념이 공공정책이고 그다음이 사회정책이며 가장 좁은 개념이 사회복지정책이라고 할 수 있다(권중돈 외, 2011).

8) 자선사업

자선사업(charity)은 개인적인 금품 시여를 통해 개인이나 집단을 도와주는 비공식적, 비전문적 활동이다. 즉, 친인척 간의 부조, 금품 시여 등이 이에 해당되는데 사회복지의 비공식적 영역을 구성하는 것으로 공식적인 의미의 사회복지나 사회사업과는 구별된다. 자선사업은 공식적인 제도하에서 수행되는 것이 아닌 비공식적 활동을 의미하며, 자선 수혜자의 권리성은 전혀 없다(조흥식 외, 2012).

4. 사회복지와 관련 개념들과의 관계

사회복지(Social Welfare)를 넓은 의미에서 인간의 사회적 욕구를 증진시키고 사회적 문제를 예방·경감시키기 위하여 정부나 민간이 금품이나 서비스를 제공하는 전반적인 제도, 법, 서비스, 활동 등으로 규정할 때, 전술한 사회복지, 사회보장, 사회복지서비스, 사회사업 그리고 자선사업 등의 관계는 다음의 [그림 2-4]와 같이 표시될 수 있다.

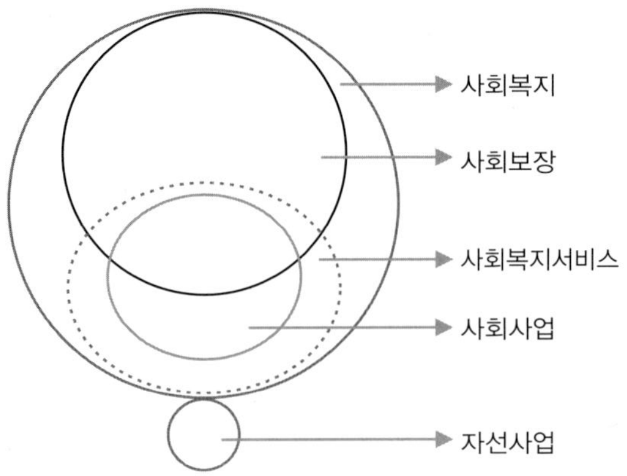

[그림 2-4] 사회복지, 사회보장, 사회복지서비스, 사회사업, 자선사업의 관계

출처: 성민선 외(2005); 조흥식 외(2012), 재인용.

[그림 2-4]에서 보는 바와 같이 넓은 의미의 사회복지는 사회보장, 사회복지서비스, 사회사업 등이 모두 포함되는 개념이며 사회보장을 사회보험, 공공부조 및 사회서비스(사회복지서비스 포함)로 정의할 경우 사회서비스(사회복지서비스 포함)의 일부는 사회보장 영역에 속하게 된다. 사회사업은 사회복지서비스 중 사회복지사에 의해 행해지는 전문적인 실천 활동이므로 사회서비스(사회복지서비스 포함)의 일부 영역이지만 임상심리상담가, 특수교사 등에 의해 제공하는 사회복지서비스나 자원봉사 활동과 같은 서비스는 사회사업의 영역에서 제외된다.

자선사업은 비공식적 영역에서 행하여지는 활동이므로 사회복지의 영역과 교차되는 영역이 존재하지 않는다.

제 3 절 사회복지의 학문적 성격

1. 사회복지의 학문적 성격

사회복지제도는 시대 상황과 사회문화적 특성에 적합하게 발전하고, 사회복지전문직의 성장과 발전을 위해서는 과학적 지식과 기술체계가 필요하다.

사회복지학이 독립된 학문으로서 성립되기 위해서는 고유의 연구주제 및 대상, 연구방법에 기초하여 현상을 과학적으로 설명하는 이론정립과 그것의 현실적용이 가능해야 한다. 사회복지학도 다른 사회과학에 비해 출발은 늦었지만 고유의 주제와 연구방법을 기초로 하여 학문으로 정립되었다고 볼 수 있다.

사회복지학은 인간과 사회 환경의 상호작용에서 나타나는 다양한 사회 현상을 조사하고 연구하여 인간다운 삶이 보장되는 사회를 형성하는 데 기여하는 실천학문이며 응용학문이다. 사회복지학이 실천응용학문으로 분류되는 이유는 과학의 목적인 ① 현상을 있는 그대로 묘사하는 기술(description), ② 현상 간의 인과관계를 밝혀내는 설명(explanation), ③ 현상이 앞으로 어떻게 변화되고 전개될지에 대한 예측(prediction), 그리고 ④ 현상을 조작하고 변화시키는 통제(control) 중에서 현상의 기술, 설명, 예측을 목적으로 하는 순수학문의 이론과 지식을 바탕으로 과학의 마지막 목적인 현상의 통제, 즉 현상의 변화를 도모하는 데 초점을 둔 학문이기 때문이다(권중돈 외, 2011).

그렇다면 학문으로서 사회복지학은 어떤 특성을 가지고 있는가를 살펴보면 다음과 같다(장인협·이혜경·오정수, 2007; 오정수, 2012).

첫째, 사회복지학은 모든 학문 분야처럼 과학성을 추구한다.

둘째, 사회복지학은 인간의 욕구충족을 목표로 한다.

셋째, 사회복지학은 다학문성(multi-discipline)을 특성으로 한다.

넷째, 사회복지학은 인간의 욕구충족을 위한 실천성을 지향하고 사회문제해결을 지향한다.

요컨대 사회복지학은 과학성을 추구하는 사회과학의 다학문성을 지니고 있고 모든 국민들의 인간다운 삶을 보장하기 위해 사회문제, 사회적 위험이나 사회적 욕구를 조직적이고 체계적으로 대처하는 실천학문이다.

2. 사회복지의 기준

사회복지 개념 정의의 다양한 측면과 관련 개념들을 검토하였으나 사회복지의 기준들은 모호한 채로 남아있다. 따라서 Wilensky와 Lebeaux(1965)는 사회복지를 전통적인 자선이나 가족과 이웃 간의 상호부조와 구별하고 사회복지의 한계를 분명히 하기 위해 다음과 같은 다섯 가지 사회복지의 한계기준을 제시하고 있다(조흥식 외, 2012).

1) 사회복지활동은 사회적으로 승인된 목적과 방법으로 수행되고 사회적 책임을 지는 활동이다.

사회적으로 승인된 목적과 방법, 그리고 공식적 책임의 존재가 이윤추구를 위한 후원금에 의하여 제공되는 서비스와 사회복지서비스를 구분하는 중요한 기준이 된다.

불법행위를 지원하는 것은 행위 자체가 후원, 원조행위라고 할지라도 사회적으로 승인을 받을 수 없기 때문에 사회복지활동이 될 수 없으며 방법도 사회복지사업법이나 관련 법규에 규정하고 있는 범위 내에서 수행되어야 한다.

노인이나 장애자, 조손가정, 소년소녀가장을 친족이나 친구, 이웃, 교회나 직장 동료들이 돌보고 그들에게 물질적으로나 정신적으로 도움을 주는 일은 인류역사를 통하여 늘 있어온 일이지만 이러한 활동이 개별적이고 자의적이며 비공식적으로 이루어지기 때문에 사회복지활동이라 부르지 않는다.

사회복지는 사회적으로 승인된 목적과 방법으로 수행되어야 하며, 공익성을 통해 사회적 책임을 지는 활동이어야 한다.

2) 사회복지활동은 공식적 조직에 기초한 활동이다.

사회복지는 공식적 조직과 관련하여 수행된다. 사회복지사업을 목적으로 설립된 사회복지시설이나 기관에서 제공되는 활동이나 사회복지공동모금 등과 같은 사회복지활동을 할 수 있는 법제적 근거에 의해 설립된 조직에 의해 수행되는 경우 사회복지활동으로 이해할 수 있다.

그러나 개인적으로 동냥, 적선을 하거나 자선행위, 가족이나 이웃 간에 이루어지는 상호부조적 원조는 공식적으로 조직화된 것이 아니기 때문에 사회복지활동에서 제외된다.

현대의 사회복지는 불특정다수에게 도움을 제공하는 활동으로서 개인적인 유대관계 때문에 도움을 받는 것과는 다르다. 여기서 공식적 조직이라고 할 경우 도움의 제공자와 도움을 받는 자 사이에 정규적, 지속적, 공식적인 사회복지조직이어야 한다.

3) **사회복지활동은 인간의 소비욕구에 직접 관심을 가진 활동이다.**

사회복지는 인간의 의식주를 비롯한 다양한 욕구문제에 대하여 직접적인 욕구충족에 관심을 가지는 활동이다.

사회복지는 사회구성원 개개인의 인간다운 삶의 확보와 인간존엄의 구현을 위하여 사회구성원 개개인의 직접적인 소비욕구 충족에 관심을 갖는다. 그것이 인간다운 삶의 확보를 위한 다른 공식적인 활동들 예컨대 국방, 치안, 경제개발, 수질개선 도로건설, 산림보호, 지하철 건설사업 등은 간접적 활동으로서 사회복지활동에서 제외된다. 사회복지가 관심을 갖는 사회구성원의 기본적인 욕구란 전체사회나 생산자의 이익보다는 각 개인과 소비자로서의 최소한 의식주 문제해결에서부터 적절한 사회화와 능력개발에 이르기까지 다양한 수준을 의미하며 그 수준과 범위는 주어진 사회의 생산성 수준이나 사회적 연대의 수준과 유형에 따라 달라질 수 있으며, 그것은 전적으로 주어진 사회의 합의에 맡겨진다. 예컨대 사회복지활동은 노숙자에 대하여 직접적인 관심을 가지고 무료급식이나 주거시설을 마련해 주는 것이다.

4) **사회복지활동은 인간욕구의 통합적 관심에 대하여 충족되지 않는 욕구에 대해 기능적 보편성을 갖는다.**

사회복지의 기능은 어려움을 겪고 있거나 어려움이 예상하는 사회구성원 개개인의 기본적 욕구(basic need)를 직접적으로 충족시키고 인간의 기본적인 욕구에 통합적이고 포괄적으로 접근한다.

통합적 관심은 개인적인 경제적 결핍이나 신체의 고통해소에 초점을 두기보다는 사회적, 심리적, 경제적 욕구들에 광범위한 관심을 가지고, 다양한 형태로 접근하는 것을 의미한다. 사회복지는 미충족의 욕구가 발생하면 가족, 학교, 직장, 시장, 교회, 병원, 감옥 등 언제 어디서든 그 욕구를 직접 충족시키기 위하여 기능하게 된다.

즉, 충족되지 않는 욕구가 있는 곳에 어디든지 사회복지서비스가 제공되며 모든 사회제도 전반에 걸쳐 관계한다는 기능적 포괄성이 바로 사회복지의 고유성이라고 할 수 있다.

5) 사회복지활동은 프로그램의 주된 목표로 이윤추구를 배제하는 활동이다.

가족 간에 이루어지는 상호부조적 원조(욕구와 서비스 순환)가 사회복지활동에 포함되지 않는 것처럼 시장경제 체계 내에서 이윤을 추구하기 위해 제공되는 프로그램이나 서비스는 원칙적으로 사회복지활동에서 제외된다.

즉, 영리를 목적으로 하는 활동은 사회복지활동이 아니지만 최근 사회복지활동은 영리조직의 활동을 인정하고 있기 때문에 절대적 기준으로는 여전히 논란의 대상이 되고 있다.

이상에서 제시한 사회복지에 대한 이론적 기준(준거 틀)은 현대 사회복지를 일률적으로 판단하는 기준이 되기에는 많은 한계를 가지고 있다. 그러나 이러한 기준에 대한 논의는 변화되고 있는 사회복지를 이해하고 논의할 수 있는 중요한 이론적 근거라는 점에서 여전히 그 의의는 크다고 볼 수 있다.

3. 다학문적 성격으로서의 사회복지학

사회복지는 '환경 속의 인간'을 받들고(俸) 섬기는(仕) 사회제도이면서 인간의 모든 생활영역에 개입하는 인간봉사 전문직 중의 하나이다(Mehr & Kanwiseeche, 2004; 권중돈 외, 2011, 재인용).

그러므로 사회복지학의 성격을 정확히 이해하기 위해서는 관련 학문 분야를 살펴볼 필요가 있다.

사회복지학이란 개인의 사회문제 및 사회적 욕구 해결과 사회적 기능을 향상시키는 데 목적이 있기 때문에 사회과학의 이론과 지식을 포괄하고 있어 사회과학의 한 분야로 분류된다.

현대사회가 복잡할수록 사회복지현상도 매우 다양한 형태로 존재하며, 단일 차원으로 이해할 수 없다. 그리고 사회문제도 다양한 해결 방식을 요구하고 있어 하나의 학문으로 전체사회현상을 설명한다는 것은 불가능할지 모른다.

사회현상을 보는 시각에 있어서 사회복지학은 타 사회과학과 비교해 볼 때 다학문적인 접근을 강조하고 있어 다학문적 성격을 가지고 있으며 사회과학의 기본적인 개념, 연구방법 등에 있어서 공통성이 있다. 또한 사회복지학은 순수과학이라기보다는 응용사회과학으로서 인간과 사회의 제반문제를 해결하기 위한 다학문적 노력을 전제로 한다. 이러한 차원에서 사회복지학의 상당한 부분은 사회과학의 범주에 드는 여러 학문이 기초가 되어 상호 협조하는 가운데 성립·발전해 오고 있으며 오랫동안 인간행동에 관한 지식과 사회의 구조와 과정에 관한 지식체계를 발전시켜 왔다.

그래서 사회복지학을 사회과학적, 응용과학적, 종합학문적, 다학문적인 성격을 지닌다고 말하고 있는 것이다. 그리고 사회복지학의 이론과 실천에 영향을 준 학문은 사회학·심리학·상담학·법학·행정학·정치학·경제학·정책학·인류학·의학·생물학 등이 있다(이소희 외, 2007).

4. 사회복지학의 실천방법

사회복지학의 실천방법이란 사회복지현상에 대한 접근방법이나 사회복지사의 활동을 의미한다. 실천방법은 학문적 접근방법과 사회복지사의 활동의 방법, 범위, 대상 등에 따라 다양한 분류가 가능하다. 사회복지실천의 접근방법을 개인, 가족, 집단에 초점을 두는 미시적 접근, 지역사회복지실천과 사회복지조직 등과 관련된 중범위 접근 그리고 국가와 제도에 초점을 두는 거시적 접근 등으로 분류할 수도 있다.

1) 사회복지의 미시적 실천방법: 임상적 접근

사회복지의 미시적 실천방법은 주로 임상적 접근으로서 소셜 워크(social work), 즉 사회사업을 의미한다. 사회사업은 인간의 욕구 충족을 위한 전문적인 도움활동에 가치, 이론, 실천을 통해 독립된 응용과학이다. 따라서 사회사업은 하나의 응용과학 학문(discipline)이며 사람들을 돕는 전문적 활동이다.

이러한 전문적 활동을 과거에는 개별사회사업, 집단사회사업 등으로 언급하였지만 최근에는 사회복지실천(social work practice)으로 사용되고 있다. 사회복지실천은 개인, 가족, 집단, 지역사회가 사회적 기능을 수행하고 그러한 목적의 달성에 유리한 사회적 조건을 창출하기 위해 이들의 능력을 향상하거나 회복하는 것을 도와주는 전문적 활동으로 정의할 수 있다(오정수 외, 2012).

결국 사회복지의 미시적 실천방법은 개인, 가족, 집단과의 직접적인 관계 또는 상호작용과정에 개입하는 사회복지사의 활동을 말하며 사회복지실천, 사회복지실천기술, 인간행동과 사회환경과 같은 이론과 실천기법을 습득하는 것을 목표로 하고 있다.

2) 사회복지의 중범위 실천방법: 지역사회 중심의 접근

사회복지의 중범위 실천방법은 지역사회 중심의 접근으로서 지역사회복지실천을 의미한다. 그러나 사회복지의 실천방법을 보다 넓은 의미로 해석하여 개입방법 및 대상을 중심으로 분류하면 사회복지의 실천방법을 개인, 가족 및 집단 중심의 미시적 접근, 지역사회 중심의 중범위 접근, 국가중심의 거시적 접근으로 구분할 수 있다.

사회복지의 중범위 실천방법으로서 지역사회복지실천은 지역사회집단, 조직과 제도, 그리고 지역사회구성원 간의 관계 및 상호작용의 행동패턴을 변화시키는 실천기술의 적용이며, 지역사회조직화 및 지역사회의 변화(change)를 위한 전문적이고 직접적인 개입활동이라 할 수 있다(오정수 외, 2012).

지역사회복지실천은 사회복지실천 방법의 기초로서 사회복지사의 활동 영역에서 필수적이다. 지역주민의 삶과 생활기능을 높이기 위한 사회복지사의 역할은 지역사회자원의 사정, 복지지원체계의 개발, 지역주민의 욕구충족을 위한 정책결정자에 대한 옹호활동 등 지역복지실천 활동과 밀접히 관련되어 있다.

3) 사회복지의 거시적 실천방법: 정책적·제도적 접근

사회복지의 거시적 실천방법은 사회복지와 관련된 국가의 정책이나 법, 제도를 통한 접근방법을 의미한다. 우리나라 사회복지학계에서 사회복지학은 크게 '임상'과 '정책'으로 구분하는 경향이 있는데 '임상'의 경우는 미시적 접근(때로는 중범위 접근을 포함하는 경우도 있다)과 관련이 높고 '정책'의 경우는 사회복지문제에 대한 국가의 정책이나 법, 제도에 관한 논의, 사회복지의 역사와 사상, 복지행정체계 등을 포함하며 주로 사회복지정책이나 사회복지행정이 여기에 해당한다.

사회복지의 거시적 실천방법으로서 사회복지정책은 사회복지문제를 해결하기 위해 정부가 계획적으로 선택한 행동지침이라 할 수 있고 사회복지행정은 사회복지정책을 사회적 서비스로 전환하는 과정으로서 조직관리, 인적·물적 자원의 효율적 동원 및 활용과 관련된 사회복지조직의 총체적 활동을 의미한다.

이상으로 사회복지학의 실천방법을 살펴본 바와 같이 사회복지의 미시적 접근과 거시적 접근이 서로 관계없거나 상호관계의 중요성을 인식하지 못하는 경향도 있다. 새로운 사회복지서비스 프로그램의 개발과 집행, 서비스 전달체계의 개편 등과 같은 사회복지정책의 변화는 일선 사회복지조직의 미시적·중범위 수준의 사회복지실천에 영향을 미칠 수밖에 없기 때문이다. 따라서 사회복지 전공자 또는 사회복지사는 사회복지의 실천방법을 총체적으로 연계하여 이해할 필요가 있다(오정수 외, 2012).

꼭 알아야 할 내용

- 사회복지 개념 정의
  (어의적 개념, 협의: 잔여적, 예외주의 개념과 광의: 제도적, 보편주의 개념)비교
- 사회복지와 사회제도의 주요기능
- 사회복지의 개념 변화
- 사회복지 관련 개념들
- 사회복지의 기준
- 사회복지의 다학문적 성격

Chapter 03

사회복지의 동기

일반적으로 사회복지는 인간의 욕구충족을 지원하려는 동기로부터 발전하였으며 인간의 욕구와 욕구에 대한 사회적 인식이 변화함에 따라 사회복지의 동기 역시 다양하게 발전하여 왔다. 초기 사회복지의 동기는 종교적, 인도주의적, 공리주의적, 전문직업적 동기 등으로 구분하였으며(전재일, 2006), 이러한 다양한 사회복지 동기들이 복합적으로 작용한 결과가 현재의 다양한 사회복지제도라 볼 수 있다(Macarov, 1978).

본 장에서는 사회복지의 동기로서 상호부조의 동기, 종교적 동기, 정치적 동기, 경제적 동기, 이데올로기적 동기, 전문직업적 동기로 구분하여 살펴보고자 한다.

제1절 상호부조의 동기

상호부조(mutual aid)의 동기는 서로가 서로를 돕는다는 뜻으로 가장 오래되고 가장 보편적인 사회복지의 동기이다. 오늘날에도 일상생활 속에서 접하게 되는 가족, 이웃, 노동조합, 자조집단(self-help group), 지역사회, 다양한 사회복지제도 등을 통해 여전히 중요한 사회복지의 동기로서 작용하고 있다. 인간은 옛날이나 지금에나 여전히 상호부조를 통해 경제적인 지원뿐만 아니라 정서적 지지, 사회관계, 정보, 활동 등의 자원을 가족, 이웃 등과 공유하고 있다.

상호부조는 인간의 욕구충족의 동기에 기인하지만 결과적으로 인간이 소속된 집단적 관계를 보다 긴밀하게 유지하는 역할을 수행한다. 즉, 상호부조의 핵심적 목표는 경제적 이득이 아니라 사회적 연대의 확산이라고 할 수 있으며, 이것은 사회복지의 궁극적인 목표와도 일치한다고 볼 수 있다(Mauss, 1990). 한편, 현대사회가 점차 개인주의화함에 따라 전통사회에 비해 상호부조의 동기가 약화되는 것은 사실이나, 동시에 사회복지제도를 통해 다시 회복하거나 유지할 수 있다(Macarov, 1978).

제2절 종교적 동기

종교적 동기(religious motives)는 자선적 동기의 의미를 가진다. 대부분 종교에서 언급하는 이웃사랑, 형제애, 자비, 자선 등은 서로 돕고 불우한 타인까지도 구제하는 자선행위를 강조하고 있다. 오늘날 종교의 자선활동은 대부분 기관 혹은 조직을 통해 제도화됨에 따라 자선의 방법과 양, 수혜자의 자격요건 등의 개념이 형성되었다. 그 결과 오늘날 사회복지 발전에 중요한 디딤돌이 되어 왔으며 이러한 종교적 동기의 구현은 여전히 사회복지실천의 중요한 부분이 되고 있다. 기독교의 경우 예수 그리스도의 직접적인 교훈과 행적은 사복음서(마태복음, 마가복음, 누가복음 및 요한복음)에서 찾아볼 수 있다. 복음서는 무엇보다도 예수 그리스도의 사랑, 친절 및 평화의 기본정신을 바탕으로 모든 인간은 서로 형제처럼 사랑하고 또 세상에 있어서는 거룩한 의무를 다함으로써 하나님의 은총을 입어 영생을 누릴 수 있게 된다고 설명하고 있다. 따라서 자선행위는 이러한 종교적 교리가 바탕이 되어 형제애나 이웃사랑으로 서로 돕고 나아가서는 불우한 타인까지 돕게 하면서 종교적 동기가 사회복지 발달사에 영향을 미치게 되었다.

그러나 종교적 동기에서의 자선은 받는 사람(수혜자)에 대한 고려보다는 주는 자(giver)의 심적 태도나 종교적 의식에 더 강조를 두어 왔다. 즉, 고통받는 사회적 약자가 될 수밖에 없는 이유나 환경의 부조리에 관심을 두기보다는 자선행위를 통해 구원 혹은 속죄를 받고자, 신의 뜻과 명령을 이행하고자 하는 주는 사람의 종교적 믿음이 무엇보다 중요하게 작용하기 때문이다. 최근 사회복지의 개념이 사회적 약자에 대한 보호에서 벗어나 모든 사람들의 권리로 인식됨에 따라 종교적 동기에 의한 사회복지는 많이 약화되었지만, 자원봉사 활동이나 종교단체의 복지활동과 인권활동 등에서는 여전히 중요한 동기인 것은 틀림없다(김형수 외, 2011).

제3절 인도주의적 동기

인도주의의 근원은 18세기 중간계급의 등장으로 인한 인권문제와 관련하여 살펴볼 수 있다. 그 당시의 철학자들은 박애에 대한 합리성과 하류계층과 빈민에 대한 자선도 합리화시켰다. 인도주의는 무엇보다도 인간생활에 있어서 고통을 경감하고 나아가서 향락을 증진시키는 데 그 원류를 찾아볼 수 있다. 인도주의적 동기의 특징은 인간이란 계급으로 인해 상하로 나누는 것이 아니라, 모든 인간은 평등한 관계에서 서로 사랑해야 하며 친절을 베풀고 도움을 주어야 하는 것이 인간의 의무라는 것이다. 따라서 인도주의적 동기에서 타인을 돕는 것은 결코 우월자가 열등자를 천시하며 원조하는 것이 아니라는 것을 전제하고 있다.

제4절 정치적 동기

사회복지의 정치적 동기란 권력을 가진 정치집단 또는 정부가 사회복지를 정치적인 수단으로 이용한다는 의미이다.

고대사회의 왕들은 가난한 자들에 대해 보살피는 모습을 보였다. 역설적으로 이것은 고도의 통치행위였다. 즉, 왕의 은혜를 입은 자들은 곧 왕의 백성이므로 그 천한 백성과 그 백성이 거주하는 지역까지 모두 왕의 통치권의 범위였던 것이다. 근대사회 이후 많은 국가들이 사회복지제도를 도입하고 실시했던 것도 정치권력의 정당화, 사회체제의 유지를 위한 것이었다.

정치적 동기가 부각되기 시작한 것은 국가 혹은 정부가 사회복지에 대한 관심을 표방하기 시작한 데서 찾을 수 있기 때문에 사회복지의 역사에서 보면 1601년 영국의 구빈법에서 시작되었다고 할 수 있다. 정부가 사회복지를 제공하는 동기에는 경제적 동기, 인도주의적 동기, 종교적 동기 등 복합적인 요인들이 작용하기도 하지만, 정치적 동기의 측면에서 본다면, 정치적 권력을 획득 및 유지, 사회적 불안 회피, 정치적 과정 자체의 부산물이라는 세 가지 측면에서 찾을 수 있다(박상하 외, 2008).

정치적 권력을 유지하기 위한 사회복지 동기의 대표적 예로는 미국의 사회보장제도를 들 수 있다. 1930년대 대공황으로 대규모 실업과 이로 인한 사회경제적 문제가 발생하자, 정부는 정치적 권력을 유지하기 위한 방법으로 사회보장제도를 고안하였다. 또한 미국은 최근 빈곤층을 위한 소득보장 프로그램을 폐지한 반면 정부의 재정부담이 훨씬 많은 노령연금은 그대로 유지하였다. 이는 빈곤층의 정치적 힘이 약한 반면, 노령연금 수급자들의 정치적 힘이 강하기 때문인 것으로 해석된다(김태성, 2000). 또 다른 사회복지의 정치적 동기는 사회불안을 막기 위해서이다. 예컨대, 사회복지에 대한 국가 책임을 처음으로 제시한 영국의 빈민통제법의 제정배경에는 간혹 강도들로 변하는 부랑자들의 위협을 줄이기 위한 것이 있었다(백종만 외, 2004).

그리고 또 다른 사회복지의 정치적 동기는 사회복지가 이미 존재하는 다른 정책의 부수적인 영향에 의해 수립되는 경우를 말한다. 예컨대, 미국의 가족지원법은 복지수급자들이 공공복지에 대한 의존에서 벗어날 수 있도록 직업훈련을 받거나 취업하도록 규정하였다. 이런 규정은 공공부조가 국민 대다수에게 손해만 주고 소수의 사람들만 이득을 본다는 사회인식을 정치적으로 반영한 것으로 볼 수 있다. 하지만, 이런 규정에 따른 부산물로서 보육프로그램과 직업훈련을 지원하는 보조금이나 장학금을 지급하는 프로그램이 확립되기도 하였다(김상균 외, 2006).

제5절 경제적 동기

사회복지의 경제적 동기는 사회복지를 정부가 주도해서 제공하는 것이 다른 방법보다 더 효율적이기 때문에 나타나게 된다. 일반적으로 자본주의 사회에서 재화를 분배하는 가장 효율적인 방법은 시장을 활용하는 것으로 알려져 있다. 하지만 시장이 재화를 효율적으로 분배하지 못하는 이른바 시장실패가 발생하는 경우 시장을 대신하여 정부가 재화를 분배하는 것이 보다 더 효율적이다(김형수 외, 2011).

정부는 시장실패로 인하여 야기되는 다양한 사회문제에 대해 경제적인 이유로 사회복지제도를 발전시키도록 하는 경우에는 주로 사회문제의 경감이나 해결하는데 드는 비용을 감소하거나, 사회문제가 경제에 미치는 부정적 결과를 최소화하기 위한 것이다. 예컨대, 2000년부터 시행된 국민기초생활보장제도도 1997년 말 IMF경제위기로 인한 대량 실업과 가정 해체에 따른 막대한 사회문제 비용을 경감하기 위해 발전시킨 제도로 이해할 수 있다(문진영, 1999).

따라서 사회복지제도를 도입하거나 확대, 축소함으로써 얻어지는 경제적 효과를 산출하면, 이에 대해 부정하기 어려운 것이 사실이다. 그래서 사회복지제도의 도입과 확대, 축소에 결정적인 영향을 미치는 것으로 경제적 이익에 대한 고려가 필수적이다.

제6절 이데올로기적 동기

사회현상을 과학적으로 입증하거나, 특히 현상들 간의 상관관계나 인과관계를 과학적으로 입증하거나 논증하기 어려운 경우가 많다. 특히 어떤 현상의 원인을 규명하거나 대책을 수립할 때 그런 경우가 많다. 이러한 경우 결국 말하는 사람의 가치관이 작용하게 된다. 무엇이 옳은 것인가에 대해 사람마다 입장이 다르다. 이러한 가치관이 집단화되고 정치화된 것이 이념 또는 이데올로기이다(윤찬영, 2010).

이데올로기는 사회복지의 가장 강력한 동기 중의 하나이며, 이데아(idea=신념)와 로기(logie=논리)의 합성어로서 한 개인이나 집단구성원들에 의해서 공통으로 소유되는 신념이나 가치의 체계를 말한다. 개인적으로는 자신과 세상에 대한 관점, 신념, 태도로 표현되고, 사회적으로는 사회의 가치, 원리, 방법 등으로 표현된다. 즉, 사회복지 분야에서 개인적 이데올로기는 타인을 도와야 한다는 신념, 느낌, 태도로 나타나며, 사회적 이데올로기는 사회복지제도나 사회복지실천의 가치와 원리, 방법 등을 결정하게 한다(표갑수, 2002).

사회복지와 관련된 이데올로기적 동기로는 이타주의, 인도주의 등을 들 수 있다. 이타주의란 외부로부터 어떤 보상도 기대하지 않고 다른 사람을 이롭게 하는 행동을 수행하는 것을 의미한다. 이타주의는 이기주의와 반대되는 개념이며, 서로 도와주고 도움을 받는 상호부조와도 차이가 있다. 이타주의는 기본적으로 개인에 초점을 둔 것이지만, 이것이 전체사회로 확산되는 경우에는 인도주의가 된다. 인도주의는 사회적 차원에서 인류의 복지와 행복에 관심을 두고 이를 증진하도록 돕는 것을 의미한다. 인도주의는 인간에게 계급적 상하의 격차가 있는 것이 아니기 때문에 돕는 자와 도움을 받는 자는 평등한 관계에 있다는 것을 강조한다(현외성 외, 1999).

사회복지는 이데올로기의 산물이다. 이타주의, 인도주의, 평등주의 등의 가치와 이념이 사회복지를 가능케 했고 발전시킨 원동력이다. 그러므로 사회복지 발달의 동기로서 이데올로기는 무시할 수 없는 위력을 가진 요소이다.

제 7 절 전문직업적 동기

클라크(Clarke) 여사가 "많은 사람들이 법률이나 의학 분야에 종사하는 것과 같이 사회복지에 종사하여 환경적 차원이나 인간적인 면에서 욕구상태에 있는 사람들에게 그들의 전문적 서비스를 제공하고 있다"고 한 것처럼 사회복지에 대한 전문성이라는 영역에 점차 관심이 증대되고 있다.

사회복지가 전문직업으로 등장하면서 앞에서 살펴본 종교적 혹은 인도주의적 동기와는 별개로 전문직업으로서의 동기가 강조되고 있으며, 사회복지전문직업적 동기는 사회복지사가 사회복지실천에 헌신하는 주요 동기가 된다. 즉, 사회복지사들도 여타 전문직인 법률가, 의사, 교육자 등과 같이 사회복지전문직으로서의 철학과 윤리에 근거하여 최선의 사회복지서비스를 제공하며, 이에 상응하는 대가를 받게 되기 때문이다.

그러므로 사회복지는 도움을 필요로 하는 사람들에게 바람직한 사회적 기능을 수행함으로써 행복할 수 있도록 의도적으로 변화시키는 과정에서 인간과 사회 환경에 대한 전문가적 지식과 윤리와 가치 그리고 실천적 기술이 요구된다. 이런 측면에서 사회복지는 전문적 직업적 동기에 입각하여 충실한 서비스를 수행하고자 하는 노력이 이어지고 있다(윤철수 외, 2008).

꼭 알아야 할 내용

- 사회복지의 동기에 대한 이해

Chapter 04

사회복지의 이념, 가치와 윤리

사회복지직은 많은 전문직 가운데 가장 크게 '가치에 기반을 둔 전문직(value based profession)'이라고 할 수 있다. 전문가로서 어떤 선택을 해야 할 때에 어떤 가치에 기초를 두고 있느냐에 따라 크게 영향을 받기 때문이다(Reamer, 1999). 가치로부터 무엇이 옳고 그른가를 결정하는 윤리적 판단의 기준과 원칙들이 나오기 때문에 전문 사회복지실천가로서의 사회복지사는 가치와 윤리를 실천의 연속선상에서 중요하게 다룰 필요가 있다. 따라서 본 장에서는 사회복지전문직의 사회적 역할수행에 필요한 이념, 가치와 윤리를 구분하여 살펴보고자 한다.

제1절 사회복지의 이념

1. 사회복지의 이념

사회복지의 의미는 국가와 시대의 흐름에 따라 다양하게 변하며, 역동적인 성격으로 인해 그 사회의 변화와 함께하는 포괄적인 개념으로 서로 다른 의미를 내포하고 있다. 사회복지의 이념을 인간존중사상, 평등사상, 국가책임사상 등으로 나누어 살펴보고자 한다.

(1) 인간존중사상

사회복지는 인간이 심리·정서적으로 안정되고, 자아실현을 이루며, 근심걱정 없이 삶에 만족감을 느끼며 살아갈 수 있도록 인간존엄성의 구현을 가장 중요한 이념으로 여기고 있다(Skidmore & Thakeray, 1982). 인간의 존엄성 사상은 모든 인간이 누구나 하나의 인격체로서 존중받아야 한다는 사상으로 사회복지의 본질적인 가치라 할 수 있다.

또한 인간존중사상은 한 사람의 성취 여부에 관계없이, 비록 어떤 결함이 있는 사람이라 할지라도 인간인 한 존중받아야 한다(Watson, 1985)는 것이다. 따라서 인간존중사상은 기본적으로 모든 사람의 인간다운 생활을 요구하며, 최소한의 사회적 안정을 위한 욕구충족 등을 요구하게 되었다. 이를 구현하기 위해 다양한 사회적·경제적 제도들이 마련되고 있다.

(2) 평등사상

사회복지에서 추구하는 기본적이고 본질적인 이념 중의 하나는 평등(equality)이다. 평등은 한정된 사회적 자원의 재분배를 통해 사회구성원의 삶의 질을 골고루 향상시키는 것이라고 정의할 수 있다. 그러나 평등의 개념을 구체적으로 살펴볼 때 학자들마다 다양한 관점을 가지고 있다. 일반적으로 평등의 개념을 사용하는 경우는 강도(強度)의 차이에 따라 수량적 평등, 비례적 평등, 기회의 평등으로 분류된다.

수량적 평등은 모든 사람에게 욕구나 능력의 차별 없이 사회적 자원을 똑같이 분배하는 것을 의미하며, 가장 적극적인 평등이며 산술적 평등 혹은 결과의 평등의 개념이다. 즉, 투입된 노력과 관련된 여러 가지 요인인 능력이나 동기, 학력 등 개인차와 관계없이 생산된 결과물을 똑같이 분배해야 한다는 사회주의적 이념과 같다.

비례적 평등은 개인의 욕구, 능력, 기여도에 따라서 사회적 자원을 다르게 분배하는 공평성(equity) 개념이다. 이는 수량적 평등에 비해 불평등이 분명히 존재하지만, 자본주의 사회에서 실질적인 평등의 개념으로 널리 받아들여지고 있다. 이 공평성의 개념을 적용하여 여성이나 장애인, 아동, 노인을 위한 차별적인 지원을 하거나 사회보험을 도입하여 어느 정도 결과의 평등에 근접하게 조건을 맞추는 제도적 개입을 하게 된다.

기회의 평등은 매우 소극적인 평등의 개념으로 결과는 무시한 채 과정상의 기회만 똑같이 주는 개념이다. 개인의 능력과 관계없이 기회만 주면 된다는 것으로, 참여의 기회만 동등하게 부여하면 평등하다고 보는 개념이다.

복지국가는 적극적인 의미의 평등, 즉 보편주의 원칙에 입각하여 모든 국민에게 사회적 권리로서 보편적으로 제공하는 사회복지 급여와 서비스를 통하여 일정한 수준의 기본적인 삶을 보장하고 사회적 불평등을 감소시키고자 노력한다(장인협 외, 2003).

시대에 따라 이념이 어떻게 변천해 왔는지를 〈표 4-1〉을 보면 쉽게 이해할 수 있을 것이다. 학자들이 다양한 관점에서 그 시대를 지배한 이념이고 오른쪽에 가까울수록 적극국가적인 이념이다.

〈표 4-1〉 사회복지 이념의 흐름

소극국가	내용	적극국가
소극국가	① 반집합주의　소극적 집합주의　페이비언사회주의　마르크시즘	적극국가
	② 시장자유주의자　정치적 자유주의자　사회민주주의자　신마르크시스트	
	③ 전통적 경제이론　신중상주의이론　마르크시즘–파생적 사회주의자	
	④ 잔여적　제도적　규범적 또는 사회주의자	
	⑤ 보수주의　적극국가　사회보장국가　사회복지국가　급진주의	

출처: 박석돈 외(2008), 재인용.

(3) 국가책임사상

사회복지란 인간이 지향하고 있는 기본적인 이상과 목표에 대한 사회적 노력을 그 사회의 정치·문화·경제 등의 다양한 제도로 구현하고자 한다. 또한 그 이상과 목표를 인간존엄성의 구현에 두고 있으며, 인간존엄성의 구현은 평등을 전제로 하고 있다. 평등의 객관적 기준을 사회적 욕구라고 보고 이 욕구충족의 최종적 책임을 사회 또는 국가에 지우고 있다.

사회복지에 대한 국가의 기본적인 책임은 영국의 빈민법(The Poor Law of 1601)에 의해 처음으로 인정되었으며, 빈민법은 빈민구제를 체계화했고, 국가가 처음으로 빈곤문제에 제도적으로 개입하였다는 의의를 가지고 있다(전재일, 2006).

국민의 복지에 대한 국가의 책임이 인정된다면 반사적으로 개인은 국가에 대해서 자신의 복지를 요구할 권리, 즉 복지권을 가질 수 있게 된다. 이와 같이 사회복지정책에서는 가난에 대한 일차적 책임이 개인에게 있는가, 사회에 있는가 하는 질문이 끊임없이 되풀이되고 있다. 그래서 시대와 상황에 따라 개인의 책임이 부각되기도 하고, 때로는 사회의 책임이 강조되기도 한다. 그것은 궁극적으로 시대와 사회여건에 따라 정책적으로 결정하게 되는 선택의 문제인 것이다. 그러나 오늘날 일반적인 추세가 복지국가라면 사회 또는 국가의 책임이 더 강조되고 있다고 볼 수 있다.

제2절 사회복지의 가치

1. 사회복지의 가치

1) 사회복지 가치의 개념

'가치(value)'라는 용어는 라틴어 'valere'로부터 나왔으며, 많은 학자들은 가치에 대해 정의를 내려 왔다. 즉, 어떤 바람직함이란 개념으로서 가능한 한 여러 수단과 목적들 중에서 '인간의 노력의 지침이 되는 바람직한 최종 상태', '여러 대안적 행동 중에서 선택을 할 때 영향을 주는 규범적 기준' 등이다(Reamer, 1999). 또한 가치는 믿음 또는 신념과 같은 것으로 다수의 사회구성원들이 좋거나 바람직하다고 여기는 것 혹은 개인의 선호도를 나타내는 적합한 행동 선택의 지침이다.

따라서 가치로부터 무엇이 옳고 그른가를 결정하는 윤리적 판단의 기준과 원칙들이 나오기 때문에 전문 사회복지실천가로서 사회복지사는 가치와 윤리를 실천의 연속선상에서 중요하게 다루어야 하며 사회복지전문직은 사회적 역할수행에 필요한 가치의 기초를 확립해야 함을 강조한다.

2) 사회복지의 기본 가치

가치에 대한 정의는 학문적 차원에서 폭넓게 정의되고 있으며, 특정 집단, 개인 또는 문화가 본질적으로 바람직하다고 받아들이는 신념이자 실천적 개념이라고 생각할 수 있다. 따라서 사회복지가 추구하는 가치 중 사회복지의 핵심가치로서 인간 존엄의 가치, 자기결정의 가치, 기회균등의 가치 등에 대하여 살펴보고자 한다.

인간 존엄의 가치는 인종, 종교, 연령, 성별, 신분 등과 관계없이 한 인간으로서 존엄한 가치를 지닌 존재로 존중받아야 된다는 사회복지의 철학이고 가장 중요한 기본 가치이다. 헌법 제10조에서 “모든 국민은 인간으로서 존엄과 가치를 가지며 행복을 추구할 권리를 가진다”라고 인간의 존엄성을 명시하고 있다.

자기결정의 가치는 개인이 무엇을 요구하며 그것을 어떻게 충족할 것인가를 자기 스스로 선택하고 결정을 내릴 수 있는 자유로운 권리를 의미한다. 이것은 사회복지의 이론과 실제에 있어서 중요한 원리가 되고 있는데 정신장애로 건전한 사고능력이 없을 경우나 기타 특별한 경우는 예외로 하되 클라이언트의 올바른 이해와 판단과 결정을 기다리는 것이 전제되기도 한다.

기회균등의 가치는 가치 저변에 평등을 중심 내용으로 두고 있다. 동등한 기회의 보장으로 경제적 시장에서 사회적 자원의 재분배를 통하여 사회구성원의 삶의 질을 골고루 향상시키고자 하는 가치이다.

레비(levy)는 사회복지 전문직 가치를 세 가지로 구분하여 설명하고 있다.

① 사람우선의 가치: 인간에 대한 바람직한 생각으로 사람자체에 대해 갖추고 있어야 할 가치관

② 결과우선의 가치: 인간을 위한 바람직한 결과로 사람에 대해 서비스를 제공했을 때 초래하는 결과에 대한 가치관

③ 수단우선의 가치: 인간을 다루는 바람직한 도구로 서비스를 수행하는 방법 및 수단과 도구에 대한 가치관

제3절
사회복지실천 윤리

1. 사회복지의 윤리

1) 사회복지 윤리의 개념

윤리란 인간의 행위와 도덕적 의사결정에 관련되는 철학의 한 분야이다. 윤리는 '해서 옳은 일과 하지 말아야 할 일'의 판단 기준을 지칭하는 것으로 사람들에게 무엇이 옳고 그른지를 결정함에 있어 어떤 지침이 되는 원칙을 발견해 내는 데 초점을 둔다. 윤리는 가치에서 파생되며, 가치와 조화를 이루어야 한다. 그러나 둘 사이의 차이점은 가치란 무엇이 좋고(good) 바람직한지(desirable)에 관심을 두는 반면, 윤리란 무엇이 옳고(right) 바른지(correct)에 관심을 둔다. 일반적으로 윤리라 함은 '도덕(morality)'과 유의적으로 해석되기 쉬우나, 도덕은 인간으로서 바람직한 생각, 좋게 생각되는 행위를 그 사회나 시대가 가지고 있는 사회적 규범에 비추어 결정하는 것이다.

〈표 4-2〉 가치와 윤리의 특성 및 관계

가치	윤리
• 믿음, 신념, 선호 • 어떤 것이 바람직한가, 바람직하지 않은가	• 행동에 대한 판단 • 어떤 것이 옳은가, 그른가

사회복지전문직의 윤리는 사회복지실천과정이 윤리적 결정의 과정임을 인식하고 사회복지사로서 어떻게 바르게 행동하는가를 배우도록 돕는 기준이 된다. 이런 맥락에서 볼 때 사회복지서비스를 계획하고 제공하는 사회복지전문직의 윤리는 전문인으로서 행하거나 지켜야 할 도리이며, 이것들이 바로 전문적 행동의 기준과 원칙이 된다.

2) 윤리적 결정의 철학적 근거

(1) 윤리적 절대주의

도덕적 가치판단의 보편적으로 타당한 절대적 윤리법칙이 존재한다는 관점, 즉 이미 정해진 고정불변의 도덕률을 강조하는 것으로 옳고 그름을 그 행위의 결과와는 별개로 판단한다.

(2) 윤리적 상대주의

보편적으로 타당한 어떤 윤리법칙도 존재하지 않는다는 관점, 절대적이고 보편적인 도덕률은 결코 존재할 수 없으며 어떠한 행위가 도덕적으로 옳고 그른지에 대한 판단은 사회에 따라 다양하다고 보는 철학적 관점이다.

2. 사회복지전문직의 윤리강령

사회복지사의 윤리강령은 사회복지사가 전문직으로서 지향하는 것과 가치관을 성문화하고, 직업사의 책무나 최소한도의 행동규제, 준수해야 할 규칙, 비밀유지 등 전문가 집단이 자기규제를 하기 위한 기준이 된다. 1960년 NASW에 의해서 '윤리강령'이 처음 제정되었다. 이후 오늘에 이르기까지 각 나라마다 사회복지사 윤리강령을 두고 있고, 전문직으로서 갖추어야 할 사회복지사의 태도와 자세 등의 행동지침이 되어 왔다.

1) 미국사회복지사협회의 윤리강령

미국은 전문사회사업(professional social work)이 가장 발달된 나라이고, 세계 최초로 사회복지사 윤리강령을 제정하였으며, 이 윤리강령은 거의 모든 나라 사회복지사 윤리강령의 표본이 되고 있다. 미국사회복지사협회(National Associaton Social Workers: NASW)의 윤리강령은 전문, 윤리강령의 목적, 원칙, 기준 등 네 개 부분으로 구성되어 있다. 이 중에서 윤리의 원칙에 관한 부분을 소개하면 다음과 같다.

(1) 윤리의 원칙

① 인간의 존엄성과 가치(dignity and worth) 존중의 원칙: 사회복지사는 인간의 천부적 존엄성과 가치를 존중한다. 아울러 개인적 차이와 문화적·인종적 차이를 존중한다. 사회복지사는 클라이언트의 책임 있는 의사결정을 증진시키고 욕구충족을 위한 그들 자신의 능력과 기회를 향상시키기 위하여 노력한다. 또한 사회복지사는 사회에 대한 책임도 인식하여 클라이언트의 이익과 사회이익 간의 갈등을 해결하기 위해 노력해야 한다.

② 사회정의(social justice)의 원칙: 사회복지사는 특히 사회적으로 취약한 위치에 있는 사람들을 위하여 그들과 함께 활동하고 나아가 사회적 변화를 추구한다. 사회복지사의 사회변화 노력은 빈곤, 실업, 차별, 기타 사회적 불의의 문제에 초점을 둔다.

③ 봉사(service)의 원칙: 사회복지사의 일차적 목표는 욕구를 갖고 있는 사람들을 원조하고 사회문제를 해결하는 것이다. 사회복지사는 자신의 이익을 초월하여 자신이 지닌 지식, 가치, 기술의 인간서비스(human service)이며, 이에 종사하는 사회복지사는 인간관계의 중요성을 인식해야 한다. 사람들 간의 관계는 변화를 위한 중요한 수단이기 때문에 원조과정에서 사람들을 파트너로 참여시킨다.

④ 정직과 성실(integrity)의 원칙: 사회복지사는 전문직의 사명, 가치와 윤리적 기준을 인식하고 이에 부합하는 실천을 수행한다. 사회복지사는 정직하고 책임 있게 행동하고 자신이 소속한 조직의 입장에서 윤리적 실천을 증진시킨다.

⑤ 능력(competence)의 원칙: 사회복지사는 자신의 능력범위 내에서 실천한다. 그리고 전문적 지식적 기술을 향상시키고 이를 실천에 적용하기 위하여 끊임없이 노력하여야 한다.

2) 우리나라 사회복지사 윤리강령

우리나라의 사회복지사 윤리강령은 1967년에 창립된 한국사회사업가협회에 처음 채택되었다. 이후 1992년에 개정되었는데, 당시의 우리나라 사회복지사 윤리강령은 사회복지의 이념, 철학, 그리고 사회복지사의 사명에 대한 전문과 10개조의 단순한 기준만을 제시하는 데 그쳤다. 2001년 12월에 개최된 한국사회복지사협회의 정기대의원총회는 실천성을 한층 강화한 새로운 강령을 채택하여 오늘에 이르고 있다. 개정된 강령은 전문, 윤리기준, 사회복지사 선서 등 세 부분으로 구성되어 있는데, 이 책에서는 윤리기준 중 '사회복지윤리위원회의 구성과 운영'과 관련된 내용을 제외한 부분만을 소개한다.

(1) 사회복지사의 기본적 윤리기준

① 전문가로서의 자세

가. 사회복지사는 전문가로서의 품위와 자질을 유지하고, 자신이 맡고 있는 업무에 대해 책임을 진다.

나. 사회복지사는 클라이언트의 종교, 인종, 성, 연령, 국적, 결혼상태, 성 취향, 경제적 지위, 정치적 신념, 전신·신체적 장애, 기타 개인적 선호, 특징, 조건, 지위를 이유로 차별대우를 하지 않는다.

다. 사회복지사는 전문가로서 성실하고 공정하게 업무를 수행하며, 이 과정에서 어떠한 부당한 압력에도 타협하지 않는다.

라. 사회복지사는 사회정의 실현과 클라이언트의 복지증진에 헌신하며, 이를 위한 환경조성을 국가와 사회에 요구해야 한다.

마. 사회복지사는 전문적 가치와 판단에 따라 업무를 수행함에 있어, 기관 내외로부터 부당한 간섭이나 압력을 받지 않는다.

바. 사회복지사는 자신의 이익을 위해 사회복지전문직의 가치와 권위를 훼손해서는 안 된다.

사. 사회복지사는 한국사회복지사협회 등 전문가단체 활동에 적극 참여하여, 사회정의 실현과 사회복지사의 권익옹호를 위해 노력해야 한다.

② 전문성 개발을 위한 노력

가. 사회복지사는 클라이언트에게 최상의 서비스를 제공하기 위해, 지식과 기술을 개발하는 데 최선을 다하며 이를 활용하고 전파할 책임이 있다.

나. 클라이언트를 대상으로 연구하는 사회복지사는 저들의 권리를 보장하기 위해,

자발적이고 고지된 동의를 얻어야 한다.

다. 연구과정에서 얻은 정보는 비밀보장의 원칙에서 다루어져야 하고, 이 과정에서 클라이언트는 신체적·정신적 불편이나 위험·위해 등으로부터 보호되어야 한다.

라. 사회복지사 전문성을 개발하기 위해 노력하되, 이를 이유로 서비스의 제공을 소홀히해서는 안 된다.

마. 사회복지사는 한국사회복지사협회 등이 실시하는 제반교육에 적극 참여하여야 한다.

③ 경제적 이득에 대한 태도

가. 사회복지사는 클라이언트의 지불능력에 상관없이 서비스를 제공해야 하며, 이를 이유로 차별대우를 해서는 안 된다.

나. 사회복지사는 필요한 경우에 제공된 서비스에 대해, 공정하고 합리적으로 이용료를 책정해야 한다.

다. 사회복지사는 업무와 관련하여 정당하지 않은 방법으로 경제적 이득을 취하여서는 안 된다.

(2) 사회복지사의 클라이언트에 대한 윤리기준

① 클라이언트와의 관계

가. 사회복지사는 클라이언트의 권익옹호를 최우선의 가치로 삼고 행동한다.

나. 사회복지사는 클라이언트에 대하여 인간으로서의 존엄성을 존중해야 하며, 전문적 기술과 능력을 최대한 발휘한다.

다. 사회복지사는 클라이언트가 자기결정권을 최대한 행사할 수 있도록 도와야 하며, 저들의 이익을 최대한 대변해야 한다.

라. 사회복지사는 클라이언트의 사생활을 존중하고 보호하며, 직무수행과정에서 얻은 정보에 대해 철저하게 비밀을 유지해야 한다.

마. 사회복지사는 클라이언트가 받는 서비스의 범위와 내용에 대해, 정확하고 충분한 정보를 제공함으로써 알 권리를 인정하고 존중해야 한다.

바. 사회복지사는 문서, 사진, 컴퓨터 파일 등의 형태로 된 클라이언트의 정보에

대해 비밀보장의 한계, 정보를 얻어야 하는 목적 및 활용에 대해 구체적으로 알려야 하며, 정보공개 시에는 동의를 얻어야 한다.

사. 사회복지사는 개인적 이익을 위해 클라이언트와의 전문적 관계를 이용하여서는 안 된다.

아. 사회복지사는 어떠한 상황에서도 클라이언트와 부적절한 성적 관계를 가져서는 안 된다.

자. 사회복지사는 사회복지 증진을 위한 환경조성에 클라이언트를 동반자로 인정하고 함께 일해야 한다.

② 동료의 클라이언트와의 관계

가. 사회복지사는 적법하고도 적절한 논의 없이 동료, 혹은 다른 기관의 클라이언트와 전문적 관계를 맺어서는 안 된다.

나. 사회복지사는 긴급한 사정으로 인해 동료의 클라이언트를 맡게 된 경우, 자신의 의뢰인처럼 관심을 갖고 서비스를 제공한다.

(3) 사회복지사의 동료에 대한 윤리기준

① 동료

가. 사회복지사는 존중과 신뢰로써 동료를 대하며, 전문가로서의 지위와 인격을 훼손하는 언행을 하지 않는다.

나. 사회복지사는 사회복지전문직의 이익과 권익을 증진시키기 위해 동료와 협력해야 한다.

다. 사회복지사는 동료의 윤리적이고 전문적인 행위를 촉진시켜야 하며, 이에 반하는 경우에는 제반 법률규정이나 윤리기준에 따라 대처해야 한다.

라. 사회복지사가 전문적인 판단과 실천이 미흡하여 문제를 야기시켰을 때에는, 적절한 조치를 취하여 클라이언트의 이익을 보호해야 한다.

마. 사회복지사는 전문직 내 다른 구성원이 행한 비윤리적 행위에 대해, 제반 법률규정이나 윤리기준에 따라 조치를 취해야 한다.

바. 사회복지사는 동료 및 타 전문직 동료의 직무 가치와 내용을 인정·이해하며, 상호 간에 민주적인 직무관계를 이루도록 노력해야 한다.

② 슈퍼바이저

가. 슈퍼바이저는 개인적인 이익의 추구를 위해 자신의 지위를 이용해서는 안 된다.

나. 슈퍼바이저는 전문적 기준에 의해 공정하게 책임을 수행하며, 사회복지사 및 실습생에 대한 평가는 그들과 공유해야 한다.

다. 사회복지사는 슈퍼바이저의 전문적 지도와 조언을 존중해야 하며, 슈퍼바이저는 사회복지사의 전문적 업무수행을 도와야 한다.

라. 슈퍼바이저는 사회복지사·수련생 및 실습생에 대해 인격적·성적으로 수치심을 주는 행위를 해서는 안 된다.

(4) 사회복지사의 사회에 대한 윤리기준

① 사회복지사는 인권존중과 인간평등을 위해 헌신해야 하며, 사회적 약자를 옹호하고 대변하는 일을 주도해야 한다.

② 사회복지사는 필요한 사회서비스를 개발하기 위한 사회정책의 수립·발전·입법·집행에 적극적으로 참여하고 지원해야 한다.

③ 사회복지사는 사회환경을 개선하고 사회정의를 증진시키기 위한 사회정책의 수립·발전·입법·집행을 요구하고 옹호해야 한다.

④ 사회복지사는 자신이 일하는 지역사회의 문제를 이해하고, 그것을 해결하는 일에 적극적으로 참여해야 한다.

(5) 사회복지사의 기관에 대한 윤리기준

① 사회복지사는 기관의 정책과 사업목표의 달성, 서비스의 효율성과 효과성의 증진을 위해 노력함으로써, 클라이언트에게 이익이 되도록 해야 한다.

② 사회복지사는 기관의 부당한 정책이나 요구에 대하여, 전문직의 가치와 지식을 근거로 이에 대응하고 즉시 사회복지윤리위원회에 보고해야 한다.

③ 사회복지사는 소속기관 활동에 적극 참여함으로써, 기관의 성장·발전을 위해 노력해야 한다.

3) 사회복지실천과 윤리적 결정

사회복지실천 윤리는 가치로부터 나오기 때문에 가치와 윤리 간에는 불가분의 관계가 있다. 가치는 무엇이 좋고 바람직한가를, 윤리는 무엇이 옳고 바르냐를 논하지만 사회복지사의 실천행동을 규제하는 윤리는 가치로부터 파생되며 실천 현장에서 실천행동의 준거가 된다. 인간의 생명과 보호와 관련해 있는 전문직들은 그 윤리기준에서 벗어날 때의 위해가 강하면 강할수록 윤리강령에 의한 규제가 강하다.

다음은 로웬버그와 돌고프(Lowenberg & Dolgoff, 1996)의 일반결정모델과 사회복지사가 최선의 윤리적 결정을 돕기 위한 윤리적 원칙을 소개한다.

(1) 일반결정모델

- 1단계: 문제가 무엇인지, 문제를 야기하는 요인은 무엇인지를 확인한다.
- 2단계: 누가 클라이언트이고 피해자인지, 지지체계와 다른 전문가 등 해당 문제와 관련된 사람과 단체는 누구인지 확인한다.
- 3단계: 사회적 가치, 전문가로서의 가치, 클라이언트와 사회복지사의 개인적 가치 등 두 번째 단계에서 확인된 다양한 주체들이 주어진 문제와 관련해서 어떤 가치가 있는지 확인한다.
- 4단계: 주어진 문제를 해결하거나 혹은 최소한 문제의 정도를 경감시킬 수 있는 개입목표를 명확히 한다.
- 5단계: 개입수단과 개입대상을 확인한다.
- 6단계: 확정된 목표에 따라 설정된 각각의 개입 방안의 효과성과 효율성을 평가한다.
- 7단계: 누가 의사결정에 참여할 것인가를 결정한다.
- 8단계: 개입방법을 선택한다.
- 9단계: 선택된 개입방법을 수행한다.
- 10단계: 선택된 개입방법이 수행되는 것을 검토하며 예상하지 않았던 결과가 나타나는지 주의를 기울인다.
- 11단계: 결과를 평가하고 추가적인 문제들이 무엇인지 확인한다.

(2) 윤리원칙의 우선순위

사회복지사가 윤리적 딜레마에 대해 윤리적 판단을 내릴 때 가장 우선적으로는 관련된 법을 지키고 사회복지사 윤리강령의 여러 가지 기준들을 고려해야 하지만, 관련 법과 지침, 윤리강령으로도 해결되지 않을 때는 윤리적 의사결정을 내릴 수 있도록 윤리적 원칙과 지침을 알고 있어야 한다.

첫째, 개인의 기본적 욕구충족원칙으로 사회복지사는 어떤 윤리원칙보다 가장 먼저 개인의 생명 및 기본 조건을 충족하는 데 노력해야 한다(생명보호의 원칙).

둘째, 공평한 처우원칙으로 사회복지사는 클라이언트를 공평하고 균등하게 대우해야 한다(평등 및 불평등의 원칙).

셋째, 자유로운 자기결정권 및 자유의 원칙으로 사회복지사는 클라이언트가 자유롭게 자기결정을 내리고 자유를 보장받도록 해야 한다(자율과 자유의 원칙).

넷째, 최소한 침해의 원칙으로 클라이언트는 손상으로부터 보호받으며 최소한으로 위해를 받도록 하는 원칙이다(최소 해악의 원칙).

다섯째, 삶의 질 향상의 원칙으로 클라이언트는 더 나은 삶의 질에 도달할 수 있도록 보장받아야 하며, 이에 우선하는 원칙은 첫째와 넷째 원칙이다(삶의 질의 원칙).

여섯째, 사생활 및 비밀보장의 원칙으로 사회복지사가 클라이언트가 제공하는 모든 정보에 관해 비밀을 지켜야 하는 원칙이다(사생활 보호와 비밀보장의 원칙).

일곱째, 진실과 정보를 알릴 권리로 클라이언트가 진실을 알고자 할 때, 사회복지사는 진실된 정보를 제공할 의무가 있다(진실성과 완전공개의 원칙).

(3) 윤리적 의사결정의 과정

사회복지사의 윤리적 딜레마 상황에서 의사결정은 일련의 단계를 밟아서 체계적으로 접근하는 것이 중요하다. 명확하게 공식화된 일련의 단계를 따름으로써, 사회복지사는 윤리적 결정의 질을 향상시킬 수 있다(고미영 외 역, 2002).

- 단계 1: 윤리적 이슈를 규명한다. 이때 상황에 대한 정보를 수집하고 갈등을 일으키는 사회복지실천의 가치도 분명히 한다.

- 단계 2: 윤리적 결정에 의해 영향을 받을 가능성이 있는 개인이나 집단조직을 규명한다.
- 단계 3: 실행 가능한 모든 행동방침과 각각의 경우에 포함되는 참여자들, 그리고 각 경우의 잠재적 이익과 위험을 잠정적으로 규명한다.
- 단계 4: 다음의 관련사항을 고려하여, 각각의 행동방침을 찬성 또는 반대하는 이유와 근거를 철저하게 검토한다.
  ① 윤리강령, 법과 규정
  ② 사회복지실천 이론과 원칙
  ③ 개인적 가치, 특히 자신의 가치와 갈등을 일으키는 가치들
- 단계 5: 동료와 전문가와 상담한다.
- 단계 6: 결정을 내린 후 의사결정 증거서류를 첨부한다.

꼭 알아야 할 내용

- 사회복지의 가치
- 사회복지 이념
- 사회복지 윤리

Chapter 05

사회복지의 구성요소

사회복지의 구성요소를 살펴보는 것은 사회복지의 목적과 사회복지의 활동 영역을 이해하는 데 중요한 역할을 제공한다. 특히 현대산업사회의 구조는 사회복지의 다양한 욕구에 대처하기 위한 사회복지 주체와 사회복지의 대상의 상호 관계가 더욱 강조되고 있으며, 이를 위해 국가의 적극적인 개입과 민간기관의 자발적인 참여의 형태가 특징적으로 나타나고 있다. 또한 사회복지서비스 대상자에 대한 전달체계의 조직은 목표를 달성하기 위해 효과적이고 효율적으로 기여하여야 한다. 사회복지의 구성요소에서는 사회복지의 재원, 주체, 대상과 방법, 접근방법 등에 대해 살펴보고자 한다.

제1절 사회복지의 재원과 주체

1. 사회복지의 재원

사회복지를 수행하기 위해서 재원은 필수적이다. 아무리 좋은 정책과 제도가 있다 해도 재원의 확보 없이는 효과적인 사회복지정책을 실행할 수 없다. 따라서 안정적인 재원확보를 어떻게 하는가가 사회복지실천의 주요과제라고 할 수 있다.

재원은 크게 공공재원과 민간재원으로 구분되며 공공재원에는 일반조세와 사회보험료가 있고, 민간재원은 이용자부담, 기부금 등으로 구분될 수 있다.

1) 공공재원

(1) 일반조세

일반조세는 국가에 의해 강제적으로 부과되는 일종의 부담금이며, 소득세, 소비세, 부유세 등 다양한 조세로 구성된다. 그중 소득세는 부담능력을 고려하여 누진적으로 부과됨으로써 소득재분배 효과가 크다. 일반조세에 의한 재원조달은 민간재원에 비해 안정성이 높으나, 정책시행 시 사회보험보다 조세저항이 크다.

지방교부세법 개정으로 일반조세에 의한 재원은 분권교부세 형태로 지방자치단체에 지원되고 있다. 2005년부터 이전의 중앙정부에서 사업별, 프로그램별로 지원하던 국고보조금방식이 분권교부세 형태로 일괄 지급됨으로써 지방자치단체의 사회복지 재량권이 크게 확대되었으며, 지방자치단체에 따라서는 다른 사업에 비해 우선순위가 밀려나 오히려 사회복지예산이 축소되는 경향도 보이고 있다.

• 조세의 종류

가. 목적에 따라 일반세와 목적세로 분류

- 일반세: 납부방법에 따라 직접세와 간접세로 분류.
- 목적세: 일반세와 달리 지출용도를 정해 놓은 세금.

나. 직접세

- 경제활동을 통해 얻은 소득에 부과되는 세금.
- 직접세는 경제적으로 능력이 클수록 또는 소득이 많을수록 조세부담률을 높게 하는 누진세율을 적용.
  예: 소득세 / 법인세 / 재산세(재산에 따라서 부과)

다. 간접세

- 소비활동을 하는 과정에서 이득에 대해 부과하는 세금.
- 직접세에 비해 간접세는 국민들로부터 별다른 조세저항 없이 재원을 용이하게 조달할 수 있으나 소비액에 일정한 비율을 곱하여 정하는 비례세의 성격을 가지고 있어 고소득층에 비해 저소득층의 조세부담이 높아 소득재분배 기능은 약하다고 볼 수 있음.

- 일반적으로 일반세 중에서 직접세의 비중이 높으면 높을수록 조세의 형평성이 높으며, 사회복지정책에 사용할 수 있는 재원이 많아진다고 볼 수 있음.
- 직접세는 사회복지정책의 소득재분배 기능을 보다 많이 하기 때문에 사회복지정책의 발달에도 영향을 미침.
- 조세비용은 조세를 거두어서 직접적 사회복지급여를 하는 것이 아니라 사람들이 내야 할 조세를 감면시키는 방법으로 사회복지의 목표를 이루고자 하는 방법.

  예: 소비세 / 부가가치세

(2) 사회보험료

사회보험의 주된 재정은 기여금으로 이루어진다. 정부와 기업, 그리고 가입 대상자가 공동을 부담하는 것이 원론적인 형태이다. 여기에서 국가와 기업이 부담하는 것은 부담금이라 하기도 한다. 사회보험 가입자 개인은 자신의 사회적 위험에 대비하기 위하여, 그리고 동료와의 나눔과 연대를 위하여 기여금을 내는 것이고, 기업은 자본주의 사회에서 사회적 위험 발생의 원인자로서 책임으로 부담하는 것이고, 국가는 사회 공동체의 책임을 구현하기 위하여 부담하는 것이다.

국민연금, 건강보험, 산재보험, 고용보험 등의 주재원인 사회보험료는 국민에게 강제로 부과됨으로 조세와 같은 성격을 갖고 있으며 사회보장세라고도 한다. 보험료의 사용 용도가 정해져 비교적 부과에 대한 저항이 작고 급여 이용에 대한 권리성이 크다.

2) 민간재원

(1) 이용자부담

이용자부담은 서비스 이용에 대해 일정한 비용을 지불하는 것으로, 서비스의 남용과 도덕적 해이를 방지할 수 있다. 부족한 사회복지재원을 보충할 수 있으며, 서비스의 질을 향상시킬 수 있고 서비스 이용에 대한 수치심을 줄일 수 있는 장점이 있는 반면, 저소득층의 경우 이용료 부담으로 필요한 서비스의 이용이 억제될 수 있다.

현재 사회복지관 프로그램 이용 시 실비이용료, 건강보험이나 노인장기요양보험, 바우처사업 이용 시 일부본인부담 등이 있다.

(2) 기부금

기부금은 사회복지사업을 위해 대가없이 내놓은 돈을 말하며, 개인, 재단, 기업 등에 의해 이루어지며 그중 개인에 의한 기여가 가장 크다. 다른 재원에 비해 안정성이 부족하여, 경제상황에 따라 영향을 받으므로 안정적이지 못한 단점이 있다.

우리나라도 민간의 기부문화를 활성화하고 기부금을 합리적으로 활용하기 위해서 사회복지공동모금회법이 제정되었고(1997년 사회복지공동모급법 제정), 이를 근거로 사회복지공동모금회가 설립되어 기부와 기부금의 배분을 보다 체계적으로 관리하게 되었다. 중앙에 본부를 두고 각 광역자치단체에 지방공동모금회를 두어 지역사회를 대상으로 매년 연간 지속적으로 모금활동을 하는 것이다. 그리하여 각 사회복지시설이나 기관들은 사회복지 프로그램 계획을 제출하여 그에 따라 모금회로부터 지원을 받는 방식이다. 이러한 공동모금제도는 사회복지에 대한 지역사회 주민들의 항상적 관심과 참여를 유도하기 위한 것이며, 동시에 사회복지단체들로 하여금 과학적이고 전문적인 실천을 하도록 지도하는 역할을 한다. 또한 각종 모금을 빙자한 부정부패, 비리 등을 사전에 차단하여 깨끗한 돈으로 투명하게 돕고 나눌 수 있도록 하는 것이다.

2. 사회복지의 주체

사회복지의 주체는 과거에 주로 자선사업이나 박애사업에 의해 이루어져 왔으나 오늘날에는 보다 높은 전문성과 기술이 요구되고 있으며 현재 다양한 형태의 주체가 사회복지사업에 참여하고 있다.

사회복지의 주체는 파악하는 관점에 따라 사회복지의 구체적인 실천주체라는 관점과 서비스의 공급주체라는 관점으로 나누어 살펴볼 수 있다.

실천주체는 사회복지서비스를 직접 대상자에게 실시하는 주체로 사회복지사나 사회복지시설의 다양한 종사자 등이다. 최근에는 많은 자원봉사자들도 사회복지의 실천주체로서 중요한 역할을 하고 있다.

공급주체는 서비스의 공급을 책임지는 주체로, 종래의 사회복지사업은 공적 책임 하에 실시되어야 한다는 생각으로 주로 국가, 지방공공 단체나 사회복지법인 등이 제공하는 서비스의 공급으로 한정하였다. 그러나 오늘날에는 복지서비스의 보편화, 일반화가 진행되고 특히 재가복지사업이 확대되면서 다양한 형태의 공급조직에 의한 다양한 서비스가 제공되고 있다.

민간단체 또는 개인이 행하는 사회복지사업(시설경영을 포함)으로 공적 사회복지사업에 앞서 생겼으며 개척적 역할을 담당해 왔다. 현재 민간이 자주적·임의적·창조적으로 행하는 경우와 국가지방공공단체의 위탁을 받아 그의 지도·감독 아래 행하는 경우, 공립민영의 형태를 취하는 경우 등이 있다(이철수 외, 2009).

제2절 사회복지의 대상 및 방법

사회복지의 대상에 대해 논하는 경우 실제적인 사회복지실천 대상인 서비스의 수혜자 측면이 있으며, 또 다른 측면은 사회복지의 정책대상인 사회적 욕구, 사회문제, 생활문제 등이 대상으로서 논의될 수 있다.

1. 서비스 대상

사회복지서비스가 직접 제공되는 서비스의 대상은 종전에는 자선이나 구제의 대상이었던 빈민이나 사회적 장애를 갖고 있는 일부 특정계층의 사람들로 생각되어 왔다. 즉, 특별한 보호나 원조를 필요로 하는 고아, 미망인, 빈민, 장애인, 고령자 등 특정한 사람들이 주요 복지의 대상이었다.

오늘날의 사회복지는 이러한 대상에게 일차적 관심을 갖지만 이들만이 아니라 모든 국민을 대상으로 확대되었으며, 국민의 삶의 질을 향상시키기 위한 제도로 그 위치를 다져가고 있다. 즉, 산업사회로의 발달은 본인들의 의지와 관계없이 많은 사회적 사고를 발생시켰고 누구나 사회복지의 대상이 될 수 있다는 점에서 전 국민을 대상으로 하고 있다.

복지국가가 발달하면서 사회복지에 대한 영역은 크게 확대되었고 특히 사회보험 등의 보편적인 프로그램이 도입, 확대되면서 대상이 사회적 약자에게만 제한되지 않고 전 국민으로 확대되었다. 사회보장제도 이외에 소득보장, 보건, 주택, 교육제도 등을 통해 전 국민의 생활상의 문제를 사전에 예방하고 대처하여 국민의 삶의 질을 향상시키는 데 노력하고 있다.

2. 서비스 방법

사회복지 주체가 대상자에게 주는 그 '무엇'이 바로 급여 및 서비스이다. 급여와 서비스는 수준과 형태의 적절성을 유지해야 한다. 여기에서는 급여 및 서비스의 유형을 살펴보기로 한다(윤찬영, 2010).

1) 현금급여

현금급여는 국민건강보험의 요양급여를 제외한 사회보험상의 제 급여, 사회수당, 공공부조상의 생계급여 등에서 주로 이용된다.

현금급여가 갖는 장점은 수급자에게 일종의 소비자 주권을 만족시켜 준다는 점과 급여의 전달과정이 간편하다는 것이다. 즉, 수급자들은 급여로 받은 현금을 자신의 욕구충족을 위해 자율적으로 처분할 수 있는 재량권을 갖게 된다는 것이다.

그러나 이것은 서비스의 효과성 면에서는 불투명한 단점을 가지고 있다. 특히, 가족이나 시설에서 보호되고 있는 아동, 노인, 장애인 등과 같은 약자의 경우에는 현금급여가 실제로 그를 위해 사용되었는지 확인하기 어려운 문제이다.

또한 이렇게 사회복지급여가 현금으로 제공되면, 특히 보편주의적인 급여의 경우, 정부의 통화정책의 대상이 될 우려가 있다. 우리나라는 아직 사회수당제도가 실시되고 있지 않기 때문에 실감할 수 없을 수 있으나, 사회복지급여가 통화정책의 대상이 되면 사회복지정책의 목적보다는 경제정책의 수단으로 변질될 위험이 따르는 것이다.

2) 현물급여

빈민들에게 제공되는 공공부조급여를 쌀 또는 밀가루, 라면으로 지급하거나 난방비 지원을 연탄 또는 기름으로 한다든가, 외국의 예를 보면, 아동수당의 피복비를 명목으로 아동용 신발을 제공하는 경우들이 이에 해당한다. 이것은 제공자의 입장에서 엄청난 규모의 이익을 누릴 수 있는 장점이 있다. 현물(現物)을 구입하여 제공하는 과정에서 구입단가를 저렴하게 할 수 있기 때문에 제공자에게 재정상의 이익을 가져다 준다.

물론 환금성(換金性)을 갖는 현물은 현금급여에 준하는 효과가 있겠지만, 현금급여에 비해서 효과의 달성이 확실하다. 즉, 라면을 제공하면 결국 먹는 것 외에는 사용할 수 없고, 아동용 신발은 다른 사람이 다른 용도로 이것을 사용할 가능성이 매우 적은 것이다.

그러나 이러한 획일적 급여는 개인의 소비적 경향을 무시하는 문제가 있고, 사회 전체적으로도 획일적 소비성향을 유도할 수 있는 위험이 따른다. 예컨대, 모든 아동이 국가에서 지급한 똑같은 신발을 신었다든가 옷을 입었다고 생각해 보라.

3) 기회

현금이나 현물이 아닌 기회의 형태로 주어지는 급여도 있다. 취업기회나 진학기회에서 타인보다 유리한 조건을 부여해 주는 제도들이 이에 속한다. 예를 들어, 할당고용제나 시험에서 가산점제도가 이에 해당한다. 우리나라에서 시행되고 있는 장애인고용할당제도, 국가유공자에 대해 공무원시험에서 가산점을 주는 제도 등이 그것이다. 이러한 형태의 급여는 현금급여나 현물급여와 달리 급여가 특정화된 개인별로 제공된다는 것이 아니라 동질적인 조건을 가진 집단 내의 사람들에게 불특정하게 주어지는 특징이 있다.

4) 서비스

인간의 욕구는 금전이나 현물 또는 기회의 제공으로 해결되는 것은 아니다. 구체적이고 다양한 인간욕구는 다양한 형태의 서비스를 요구한다. 상담, 의료검진, 직업훈련, 수용보호, 위탁, 간호, 가정방문 등 매우 다양한 서비스가 존재한다.

이러한 서비스는 개인의 욕구를 직접적이고 구체적으로 충족시키기 위해 사회복지사를 중심으로 의사, 간호사, 법률가, 교사 등 많은 전문 인력 자원의 동원이 요구된다. 또한 개인적인 가족생활 및 사생활 등과 관련된 문제가 많기 때문에 절차와 과정이 복잡한 경우가 많다.

따라서 대인서비스는 고급의 전문 인력을 통한 노동집약적 서비스의 성격을 띠게 된다. 그러므로 국가가 이러한 사회복지서비스를 제공하려면 전문 인력에 대한 예산의 부담을 가질 수 있으며, 조직, 법규 등의 측면에서 문제를 가지고 있다.

그러나 산업자본주의 시대를 지나 자동화, 정보화를 추구하는 시대에 인간은 더욱더 비물질적인 욕구를 갖게 되며, 산업적으로도 인간에 대한 서비스 공급이 더욱더 필요해진다는 것을 고려한다면, 앞으로 이 부분에 대한 개발이 매우 중요할 것이다.

5) 증서

현금급여와 현물급여의 장점을 절충한 형태가 바로 유가증권 형태의 급여이다. 예를 들어, 식권이나 버스표, 물품표 등을 제공하는 경우가 이에 해당한다.

그러나 이것이 현금화되어 유통되면 새로운 문제를 야기하게 되는 위험이 따른다. 따라서 이의 유통을 막을 수 있는 제도적, 기술적 장치가 없이 이러한 형태의 급여를 제공하는 것은 문제가 된다. 또한 서비스의 이용을 유가증권 형태로 하는 것 역시 서비스 대상자의 욕구나 상황을 배려하지 않은 채, 유가증권의 관리상 편리함을 이용하려는 행정편의주의에 지나지 않을 수 있다.

사회복지사업법이 2003년에 개정된 이래 지역사회복지와 사회복지서비스가 강화되면서 소위 바우처사업이 활성화되고 있다. 이 바우처가 바로 유가증권의 형태이다. 사회복지 수급자나 서비스 대상자들에게 정부나 지방자치단체에서 바우처를 제공하고, 바우처를 소유한 대상자들이 민간의 사회복지서비스 공급기관을 이용한다. 기관은 이들로부터 받은 바우처를 해당 관청에 제시하고 대금을 받는 방식이다.

이 바우처 방식은 사회복지재정을 투명하게 하고 사회복지서비스 공급주체들의 경쟁을 유발하여 서비스의 질을 향상시키게 하는 의도를 가지고 있다. 그러나 서비스 공급기관이 한정되어 있는 조건이라면, 오히려 통제적 기능이 강화되어 역효과를 가져올 수도 있다.

제 3 절 사회복지의 접근방법

사회복지는 사회현상과 사회문제를 어떠한 시각에서 보는지의 관점에 따라 사회문제의 원인과 해결방법들의 접근방법이 다양하게 된다. 이런 면에서 볼 때 사회현상을 전반적으로 설명할 수 있는 이론은 사회문제를 해결하기 위한 어떠한 방법을 취해야 할 것인가를 결정하는 것이다. 본 절에서는 문제의 대상에 따라 기능주의적, 갈등주의적, 통합주의적 관점에서 살펴보고자 한다(최일섭 외, 1996).

1. 기능주의

기능주의의 이론은 사회진화론에서 유래된 이론으로서 사회질서가 사회를 구성하는 사회 성원의 일반, 즉 가치합의에 의해서 형성된다고 보고 있다. 기능주의적 관점은 사회부적응을 대상으로 하는데 사회구성원의 적응을 목표로 한다. 기능주의 이론은 사회는 각 부분의 체계들이 상호 관련되어 있고 각 체계가 기능함으로써 전 체계가 기능할 수 있다는 것이다. 즉, 사회는 성원 간의 가치와 재화 및 협동에 의해 합의되고, 갈등을 사회악으로 본다. 따라서 사회의 통합과 안정 및 발전을 위해서는 갈등이나 불만 등의 분열적 요소는 제거되어야 하고 이의 적응이 중요한 사회복지의 기능이라고 본다.

기능주의 이론은 사회의 기능과 제도를 중요하게 여기는 것에서 시작한 이론으로서 사회를 하나의 거대한 구조로 이해하면서 그 구조 속에서 존재하고 있는 다양한 기능과 제도들 간의 조화로운 결합체로 간주하며, 사회의 요소들 간의 상호작용의 토대에서 대상을 기능적으로 파악하고, 이런 조화의 연속성을 발전으로 이해하고 있다는 것이다.

기능주의에 의하면 사회는 그 부분적 체계가 전체 체계에 대하여 기능적으로 공헌하도록 되어야 생존하고 발전할 수 있다고 보면서 각각의 부분적 체계가 긍정적인 공헌을 하도록 하기 위하여 적합한 사회화 기능과 통제기능을 수행할 수 있어야 한다고 주장한다. 따라서 사회문제가 발생하는 것은 사회 전체의 기능적 결함 때문이 아니고, 사회구성체계 일부의 기능인 사회화의 기능과 사회통제기능의 실패라고 한다.

이에 따라 사회문제의 해결방안은 사회화 기능과 통제기능을 강화하거나 수정하고 재사회화 또는 재활기능을 강화하거나 수정하는 것이 될 수 있다고 본다. 이와 같이 사회체계가 상호 보완적 기능을 지속하지 않으면 사회는 해체되고 변화된다는 것이다. 그렇기 때문에 사회의 기능적 필수 조건인 의사소통, 적응, 규범, 사회화 등의 요구를 해결하기 위하여 기관이나 제도가 필요하다는 것이다. 개별사회사업, 집단사회사업, 지역사회조직사업 등의 전문적인 사회사업 방법과 고용정책 및 심리요법을 중시한다.

기능주의 관점을 요약하면, 첫째, 기능주의자는 사회를 구성하는 사람들의 역할이 서로 의존되어 있는 체계로 보고 역할 분화를 사회발전으로 본다. 둘째, 사회는 성원 간의 가치와 재화 및 협동에 의해 합의되고, 갈등을 사회악으로 본다. 셋째, 사회사업의 전통적 방법 및 심리 요법과 고용정책을 중요시한다.

2. 갈등주의

갈등주의 이론은 기능주의 이론에 대한 대안적인 이론으로 발전되어 왔다. 갈등주의는 사회현실을 질서와 안정과 합의보다는 무질서, 변화, 갈등, 투쟁이 상존하고 있는 현상으로 바라보면서 접근방법은 사회부적응을 대상으로 하고 있다. 기능주의가 사회의 통합과 균형, 질서, 안정을 강조하고 있는 반면에, 갈등주의 이론은 사회의 주요 계급인 노동자와 자본가 사이에서의 갈등을 계급구조의 측면에서 파악한다. 그러므로 장기적인 측면의 이 이론은 복지국가를 노동자의 이익에 적대적이며 부정적으로 주장하고 있다. 왜냐하면 사회복지를 자본가에 의한 시혜로 간주하고 있기 때문에, 사회복지는 노동자 스스로 삶의 질적 상승에 장애물인 것이다. 즉, 사회가 이해관계에 의하여 형성되어 있고 이러한 이익 또는 자원의 차이는 갈등을 일으킨다고 한다. 이러한 갈등이 사회발전·사회복지를 증진시킨다는 것이다.

갈등주의에는 모든 사회현상은 대립적 모순을 내포하고 있고 모순은 새로운 사회체계를 발생시킨다는 변증법적 갈등주의와 사회현상에는 갈등이 불가피하게 편재되어 있지만 갈등은 기능적으로 작용한다는 기능적 갈등주의의 입장이 있다.

변증법적 갈등주의에서 사회문제는 "희소자원의 불균등한 소유로 인하여 발생하는 갈등현상" 또는 "희소자원을 통제하는 데 있어 권위와 권력이 유형화되어 있는 것에 대한 불만적인 반응"이라 하고 있다. 특히 마르크스(Marx)의 갈등주의 전통을 지지하는 입장에서 "희소자원을 많이 소유하고 있는 사람이 희소자원을 적게 소유한 사람을 착취하게 되고 특권을 행사하고 자유 시장경제를 발생하도록 한 결과로 생겨난 현상"이라고 주장한다. 따라서 자원의 불평등한 지배를 영속화시키고 있는 기본적인 사회체제 자체를 재조직하지 않는 한 사회문제의 근본적인 해결은 불가능하다고 본다. 따라서 사회제도의 재조직은 현 체제에 대한 전반적인 부정과 도전이 되며 이에 대한 현 체제의 저항이 심할 것이므로 단기적으로는 해결되기 어렵게 보고 있지만 장기적으로 보면 역사적 발전과정에서 필연적으로 이루어지게 된다는 것이다. 즉, 사회가 봉건주의 사회에서 자본주의 사회를 거쳐 사회주의 사회를 다시 공산주의 사회로 발전하게 되는 것이 필연적인데 공산주의 사회의 이전 단계에서 발생되는 사회적 문제를 포함한 자체 모순은 공산주의 사회가 이루어지면서 자연적으로 해결된다고 보는 입장이다.

기능적 갈등주의는 사회문제는 "자원의 불평등한 분배에 대한 갈등의 결과로서 사회체계의 통합과 발전에 역기능적인 현상을 나타내고 있는 것"이라고 할 수 있다. 따라서 기능적 갈등주의에서 사회문제의 해결은 제도의 전면적 재조직이 아니라 단편적인 개혁과 개선 그리고 보완적으로 기능한다고 보는 입장이다. 그에 따른 구체적인 방법은 역기능적인 제도에 관련된 자원분배를 평등화하고, 사회복지 프로그램을 보편적이고 제도적인 방향으로 강화하는 것과 세제의 개선이라고 주장하고 있는 입장이다.

결론적으로 갈등주의자들은 사회가 권력, 권위, 재산 등 회소자원을 지배하려는 이익집단 간의 경쟁과 투쟁의 상태로서 갈등이 불가피하게 내재하고 있고 이러한 갈등은 사회복지를 증진시킨다고 보는 것이다. 즉, 이해관계나 갈등이 심하면 집단행동을 통해서 자원을 배분하고 재조정한다고 보는 것이다. 결국 갈등주의적 접근 방법은 다수의 이익을 보장하는 방향으로 정책을 수립하거나 전통적 사회사업에서 벗어나 자본주의 사회경제체계를 비판하고 사회행동이나 급진적 모델에 의존하고 있다고 볼 수 있다.

3. 통합주의

통합주의는 기능주의자들과 달리 갈등을 사회악으로 보지 않고, 사회화의 한 형태로서 사회를 분열시키는 것이 아닌 재통합시켜 준다고 주장한다. 또한 통합주의는 갈등의 일면성만을 보지 않고 갈등의 다양성을 주장한다. 통합주의적 관점은 사회갈등의 제도화, 즉 입법과 정책수립을 통하여 사회통합을 이루고자 한다. 예를 들면, 사회정책에 있어서 사회보장제도와 같은 정책이다. 통합주의는 갈등을 수용하는 점에서 신갈등주의라고도 한다.

따라서 통합주의는 첫째, 사회갈등의 제도화를 통해서 사회통합을 이루게 하고, 둘째, 소유와 경영의 분리, 중간계층의 활성화 및 계급갈등의 사회화를 주장하고, 셋째, 불균형 상태에 있는 체계 부분 간의 균형상태로 환원하고 역동적인 통합을 주도한다.

〈표 5-1〉 사회복지의 관점

이론적 관점	사회정책	사회사업	복지권
기능주의	고용정책(완전고용, 실업보험)	심리모델(가족치료, 상담)	사유권
갈등주의	소득정책(최저임금제, 법정시간제)	급진모델(사회행동, 혁명)	공유권
통합주의	사회입법(사회보장, 노사협의)	개혁모델(지역사회조직, 직업복지)	시민권

출처: 이영철 외(2002).

꼭 알아야 할 내용

- 사회복지의 주체, 정책주체, 운영주체, 실천주체, 공급주체
- 사회복지의 대상, 공공재원, 민간재원, 사회복지의 자원
- 사회복지의 접근방법, 기능주의, 갈등주의, 통합주의

Chapter 06

사회복지의 발달

역사는 과거의 사실과 사건을 현재에서 이해하려는 노력이다. 과거의 이야기를 현재에서 살펴보는 이유는 현재와 미래를 보다 잘 이해하기 위함이다.

사회복지의 역사적 발달과정을 통해 현재와 미래의 사회복지를 위한 유용한 교훈을 과거의 역사적 경험으로부터 얻는다는 실천적인 목적과 사회복지 발달과정을 분석하여 일반적인 법칙을 찾아내고 미래의 사회복지를 예측한다는 이론적인 목적이 있다. 오늘날 사회복지의 개념 및 현황의 이해는 사회복지라는 영역이 전문직으로 자리 잡게 된 배경과 그 역사를 이해하는 것에서부터 출발할 수 있다. 사회복지는 인간의 삶 속에서 발생하는 여러 욕구들과 다양한 사회문제들에 대한 반응에서 이루어진 만큼 각 시대의 다양한 사건들, 철학적 견지, 지식기반 등에 의해 끊임없이 영향을 받아 가치와 지식, 그리고 기술 기반 등의 사회복지실천의 발달과정에 성장을 같이 하였다. 즉, 사회복지의 변화와 발전의 양상은 그 시대의 사회구조의 사상적 흐름 속에서 찾아볼 수 있다.

따라서 서구의 사회복지 발달과정을 고대 구제사업, 중세의 자선사업, 빈곤관의 변화와 빈민법, 자선조직협회와 인보관 운동, 복지국가의 성립과 재편으로 나누고, 우리나라의 사회복지 발달과정은 근대 이전의 구제활동, 초기 사회사업의 발달, 현대사회의 성립과 발달로 나누어 고찰하고자 한다.

제1절
서양의 사회복지 발달

1. 중세 기독교의 자선사업

1) 고대의 구제활동

사회복지 기원은 일차적으로 사유재산제도가 확립된 고대의 자선적 구제사상에서 찾을 수 있다. 희랍의 철학자 플라톤(Platon)은 그의 공화정에서 통치자는 국가를 구성하는 전체에 대하여 봉사하여야 함을 밝혔고, 아리스토텔레스는 정치론에서 국가의 목적은 물질적인 면과 윤리적인 면에서 시민의 행복을 실현하는 데 있다고 규정하였다.

고대국가에서도 근대 국가주도의 구빈사업과 유사한 형태가 존재하였는데, 가뭄과 기근이 극심할 때 한정된 재정으로 지방민을 보호해야 하므로 부랑자나 빈곤 유민의 유입을 금하기도 하고, 때로는 빈곤 유민에 대한 구제를 종교적으로 의무화시키기도 하였다. 또한 빈민이 발생하면 국가에 의해 구제활동을 실시하였고, 홍수, 기근 등 자연재해 시에 국가는 빈민에게 무상으로 의복과 곡식을 지원하였다. 또 국가는 부유층으로 하여금 곡물 대여나 곡물의 무상지원을 요청하기도 하였다. 또한 고대시대에서도 생활의 위협은 언제나 존재해 왔으며, 그중에서 특히 자연재해와 전쟁에 의한 위협을 받게 되었다. 이러한 자연재해에 대한 공동체의 상호부조가 필요하게 되어 혈연관계에 바탕을 둔 상호부조가 활발하게 이루어지게 되었다(장인협 외, 2003). 모세의 율법에 근거를 두고 있는 고대 이스라엘의 자선사상은 희랍과 로마의 정치적 자선사상과는 달리 종교적인 신앙심에 바탕을 두고 종교적인 인과응보사상으로 인간에게 자선할 것을 가르치고 있다. 이와 같은 고대 이스라엘의 종교적 자선사상은 기독교의 자선사상에 계승되어 금욕주의적인 종교적 의식으로까지 발전하였다.

2) 중세 기독교의 자선사업

중세 기독교의 구빈사상은 인간은 모두 평등하고, 신 아래 모두 형제라는 가르침에 기초하였으며, 초기 기독교인들의 구빈은 이방인들까지도 보호하려 하였다는 점에서 보편주의적이었고, 낙인을 부여하지 않는 구제의 방법을 실천하려 하였다. 그들은 곡식을 수확할 때는 가난한 자와 부랑인을 위하여 항상 일정 부분의 곡식을 수확하지 않고 남겨두었으며, 추수할 때 이삭을 반드시 남겨두어야 했다. 이와 같이 중세 기독교의 자선에서부터 배고픈 사람의 굶주린 배를 채우기 위해서 생산자에게 재정지원의 의무를 부과하여 공적부조의 체계를 확립하였다. 초기 기독교인들은 죄로부터의 구원과 삶의 실천으로서 자선이 강조되었다.

중세 기독교의 자선사업은 구약성서에 나타나 있는 자선사상을 바탕으로 한 종교적 자선사업이란 점이다. 그러므로 중세 기독교의 자선사업은 기독교의 성쇠와 밀접히 연관되어 있다. 중세의 기독교가 심한 박해를 받고 있을 때 자선사업은 먼저 기독교인들에 의해서 나타나게 되었다. 당시의 주요한 자선사업의 형태는 신도 상호 간의 상호부조, 감옥에 수감되어 있는 신자를 방문하고 석방운동을 전개하는 것이며, 고아와 기아의 보호였다. 이 시대는 신분적 계층과 종교적, 사회적 역할이 강했던 시대로서 이 시대의 자선사업과 박애사업은 목적이라기보다는 수단이 되었다.

중세 자선사업을 위한 기독교의 자선기관으로는 사원숙박소, 구빈원, 수도원, 십자군, 기사단, 공익전당포 등이 있는데 그중에서도 사원숙박소와 구빈원은 그 대표적 기관이다. 사원숙박소는 교회 또는 수도원에 소속되어 주요한 교통로에 위치해 있으면서 고아, 과부, 노령자, 병자, 빈곤자 및 행려자를 수용하는 기능을 말한다. 구빈원은 수도원에 부설된 숙박소에서 그 기원을 찾을 수 있는데 초기에는 순례자의 접대장소였으나 점차 노쇠자, 병자, 고아, 과부들에 대한 부조 활동을 해왔다.

중세의 자선사업은 자선사업의 확대, 다양한 계층에 대한 보호장치 마련, 자선사업의 제도화 등의 긍정적인 측면과 함께 무차별적인 자선사업으로 직업적인 걸인과 부랑자를 조성하였고, 관리자의 태만과 부패로 인한 요구호자의 구호수준이 떨어졌으며, 빈곤자에 대한 의식적인 사업으로 전락하는 등의 문제들이 지적되었다.

중세 말 봉건제도가 점차 붕괴되고 사원이 해체되면서 전통적인 공동체와 기독교가 새로운 빈곤문제에 대처할 수 없게 되고, 근대적인 사회복지제도가 싹트기 시작하였다.

2. 빈곤문제와 구빈법

1) 봉건제도와 구제활동

중세사회는 토지를 기반에 둔 사회였고 사회조직으로는 장원(manor)과 조합(guild) 제도가 있었다. 장원은 영주와 농노의 관계를 중시하면서 중세사회의 통합성을 가진 독립된 자급자족의 소사회로 형성되어 왔다. 또한 장원의 모든 토지의 경작과 가축 사육 등 일체의 노동이 공동작업으로 이루어졌다. 따라서 각 개인의 일은 전체사회에서 총괄적으로 관리되었으며, 그 결과 각 개인은 개성이나 장원제도 내에서의 창의력을 발휘할 기회가 거의 없었고, 그들의 생활은 전적으로 전통과 관습 내에서 이루어졌다.

따라서 장원제도 등 중세사회의 특성을 볼 때 특정 개인이 빈곤해지게 되면 그 빈곤문제는 개인의 문제에 국한되는 것이 아니고 전체 지역사회의 문제로 간주되었다. 그 당시 사회문제로서 특별한 대책을 필요로 했던 대상은 전쟁, 천재지변 및 유행병의 시기를 제외하면 장애인, 노인, 병자 및 고아와 같은 무능력 빈민이었다. 중세사회의 빈민구제는 주로 기독교의 교회를 통하여 시행되어 왔으며 그 주된 활동은 걸인에 대한 교회의 시물(施物), 수도원의 부조 등이었고 개인도 종교적 동기에서 빈민들에게 자선을 베풀었다. 이러한 종교적 자선과 함께 지역적·직역적(職域的) 상호부조도 실시되었다.

중세 영국의 경제적 바탕이었던 봉건제도는 이미 14세기 중반부터 무너지기 시작하였다. 1348년부터 1349년에 흑사병으로 영국인구의 1/3이 사망하고, 백년전쟁과 장미전쟁에 동원되었던 많은 농노들이 전쟁이 끝난 후 도시에 머물게 되자 장원의 노동력 부족을 심화시켰다. 흑사병이 휩쓸기 직전 영국은 과잉 노동력 상태였는데, 흑사병으로 노동력 부족사태가 발생하여 근로빈민들의 임금을 상승시켰다. 예를 들어, 탈곡이나 키질 등 농업노동의 임금이 50~75% 정도 상승하였다. 지주들의 입장에서는 이제 임금통제가 불가피해졌다. 여기에 인클로저운동[1]이 수많은 부랑농민, 즉 노동력이 있는 빈민을 발생시켰다. 이들은 사회질서를 위협하는 반사회적 존재로 여겨졌으며, 국가는 빈민들을 범죄자와 동등하게 취급하게 되었다(원석조, 2012).

따라서 중세교회와 민간단체에서 행한 자선과 상호부조는 당시의 정태적 사회 내에서 발생한 빈곤문제에 대한 부분적인 대응책에 불과하였기 때문에 빈민이 대량으로 발생하게 되자 빈민구제에 대한 종전의 대책은 그 효력을 상실하게 되어 중세의 종교적 자선사업의 재검토가 불가피하게 되었다.

2) 1601년의 구빈법

유럽에서 가장 발달한 구빈정책은 1601년 영국의 엘리자베스 구빈법이며, 이 법은 국가적 재난에 기인하여 제도화되었다. 구빈법이 제정된 사회적·역사적 배경은 가내공업의 발달, 인클로저운동(Encloser movement), 봉건제도의 몰락으로 인한 경제적·사회적 혼란, 기존의 자선사업의 실패로 인한 빈민의 증가, 종교개혁으로 인한 영국 수도원의 해산을 들 수 있다.

이 시기에는 봉건제의 계급이 분화되어 자본주의 성립이 촉진되었고, 급속한 인구증가로 양모수요가 증가하여 인클로저운동이 일어나게 되었다. 이 운동으로 경작지로 사용하던 토지가 목초지로 변화되었고, 많은 자작농민들은 그들의 토지로부터 추방되어 대규모의 부랑민이 되었다. 대규모의 인구 증가, 인클로저 운동과 계속된 흉작으로 인한 빈곤문제, 부랑인의 문제가 심각해졌는데 부랑인의 급증은 도시 집중으로 이어져 중대한 사회문제로 대두되었다. 더욱이 교회에서 구제를 받을 수 있었던 부랑인은 종교개혁으로 수도원이 해체되면서 많은 부랑인과 빈민들이 수도원으로부터 쫓겨나게 되었다.

1349년에는 에드워드 3세가 노동자 조례(Ordinance of Labourers)를 제정하여 농업노동자의 안정적 공급을 위하여 근로 가능한 빈민에 대한 자선을 금지하였다. 1388년

1) 인클로저란 공동경작권이 존재하고 있던 토지를 경계표식으로 담을 쌓고, 공동경작권을 배제하고 사유지임을 명시하는 것을 일컫는 말이다. 즉, 농지가 양을 키우기 위한 목초지로 탈바꿈하게 되어 농민의 토지 이탈, 식량 감소, 곡식의 가격 상승으로 빈민의 증가를 가져오게 된다.

에는 케임브리지법(Statute of Cambridge)이 제정되어 모든 노동자와 걸인들의 이동을 금하고, 노동능력이 없는 빈민들의 구제를 각 지방의 책임으로 규정하였다. 또한 1536년에는 근로 능력이 없는 빈민에게 직접 구제품을 지급하도록 하였고, 1564년에 제정된 합법정주법(Statute of legal settlement)에서는 교구관리로 하여금 부랑인에게 거주지를 지정해 줄 수 있는 권한을 부여하였는데, 이 장소가 후에 작업장으로 발전하였다. 1572년 빈민법은 구빈재정을 위해 구빈법을 부과할 수 있도록 하였다. 이어서 1576년에는 빈민법으로 교정원을 설립하여 근로 가능한 빈민들을 수용하여 강제 노동을 시켰다. 그리고 1598년의 법은 구빈원의 설립과 친족의 부양의무를 규정하였으며, 모든 교구에 구빈감독관을 두고 이들에게 실업자를 위한 구직활동과 자활능력이 없는 이들을 위한 보호시설 설치의 책임을 부과하였다(오완섭, 2009).

1601년에 제정한 구빈법은 지금까지의 빈민구제를 위해 제정된 제 법령의 집대성으로 영국 구빈법의 기본 토대라 할 수 있다. 이 법은 구제대상자를 첫째, 노동능력이 있는 빈민, 둘째, 노동불능자, 셋째, 요보호아동으로 구분하고, 노동능력이 있는 자에게는 직업을 알선해 주고 그 직업을 버릴 때는 가혹한 형벌을 가했다. 이들 노동능력이 있는 자는 노역장에 강제노역을 시키기도 했다. 노동능력이 없는 자는 구빈원에 수용하여 보호받게 하고 보호자가 없는 24세까지의 남자와 21세까지의 여자는 도제로 일을 시키며 보호해 왔다(Fraser, 1984).

1601년의 구빈법의 내용에서 현대적 의의를 찾아보면 첫째, 구빈의 책임이 국가에 있다는 것을 인식했다는 점이다. 둘째, 그 책임을 다하기 위하여 법률로써 제도화했다는 점이다. 셋째, 그 실행을 위하여 중앙정부로부터 지방의 치안판사와 구빈감독관에 이르기까지 통일적인 구빈행정기구를 설립했다는 점이다. 넷째, 구빈재원을 확보하기 위해 구빈세를 징수하여 국가의 재원으로서 충당했다는 점이다. 다섯째, 종전과 같은 무차별적인 자선 또는 징벌을 꾀한 것이 아니라 빈민을 구분하여 차별적 구제를 했다는 점이다. 여섯째, 친족의 부양책임을 규정했다는 점 등이다.

구빈을 국가책임으로 인정하였다는 것은 구빈의 재원을 조성하기 위하여 국가가 구빈세를 부과하기로 하였음을 의미한다. 종래의 구빈은 자발적인 교회헌금에 의존해 왔으나 늘어나는 구빈 수요를 상대적으로 줄어드는 헌금이나 기부금으로 충족할 수 없게 되자 구빈을 위한 조세를 징수하게 된 것이다. 그러나 구빈세는 주민세의 형태로, 구빈의 재정과 행정단위를 교구단위로 하여, 지방행정 책임을 원칙으로 하였으며, 국가의 구빈활동으로 인해, 부모와 자녀 간의 부양책임을 게을리하지 않도록 친족부양 책임을 강화하였다. 이와 같이 1601년의 구빈법은 복지정책의 관점에서 보면 국가가 처음으로 빈곤문제에 제도적으로 개입했다는 사실에서 하나의 획기적인 전환으로 볼 수 있으나 이 법의 제정 동기와 그 내용이 궁극적으로 사회질서의 유지에 있었다는 점에서 근대 복지국가의 공공부조와는 그 성격상 차이가 있다.

이 법의 시행으로 종전까지 교구 중심의 지방사업으로 전개되던 구제사업이 국가사업으로 그 규모가 확장됨에 따라 구제비용이 급격하게 증가하게 되었고, 또한 구빈재정이 단위교구의 책임이기 때문에 교구마다 구빈 대상의 증가, 특히 빈민의 유입을 막으려는 조치를 강구하게 되었다. 따라서 1662년에는 정주법을 제정하여 빈민의 자유이동을 억제했다.

정주법은 교구에서 일정기간 이상 거주한 자에 한하여 구빈 대상이 될 수 있도록 하게 할 뿐 아니라 새로 이주한 자를 이주 후 40일 동안 감시 조사하여 그가 1년에 10파운드의 세를 들 수 있거나 그만한 금액을 교구에 예탁할 수 있으면 그대로 두고, 그렇지 못하면 그를 이전 거주지로 송환할 수 있도록 한 법으로, 당시 영국의 빈민에게는 사실상 거주 이전의 자유에 상당한 제약이 되었다. 이 법은 궁극적으로 노동의 자유로운 이동을 제약하는 것으로 도시 임금노동자를 필요로 하는 상공업 신흥자본가들과 농업 노동력을 필요로 하는 농업 토지귀족들 간의 이해관계의 대립을 심화시켰다. 또한 이 정주법으로 빈민의 이동은 억제할 수 있었으나 빈민의 수는 점점 증가하였고 이에 따라 구빈비용도 늘어나게 되었다(장인협 외, 2003).

이후 영국은 급속한 자본주의가 발달하면서 부지런한 노동력이 필요하게 되어 도덕적 결함이 있고 나태한 빈민을 노동자로 교육하기 위해 1696년 작업장법을 제정하게 되었다. 이 법은 빈민에게 일자리를 마련해 주는 의미를 가지고 있으며, 전국에 걸쳐서 작업장을 설치하게 되는 계기가 된다. 이 법에서는 국가로부터 부조를 받기 위해서는 반드시 작업장에 입소하여야 한다는 원내구제의 원칙을 따르고 있으며, 작업장 수용을 거부하는 빈민은 구제등록 명부에서 이름을 삭제하고 구제받을 자격을 잃게 하였다. 또한 이 법은 중상주의 관점에서 이윤추구적 빈민고용론의 효시가 되어 부랑억제와 이윤획득의 목적으로 활용되었다. 그리고 나태한 피구제빈민에 대한 형벌적 시설, 노동능력 없는 빈민에 대한 수용시설로 확대 적용되었다. 그러나 후에 작업장은 작업장 운영의 민간위탁, 작업장 내의 노동자에 대한 처우수준이 열악한 비인도적 처우 등의 문제를 야기했다.

또한 1782년에는 빈민청부제도를 금하는 길버트(Gilbert)법이 제정되었는데, 이 법은 빈민의 노동을 통해 자족적인 구빈을 시도한 것으로서 인도주의적 구빈제도라 할 수 있다. 즉, 빈민들을 작업장에 보내는 대신에 고용알선과 더불어 거택구호를 인정하였으며, 원외구호를 시도하여 노동능력이 있는 자에 대한 시설 외 구제를 허용하였다. 또한 연합교구의 설치와 유급 구빈사무원을 채용하였다.

한편 1795년에는 스핀햄랜드(Speenharnland)법이 제정되었는데, 구체적인 내용은 최저생활기준에 미달되는 빈민에 대한 임금보조제도이다. 이 명칭의 기원은 1795년 버커셔(Berkshire)주 스핀햄랜드(Speenhamland) 지역의 치안판사 회의에서 제정된 법령으로 빈민에 대한 처우개선책인 임금보조제도(Relief Allowance System)이다. 이 법은 가족규모에 따라 그것이 그들이 가정의 부양이든 혹은 저임금 보충이든 간에 빈곤자 가정에 대한 구호수당을 인정한 것이라고 볼 수 있다. 이 법은 노인, 허약자 그리고 장애인들을 위한 원외구호로 광범위하게 활용되었고 합리적 구호제도로 오늘날의 가족수당이나 최저생활보장의 기반을 이루는 법으로 볼 수 있다. 그러나 시민의 구민세를 증가시켰을 뿐만 아니라 노동임금 수준의 저하를 가져왔고 부조금액의 증가로 노동의욕과 능률을 저하시켰다는 비판의 대상이 되었다(오완섭, 2009).

3) 1834년의 신구빈법

18세기 후반부터 19세기 전반에 걸쳐 세계 최초로 영국은 산업혁명을 맞게 되고, 상공업의 중심지가 되는 도시인구의 급격한 증가와 인구 총량의 성장은 도시사회의 다양한 사회병리현상을 일으키는 계기가 되었다. 이에 따른 인구의 대량 이동과 임금노동을 기초로 하는 경제사회관계의 변화는 빈민과 부랑인의 증가를 가져왔다.

또한 그 당시 계속된 흉작과 전쟁으로 경제적 불황이 지속되어 구빈비용은 계속 증가하게 되었고 엘리자베스 구빈법은 이와 같은 사회적 변동으로 인해 그 모순과 약점이 노출되었다.

1832년 선거 결과, 신흥산업자본가 계급이 전통적인 토지귀족들보다 다수 의석을 차지하게 되었고, 스핀햄랜드법의 모순으로 구빈세가 증가하였다. 따라서 빈민법의 조사를 위한 왕립위원회가 설치되고 왕립위원회의 보고서에 따라 1834년 빈민법의 전면적인 개정이 이루어지게 되었다.

개정 빈민법은 아담 스미스(Adam Smith)의 자유방임주의, 경제학자인 맬서스(Malthus)의 인구론, 벤담의 공리주의, 자조론 등에 영향을 받았다. 즉, 아담 스미스의 자유방임주의에 의하면, 시장은 '보이지 않는 손(가격)'에 의해 주도된다고 하여 국가의 개입을 반대하고, 빈민에 대한 구제를 축소해야 한다고 하였다. 또한 맬서스의 인구론에 의하면, '식량은 산술급수로 증가하지만, 인구는 기하급수로 증가'한다고 하여, 스핀햄랜드법의 가족부양능력이 없는 빈민이 임금보조제도에 의지하여 결혼하게 되면 인구가 증가할 것이며, 이는 곧 파멸로 가는 길인 것으로 해석하였다(오완섭, 2009).

1834년 개정 빈민법의 목적은 구빈비용의 감소에 있었으며 빈곤이라는 질병은 노동능력자와 그들의 피부양자에 대한 구제를 제한함으로써 치료가능하다고 보아 다음과 같은 원칙을 제시하였다. 첫째, 노동능력자에 대한 원외구제의 금지 둘째, 열등처우의 원칙 셋째, 급여수준의 전국적 통일 넷째, 원외구제는 의료부조와 도제교육에만 인정한다는 등이다. 또한 구빈행정은 종전의 지방자치단체에서 중앙기관으로 이관되어 '구빈연합구'를 편성하여 중앙에서 통제하는 전국적인 구빈행정체계로 전환하였다.

해당 교구는 교구 내 결혼을 가능한 한 억제하였는데, 이유는 이들 사이에 태어나는 새로운 부양자의 발생을 꺼렸기 때문이며, 이에 따라 다수의 사생아가 출생하였다. 또한 빈곤아동들은 토지노동, 가사노동 및 숙련노동의 고역을 도맡아야만 했으며 거의 노예에 가까운 비참한 대우를 받았다. 그리고 모든 유형의 빈민을 구제할 능력을 가진 교구는 극소수였으며 무보수의 구빈감독관은 자신의 일에 성실하지 않았으며 심지어 부패한 경우도 있었다.

3. 자선조직협회 및 인보관 운동

1) 자선조직협회

19세기 말엽 국가가 시행하는 모든 종류의 연금제도에 반대하였던 이익집단은 개인주의 정신에 입각하여 결성된 자선조직협회(COS: The Charity Organization Society)이다. 1869년 만들어진 자선조직협회는 자원봉사자들의 활동으로 시작하여 사회복지 발달을 이루어 내었으며, 구제신청자에 대한 과학적 조사를 하여 구제중복을 피하고 효율적 구제를 위한 구제등록을 실시, 구제기관들과의 연계를 통하여 미국의 사회복지실천의 초석이 되며 개별사회사업의 기초가 되었다. 이는 합리적이고 조직적인 구빈활동과 사회조사를 실시, 빈곤의 원인이 개인의 책임이 아닌 저임금과 고용주의 문제로 인한 것임을 밝혀내고 사회책임의 필요성을 제기하고 무차별적으로 이루어지는 자선을 보다 조직화하기 위한 노력으로 1869년 '자선적 구제의 조직화 및 걸식억압을 위한 협회'의 결성으로 이어졌다.

산업혁명의 성공은 영국의 번영을 가져왔지만, 도시 노동자들의 비참한 생활은 여전히 심각한 사회문제였다. 개정 구빈법이 시행된 이후 3년 만에 빈민구제비용이 1/3 이상이나 감소하였다. 개정 빈민법은 당시 빈곤문제해결에 도움이 되지 못하였다. 이와 같이 구빈에 대한 국가의 책임이 퇴조한 반면, 19세기 후반 영국에서는 민간부문의 자선활동이 활발하게 전개되었다. 그러나 민간부문의 많은 자선단체나 박애주의자들이 있었음에도 빈곤의 원인인 사회적 조건이나 구호의 개별화에 관해서는 관심을 두지 않았다. 피구제자의 개개 사정에 대한 조사나 시설 간의 상호 정보교환도 없었기 때문에 서비스의 중복이나 낭비가 심할 수밖에 없었다. 이러한 문제를 해결하기 위하여 1869년 '구걸방지 및 자선조직을 위한 협회'가 설립되고, 곧 그 이름을 '자선조직협회(COS: The Charity Organization Society)'로 전환하였다. 자선조직화운동은 그 당시의 사회문제해결을 위한 민간운동으로서 사회개량운동, 인보운동과 함께 생겨나게 되었다.

자선조직협회(COS)가 중심이 된 자선조직화운동은 이 시대의 상황을 극복하고 서비스의 효과적인 제공을 촉진하기 위해 우애방문원에 의한 개별적 조사를 통한 케이스의 개인적 처우로 실시되었다. 자선조직협회의 목적은 구호행정의 중복과 경쟁을 피하도록 자선활동을 조정, 구제재원낭비 방지 및 자선의 효율화, 적절한 조사와 모든 사례들에게 알맞은 충분한 원조의 제공과 우애방문원의 인격적 감화력에 의해 빈민을 자립시키는 것, 구걸을 방지함으로써 빈민의 생활조건을 향상시키는 것에 두고 있다. 또한 자선조직협회는 공공의 구빈정책에 반대하고, 사적자선, 기부 및 자원봉사 활동 등 순수한 민간의 구제노력을 지지하였다.

자선조직협회의 사상적 기반은 개인적·도덕적 빈곤관을 따르고, 빈곤문제해결을 위해서는 빈민의 변화를 주장하였으며, 사회진화론, 자조론 등 빈곤에 대한 사회적 기반을 고려하지 못하고 있었다. 또한 자선조직협회는 자선기관의 조직화를 위해 지구위원회(District Committee), 중앙협의회(The Council) 등을 두었다. 우애방문원이 자원봉사자로 활동하였으며, 후에 유급 자원봉사로 발전하여 사회복지의 전문가로 발달하게 되었다.

이러한 자선조직화운동은 1890년대에 들어와 방문구제가 요구호자의 신청구제로 변경되고 신청자에 대한 실태조사방법과 요구호자의 개별화방법이 병용되었는데 이와 같은 제도상의 구제방법이 현대적 의미를 내포하고 있으며, 이것은 미국 사회사업의 중심 기술인 개별사회사업의 시초였으며 또한 그것이 당초부터 지역사회 안에서의 자선조직 활동이었다는 점에서 지역사회조직 기술의 시초였다.

2) 인보관 운동

자선조직협회와 함께 새로운 사회운동으로 나타난 것이 인보관(Settlement House) 운동이다. 자선조직협회와 기독교 사회주의 영향을 받았으며, 빈곤의 원인은 개인의 성격이나 생활습관 때문이 아닌 자본주의 제도의 모순에 따른 사회적 문제라고 보고 국가 개입에 의한 사회개혁을 주장하고 있다. 인보사업운동은 빈민지구를 실제로 조사하여 그 지구에 대한 생활실태를 자세히 파악하고 구제의 필요가 있는 사람들에게 조력해 주며, 인도주의·박애주의 정신을 바탕으로 상류계층인들이 빈민지구에 이주하여 자선활동을 한 것이다. 이는 사회복지관, 즉 '영세민 구제 사회사업 시설'을 의미하고 이러한 사회복지관의 역사는 영국의 인보관 운동(settlement movement)에서 그 시초를 찾아볼 수 있다. 인보관 운동은 1884년 토인비 홀(Toynbee Hall)이 최초의 인보관이자 사회복지관의 기원으로 볼 수 있다.

구체적인 내용으로는 빈민 개인이 아닌 지역사회 전체 주민을 대상으로 주민교육, 직업알선, 직업기술, 아동에 대한 집단을 이용한 사회화와 레크리에이션 교육 등이 이루어졌으며, 지금의 집단사회사업의 발전에 기여하였다.

또한 인보관 운동은 사회가 실업자의 증가와 인구의 도시집중화에 수반하여 빈민지역이 생기게 되어 새로운 도시문제로 시달리게 되자 이러한 도시문제를 해결하기 위한 운동이었다. 이것은 빈민지구를 실제로 조사하여 그 지구의 생활실태를 파악하고 구제의 필요가 있는 사람에게 원조하는 사업으로서 상류계층의 사람들이 인도주의 정신에 입각하여 빈민지구에 이주하여 빈곤한 사람들의 친구가 되는 것이다. 이들은 사회조사를 통해 여러 가지 통계자료를 구하고 교육적 사업으로서 지역주민에 대한 아동위생, 보건교육, 소년소녀들에 대한 기술교육, 문맹퇴치 및 성인교육 등을 행하였다.

4. 복지국가의 성립과 재편

1) 빈곤관의 변화

19세기 후반에 이르자 개인주의적 빈곤 죄악관이 변모하기 시작하였고, 빈곤의 실태에 대한 인식이 바뀜에 따라 자유방임의 이념과 개인주의적 윤리관이 쇠퇴하였으며 보다 적극적인 국가의 행동과 사회개혁의 욕구가 많아지게 되었다. 지금까지는 빈곤의 원인을 개인의 무절제·낭비·무능력 등 개인적인 요인에 기인하는 것으로 간주하여 빈곤이 사회적 죄악이라고 인식하였기 때문에 빈곤자에 대한 가혹한 형벌로 나타났었다. 그러나 산업의 발달, 도시화로 인해 노동자 세력이 강화되고, 또한 온정주의적 인도주의가 확산되면서 빈곤의 규모가 커지게 되자 빈곤은 사적 자선의 능력을 넘는 문제로 인식되기 시작했다. 이러한 시기에 부스(Booth)와 라운트리(Rowntree) 등에 의해 빈곤에 대한 실증적 연구가 행해졌다. 즉, 빈민 개개인의 구체적인 생활실태보다는 빈곤의 본질과 규모를 조사하여 통계적으로 밝히려는 것이 부스의 런던시민의 생활과 노동조사였는데, 부스의 영향을 받은 라운트리는 요크 시의 조사에서 빈곤의 정도와 범위, 빈곤의 원인, 질병과 사망과의 관계 등을 제시하였다. 이들의 사회조사 목적은 빈곤상태에 대한 과학적 측정에 있었으나 이 결과 빈곤의 원인은 빈곤자 개인의 도덕적 결함이나 나태에 있는 것이 아니고 불충분한 임금, 비위생적인 환경, 부적절한 주택, 비위생적인 노동조건 등 사회적인 조건에 기인한다는 것이 명백하게 밝혀졌다. 이것은 구빈법에 의한 빈곤자의 억압적 정책만으로는 빈곤문제가 해결되지 않는다는 것을 증명해 주는 것이다(Jones, 1991; 원석조, 2012).

따라서 빈곤의 원인은 개인에게 있다기보다 사회체제에 있으며, 사회문제에 대하여 보다 획기적인 대책이 필요함을 알리는 데 큰 기여를 하였다.

2) 구빈법의 개혁

1909년 신구빈법 개혁을 위해 왕립위원회를 구성하여 구빈법과 실업에 대한 철저한 조사를 실시한 결과 다수파보고서와 소수파보고서로 발표되었다. 다수파보고서는 기존의 구빈법을 점진적으로 수정·보완하고 자선단체들과의 밀접한 협력을 권고하였고, 소수파보고서는 종전의 구빈법 행정조직, 구빈법 자체를 폐지하고 새로운 제도를 만들어야 한다는 것이었다.

당시 영국은 다수파보고서의 의견을 받아들이게 되었는데 그 구체적인 내용으로는 구빈행정의 지방행정에로의 통합 이관, 구제의 처벌적 성격은 없어져야 하며 인도주의적 공적 프로그램이 만들어져야 할 것과, 대상별로 분리수용보호, 연금, 실업보험, 재해급여, 빈민을 위한 무료치료, 공공직업안내사업의 도입 등이었다.

그리고 1911년에는 노동자를 위한 의료보험과 실업보험을 내용으로 한 국민보험법이 제정되었다. 이러한 사회보험제도의 도입은 사회복지의 대상이 빈곤계층에서 노동자의 일반국민에로 확대되는 계기를 마련하였고, 공공부조 중심으로부터 사회보험 중심으로 사회복지제도가 발전하였다는 의미를 갖는다. 제1차 세계대전에 이어, 1929년 세계 대공황의 결과, 불황과 저임금, 실업문제가 지속되자, 영국은 1934년 실업보험과 실업부조로 이루어진 실업법을 제정하였다. 그리하여 실질적으로 빈민법은 공공부조로서 노동능력이 없는 사람을 위한 제도가 되었다(장인협 외, 2003).

3) 복지국가의 성립과 발달

제2차 세계대전을 전후하여 복지국가로 발전하는 새로운 전환기를 맞이하였다. 제2차 세계대전은 고아, 기아, 과부, 유가족, 신체장애인 등을 증가시켰고 이에 전문 사회사업교육이 본격화되었으며 사회사업의 전문기술이 발전하고 분화되어 여러 전문직 단체들이 생겨나게 되었다.

제2차 대전 중 영국에서는 '사회보험과 관련 서비스에 관한 보고서'라는 명칭으로 기존의 사회보험과 복지 프로그램을 전면적으로 재검토하여 이를 바탕으로 획기적인 개혁 내용을 담은 베버리지 보고서(Beveridge Report)를 발표하였다. 이 보고서의 정식 명칭은 "사회보험과 관련사업(Social Insurance and Allied Services)"이며, 국가에 의한 사회보험 중심으로 국민의 소득을 보장하는 사회보장 개념이다. 이 보고서의 특성은 사회보험의 실시로 빈곤 해소와 국민이 기본적인 사회생활을 충족하는 것이며, 국가부조 강화를 주장하여 긴급사태에 대처하도록 하였으며, 전 국민이 사회보장의 혜택을 받아 기본적인 사회생활을 영위할 수 있게 하고, 비용은 국가, 노동자, 고용주가 동등하게 분담할 것을 원칙으로 하였다(박석돈, 2010).

이 보고서의 사회보험제도의 골격은 소득이 중단되거나 부가적인 비용지출이 생길 수 있는 8가지 사고(질병, 재해, 노령, 사망, 결혼, 출산, 실업, 생업의 상실)에 대하여 모든 국민이 보험에 가입하도록 한다는 것이다. 이를 위하여 전 국민을 6범주(노인, 아동, 자영자, 피용자, 주부, 무업자)로 나누어 사회보험료의 갹출과 수혜의 지위를 구분하였고, 재정방식은 정책갹출, 정액급여로 급여수준의 적절성을 유지하도록 하고, 보험사고의 포괄성과 행정적인 통합일원화 원칙을 추진하였다. 이와 같은 보고서의 사회보험제도의 특징은 다음의 여섯 가지 원칙으로 요약될 수 있다. 첫째, 정액급여 원칙으로 급여와 갹출은 소득에 관계없이 동일, 둘째, 균일한 기여의 원칙, 셋째, 행정책임의 통일화 원칙으로 사회보장성 신설 지방마다 동일한 행정국 설치, 넷째, 급여수준의 적정화 원칙으로 급여수준은 일상생활을 영위하는 데 충분할 정도의 수준, 다섯째, 적용범위의 포괄성 원칙으로 기본적이고 예측 가능한 모든 욕구 포함, 여섯째, 적용대상의 계층화 원칙으로 피용자, 자영인, 실업자, 전업주부, 아동, 노인 등 6개 층으로 분류하고, 이들의 욕구를 보장하는 것이다.

또한 이 보고서는 사회보험제도가 빈곤문제를 해결하기 위해서는 아동수당제도의 도입, 포괄적 건강재활서비스제도의 도입, 완전고용을 위한 정부의 노력이 전제되어야 한다고 주장하였다. 이러한 베버리지(Beveridge)의 개혁안은 1945년 노동당이 집권하여 완전고용정책을 중심으로 산업국유화 정책과 사회보장제도의 구체화작업에 착수하고 권고사항이 속속 입법화되어 이른바 "요람에서 무덤까지"라는 복지국가의 골격을 갖추게 되었다. 영국 사회보험 입법화의 주요내용은 사회보장에 관한 최초의 법률로서 1945년 가족수당법, 1946년 국민산업재해보험법, 국민보험법, 1948년 국민부조법, 아동법 등이며 1948년에 들어 사회보장법이 전면적으로 실시되었다(김익균 외, 2007).

제2차 세계대전 후 영국은 노동당과 보수당의 2대 정당에 의한 정권을 통해 복지국가의 유지발전에 크게 기여하였다. 그러나 국민의 욕구수준을 넘어선 복지정책의 수행으로 재정의 압박을 가져와 복지국가주의(welfare statism)에 한계를 느끼게 되었다. 영국은 사회제도와 정책 면에 치중하여 발전시켜 오다가 오늘날에는 직접적인 대인서비스와 사회복지방법론적 접근에도 역점을 두었다. 이러한 과정을 거쳐 오늘날 서구 사회는 전문 사회사업의 영역이 확대되고 전문교육이 강화되었으며 국민의 복지욕구의 증대에 따른 복지예산의 증대는 국가재정의 위기를 초래하기도 하였다. 한편 경제적 복지증진으로 인한 정신적 일탈행위가 새로운 사회문제로 대두하게 되었다.

복지국가는 1970년대에 들어와 경제위기를 맞으면서 복지국가위기론이 제기되었다. 따라서 다양한 복지 이데올로기가 등장하여 복지국가 재편에 들어가게 되었다(김익균 외, 2007). 사회복지 분야에서는 공공재정지출을 통제하고 사회보장과 복지서비스 전달구조를 변화시켰으며, 각종 급여수준을 동결하거나 실질적 급여를 저하시키는 등의 조치를 하였다. 사회복지 정체기의 사회보장제도의 개혁은 복지민영화와 복지다원화의 원리에 의한 정책으로 나타났다. 사회복지의 정체가 세계적 경기침체기와 맞물려 있었으므로 복지급여를 축소하고 일을 통한 복지를 지향하는 정책으로 구체화되었다. 그러나 늘어나는 실업문제와 사회안정적인 요인 때문에 실제적으로는 복지의 축소가 어려웠고 일부 국가의 경우는 재정적인 확대현상도 보여서 복지의 축소보다는 복지가 정체된 기간으로 보는 것이 타당할 것이다.

제2절 우리나라의 사회복지 발달

우리나라의 사회복지도 다른 나라와 같이 여러 동기가 복합적으로 작용하여 발달하여 왔다고 볼 수 있다. 즉, 고대사회부터 두레나 계 등 민간 차원의 상부상조 전통이 강했고, 사회의 취약계층에 대한 구휼행정이 종교적 배경으로 일찍부터 실시되었다. 조선시대까지 사회복지는 대개 구빈정책을 중심으로 이루어졌지만 그 후 일제강점기를 거쳐 미군정시대, 그리고 1960년대에 와서야 사회복지체계가 확립되기 시작하였다. 현대의 사회복지는 선진국들의 사회복지제도를 도입하여 우리의 현실에 적용하는 과정이라고 하더라도 전통적으로 계승되어 온 우리 고유의 민생구휼사업행정의 관습은 우리의 복지문화와 생활 속에 남아 계승되어 오고 있는 것이다. 구체적으로 우리나라의 사회복지 발달과정을 살펴보고자 한다.

1. 근대 이전 단계의 구제활동

1) 고대의 구제활동

우리나라 사회복지의 근원은 고대, 삼국시대, 고려시대, 조선시대에 이르기까지 왕가에 의한 국가시책으로 민생구휼이 이루어진 구휼제도에서 찾아볼 수 있으며, 민간 차원에서 행해진 두레, 품앗이, 향약, 계 등의 상부상조 활동도 사회복지의 전사로서의 활동이라 할 수 있다.

고대사회의 경제는 농업이 중심이었고 농본주의, 중앙집권적 귀족주의였으며 토지는 국유 내지 공유제가 원칙이었다. 이 시대의 사회문제는 백성의 궁핍, 각종 천연재해와 전쟁, 귀족들의 백성에 대한 사적 지배 등과 밀접한 관련이 있으며, 고대사회의 사회정책은 그 자체가 고대국가의 존립을 위한 목적에서 취해진 것이라고 할 수 있다. 따라서 고대사회에 구빈사업은 원시공동체의 관습이 남아 있어서 씨족이나 부족의 결합이 강했기 때문에 개인의 문제는 대개 공동체 내에서 해결되었다. 이와 같은 사회문제에 대한 국가의 대책은 소위 진궁구휼(振窮救恤)로 표현되는 구휼(救恤)정책과 황정(荒政)에서 구체화되고 있는데 기록에 나타난 것을 보면 삼국시대의 구휼제도는 고대국가의 존립, 삼국전쟁의 승리를 목적으로 하는 백성의 안정책의 성격을 띠고 있다. 그러나 당시 지배층의 한계와 사상적 기반의 미숙 등으로 임시적, 사후대책적인 성격이 더 강한 것이었다. 한편 일부가 법으로 제정되기도 했으나 지속적이지 못했고 제도화의 단계에도 이르지 못한 한계를 갖고 있다.

이 시대의 대표적인 제도로서는 고구려의 진대법(賑貸法)이 있는데 진대법은 흉년이나 춘궁기에 창곡(倉穀)을 백성들에게 대부하였다가 추수기와 풍작을 기다려 다시 갚게 하는 제도로서 이것은 무상으로 백성에게 구휼을 행하는 것이 아니라 백성들의 능력이 있을 때 다시 상환케 했던 제도이다. 이 밖에도 환과고독(鰥寡孤獨), 노병빈핍(老病貧乏)으로 표현되는 스스로의 독립생활을 유지할 수 없는 자에 대한 사회적 보호가 이루어지기도 한다. 이 외에 구체적으로 구빈사업을 살펴보면, 첫째, 사궁구휼(四窮救恤)로 환과고독(鰥寡孤獨)에게 의류와 곡물 등을 급여하였다. 둘째, 조세감면사업으로 조조감면(租調減免)인데, 자연재해로 인하여 심한 피해를 입었던 주민들에게 그 재해의 정도에 따라 조세를 감면하여 주었다. 셋째, 관곡의 진급으로 이는 정부에서 비축하고 있는 관곡을 여러 가지 형태의 재난을 당한 백성들에게 구제하는 것으로 삼국에서 자주 실시되었다. 넷째, 대곡자모구면(貸穀子母俱免)사업으로 관곡의 상환이 곤란할 경우 원금과 이자를 함께 감면해 주었다. 다섯째, 경형방수(輕形放囚)로 천재지변시에는 형벌을 경감하거나 방면하였다. 그 외에 농사를 위한 종자 및 식량을 주어 농사가 가능하도록 하였다(오완섭, 2009).

고조선시대는 단군의 시조로서 사회복지적인 요소는 공동체 내에서 상부상조의 정신을 띠고 있다. 이는 홍익인간, 재세이화 및 경천애인의 이념으로 씨족사회에서 부족사회로 발전하여 왔으며 재정일치가 행해졌던 시기인 것이다.

2) 고려시대의 구제사업

고려시대에는 우리 민족 고유의 상부상조정신에 국교인 불교의 자비정신이 가미되어 삼국시대의 민생구휼제도가 보다 체계화되고 확대되었다. 즉, 불교의 기본정신인 자비사상은 우리 국민의 의식구조에 뿌리를 내려 우리나라 구제사업에 큰 영향을 주었다. 또한 고려시대는 통일신라시대의 폐습을 시정하고 필요에 따라서는 개혁을 실시하고자 하였으며 나아가서는 모든 백성들의 부담을 경감시키고 편의를 도모하는 데 주력하였기 때문에 구제사업은 임기응변적인 점이 있기도 하였지만 상당할 정도로 조직화, 제도화되기 시작하였다.

고려시대의 구제제도는 정인지의 고려사에 의하면 창제(倉制)가 가장 대표적인 것이며 이외에도 5대 진휼사업을 규정하고 있다. 첫째, 은면지제(恩免之制)로 백성의 세금과 부역을 3년간 면하게 하여 타지에 떠돌아다니는 자들을 전리에 돌아오게 하여 농사에 종사하도록 하였다. 둘째, 재면지제(災免之制)로 천재지변으로 농사에 실패했을 때, 세금을 감면해 주었다. 셋째, 환과고독 진대지제(鰥寡孤獨賑貸之制)로 홀아비, 과부, 고아 및 자식 없는 사람을 항구적으로 돕는 구빈사업을 실시하였다. 넷째, 납속보관지제(納粟補官之制)로 어려운 사람을 돕기 위해 거액의 기부금을 낸 민간인에게 벼슬을 줌으로써 자선을 장려해 주었다. 다섯째, 수한역려진대지제(水旱疫癘賑貸之制)로 홍수, 가뭄, 전염병 등 갑작스런 재해를 당한 백성에게 각종 물품과 의료, 주택 등을 급여하였다.

고려시대에 창제는 더욱 발전하였는데, 대표적인 것은 흑창, 의창, 상평창, 유비창 등이다. 태조 왕건은 즉위 초기에 흑창을 만들었고, 중앙집권체제를 완성한 제 6대 임금 성종은 흑창을 보강하여 의창으로 개칭하고, 곡물의 매매로 물가조절기능을 갖춘 상평창을 양경과 12목에 설치하였다. 그러나 고려는 후기로 갈수록 몽고의 침략으로 백성의 어려움이 커졌지만, 정부의 힘이 백성에게 고루 미치지 못했다. 충선왕은 의창과 상평창의 기능을 복합적으로 갖는 유비창을 설치하기도 하였지만, 건국 초기와 같은 역할을 수행하지는 못한 것으로 보인다(김승훈, 2010).

고려시대의 구빈기관으로 제위보(濟危寶), 구제도감(救濟都監), 동서대비원(東西大悲院), 혜민국(惠民局) 등이 있다. 제위보는 광종 14년에 설치되었으며, 최초로 설치된 구제기관으로서 빈민구제사업과 이재민구제사업의 최 일선 기관이었다. 이 기관은 일정한 재화를 원금으로 설정하고 그것을 대부 활용하여 거기에서 생기는 이익으로 기관을 운영하고 아울러 구제사업도 실시하였다. 구제도감은 예종 4년에 중앙에 설치된 구휼행정을 총괄 관장하는 기관으로서 뒤에 진제도감(賑濟都監), 진제색(賑諸色)으로 명칭이 바뀌었고 곡물을 비롯한 각종 생활필수품을 구비하여 굶주림을 당하고 있는 궁민들을 구제하고 병약자를 보호하고자 노력하였다. 동서대비원과 혜민국은 의료 구제기관으로서 이들 기관들은 궁민에게 약품과 의복을 제공하고 병약자를 치료해 주었으며 특히 이들 기관에는 대부분 훈련을 받은 승려를 두어 자선사업을 수행토록 했다. 고려시대의 구제활동으로 특기할 점은 불교도에 의한 구제활동인데 유아, 기아, 빈민아를 사원에서 수용·양육하여 승려, 사역승으로 양성하는 일이 성행하게 되었다. 이 외에 행려자시식소(行旅者施食所)를 설치, 운영한 것은 중세 기독교사원의 사원숙박소와 같은 맥락에서 이해할 수 있으며 이것은 우리나라 민간봉사활동의 최초의 형태로 나타났다. 이상과 같은 고려시대의 구빈사업은 이미 제도로 정비되어서 시행되었고, 삼국시대의 것보다는 구체화되었고 다양화되었다. 또한 시행 과정상의 일관성이 결여되어 있어서 지속적으로 시행되지 못한 부정적인 측면도 많았지만 국가 책임하에 사회복지제도로서 명맥을 유지해 감으로써 조선시대의 구빈제도가 유지되고 발전될 수 있는 모체 역할을 했다고 할 수 있다.

3) 조선시대의 구제사업

조선시대는 이전의 삼국시대나 고려시대와는 그 발전의 맥락에 있어서 엄격하게 그 시대가 구분된다. 삼국시대에는 임시방편적으로 발전되어 왔다고 한다면 고려시대에는 그에 따른 기본적 기관, 기구가 국가적 책임에 의한 시설이 설치되었고 조선시대는 그러한 모든 것들에 대한 법적·제도적 장치가 완비된 시기라고 말할 수 있다. 법률상에 의거하는 빈민구휼정책으로 법 시행 아래에서 체계적인 서비스를 받을 수 있게 되었다는 점에서 과거의 시대와 크게 구분 지을 수 있다. 조선시대는 유교사상을 기반으로 백성들의 불행의 책임은 군주에게 있다는 왕인사상이 지배하여 국가통치자의 국가와 백성에 대한 책임감, 의무감을 보다 강조했다는 점에서 백성에 대한 구제사업은 보다 체계화되었다. 조선시대 초기의 사회복지의 내용을 살펴보면 빈민구제의 책임자를 왕으로 하고, 구제의 신속을 중시하며, 일차적인 구빈행정의 실시 책임은 지방장관이 지휘하고, 중앙정부는 구호 관계의 교서 및 법규 제정과 지방구호행정에 대한 지도와 감독을 하는 것으로 되어 있었다. 이를 구체적으로 살펴보면, 첫째, 춘궁기나 재해 시에 대비하는 비황제도 둘째, 매우 어렵고 가난한 사람들을 보살펴 주는 구황제도 셋째, 병자의 치료 등 의료시혜에 관한 구료제도 등의 세 가지로 대별할 수 있다.

조선시대의 민생구휼기관으로 구황청(救荒廳), 혜민국, 제생원(濟生院), 활인서(活人署), 기로소(耆老所) 등이 있다. 구황청은 굶주린 백성의 구제를 담당하며, 재해발생시 비축곡을 방출하여 구제하고 급식을 하는 진휼사업을 전담해 왔다. 혜민국은 서민과 궁민에게 질병을 치료해 주고 건강을 보살펴 주는 일을 맡았으며, 활인서는 서울 성내의 환자구휼기관으로 활용되었다. 기로소는 70세 이상의 노인들을 입소시켜 노후를 즐겁고 보람되게 보내도록 하였다.

조선시대의 구제제도로서는 창제와 환곡이 있으며, 비황을 위한 제도로서 의창, 상평창이 있다. 환곡은 춘궁기에 백성에게 대부하였다가 다음 해에 반납케 하는 제도로서 이 환곡은 원칙적으로 나누어 주는 곡물과 남겨 두는 곡물을 구분하였는데, 비축하는 곡물은 수해, 재난 등에 대비하기 위한 것이고, 나누어 주는 곡물은 주로 서민과 궁민의 생활을 구휼하기 위한 것이다. 이 외에도 자휼전칙(字恤典則)이 공포되었는데 조선 후기의 대표적인 아동 관련 법령으로서 유기아, 행걸아의 구제에 관한 법령이었다. 요구호아동의 구휼에 있어 국가의 책임과 역할을 인정하였다. 즉, 조선 정조 7년 아동복지 관련 법령이 공포되어 유기, 걸식, 부랑아 보호, 진휼청에서의 수용보호사업을 하였다.

그리고 조선시대에의 민간조직의 활동들을 살펴보면, 계(契), 두레, 향약(鄕約)의 조직과 활동이다. 계는 성원 간의 경제적 이익을 도모하기 위해 조직된 계가 있고, 경제적인 이해관계 외에 특정한 비경제적 협력을 달성하기 위해 조직된 계가 있다. 두레는 농민공동체의 조직으로서 농촌사회의 상호협력, 상호친목의 협동체로서 발달하였다. 향약(鄕約)은 원래 중국의 주자향약(侏子鄕約)을 도입한 것으로서 이는 주민이 교화의 목적을 달성하기 위하여 자치적으로 정한 규약인데, 향약의 4대 실천덕목(實踐德目), 즉 덕업상권(德業相勸), 과실상규(過失相規), 예속상교(禮俗相交), 환란상휼(患亂相恤)로 이는 본질적으로 인보사업과 공통점이 있다.

2. 초기 사회사업의 발달

1) 일제강점기

일본의 식민지시대에는 식민지정책하에 구제사업도 식민지 정책의 일환으로 실시되었다. 근대적 사회복지사업이 우리나라에 전래된 것은 개화 이후의 일로서 일제강점기를 거쳐 현저한 발전을 보게 되었다. 그러나 이는 근대적인 복지이념에 의해 시행되었다기보다는 그들 식민정책의 일부로서 식민통치의 합리화와 황민사상의 주입을 위한 것이었다. 또한 구호의 질적인 면에 있어서도 한국인과 일본인 사이에는 차별적인 급여가 주어졌다. 이재민이나 노동불능자의 구호사업과 농촌빈민의 갱생사업, 화전민 대책사업, 직업소개사업 등이 주된 내용이었다.

근대적 사회복지사업이 시작된 것은 조선 말엽인 1888년에 프랑스 주교가 설립한 천주교회에 의한 고아원이 설립된 것이 최초이며, 갑오경장 후 인천에서도 교회 부속 고아원이 설립되었고 1907년에는 평양 맹아학교가 개교되었다. 이와 같이 종교단체들이 선교를 겸하여 서울, 평양, 인천 등지에 육아, 구료(救療) 등의 사업을 시작하였고, 한일합방 이후 그 수의 증가와 구미선교단체뿐만 아니라 민간독지가 또는 국내 종교인들이 이러한 사업에 관심을 보였다. 이와 같이 우리나라에 있어서 사회사업의 발달은 개화기와 일제강점기에 와서 본격화되었다고 볼 수 있다.

일제강점기의 구호제도는 은사금 이재구조기금 관리규칙이 1914년에 규정되어 이재민을 위해 식량이나 의류 등을 지원하고자 하였다. 1916년부터 1944년까지 구빈행정의 기초가 된 은사진휼자금 궁민구조규정으로 폐질, 중병, 무의탁 노유병약자에게 식량을 지급하였다. 1917년 행려병인 구호자금 관리규칙에서 무의탁 행려병자를 구호소에서 구호하였다(김기태 외, 2007).

일제는 빈민문제가 사회문제로 심각하게 되자 빈민조사를 행한 이후 1927년 12월부터 방면위원제도를 실시하였고, 근대적 사회사업이 도입되어 1874년에 제정된 구휼규칙을 폐지하고 1929년에 구호법을 새로 제정·공포하여 보다 향상된 현대적 구빈행정을 1932년 시행하였으며, 1944년 3월 1일에 사회복지에 관한 법령으로 조선구호령[2)]을 제정·공포하였다. 이는 일본의 구호법을 기초로 하고 모자보호법과 의료보호법을 부분적으로 부가해서 종합화시킨 법이다.

구빈사업으로는 이재민구호, 빈민구호, 빈민의료구제, 요보호아동보호, 복지시설운영 등이 있으나 장기적이고 확고한 계획하에 이루어진 것이 아니고 그때의 시혜차원에서 이루어졌다(류종훈, 2011).

일제강점기 말엽에 공포된 이 구호령은 1961년 생활보호법이 제정될 때까지 우리나라 공공부조의 기본법이 되어 왔다는 역사적 의의를 갖고 있다.

2) 미군정시대

미군정기는 1945년 8월 15일 일본의 항복으로 해방이 된 이후부터 1948년 8월15일 대한민국 정부가 수립될 때까지 3년간이다. 이 기간이 짧은 3년이지만 정치, 경제, 사회 제 측면에서 중요한 의의를 갖고 있다.

1945년 해방 이후 3년간의 미군정 기간 동안 사회사업정책 및 구호에 관한 여러 문서가 우리말로 후생국보에 발표되어 조선구호령과 함께 복지행정을 하는 기준이 되었다. 그러나 미군정시대의 사회복지사업은 일제강점기의 기본적인 법규와 규정이 계승되었으나 실질적으로는 많은 제약하에 놓이게 되었다. 미군정 법령에 의하여 정부조직으로서 보건후생부를 두고 전쟁재해의 구제, 일반 빈곤한 자의 공공구제, 아동의 후생 및 기타 필요한 보호, 주택문제 등과 같은 업무를 관장하였다. 이 시기의 사회복지제도는 빈곤 예방, 최저생계유지, 보건 및 의료보호, 주택보급 등에 중점을 두고 있으며, 적극적이고 계획적인 사업의 추진이었으나 실질적인 국민들의 복지를 위한 장기 계획은 거의 이루어지지 않았다. 그러나 미군정 동안 자선활동에 의한 사회복지사업이 신장되어 전쟁으로 인한 빈민, 요보호대상아동에 대한 수용보호의 필요성이 대두되었으며, 미군정의 새로운 사회복지사업 이념에 영향을 받아 국내외 민간독지가들에 의한 자선활동이 활발하였다. 하지만 이에 대한 정부의 지원이 미약하

2) 이는 당시 일본에서 실시되어 오던 구호법(1929년 제정 공포, 1932년 시행)을 거의 그대로 도입하여 전문 33조의 〈조선구호령〉이라는 제령을 제정·공포실시 하였다. 이 구호령은 구호를 국가의 의무로 규정하고 중앙과 지방간의 구호비용부담규정 등 법령상으로는 어느 정도 체계를 갖추었으나 실제의 구호 내용면에서는 실효를 거두지 못하였다.

여 임시구빈적인 성격을 벗어나지 못했다. 미군정의 복지행정은 요구호자에 대한 구호의 필요성에 대응하여 실천된 것이 아니라 요구호자들로 인해서 야기될 수 있는 정치적 불안에 대응하여 행하여졌던 것이다(김익균 외, 2007).

따라서 구호의 범위와 수준이 열악하고 구호행정이 배타적이고 일방적인 성격을 가지고 있었던 것이다. 이러한 영향으로 우리나라의 현대적 사회복지의 도입에 부정적인 영향을 미쳤다.

3. 현대 사회사업의 성립과 발달

1) 정부수립과 한국전쟁

우리나라에서 근대적인 사회복지사업이 전개된 것은 1950년대에서 비롯된다. 1948년 남한에서 합법적인 정부가 들어서게 되어 제1공화국이 출범하게 된다. 이를 전후하여 좌우의 이념적 대립이 지속되다가 1950년 한국전쟁의 과정을 통해 사회경제적으로 극도의 혼란과 불안정 상태에 놓이게 된다. 정부수립 이후 1년여 간은 특별한 변화 없이 미군정시대의 제도와 법을 그대로 계승하였으며, 법제의 제정이 미약한 상태에서 이루어진 사회복지정책이었으므로 뚜렷한 정책 내용을 갖추지는 못하였다. 그 후 한국전쟁으로 사회복지 분야의 제도적 기반을 마련하기도 전에 국가적 위기에 직면하게 되었으며, 정치, 경제, 군사, 사회복지 분야 등에 있어서도 일대 전기를 마련하게 되었다. 즉, 한국전쟁은 수많은 전쟁고아와 전쟁피해여성, 상이자를 낳아 요보호대상자를 양산하게 되었다. 그중에서도 요보호아동의 구호와 보호문제는 당시의 여러 가지 사회문제와 더불어 긴급히 해결해야 할 문제로 제기되었다. 우선 전쟁고아 대책으로 고아원이 증설되었고, 전쟁사상자의 장애시설 수용, 전쟁미망인들을 위한 모자원 설치 등이 있었다.

이러한 문제에 봉착한 정부는 1952년에는 전쟁고아 수용보호시설을 비롯한 전란으로 인하여 혼란에 빠진 기존 각종 사회복지시설을 합리적으로 지도 감독할 행정적 필요에 따라 각종 훈령 및 운영규정을 시달하여 시설운영과 그 지도감독의 운영지침으로 삼았다. 이처럼 1950년대의 사회복지정책은 법제적인 면에서는 구체적인 진전이 없는 상태에서 사회부장관의 행정소관으로 응급구호와 민간외국기관의 원조에 의한 사회사업이 이루어졌다.

2) 사회복지제도의 생성과 정비

우리나라 사회복지 발달과정은 1960년대(사회복지의 제도적 형성기), 1970년대(사회복지의 실험적 실천기), 1980년대(제도적 정비기)로 구분해 볼 수 있는데, 개별적 시기는 경제적 상황뿐만 아니라 정치·사회적으로도 각기 특징적인 시대적 배경을 가진다.

1960년대는 한국전쟁을 치유하기 위한 수용시설과 최저생계보장을 위한 생활보호정책으로 사회안정을 위한 정책이 주류를 이루었다. 1960년대에 법제를 살펴보면 공무원연금법(1960), 생활보호법, 아동복리법, 고아입양특례법, 윤락행위등방지법(1961), 국가유공자특별원호법, 재해구호법(1962), 사회보장에 관한 법률, 의료보험법, 산업재해보상보험법(1963) 등의 제정으로 사회보험과 공공부조, 사회복지서비스의 제도적 기반을 구축하기 시작했다.

그러나 이러한 법제는 원래의 취지대로 높은 수준의 복지에는 이르지 못하였으며 사회복지정책은 자활지도 위주로 이루어졌고 시설보호사업은 외국의 민간원조기관의 후원 아래 유지되고 있었다. 점차 외국 민간원조기관이 철수하게 됨에 따라 자주적 사회복지정책이 사회복지행정분야를 중심으로 전개되기 시작하였다.

1970년대에는 사회개발정책의 영향으로 한국적 지역사회복지사업인 '새마을 운동'이 지역사회개발 차원에서 전개되었으며, 민간기관 단체의 활동이 체계화되면서 사회복지협의회가 설립·운영되었고, 각 대학에서도 사회사업학과가 사회복지학과로 개칭되어 학문 내에서도 정책적인 측면이 강화되는 계기가 되었다. 1970년대 들어서 사회복지사업법(1970), 국민복지연금법(1973), 사립학교교원연금법(1973), 개정 의료보험법(1977) 등이 제정되고 1960년대에 입법화된 각종 제도들이 본격적으로 시행되고 있었으나 경제개발 우선정책에 밀려 사회복지정책은 괄목한 만한 발전을 보지 못하고 보완적 수준에 머물러 있었다.

1980년대에는 사회복지 관련 법률이 대폭 개정되었고, 1987년부터 대도시 영세민 밀집지역 동사무소에 사회복지전문요원이 배치되는 등 사회복지 분야에 다양한 정책들이 추진되었다. 복지사회 건설을 4대 국정지표로 내세웠고, 제5차 경제사회발전 5개년계획에서도 경제와 사회의 균형적인 발전을 기본목표로 삼았다. 그리고 제5공화국은 체제의 정통성 확보를 위한 노력의 일환으로 일단의 사회복지 입법을 단행하였다. 심신 장애자복지법과 노인복지법이 제정(1981)되어 사회복지 5법 시대에 돌입하게 되었으며, 사회복지사업기금법(1980)이 제정됨으로써 효과적인 사회복지사업수행의 길을 열었다. 또한 아동복지법(1981)과 생활보호법(1982)이 전면 개정되었고, 사회복지사업법의 부분적인 개정(1983)을 통해 사회복지사의 자격조건을 규정했으며, 사회복지협의회를 법정단체로 규정(1983)하게 되었다. 또한 지역복지와 재가복지 사상이 도입되기 시작하면서 전국적으로 사회복지관 사업이 확장, 활성화된 시기로 많은 사회복지 전문 인력이 사회복지관에 사회복지사로 투입되었으며, 대도시 저소득층 밀집지역 동사무소에 7급 지방별정직 사회복지 전문요원이 배치되기 시작함으로써 사회복지 전달체계가 확립되었다. 1980년대 복지 관련법들을 소개하면 아동복리법을 아동복지법으로 개정하고(1981, 1984), 노인복지법 제정(1981), 장애인복지법 제정(1981), 사회복지사업법을 전면 개정하여(1983) 사회복지종사자를 사회복지사로 명칭 변경하였고, 최저임금법 제정(1986)을 하였다(김근홍 외, 2007).

또한 1990년대에 들어와 고용보험법(1993), 성폭력범죄의 처벌 및 피해자보호 등에 관한 법률(1994), 사회보장기본법, 윤락행위등방지법, 여성발전기본법(1995), 가정폭력방지 및 피해자보호 등에 관한 법률, 장애인·노인·임산부 등의 편의증진보장에 관한 법률, 국민의료보험법(1997), 모·부자복지법, 국민연금법, 국민건강보험법(1998), 사회복지공동모금회법, 국민기초생활보장법(1999), 의료급여법(2001) 등의 제·개정으로 사회복지의 대상 영역이 확대되고, 4대 사회보험이 구축되는 등의 변화를 통해 21세기를 향한 복지국가의 기반을 다져왔다. 1990년대 말 IMF 외환위기를 맞으면서 대량실업에 직면하여 생산적 복지를 추진하게 되었으며, 제1차 사회보장장기발전계획(1999~2003)을 수립하고, 국민기초생활보장제도와 의료급여제도를 실시하게 되었으며, 사회복지전담공무원의 사회복지직렬 도입(2000), 여성부 발족, 모성보호 관련 3법의 개정(2001), 제2차 여성정책 기본계획 수립(2002), 참여복지 5개년 계획 수립, 사회복지사 1급 자격시험 실시, 건강가정지원법 제정(2003), 윤락행위등방지법의 폐지 및 성매매처벌법과 성매매방지법의 제정, 사회복지사무소 시범사업 운영, 영유아보육업무 여성부로 이관(2004), 실종아동 등의 보호 및 지원에 관한 법률, 저출산·고령사회기본법, 자원봉사 활동기본법, 긴급복지지원법(2005), 노인장기요양보험제도(2007) 등이 이루어졌다. 우리나라의 사회복지제도는 1960년대부터 2000년대에 걸쳐 산재보험, 건강보험, 연금보험, 고용보험, 노인장기요양보험 등 5대 사회보험제도가 시행되고 공공부조와 사회복지서비스가 지속적으로 확대되는 등 그 기본 틀을 갖추었으나 복지수준과 내용은 선진국에 비하여 아직 미흡한 실정이다.

3) 우리나라 사회복지의 역사적 전개의 특징

우리나라는 서양과 같은 단계와 질서적인 발전과정을 거친 것이 아니라 일종의 독특한 발달과정으로 이루어진 것이다. 또한 우리나라 사회복지체계는 사회복지제도의 포괄성, 복지수혜자의 보편성, 복지혜택의 적절성, 복지혜택의 재분배성, 전달체계, 재정 등에서 많은 문제점을 발견할 수 있다. 특히, 사회복지 수혜범위가 매우 좁은 범위의 사회적 위험만을 대상으로 하고 있었으며, 한정된 범위의 사람들을 대상으로 하였고, 낮은 수준의 복지혜택을 제공함으로써 실질적으로 소득의 재분배효과를 제대로 내지 못하였다. 또한 서구의 복지이념모형을 그대로 적용하여 왔으나, 사회복지 이념에 대한 논쟁도 원리나 원칙보다는 주로 행정이나 기술적인 문제에 치중되어 왔다.

사회복지 이전의 사회복지활동에 대한 특성을 이념적 측면, 구빈정책, 연혁적 측면으로 살펴보고, 현대 사회복지 발전의 특성을 고찰해 보고자 한다.

사회복지 이전의 사회복지활동의 이념적 측면을 살펴보면 서양의 경우 자유주의, 계몽주의가 기초로 확립되었으며, 빈곤에 대한 관점은 개인적 책임에 따른 빈곤관을 가지고 있었다. 우리나라의 경우 불교, 유교를 바탕으로 하여 왕도사상, 유교적 정치이념의 체계화를 통해 기초가 확립되었다고 볼 수 있으며, 빈곤의 원인은 왕의 책임으로 여겼다.

구빈정책을 살펴보면 서양의 경우는 구빈법과 같이 시대상황의 변화에 따라 신속하고 실제적인 대책으로 발전하였으며, 특히 흑사병으로 인한 노동력 감소, 산업혁명으로 인한 실업자의 대량 발생, 도시화·도시 인구집중 등의 시대상황에 맞게 대처하는 제도로 발전하였다.

우리나라의 경우 전제왕정의 성쇠에 따라 임시적인 제도로 발전하였으며 특히, 농업 노동력 확보, 신분질서의 유지, 왕조체제의 강화를 목적으로 제도화하였다.

사회복지 이전의 특성을 연혁적으로 살펴보면 우리나라의 경우 민생구휼 행정이 역사상 뚜렷하게 나타난 것은 삼국시대부터 기원을 찾을 수 있으며, 이러한 구휼정책은 중국문화의 유입과 함께 도입되어 점차 발전하였다. 고려시대에는 불교이념을 바탕으로 한 불교 사회복지가 발전하였으며, 조선시대에는 유교이념을 바탕으로 고려시대의 제도를 계승, 발전시켜 오다가 구한 말 외국제도의 도입으로 전통적인 인보제도는 외국제도에 의해 많은 영향을 받으며 발전하였다.

특히 일제강점기와 미군정시대 이후에는 외국 정책 및 제도의 모방에 급급하였기 때문에 우리나라 홍익인간의 건국이념을 사회복지 발달과정에 제대로 활용하지 못하고 우리나라 고유의 사상과 제도에 대한 연구와 승계가 이루어지지 않아 우리나라 실정에 맞는 사회복지모형 개발을 하지 못한 상태에 서구 선진의 사회복지제도들이 받아들여졌다.

우리나라 사회복지의 특징은 기본적으로 사회복지의 개념을 협의적·잔여적 개념으로 보았고, 서구의 사회복지에 해당하는 개념을 사회개발로 쓰고 있었으며, 생존권보장에 대한 국민적 요구도 없었고, 사회복지정책 개발도 국가의 일방적 주도로 이루어졌다. 또한 민간 사회복지의 역할이 강조되어 민간기관은 양적으로는 증가했으나, 정부의존도가 높고, 자생력이 부족하며 사회적 취약계층의 실질적 복지향상에 크게 기여하지 못하였다.

1970년대 이후 현대 사회복지발전 과정상의 특성을 살펴보면, 먼저 정부수립 이후 1970년대에는 한국전쟁 및 정치적 혼란기에서 대량빈곤과 질병의 시기로 1960년대 초부터 사회복지의 틀이 조성되기 시작하였으나 경제적 부담능력 부족으로 구호사업 정도에만 주안점을 두고 외국의 민간원조에 크게 의존했던 시기였다.

그리고 두 번째 단계로 1970년대 중반 이후부터 지속적인 경제성장으로 사회복지제도가 단계적으로 도입되고 본격적으로 시행되었다. 그러나 외국제도의 도입에 급급하여 제도의 현실성 부족, 비효율적이어서 국민의 복지의식 향상에는 다소 어려움이 있었다.

우리나라 사회복지법제 제정과 시행에서는 선거 등과 같은 정치적 요인과 밀접한 관련이 있으며, 선별주의적 접근에서 보편주의적 접근으로 확대되는 경향이 있었으나 사회복지 급여를 권리로 인정하는 성격이 약하였다. 그리고 치밀한 사전 준비 없이 추진되어 현실성이 부족하고 시행 과정상의 혼란과 법 개정이 빈번하였다. 또한 관련 사회복지제도 간의 상호 연계성도 미흡한 편이어서 서로 독립된 제도로 진행되는 경우가 많았다.

우리나라의 사회보장제도는 국민을 경제사회적 위험으로부터 보호해 주는 사회적 안전장치로 확립되어야 하며, 사회보장과 시장경제의 발전은 상호보완적 관계에 있다는 인식하에 경제위기 극복을 위한 사회안전망의 확립 등 사회보장제도의 내실화가 시급히 요구된다.

또한 최근에 노인의 인구비율이 증가하면서 고령화가 더욱 진전되고, 핵가족화가 가속화되고 지방자치제의 본격적인 실시 등으로 국민의 복지욕구가 다양화, 확대되었으며 여성의 사회참여 증가로 가족의 부양기능이 약화되고, 이혼 증가로 결손가정과 요보호아동의 증가 등 새로운 복지욕구가 발생하고 있다. 따라서 이러한 사회적 변화에 적절히 대응할 수 있는 새로운 복지제도가 필요할 것이다.

꼭 알아야 할 내용

- 엘리자베스 구빈법, 정주법, 길버트법, 스핀햄랜드법, 신구빈법
- 자선조직협회와 인보관 운동

Chapter 07

사회복지의 실천 대상과 공급자

사회복지의 실천 대상이란 사회복지가 일차적 관심을 가지고 있는 것으로 문제에 봉착한 사람이나 문제 자체 혹은 문제를 야기시키는 조건, 특정 욕구 등을 의미한다. 사회복지는 실천 대상의 특성과 조건을 파악하고 그 대상의 욕구를 누가 어떻게 충족시켜 주는가에 관심을 두고 있다.

제 1 절 사회복지의 실천 대상

1. 사회복지실천 대상이란

사회복지는 개인, 가족, 집단 또는 지역사회의 사회적 기능을 향상 또는 회복시키도록 돕고 이러한 목적에 부합되게 사회적 조건을 창출하는 전문적인 활동이다.

사회복지실천 대상자의 중심은 사회복지를 필요로 하는 사람들이 누구이냐 하는 것인데, 사회복지를 필요로 하는 이러한 대상의 범위는 시대적, 사회적, 경제적, 정치 이데올로기 상황의 변화에 따라 역사적으로 많은 변화를 거쳐 왔다. 초기단계에 있어서는 사회적 약자들로 한정해 소수의 빈민을 대상으로 최소한의 생존만을 보장하는 의식주 제공과 관련된 사회복지서비스가 제공되어 왔으나, 현대 사회로 접어들면서 국민 전체로 사회복지가 확대되는 현상을 볼 수 있다.

2. 대상자의 선정기준과 이슈

한 나라의 전체 국민을 사회복지의 대상자로 하는 경우를 보편주의(Universalism)라 하고, 특정 계층만을 대상으로 한정하는 경우를 선별주의(Selectivism)라 한다. 보편주의에서는 보편적인 사회적 위험에 대하여 누구나 특별한 자격을 제한받지 않으며, 경제적 수준과 관계없이 특정의 사회복지 급여에 대한 사회적 욕구를 가지고 있는 일반인을 모두 대상으로 권리성 급여를 제공한다. 즉, 국민 누구나 사회적 위험으로부터 보호되도록 하고 사회적 통합을 추구하는 사회적 효과성을 목적으로 한다. 우리나라에서는 이러한 대상자 범주를 주로 전 국민을 대상으로 하는 사회보험과 노인수당, 아동수당에서 채택하고 있다.

반면 선별주의는 사회복지 급여를 제공받는 데 있어 특정한 자격적 측면을 제한받으며, 특히 자산조사(Means Test)를 실시하여 도움을 필요로 하는 빈곤계층만을 한정하여 대상으로 급여를 제공한다. 그렇기 때문에 보편주의에 비해 경제적인 효과성은 추구되지만 반면에 대상자들은 사회적 열등자로 낙인을 찍힐 가능성이 높다.

그런가 하면, 선별주의를 선호하는 측에서는 하위계층에게만 급여를 제공하는 것이 불평등 완화에 기여하기 때문에 오히려 사회적 효과성이 뛰어나다고 본다. 그러나 보편주의론자들은 선별주의적 대상화가 기본적으로 수혜자에 대한 불신을 배경으로 하여 반드시 자산조사를 실시해야 하므로 행정적 비용이 과다하게 소요된다고 본다.[3] 또한 그로 인한 사회적 낙인에 따르는 사회적 비용도 매우 크다고 본다. 따라서 오히려 전 국민에게 균등한 급여를 제공하는 것이 경제적 효과성을 갖는다고 반박한다. 이러한 보편주의와 선별주의의 특징은 〈표 7-1〉과 같다.

3) 보건복지부는 아동수당법 개정에 따라 그간 소득 상위 10% 가구를 제외한 만 6세 미만의 아동에게 2019년 4월부터 재산과 소득조사 없이 보편적으로 아동수당을 지급하기로 함. 이는 상위 10%에 해당하는 아동수당지급 제외자를 선별하기 위한 행정비용이 과다하게 소요되기 때문임.

〈표 7-1〉 선별주의와 보편주의의 비교

구분	선별주의	보편주의
범위	특수문제(욕구)집단에 한정	전 국민으로 확대
자격	제한 강화	제한 완화
급여수준	최저수준으로 인하	적절한 보상률로 인상
급여기간	단축	연장
장점	유효성, 효율성이 높음, 경비가 적게 듦	공평성, 접근성, 편의성이 높음
단점	낙인 우려	많은 경비, 낭비 가능

출처: 이경남 외(2012), 재인용.

제2절 사회복지 공급자의 유형

1. 사회복지공급자의 주체

과거의 자선사업이나 박애사업의 경우와 달리 오늘날 사회복지의 주체는 보다 높은 전문성과 기술이 요구되고 있으며 현재 다양한 형태의 주체가 사회복지공급에 참여하고 있다.

전통적으로 사회복지의 주체는 크게 공적 사회복지와 민간사회복지로 나눌 수 있다.

역사적으로는 1601년 영국의 구빈법이 제정되기까지의 복지는 종교기관의 자선적 구제나 민간 차원의 상부상조적 구제가 중심이었다. 이러한 민간 차원의 구제를 국가가 제도화함으로써 사회복지는 발달하게 되고 공적 사회복지의 역할이 크게 확대되었다.

공적 부문과 민간부문은 서로 다른 특성을 가지고 있다. 공적 부문은 국가와 지방자치단체가 주체가 되어 서비스를 제공하는 주체가 공공기관이거나 공공기관에서 위탁한 민간기관 등에서 서비스를 제공한다. 이와 같은 공적 사회복지의 서비스는 안정적이며, 범위가 넓고, 무차별적인 장점이 있지만 한편으로 서비스에 대한 융통성, 신속화 면에서 민간사회복지에 비해 늦게 이루어지는 단점도 가지고 있다.

민간부문은 최근 사회복지의 확산으로 인해 법인의 형태로 운영되거나 종교단체, 기업체, 자원봉사단체 등에서 다양한 모습으로 운영되고 있다. 민간사회복지는 우리나라의 경우 6·25 전쟁 직후 외국의 원조를 포함한 많은 민간단체의 자선활동으로 출발하였다. 최근에는 순수하게 민간자본으로만 이루어지는 곳은 거의 없는 실정이며, 사회복지기관도 전문가에 의한 체계적인 서비스로 운영되고 있는 추세이다. 공적부문에 비해 서비스가 신속히 이루어지고, 융통성은 있지만 재원이 민간에게서 조달되므로 안정적이지 못하다는 단점이 있다.

오늘날의 사회복지는 공적·사적으로 단순히 분류되기보다는 많은 경우 상호 복합적으로 관련되어 있다. 예를 들면 공적 부문에서 토지, 건물, 설비 등을 마련하고 실제의 운영·관리는 사업경험이 풍부한 사회복지법인 등에 위탁하는 형태이다.

〈표 7-2〉 공적 부문과 민간부문의 특성

구분	공적 부문	민간부문
이념	사회적 형평성	자선, 박애
의사결정	의회	이사회
장점	광범위, 안정성	전문성, 융통성
재원	조세, 사회보험	이용료, 기부금

출처: 조흥식 외(2008), 재인용.

2. 사회복지의 실시주체유형: 정책주체, 운영주체, 실천주체

사회복지의 주체는 파악하는 관점에 따라 다양하게 접근할 수 있는데 본 장에서는 사회복지의 구체적인 실시주체라는 관점과 서비스의 공급주체라는 관점으로 구분하여 살펴본다.

사회복지에 대한 일차적 책임은 국가에 있지만 사회복지가 구체적으로 실시되는 과정을 보면 정책주체, 운영주체, 실천주체로 구분된다.

정책주체는 사회복지의 정책을 계획하고 책정하여 실행하는 주체로 보통 국가와 지방자치단체를 말한다. 특히 지방화시대에 있어 지방자치단체의 역할이 확대되고 있으며, 2005년부터 사회복지 재정이 지방에 이양됨으로써 지방자치단체의 정책주체의 역할은 더욱 커지고 있다.

운영주체는 사회복지사업을 운영하고 경영하는 주체이며 사회복지사업을 행하는 시설, 단체, 기관들로 공공기관과 민영기관으로 구분할 수 있다. 국가나 지방자치단체가 직접 사회복지시설을 설치하여 운영하는 경우가 있으며 사회복지법인, 재단법인, 종교단체, 의료단체 등이 시설을 설치하여 운영하는 경우도 있다. 이 외에 우리나라의 경우 많이 볼 수 있는 형태로 국가나 지방자치단체의 위탁을 받아 민영단체들이 운영하는 경우가 있다. 또한 최근에는 영리기업도 사회복지사업들을 운영할 수 있게 되어 기업들도 사회복지사업에 많이 참여하고 있다.

실천주체는 사회복지서비스를 직접 대상자에게 실시하는 주체로 사회복지사나 사회복지시설의 다양한 종사자 등이다. 최근에는 많은 자원봉사자들도 사회복지의 실천주체로서 중요한 역할을 하고 있다.

3. 사회복지서비스의 공급주체

서비스의 공급이라는 측면에서 살펴보면, 종래의 사회복지사업은 공적 책임하에 실시되어야 한다는 생각으로 주로 국가, 지방공공 단체나 사회복지법인 등이 제공하는 서비스의 공급으로 한정하였다. 그러나 오늘날에는 복지서비스의 보편화, 일반화가 진행되고 특히 재가복지사업이 확대되면서 다양한 형태의 공급조직에 의한 다양한 서비스가 제공되고 있다. 특히 2008년부터 실시된 노인장기요양보험의 실시로 개인과 영리기업들에 의한 서비스 공급도 확대되고 있다.

서비스 공급주체를 설명하기 위한 다양한 분류방법 중 대표적 방법을 살펴본다.

1) 비공식부문과 공적 부문

일반적으로 사회복지의 공급주체를 분류해 온 방식은 비공식적 부문, 공적 부문, 민간비영리부문, 민간영리부문의 유형으로 구분하는 방식이다.

비공식적 부문은 가족이나 친척, 이웃을 중심으로 하는 것으로 전통사회에서 찾아볼 수 있다. 전통적인 사회에서는 인간 대부분의 욕구는 가족과 친척과 같은 일차적 집단 안에서 충족되었다. 그러나 산업화 과정에서 가족의 기능이 분화되면서 가족의 많은 기능이 사회화되어 비공식적 주체에 의한 복지영역은 축소되었다. 그럼에도 불구하고 아직도 아동양육이나 노인 수발 등의 많은 부문은 가족이 담당하고 있다.

공적 부문은 정부, 지방자치단체를 중심으로 하는 공급체계이다. 비공식적 부문만으로는 충분히 대응할 수 없게 된 복지적 욕구를 공적부분에서 대처하게 되었고 근대적인 사회복지의 발달에 중요한 역할을 담당하였다.

2) 민간비영리부문과 민간영리부문

민간비영리부문은 민간이 운영하는 점에서는 공적 부문과는 다르지만 이윤을 추구하지 않는다는 면에서는 유사하다. 이 영역은 우리나라의 사회복지사업의 발전과정에 있어 중요한 역할을 담당하여 왔다.

민간영리부문은 복지가 시장 기구를 통해 공급되는 것으로 전통적인 사회복지의 개념에서는 배제되었던 부분이나 오늘날 사회복지 대상의 확대, 국가재정의 부족을 배경으로 민간영리부문의 사회복지 참여가 증가하고 있다. 특히, 수익자부담원칙의 다양한 서비스의 공급은 특히 노인 관련 산업의 확대와 함께 점차 증가할 전망이다.

3) 혼합주체부문

사회복지의 주체에 대한 결정은 여러 가지 복잡한 변수에 따라 이뤄지게 되는데 오늘날 개별적 서비스를 제공하는 부문에 대한 사회복지의 공급주체는 완전 국가 혹은 완전 민간부문이 점차 사라지는 추세에 있다. 1970년대 이후 복지국가의 위기상황을 겪은 후부터 대부분의 사회복지서비스 공급이 공사 혼합체계로 변화되어 가고 있기 때문이다.

사회복지의 주체로서의 혼합주체부문은 공공부문과 민간부문이 상호 결합하여 서비스가 이뤄지고 있는 형태로 제3부문이라고도 한다. 혼합부문의 방식은 국가나 지방자치단체가 사회복지시설이나 기관을 설립하고 운영은 민간이나 사회복지 법인에게 위탁하여 운영하도록 하는 방식과 개인이나 기업 등이 사회복지시설이나 기관을 설립하여 국가나 지방자치단체에 그 운영권을 부여하는 일종의 기부체납의 방식으로 운영되는 경우로 사회복지의 주체가 경우에 따라서는 개인이나 사회복지법인, 국가나 지방자치단체가 될 수 있다.

4) 공공적(행정형, 인가형) 복지공급체계와 비공공적(시장형, 참가형) 복지공급체계

미우라후미오(三浦文夫)는 사회복지의 공급시스템이란 관점을 제시하여 사회복지공급체계를 크게 '공공적 복지공급체계'와 '비공공적 복지공급체계'로 구분하였다. 공공적 복지공급체계는 국가 또는 지방자치단체에 의한 '행정형 공급조직'과 인가단체에 의한 '인가형 공급조직'이 있고, 비공공적 복지공급체계는 '시장형 공급조직'과 주민의 참가에 의한 '참가형 공급조직'이 있다.

행정형 공급조직은 국가 또는 지방자치단체가 복지사업 또는 복지시설을 직접 운영하는 조직이다.

인가형 공급조직은 정부가 사회복지법인 또는 재단법인 등 비영리단체로 하여금 국가가 해야 할 사업을 위탁받아 행하도록 하는 공급조직으로 사업대상은 주로 저소득계층이다. 따라서 이러한 사업에 소요되는 비용은 대부분 국가 또는 지방자치단체에서 부담한다. 우리나라의 사회복지기관들의 많은 경우가 이에 해당한다.

시장형 공급조직은 시장원리에 의해 운영되는 것으로 창조성, 신속성, 또는 효율성이 높은 서비스를 기대할 수 있으며, 소비자들은 각자 자신의 취향이나 능력에 따라 서비스를 자유로이 선택할 수 있다.

참가형 공급조직은 종교적인 목적이나 이타주의, 상호 연대감 등의 이념에 기초하여 비영리적인 형태로 제공되는 서비스이다. 법적으로는 사회복지시설이나 사회복지조직으로 인정되지 않지만 실질적으로 많은 사회복지서비스의 공급을 담당하고 있다.

이렇게 오늘날의 사회복지서비스는 다양한 주체에 의해 서비스가 공급되고 있으며, 다양한 서비스가 다양한 방법에 의해 나름대로의 장단점을 가지면서 제공되고 있다.

제 3 절
사회복지의 접근방법 및 전달체계

1. 사회복지접근방법

사회복지의 목적을 달성하기 위해서는 재원 확보뿐만 아니라 보다 효과적이고 사회복지의 욕구를 충족시킬 수 있는 방법이 필요하다. 사회복지의 접근방법에는 기술론(방법론)적인 접근방법과 정책적 접근방법으로 구분되며 다음과 같은 특징을 갖고 있다.

1) 기술론적 관점

이 입장은 자본주의의 절대적인 확신을 배경으로 하여 자유민주주의적 개념에 내재하는 인간의 존엄성과 프로이트 학파에 의한 정신분석이론에 근거하는 인간행동의 이해를 강조하고 있다. 또한 미국의 실용주의적 사상을 기반으로 1920년에서 1930년대에 확립되어 온 개별사회사업(case work)과 집단사회사업(group work), 지역사회조직(community organization) 등의 전문기술의 종합체계로 확립되어 왔다. 여기서는 사회복지 대상자에 관계된 사회문제를 도덕의 문제로서 혹은 대상자 개인의 성격의 결함이나 정서적·정신적 이상으로 또는 가족이나 지역사회에서의 인간관계의 부조정 및 부적응의 문제로 보고 있다.

즉, 사회복지를 전문기술에 의한 개인의 심리적 정신적 문제를 개선하고 잘못된 인간관계를 조정하는 기술이라고 보고 있다. 이러한 관점은 결국 사회복지의 발달과 관련한 자본주의 사회의 역사적, 사회적 규정성을 무시하고 단순히 기술적인 원조과정의 체계로만 파악한다는 점에서 문제점이 지적되고 있다.

2) 정책론적 관점

정책론적 입장은 사회복지를 자본주의 제도의 사회적·경제적 법칙하에 필연적으로 발생한 구조적 제 모순을 배경으로 하는 여러 가지 사회문제를 대상으로 한다.

그리하여 사회복지는 사회문제 대책의 일환으로서 자본주의국가 체제를 유지하고 재생산하기 위한 분배정책의 일환으로서의 성격을 갖는다. 이러한 사회복지의 정책적 접근방법은 광의의 사회복지 대상, 즉 모든 국민을 대상으로 그 생활과 복지수준을 전체적으로 향상시켜 인간다운 생활을 보장하는 소위 생존권 또는 생활권적 기본권에 그 기초를 둔다.

정책론적 접근방법은 주로 사회복지정책, 사회보장 제도에서 다루어지고 있으며, 일반적으로 사회보험제도, 공적부조제도, 사회복지서비스정책 등을 포함하고 있다.

3) 통합적 관점

위와 같이 사회복지의 기술론과 정책론은 상호대립적인 면이 있으나, 사회복지의 실천면에서는 상호보완관계에 있다. 즉, 법이나 제도 등의 정책은 전체 인간생활의 일정한 수준이나 범위를 다루는 것이고 복지서비스로 나타나는 기술은 개별화된 원조활동을 통해 사회복지를 실현하고자 하는 것이다. 따라서 정책론과 기술론이 잘 조화를 이룰 때 참된 복지가 이루어지며 어떻게 이 둘을 조화시켜 나가고 대상자에게 개별화된 서비스를 제공하는 것이 중요하게 되었다. 다시 말하면 정책이 확충될수록 기술과의 접촉면도 더욱 확대되고, 따라서 목표달성을 위해 상호통합적인 발전이 더욱 필요하다고 할 수 있다.

2. 사회복지의 전달체계

사회복지서비스란 인구사회학적 이유 등으로 충족되어야 할 욕구가 있는 구성원에게 제공되는 것으로 기여 여부와 전달방식은 매우 다양하며 최근에는 민간참여 강화, 공공의 사회복지서비스에서 효율성을 강화하면서 시장의 원리가 일부 반영되기도 한다. 이런 사회복지서비스를 전달하는 과정을 사회복지 전달체계라고 하는데 학자에 따라 개념이 다양하게 정의된다.

Gilbert & Specht(1974)는 사회복지 전달체계란 지역사회체계 속에서 사회복지서비스의 공급자와 소비자를 연결시키는 조직적 장치라 정의하였다. 사회복지 전달체계는 사회복지서비스를 국가가 제공하는 공공서비스 전달체계를 토대로 사회 내에 존재하는 사회복지 환경, 즉 민간복지서비스 및 개인의 기부 등을 덧붙여 공급자와 수혜자를 연결하여 각종 서비스를 전달하기 위해 만들어진 체계라고 할 수 있다. 즉, 사회복지 관련 급여 및 서비스의 공급자(주체)와 대상자(객체)를 연결해 주는 조직적 체계(organizational arrangement)라 할 수 있다.

사회복지서비스를 효율적으로 전달하기 위해서는 사회복지전달체계가 필요하며 중앙정부나 지방정부, 일선 사회복지기관 및 단체가 서비스의 중복이나 누락이 없도록 서비스 전달체계를 조직적으로 관리할 필요가 있다

1) 사회복지 전달체계의 구분

사회복지서비스 전달체계가 그 기능을 충분히 발휘하기 위해서는 전달체계의 하위체계 혹은 단위를 구성하는 복지기관들이 적절한 기능을 수행해야 한다(김상균, 2002). 이는 이들 기관이 각기 제 기능을 수행하지 못했을 때 자원의 낭비나 서비스의 중복과 누락, 그리고 클라이언트의 지원과 기능 회복 및 향상에 도움이 되지 않기 때문이다.

사회복지의 전달체계는 다양한 관점에서 구분되고 있다. 즉, 구조·기능적 성격, 운영주체별 성격, 제도·기능적 성격, 서비스 종류별 성격 등의 관점으로 나누어 볼 수 있다. 여기서는 사회복지 전달체계의 구분, 사회복지 전달체계 구축의 원칙, 사회복지 전달체계의 선택 등을 살펴보고자 한다(권육상 외, 2010).

(1) 구조·기능적 성격

사회복지서비스 전달체계를 구조·기능적으로 분류하면 행정체계와 집행체계로 구분할 수 있다. 여기에서 행정체계는 서비스를 기획, 지시, 지원, 관리하는 것을 말한다.

집행체계는 서비스 수혜자들과 직접적인 대면관계를 통해 서비스를 전달하는 과정을 말한다. 우리나라 사회복지 전달체계 구조는 정책 변화에 따라 변화하여 왔으나 구조는 변하지 않았다. 큰 틀을 살펴보면 중앙정부(보건복지부, 행정안전부, 여성가족부)의 정책을 광역자치단체(특별시, 광역시, 도)에 하달하여 이를 기초 자치단체(시·

군·구)로 그리고 읍·면·동에서 수혜자에게 전달되는 연계된 조직의 체계로 구성되어 있다. 보건복지부 → 특별시·광역시·도 → 시·군·구는 행정체계이며, 읍·면·동 → 수혜자는 집행체계에 속한다. 이런 수직적 위계 조직(중앙부처 → 시·도 → 시·군·구 → 읍·면·동)을 통해 사회복지서비스가 전달되며 이 과정 안에서 민간복지와 접촉을 통해 업무적 협조와 공조 등이 이루어진다.

(2) 운영주체별 성격

사회복지서비스를 운영주체별로 분류하면, 운영주체에 따라 공적 전달체계와 사적(민간) 전달체계로 구분될 수 있다. 공적 전달체계는 보건복지부를 중심으로 한 정부조직의 위계망으로 구성되어 있어 정부나 공공기관이 직접 관리·운영하는 것을 말하고 사적 전달체계는 사회복지법인, 비영리재단, 사회복지협의회, 사회복지시설, 자원봉사단체 등 민간이 직접 관리·운영하는 것을 말한다. 공적 전달체계의 경우 재정적으로는 안정적이지만 관료적이고 경직되어 있으며, 복잡한 체계를 가지고 있는 반면, 사적 전달체계는 재정적 취약성을 극복하기 어렵지만 융통성이 있고 대상자와의 접근이 용이하며 창의적이고 유연한 장점이 있다. 그러나 오늘날에는 민간 위탁형태로 운영되고 있어도 공공기관의 일부 자원과 통제를 받기 때문에 운영주체를 엄격하게 구분하기 어렵다.

(3) 제도·기능적 성격

사회복지서비스 전달체계를 제도·기능적 성격으로 분류하면, 사회보험, 공공부조 및 사회복지서비스 전달체계로 나눌 수 있다.

(4) 서비스 종류별 성격

사회복지서비스 전달체계를 서비스 종류별로 분류하면 아동복지서비스, 청소년복지서비스, 노인복지서비스, 장애인복지서비스, 가족복지서비스, 여성복지서비스 등 대상자별로 전달체계를 나누어 볼 수 있다.

2) 사회복지 전달체계의 조건

사회복지서비스 전달체계의 목표는 사회복지서비스가 필요한 개인이나 집단에게 제대로 전달되어 정해진 목표를 효율적이고 효과적으로 달성하는 데 기여하는 것이다. 이를 위해서는 서비스가 통합되고 지속적이어야 하고, 서비스가 대상자에게 손쉽게 접근할 수 있어야 하며, 전달체계는 그 활동과 결정에 대하여 책임성을 유지할 수 있어야 한다(Gillbert & Terrell, 1998). 펄만은 전달체계의 이상적 기능으로 투입기능, 책임기능, 서비스 제공기능, 계획 및 통제 기능의 네 가지를 제시하여 전달체계의 수립과 실천에 응용할 수 있는 기준을 제시하였다(Perlman, 1975). 우리나라의 서상목 등은 효과적인 전달체계가 되려면 사회복지기관의 행정 구조적 측면과 서비스 제공자의 측면별로 갖추어야 할 조건이 있다(서상목 외, 1988)고 보았다. 행정구조적 측면이란 최선의 행정적 지원이 갖추어진 상황에서 서비스를 받는 대상자의 욕구가 해결되도록 한다는 것이다. 반면 서비스 제공자의 측면은 대상자에게 서비스를 제공하는 전문가들이 지켜야 할 원칙을 최대로 실천할 수 있는 여건을 만들도록 한 것이다. 구체적으로 살펴보면 사회복지서비스 전달체계를 구축하는데 원칙적으로 크게 행정적 측면과 서비스 제공의 측면으로 나누고 다시 행정적인 측면으로 기능분담의 체계성의 원칙, 전문성에 따른 업무분담의 원칙, 책임성의 원칙, 접근 이용성의 원칙, 통합조정의 원칙, 지역참여의 원칙, 조사 및 연구의 원칙 등을 제시하였으며, 서비스 제공 측면으로 평등성의 원칙, 재활 및 자활목표의 원칙, 적절성의 원칙, 포괄성의 원칙, 지속성의 원칙, 가족 중심의 원칙 등을 주장하였다(서상목 외, 1988).

(1) 행정 구조적 측면

일선 사회복지기관에서 다음과 같은 원칙의 행정구조가 갖추어졌을 때 효율적인 사회복지실천이 가능하다고 볼 수 있다(김상균 외, 2005)

① 체계적인 기능 분담

중앙정부에서부터 지방정부, 나아가 일선 사회복지기관에 이르기까지 모두 사회복지서비스 전달체계를 형성하고 있다. 하지만 각 주체별로 기능을 분담할 필요가 있다. 예컨대, 보건복지부 같은 상위 체계에서는 정책을 결정하고 계획하며 통제하는 기능을 담당하고, 중간체계에 해당하는 시·군·구 및 읍·면·동의 지방자치단체에서는 기획, 감독 및 지도의 기능을 맡고, 마지막 하위 체계인 일선 복지기관에서는 구체적인 서비스를 제공하는 부분에 초점을 맞추어 기능 분담이 이루어져야 효율적인 서비스 제공이 가능하다.

② 전문성에 따른 업무분담

사회복지서비스를 제공하는 과정에서 필요한 업무는 보다 전문성이 요구되는 업무와 상대적으로 전문성이 덜 요구되는 업무가 있다. 예를 들면, 대상자의 욕구파악, 진단, 서비스 판정 및 평가에 관련된 업무는 상대적으로 전문성이 높은 업무라고 한다면, 보고서의 정리나 보관, 대상자의 소재지 파악 등과 같은 전문가의 감독하에 이루어질 수 있는 업무도 있다. 또한 전문가의 전문성 발휘에 필요한 행정구조를 만드는 것도 필요하다. 전문가로서 능력을 발휘하기 위해 필요한 권위와 자유재량권과 같은 것을 부여하는 것이다.

③ 책임성

사회복지서비스를 제공하는 사람은 정확한 절차에 따라 서비스를 전달해야 할 책임이 요구된다. 구체적으로 사회에 대한 책임, 대상자에 대한 책임, 전문가로서의 책임으로 나누어 볼 수 있다. 사회에 대한 책임은 실적 평가, 감사결과, 업무 태만 등과 같은 사실이 발견되면 해당 기관에 신속하게 책임을 물을 수 있는 행정체계가 되어야 한다는 뜻이다. 대상자에 대한 책임은 대상자의 욕구를 최대한 해결해야 하는 책임을 의미하며, 클라이언트의 불만이나 비판도 표현할 수 있도록 하는 행정체계를 갖추어야 할 것이다. 또한 전문가로서 지켜야 할 사회복지 윤리강령을 준수하고 만약 부적절한 행위가 있을 때는 조치를 취하게 하는 행정체계가 필요하다.

④ 접근 이용성

접근성이란 대상자가 필요로 하는 서비스와 급여를 제공받기 위해서 이용하는 과정의 용이성을 의미한다. 서비스를 필요로 하는 대상자가 적절한 시기에 적절한 장소에서 서비스를 받을 수 있도록 하는 전달체계가 필요한데 적절한 시기에 서비스를 받지 못하여 문제가 악화되는 경우에는 동일한 서비스를 제공하더라도 서비스의 효과가 떨어진다. 또한 적절한 장소에서 서비스를 받을 수 있는가에 따라 서비스를 이용하게 되기도 하고, 그렇지 못하기도 한다. 예를 들면, 농촌지역에 다수 분포되어 있는 다문화가정의 폭력을 당하는 여성 대상자가 몇 시간이나 걸리는 장소에 가야지만 상담을 받을 수 있다면 번거로움으로 상담을 포기할 수 있을 것이다. 이것은 초기 서비스의 단절로 문제는 더욱 심각해지고 돌이킬 수 없는 상황에 이를 수도 있다.

나아가 서비스 제공 기관에 대한 정보를 가지고 있지 못하여 서비스가 필요한 대상자가 도움을 받지 못하는 경우, 설령 기관에 대해 잘 알고 있지만 해당 복지기관에 대한 심리적 거부감으로 인해 서비스를 이용하지 않는 경우 등도 접근성의 차원에서 문제가 있다. 접근성을 높이기 위해서는 전달체계 내에 유사 경험을 가진 사회복지사를 채용하며, 서비스 의뢰 전문기관을 두고, 특수 인종을 취급하는 기관 등을 두고, 대상자가 찾아오기만을 기다리지 말고 대상자를 직접 찾아가는 방법 등을 통해 서비스의 접근성을 높일 필요가 있다.

⑤ 통합·조정

현대사회의 구조적 특징으로 인해 도움이 필요한 대상자의 문제가 복잡한 경우가 많다. 예를 들면, 경제적 문제를 안고 있는 대상자가 건강이나 가족관계의 문제를 동시에 가질 수 있다. 따라서 다양한 서비스가 동시에 제공되어야 문제가 해결되는 대상자가 많은데, 각각의 서비스가 분산되어 있는 것이 현 실정이다. 따라서 서비스를 효율적으로 전달하여 자원낭비를 막기 위해서 다양한 서비스를 통합하고 조정하는 책임기관이나 책임전문가가 필요하다.

⑥ 지역사회에의 참여

현대사회에서 사회복지 대상자가 늘어나고, 대상자가 안고 있는 문제가 복잡해지면서 사회복지사와 같은 전문가에 의하여 제공되는 공적인 서비스만으로는 부족해졌다. 서비스를 제공하는 주체는 공적 부문과 사적 부문으로 나눌 수 있는데, 공적 부문만으로는 충당하기 힘들게 되었다. 따라서 가족을 포함한 지역사회의 다양한 자원을 활용해야 할 필요성이 높아지고 있다. 자원봉사 활동의 촉진, 민간복지의 확대 등과 같은 지역적 차원의 노력은 앞으로 더욱 요구될 것으로 보인다.

⑦ 조사와 연구

서비스를 효율적으로 전달하기 위해서는 과학적 방법에 근거한 욕구조사와 이를 토대로 한 전달이 필요하다. 또한 전달한 서비스가 어떤 효과를 가져왔는지 평가함으로써 보다 효율적인 서비스 제공이 가능하다. 이뿐만 아니라 어떤 서비스나 프로그램이 필요한지 새롭게 발굴하고 관리하는 연구방법을 통해 사회복지의 전문성을 고취할 수 있다.

(2) 서비스 제공자 측면

서비스 제공자는 다음과 같은 원칙을 가지고 대상자에게 서비스를 제공할 때 효율적인 전달이 가능하다(김상균 외, 2005). 구체적으로 다음과 같은 원칙이 필요하다.

① 평등성의 원칙

평등성의 원칙은 사회구성원 모두가 사회복지서비스의 대상자이며, 서비스를 이용할 권리가 있다는 사실에 근거한다. 다시 말하면, 대상자의 성, 연령, 지역, 종교 등에 의해 차별받지 않고 서비스를 필요로 하는 경우에 이용할 수 있도록 하는 것이다. 하지만 현실적으로 서비스의 양은 한정적이기 때문에 서비스 대상자의 적격 여부를 판단할 때는 우선순위에 입각하여 제공한다. 예를 들어 대상자의 소득수준, 건강상태, 근로능력 등을 파악한다.

② 자립지원의 원칙

사회복지에서 목표하는 바는 아무리 좋은 사회복지서비스라도 끊임없이 서비스를 제공하는 것이 아니라, 하루 빨리 대상자가 서비스 혹은 지원을 받지 않아도 되도록 지원하는 것이다. 대상자 스스로가 자립하고 정상적으로 사회에 복귀하도록 서비스 제공자는 노력하여야 한다.

③ 적절성의 원칙

적절성이란 사회복지서비스가 그 양과 질에 있어서 대상자의 욕구충족을 위해 충분해야 한다는 것이다. 대상자의 욕구와 전문가가 판단한 욕구(규범적 욕구) 사이에는 차이가 있을 수 있는데 대상자가 아무리 많은 도움이 필요하다고 호소하더라도 전문가로서 적절한 서비스의 양과 기간을 판단하여 문제해결을 꾀하여야 한다. 따라서 전달체계는 서비스의 적절성을 유지하도록 구축되어야 한다.

④ 포괄성의 원칙

통합·조정의 원칙에서 살펴본 바와 같이, 다양한 문제가 얽혀 있는 대상자는 복지에 대한 욕구뿐 아니라 교육, 의료, 소득 등의 욕구를 동시에 가질 수 있다. 이상적인 전달체계에서는 대상자의 다양한 욕구를 충족시킬 수 있도록 포괄적인 체계가 조직화되어야 한다.

⑤ 지속성의 원칙

지속성이란 사회복지 대상자에게 필요한 문제를 해결하는 동안 일정 기간 계속적으로 서비스를 제공하는 것을 말한다. 서비스가 필요한 대상자에게 문제가 해결될 때까지 대상자의 상황에 맞게 서비스 내용을 적절히 바꾸어 가면서 지속적으로 제공될 때 비로소 서비스의 효과를 얻을 수 있다. 도중에 서비스 담당자가 바뀌는 경우에도 지속적으로 필요한 서비스가 전달될 수 있도록 체계를 갖추어야 하며, 서비스에 대한 지속적인 평가도 필요하다. 이 원칙은 포괄성의 원칙, 적절성의 원칙과 밀접한 관련이 있다. 예를 들어 실직으로 인한 가족문제를 해결하는 데는 직업훈련, 직장알선, 경제적 지원 등 여러 가지 클라이언트의 욕구에 대한 사회복지서비스가 포괄적으로 제공되는 동시에 적절하고 일정 기간 동안 일관성 있게 서비스가 제공되도록 전달체계가 만들어져야 한다.

⑥ 가족 중심의 원칙

개인에게서 나타나는 상당수의 문제는 가족, 집단, 지역사회의 구조적 문제로 야기된다. 문제해결이 필요한 대상자는 개인이지만 근본적인 문제를 극복하기 위해서는 가족 중심의 단위로 개입해야 하는 경우가 많다.

3) 사회복지 전달체계의 구조

사회복지서비스 전달체계를 선택하는 과정은 여러 가지 변수에 의해 결정된다. 공적 전달체계는 대개 사회보험, 공공부조 및 사회복지서비스의 대부분을 공공복지정책을 통하여 제공한다. 사회보험과 공공부조는 중앙정부에서 관장하는 경우가 많고, 사회복지서비스는 지방정부가 상당 부분을 전담하는 경향이 있다. 그리고 사적 전달체계는 사회복지서비스 전달체계 부분이 활발하게 전개되고 있다.

전달체계의 선택은 전달체계를 통해 달성하려는 정책목표와 이념, 조직의 원리, 급여내용, 재정 여건, 행정적 기술과 인력의 역량 등에 따라 정치적으로 결정된다. 따라서 사회복지전문가는 전달체계 선택과정에 내포되어 있는 의미를 잘 이해하여 시민의 사회복지 증진에 기여할 수 있는 전달체계를 선택할 수 있어야 한다(권육상 외, 2010).

우리나라 사회복지 전달체계구조는 정책에 따라 변화하여 왔으나 큰 틀은 변하지 않았다. 큰 틀이라고 하면 중앙정부(보건복지부, 행정안전부)의 정책을 광역자치단체(특별시·광역시·도)에 하달하여 이를 기초 자치단체(시·군·구)로 그리고 읍·면·동에서 수혜자에게 전달하는 전달체계 과정을 말한다. 이런 수직적 위계 조직(중앙부처 → 시·도 → 시·군·구 → 읍·면·동)을 통해 사회복지서비스가 전달된다. 이 과정 안에서 민간복지와 접촉을 통해 업무적 협조와 공조 등이 이루어지는 방식이다.

(1) 공공전달체계

사회복지 공공전달체계란 정부를 중심으로 하는 공공부문의 조직체계로서 사회복지정책을 사회복지서비스로 전환하여 전달하는 일련의 활동을 지원하거나 촉진하는 체계라 할 수 있다. 공공전달체계는 그 구조 및 기능에 따라 행정체계와 집행체계로 나눌 수 있는데, 행정체계는 사회복지서비스 전달을 위한 계획, 지원 및 관리기능을 수행하는 체계이며, 집행체계는 서비스 공급자와 수요자가 직접적으로 대면하면서 서비스 전달업무를 실천하는 체계라 할 수 있다. 이때 집행체계는 행정체계로부터 규제, 지원 및 감독을 받으면서 상호 연계 및 보완적으로 업무를 수행하게 된다.

공공전달체계를 정부구조의 수직적 위계에 따라 중앙정부와 지방정부로 구별하면 중앙정부는 사회복지정책의 기획, 재원 확보, 서비스 생산 및 전달의 관리·지원 등의 역할을 수행하며, 지방정부는 시·도와 시·군·구로 수직적 연계를 이루면서 사회복지 기능을 직접 집행하는 역할을 수행하고 있다. 2005년 사회복지 사무 및 예산의 지방이양이 이루어지면서 지방정부의 정책기능이 강화되고 있다.

① 중앙정부

중앙정부의 대표적인 부서는 보건복지부이며, 보건복지부는 사회복지 및 보건을 전담하는 부서이다. 공공복지를 전달하고 유지하는 데 필요한 재원을 확보하고 기초생활보호와 사회복지서비스에 대한 계획·지원·감독의 역할을 수행한다. 또한 사회보험 중 국민연금과 건강보험을 관장한다. 행정안전부는 지방행정을 총괄하여 지방자치단체의 사회복지업무 상당 부분을 관리·감독한다. 여성가족부는 여성 및 가정 관련 복지업무를 담당하고, 교육과학기술부는 아동급식 및 교육복지업무를 담당하며, 고용노동부에서는 사회보험인 고용보험과 산재보험을 담당한다. 그 밖에도 문화체육관광부, 국방부, 국토해양수산부, 국가보훈처 등도 일부 사회복지 업무를 담당하고 있다. 중앙정부로부터의 공공전달체계를 살펴보면 [그림 7-1]과 같다.

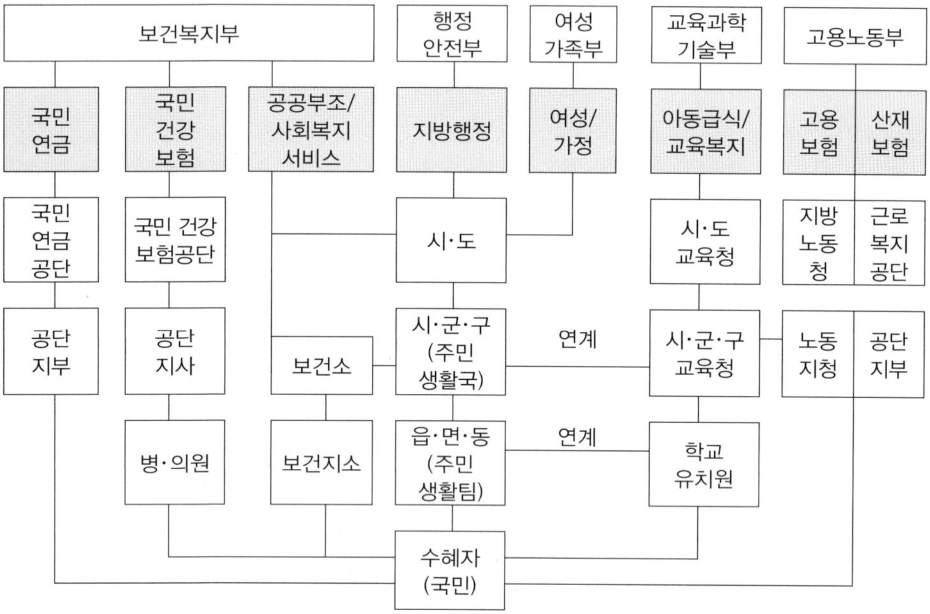

[그림 7-1] 공공전달체계

② 지방자치단체

지방자치단체인 시·도와 시·군·구 그리고 최일선 행정조직인 읍·면·동은 복지대상자들의 욕구를 파악하는 기능과 지역자원으로 수혜자에게 서비스를 제공하는 기능, 주민들의 요구가 정책에 반영되도록 하는 기능 등을 갖는다. 지방자치단체의 행정조직은 조례에 의하여 설치된다. 따라서 사회복지 전달체계는 지방자치단체별로 약간의 차이가 있다. 광역자치단체인 서울특별시의 경우, 복지건강국과 여성정책관을 두어 사회복지업무를 수행하며, 기초자치단체인 성동구의 경우 주민생활국에 주민생활과, 보육가족과, 사회복지과 등을 두고 있다. 동 단위에서는 동장 밑에 민원행정팀과 주민생활팀을 두는데 사회복지업무는 주민생활팀이 담당한다.

실질적으로 지방자치단체의 사회복지서비스의 진행과정을 [그림 7-2]로 살펴보면 최초 주민 센터는 관내의 사회복지 수혜를 받을 만한 대상자를 발굴하고 그들의 욕구에 맞는 신청을 하게 안내한다. 그리고 그에 맞는 조사를 위해 구청에서 업무를 나누어 조사 및 책정업무를 진행하고 욕구에 맞는 복지서비스를 받는 대상자로 결정한다. 이후에도 지속적으로 사회복지 수혜자 관리를 진행하면서 복지서비스의 원만한 전달을 한다. 전달과정 중에 민간과 상호 연계를 맺어 복지 대상자의 욕구에 맞는 서비스를 지원한다.

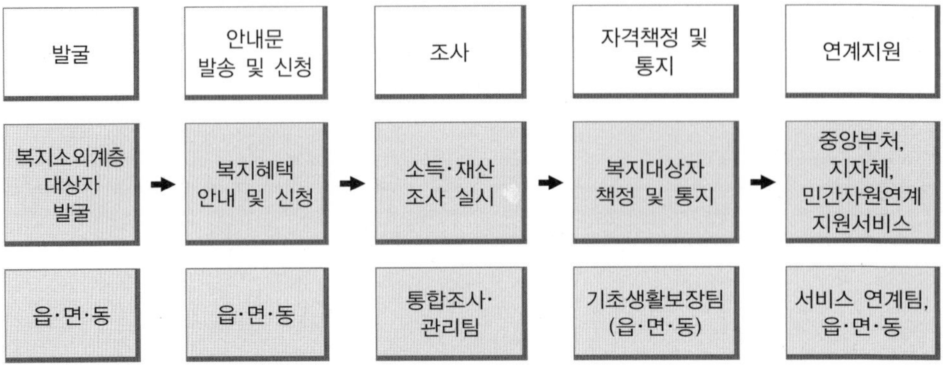

[그림 7-2] 기초자치단체 복지대상 결정 순서

출처: 광주전남 읍·면·동장 교육 자료(2011), 재구성.

(2) 민간전달체계

사회복지제도가 국가의 관여에 의하여 제도화되기 이전에는 주로 사적인 민간조직들에 의하여 활동이 시작되었다. 사회복지가 제도화된 현대사회에도 공적인 전달체계보다는 사적인 사회복지조직인 민간전달체계 활동이 활발히 이루어지고 있다. 민간전달체계는 영리를 목적으로 하지 않는 주민조직과 사회복지법인, 재단법인 및 사단법인, 종교단체, 법정단체 및 기타특수법인, 등록단체나 그 법인 또는 단체가 사회복지사업을 목적으로 운영하는 시설과 기관을 의미한다.

① 민간전달체계의 필요성

가. 정부제공서비스 비해당자에 대한 서비스 제공

선별적인 정부제공서비스는 대상자가 제한적이다. 서비스가 필요함에도 제한조건으로 인하여 서비스를 받지 못하는 사람들을 위하여 민간 차원의 사회복지활동이 필요하다.

나. 정부가 제공할 수 있는 서비스 위탁제공

정부는 대상자의 기본적이고 보편적인 문제나 욕구충족에 일차적인 목표를 두고 있다. 이로 인하여 특성화된 질 높은 서비스 제공이 어렵기 때문에 민간전달체계를 통하여 특성화된 질 높은 서비스 제공이 가능하다.

다. 동일 종류의 서비스에 대한 선택기회 제공

정부가 제공하는 것과 같은 유형의 서비스를 민간기관에서도 제공함으로서 대상자에게 서비스 선택 기회를 제공하고 이로 인하여 서비스의 경쟁력을 보다 강화시킬 수 있다. 또한 사회복지와 관련된 자원봉사자, 재정적 후원자, 운영자로 참여하고자 하는 지역주민들에게 민간기관에서 이를 수용하거나 민간기관 설립운영을 통하여 다양한 서비스를 제공할 수 있기 때문이다.

라. 국가의 사회복지비용 절약

국가가 사회복지에 대한 일차적 책임을 지지만 국민의 복지욕구는 지속적으로 상승하고 있기 때문에 이를 충족시킬 수 있는 국가의 재정과 인력이 매우 부족하다. 정부가 서비스제공을 위하여 새로운 공적 전달체계를 만드는 것보다는 민간전달체계 서비스를 위탁하거나 서비스를 제공할 수 있도록 지원하는 것이 비용을 절약하고 효율적이기 때문이다.

그 밖에 사회복지서비스의 개발과 보급, 정부의 사회복지활동에 대한 압력단체의 역할을 위하여 민간전달체계가 필요하다고 할 수 있다.

② 민간전달체계의 유형

민간전달체계는 사회복지 관련 사업을 목적으로 사회복지법인이나 재단법인, 종교단체, 시민사회단체 등이 운영하는 비영리기관을 의미한다. 민간전달체계는 협의체와 사회복지서비스기관으로 구분되는데 협의체는 간접서비스나 행정지원을 담당하며 사회서비스기관은 직접적인 서비스를 제공한다. 민간전달체계의 재원은 대부분 후원금이나 재단전입금, 정부와의 위탁계약을 통하여 서비스지원을 위한 예산을 지원받는 경우가 증가하고 있다.

가. 지역사회보장협의체

지역사회복지협의체는 2015년 7월 사회보장급여법 시행으로 지역사회보장협의체로 명칭이 변경되었다. 지역사회보장협의체는 지역사회 내 사회보장 관련 보장급여가 필요한 지원대상자에게 필요한 서비스를 제공할 수 있도록 민관협력의 핵심 역할을 수행한다. 지역사회보장협의체는 사회복지사업법 제33조 동법 시행령 제12조에 의거 사회복지에 관한 조사와 각종 복지사업을 조성하기 위하여 설치하도록 규정하고 있다. 지역사회보장협의체는 사회보장 관련 기관, 법인, 단체, 시설의 대표자, 전문가, 사회보장공무원 등 10명 이상 40명 이하의 위원으로 구성되며 지역사회보장 계획의 수립, 시행, 평가와 사회보장급여 제공 및 사회보장 추진에 관한 사항 등을 심의·자문한다. 한국사회복지협의회는 민간사회복지 증진을 위한 협의조정, 정책개발, 조사연구, 교육훈련, 자원봉사활동 활성화, 정보화 사업, 사회적 취약계층을 위한 사업 등을 하고 있다. 대표적인 사회복지협의체에는 한국사회복지협의회, 사회복지공동모금회, 한국사회복지협의체, 직능별 단체(노인복지시설협회, 장애인재활협회, 장애인복지관협회) 등이 있다.

〈표 7-3〉 지역사회보장협의체 운영방향

비전	• 사회보장대상자 발굴·연계를 통한 사각지대 해소 및 지역사회보장 증진
목표	• 지역사회보장 증진을 위한 공공·민간 거버넌스 체계 구축 • 지역주민의 사회보장 욕구에 대응한 맞춤형 통합서비스 제공 • 지역사회 내 자원 발굴 연계 강화 및 지역주민 참여 활성화로 지역사회 문제 해결
추진계획	• 지역사회보장 관련 위원회 통합운영을 통한 협의체 기능 내실화 • 협의체 간 교류·협력 촉진 및 우수사례 공모를 통한 인센티브 제공 • 지역사회보장협의체 전환을 통한 기능 강화 및 확대
제도적 기반	• 읍·면·동 단위 지역사회보장협의체 조직운영 등 지역사회보장 운영체계 개편 • 협의체 운영 활성화를 위한 인력 및 운영비 등 제도적 지원체계 마련 • 사회보장급여법 시행 및 지자체 조례 정비를 통한 협의체 운영기반 조성

출처: 2015년 보건복지부 홍보자료.

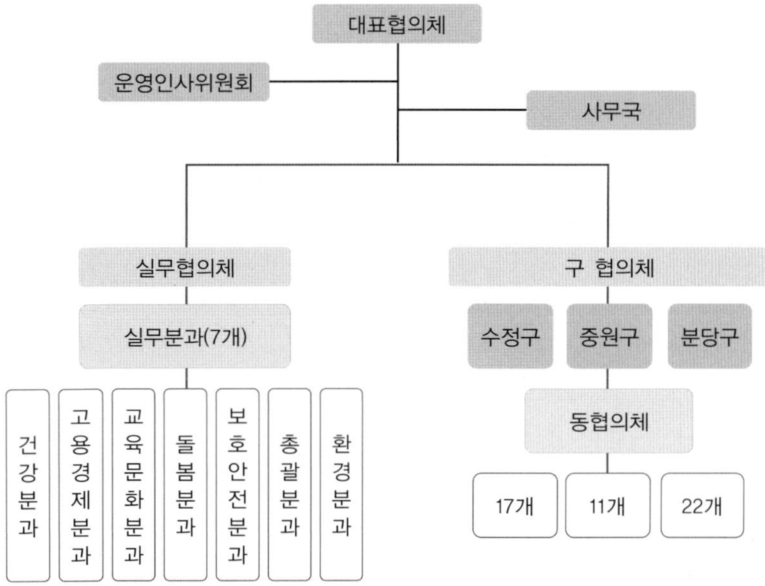

[그림 7-3] 사회보장협의체 조직도

출처: 성남시 지역사회보장협의체(www.snwelfare.net).

나. 생활시설(주거시설)

생활시설은 대표적인 민간전달체계이다. 1970년대 중반부터 생활시설이 다양화되고 아동모자생활시설은 감소하는 반면 노인과 장애인생활시설은 증가하고 있다.

민간전달체계로서 생활시설은 다음과 같은 문제점을 지니고 있다.

- 전문가의 비율이 적다.
- 서비스의 질적 수준이 낮으며 최저생활 유지 수준에도 못 미친다.
- 시설직원의 빈번한 이직으로 지속적인 서비스전달이 어렵다.
- 지역사회와 연계가 되지 않아 통합적 서비스제공이 어렵다.
- 시설종사자의 서비스제공 결과에 대한 책임의식이 비교적 낮다.

대표적 생활시설인 중증장애인거주시설의 조직기구는 [그림 7-4]와 같다.

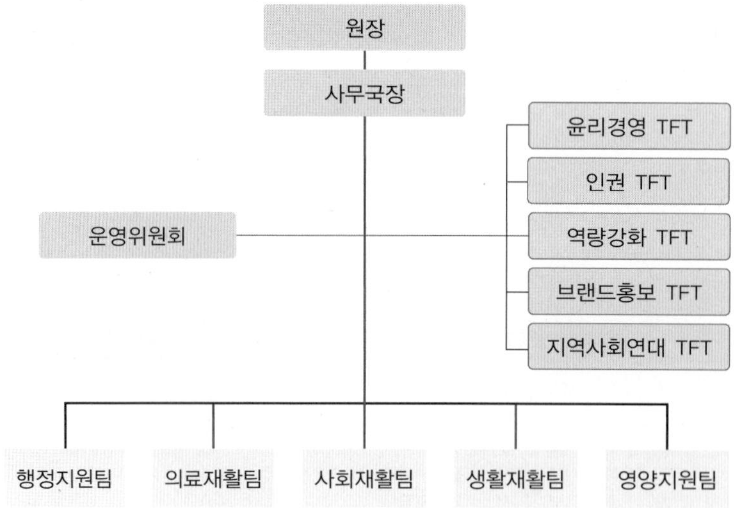

[그림 7-4] 중증장애인 거주시설 조직도

출처: 중증장애인거주시설 해밀(www.haemil.or.kr).

다. 이용시설

최근 지역사회 중심의 재가복지에 대한 관심이 증가하면서 이용시설이 급증하고 있다. 이용시설은 종합사회복지관, 장애인복지관, 노인종합복지관 등을 들 수 있다. 이용시설은 대상자가 하루 중 일정 시간 혹은 1개월 정도까지 자신의 집을 떠나 일정한 조건을 갖춘 시설이나 기관에서 서비스를 받고 다시 집으로 돌아가는 시설을 의미한다. 사회복지법인, 사단법인, 재단법인 기타법률에 의한 비영리법인에 의하여 설치 운영되고 있으며 전달체계로서 다음과 같은 한계를 지닌다.

- 서비스에 적합한 전문가의 수를 충분히 확보하기 어렵다.
- 질 높은 서비스를 제공하기 위한 학문적, 실천적 지식과 기술이 부족하다.
- 이용시설 간의 조정체계가 구축되어 있지 않아 통합적인 서비스제공이 어렵다.
- 서비스에 대한 평가와 결과에 대한 책임의식이 적다.
- 서비스에 대한 홍보가 미비하여 서비스 접근이 어렵고 서비스가 중복적으로 이루어지는 경우가 많다.

이용시설 중 대표적 기관인 종합사회복지관의 조직기구는 [그림 7-5]와 같다.

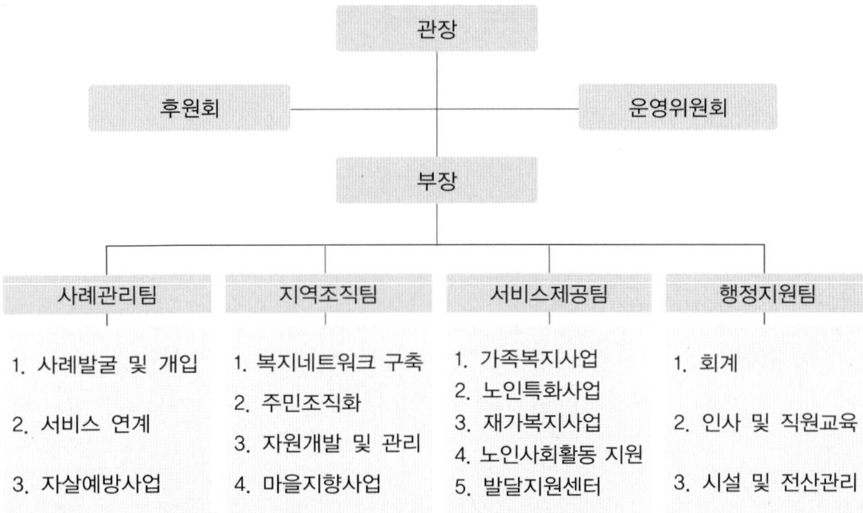

[그림 7-5] 종합사회복지관 조직도

출처: 노원1종합사회복지관(www.nowon.or.kr).

꼭 알아야 할 내용

- 사회복지실천 대상과 주요이론 이해
- 사회복지 공급자 유형 및 실시주체 유형 이해
- 사회복지 접근방법과 전달체계의 주요내용 파악

Chapter 08

사회복지의 미시적 실천방법

사회복지실천(social work practice)이란 사람의 삶의 질 향상을 위해 문제가 시급한 개인, 가족, 소집단 또는 지역사회의 문제 및 욕구에 사회적 안녕상태를 이룰 수 있도록 권한부여적 문제해결 접근방법으로 개입하는 과학적이고, 종합적인 전문적 활동이다. 따라서 본 장에서는 사회복지실천 방법 가운데 미시적인 실천방법, 즉 사회복지 전문가들의 직접적인 개입으로 문제를 해결해 나가는 실천방법에 대하여 살펴보고자 한다.

제 1 절 사회복지실천의 개념

1. 사회복지실천의 정의

사회복지실천은 대상, 방법, 범위에 따라 개별사회사업, 집단사회사업, 지역사회조직의 중심으로 3대 방법론을 모두 포함한 통합적 실천방법을 실제적인 사회복지실천 서비스체계의 전문성으로 활용하는 영역을 말한다. 미국사회사업가협회에서는 사회사업을 '개인, 집단, 지역사회가 사회적 기능성에 관한 그들의 능력을 회복, 강화하고 그들의 목표에 바람직한 사회적 상황을 창출하도록 돕는 전문적 활동'이라고 정의하고 있다(Zastrow, 1992).

핀커스와 미나한(Pincus & Minahan)은 사회복지실천의 의미를 첫째, 클라이언트에게 문제해결과 대처능력을 강화, 둘째, 자원과 서비스 기회 등을 제공 및 연결, 셋째, 서비스가 가능하도록 체계를 활용, 넷째, 문제해결을 위해 사회정책의 발전과 증진에 기여하는 것이라 하였다.

2. 사회복지실천의 목적

사회복지실천의 목적은 인간과 사회환경 간의 상호관계를 촉진해 인간의 삶의 질을 향상시키기 위한 것이다. 이러한 사회복지실천의 목적을 미국사회복지사협회(NASW)에서는 다음과 같이 정리하고 있다(Zastrow, 2006).

- 개인의 문제해결과 처리하는 대처능력을 강화시킨다.
- 개인, 지역, 환경 내의 자원을 발견, 활용하여 서비스·기회를 제공한다.
- 자원과 서비스를 다양한 체계와 서로 연결 제공한다.
- 체계들의 효과적이고 인본주의적 운영을 증진시키도록 장려한다.
- 사회정책의 개발과 향상 발전에 공헌한다.
- 위기집단을 임파워먼트하고 사회·경제적 정의를 증진시킨다.
- 사회사업실천 향상을 위한 연구, 지식, 기술 개발과 활용하는 것이다.
- 다양한 문화 맥락에서 실천의 개발과 적용을 한다.

이에 사회복지실천의 궁극적인 목적은 개인과 가족, 집단, 지역사회의 당면문제를 경감시키고 예방하며, 실현 동기를 개발하여 문제에 대처할 수 있는 능력을 향상시키며, 사회적 기능을 할 수 있도록 돕는 전문적 활동이라고 정의할 수 있다.

3. 사회복지실천의 구성요소와 관련된 체계

펄만(Perlman)은 사회복지실천에 포함되는 구성요소로서 4P의 개념을 제시했다.

1) 문제(problem): 개인과 환경 간의 상호작용과정에서 무엇인가 문제가 있을 수 있다.
2) 사람(person): 개인과 환경 간의 상호작용 내용의 변화를 위해 조정을 필요로 하는 사람, 클라이언트가 있다.

3) 장소(place): 조정을 위해 개입하는 누군가가 필요, 사회복지사와 소속된 기관, 문제해결을 위해 참여, 동원 가능한 기관이다.

4) 과정(process): 클라이언트가 표출하는 문제, 문제해결을 위한 클라이언트의 노력, 사회복지사의 개입활동 등을 조화롭게 서로 연결할 수 있는 체계적인 연결고리로 문제해결이 이루어지는 실천과정이다.

이후 펄만은 전문가의 개념(professional)과 물질적 재화, 기회, 사회적 지지 등을 지칭하는 제공물(provision)개념을 추가해서 6P 개념으로 확장시켰다(Perlman, 1986).

핀커스와 미나한(1973)은 사회복지사가 실천 현장에서 함께 활동하게 되는 체계를 네 가지 체계로 분류, 제시했다. 콤프턴과 갤러웨이(Compton & Galaway, 1994)는 여기에 전문가체계를 추가하였다.

1) 클라이언트 체계

클라이언트는 서비스나 도움이 필요해 사회복지사나 사회복지기관에 도움을 요청하고, 서비스를 제공받는 개인, 집단, 지역사회를 말한다. 클라이언트 체계는 클라이언트와 그 문제해결에 잠재적으로 영향을 주는 환경에 있는 사람들을 말한다. 핵가족을 클라이언트로 본다면 확대가족, 이웃, 목사, 교사 등을 포함한다.

2) 변화매개체계

사회복지사가 서비스를 통해 원조와 자원을 제공하는 조직, 기관, 지역사회 사회복지시설을 말한다. 사회복지사가 변화매개체계일 수도 있다.

3) 표적체계

클라이언트 체계의 변화목표를 성취하기 위해 변화되거나 영향을 미쳐야 할 개인, 집단, 지역사회를 말한다.

4) 행동체계

사회복지사가 요구되는 변화를 성취하기 위해 함께 할 수 있는 지역사회 자원으로 이웃, 가족, 학교, 전문가, 청소년단체 등이 포함된다.

5) 전문가체계

사회복지현장의 변화, 사회변화의 대변가로서 사회복지현장에서 사회복지사로 하여금 변화하는 상황에 적절한 전문적인 지식과 기술을 쌓을 수 있도록 하는 조직체계, 즉 사회복지협의회, 사회복지기관 및 시설협회 등을 말한다.

제2절 사회복지실천의 가치와 관계형성

1. 사회복지실천의 가치

사회복지실천 가치에 준해서 클라이언트의 욕구에 반응하고 이해하는 것, 개인의 가치와 존엄성의 존중, 개인의 변화가능성과 자기결정권의 인정, 클라이언트 임파워먼트의 증진 등과 같은 사회복지사와 클라이언트의 관계에서 중요한 가치를 말한다.

고든(Gordon, 1965)은 사회복지실천을 인도하는 핵심가치를 여섯 가지로 나누어 설명하고 있다(Reamer, 1999).

첫째, 개인은 사회의 일차적 관심대상이다. 둘째, 사회 속의 개인들은 상호의존적이다. 셋째, 개인들은 서로에게 사회적 책임을 갖는다. 넷째, 모든 사람에게 공통적인 인간적 욕구가 있는 반면, 각각의 사람은 본질적으로 독특하고 남들과 다른 존재이다. 다섯째, 민주사회의 본질적인 속성은 각 개인이 가능성을 최대한 실현하고 적극적인 사회참여를 통하여 자신의 사회적 책임을 수행하는 것이다. 여섯째, 사회는 이러한 개인의 자아실현에 방해가 되는 것들을 극복하고 예방할 수 있는 방법을 제공할 책임이 있다.

미국사회복지사협회(NASW, 1996)에서 발표한 사회복지실천의 핵심적 가치는 첫째, 서비스, 둘째, 사회정의, 셋째, 개인의 존엄과 가치, 넷째, 인간관계의 중요성, 다섯째, 성실, 여섯째, 능력으로 구분하였다.

또한 프래드랜더(Friedlander)가 사회복지의 기본가치는 인간의 존엄성, 인간의 자율성, 기회의 균등성, 사회적 책임성을 중심으로 전개된다고 하였다(양옥경 외, 2000).

2. 사회복지실천에서의 가치갈등 문제

사회복지실천과정에서 사회복지사들은 가치갈등을 겪게 되는 경우가 많다. 사회적 기능에 기본적으로 바람직한 가치는 무엇이며, 자신의 개인적 가치관은 무엇인지 분별할 수가 있어야 한다.

가치갈등이나 모순에서 벗어나기 위해서는 사회의 법이나 도덕, 사회규범 등에 익숙해 있어 갈등이나 모순에 대한 올바른 가치 판단을 내릴 수 있어야 한다. 즉, 가치에 의해 나의 행동이 규제되며, 대인관계에 영향을 미친다는 것을 항상 염두에 두어야 한다.

1) 상충되는 가치

사회복지사들은 두 가지 이상의 상충되는 가치, 예를 들어 정의와 평등 혹은 비밀보장과 사생활보호와 같은 상황에 직면하게 되면 윤리적 딜레마를 겪게 되고, 이러한 상황에서 효율성과 효과성의 문제를 생각하게 된다. 어떤 사회복지사들은 그것이 비록 현실적인 대안이 될 수 없다고 하더라도 두 가지 가치 모두에 똑같은 책임을 느끼기도 한다.

2) 상충되는 충성심

경쟁과 갈등상태에 있는 집단들이 각각 다른 사회복지사의 충성심을 요구하는 경우 윤리적 딜레마가 발생한다. 그 예로는 사회복지사가 각기 상이한 요구를 하는 기관과 클라이언트 모두를 대표해야 하는 경우이다. 또한 사회복지사가 여러 클라이언트 체계와 일할 때 상충되는 충성심으로 인해 윤리적인 문제가 발생하기도 한다. 이러한 상황에서 누구에게 혹은 어떤 대상에게 우선적인 관심을 두어야 하는지를 밝히는 것은 매우 중요한 윤리적 이슈가 된다.

3) 다중적 클라이언트 체계

사회복지사는 다른 사람보다는 클라이언트에게 우선순위를 두어야 한다. 이는 일상적으로 사회복지사가 비밀보장의 원칙을 지켜야 하는 것과 같은 것이다. 그러나 사회복지사는 클라이언트의 가족을 비롯한 다른 사람들에게도 책임이 있다. 이때 사회복지사는 일차적으로 누구에게 책임을 가져야 하는지를 결정할 필요가 있다.

4) 가치딜레마

클라이언트에게 집중적 서비스를 제공하는 동안에는 사회복지사가 그 상황에 내포된 가치가 무엇인지 잘 인식하지 못한다. 사회복지사는 가능한 한 진실을 말해야 하며, 자신의 개인적인 가치가 클라이언트에게 영향을 미치지 않도록 주의해야 한다.

이러한 실천적 문제를 예방하는 방법은 사회복지실천상의 모든 결정에는 윤리적 측면이 있다는 것을 사회복지사들이 인식하고, 윤리적 결정을 하기 위해서는 윤리적 측면을 정확히 이해하는 지식과 기술이 필요하다.

5) 가치의 명료화

모든 사람은 가치를 가지고 있다. 이들 가치는 사회복지사에게 무엇이 중요한지를 가르쳐 주는 실천지침이 된다. 사회복지사는 개인적 가치를 분명히 하고, 이들 가치가 전문직의 가치와 맞물리거나 충돌할 때 이를 깨달아야 한다. 또한 사회복지사는 클라이언트 역시 개인적 가치를 가지고 있으며, 이들 가치가 사회복지사 개인의 가치 또는 전문직의 가치와 갈등을 초래할 수 있음을 인식해야 한다. 이 역시 사회복지사 개인의 신변, 클라이언트의 가치 혹은 전문직의 가치와 충돌할 수 있다. 자기인식(self-aware-ness)은 이런 잠재적 갈등영역을 찾아내는 첫 번째 단계이다(Hepworth et al., 2006).

가치명료화를 통해 이들 가치 간의 잠재적인 갈등과 이 갈등이 윤리적 의사결정에 미칠 수 있는 잠재적 영향력에 대한 인식을 증대한다(Dolgoff et al., 2005).

3. 사회복지실천의 관계형성

사회복지실천에서 관계란 사회복지사와 클라이언트의 전문적 관계를 의미한다. 특히 직접적인 상호작용에 있어서 신뢰관계를 형성하는 것은 실천과정 전반에 있어 기반을 이룬다는 점에서 매우 중요하다. 사회복지실천관계는 일반적인 대인관계와는 의도적인 목적을 가지며, 시간 제한적이면서, 객관성을 유지해야 하는 관계이다. 모든 것이 허용되는 관계가 아닌 통제된 관계의 특성을 가지는 전문적인 관계이다.

비에스텍(Biestek, 1957)은 사회복지실천에서의 관계의 일곱 가지 원칙 내지 기본원리를 제시했다.

첫째, 개별화의 원리이다. 개별화(individualization)는 클라이언트 개인의 고유한 역사와 능력, 독특한 자질을 알고 이해하는 일이며, 개별적인 욕구를 가진 존재임을 인식하는 것이다. 따라서 동일한 상황에서 발생된 사건일지라도 각자의 상황에 따른 독특한 의미를 갖기 때문에 개별화가 중요하다. 이에 클라이언트에 대한 편견이나 선입견에서 벗어나 독특한 개인으로 인식하여 도움을 주어야 한다.

둘째, 의도적인 감정표현의 원리이다. 의도적인 감정표현(purposeful expression of feelings)은 사회복지사가 클라이언트로 하여금 자신의 의견과 감정을 자연스럽게 표현할 수 있도록 관계를 형성하는 것을 말한다. 사회복지사는 클라이언트의 감정 표현을 낙담시키거나 비난하지 말아야 하고 정서적인 지지를 해 줄 수 있다. 따라서 사회복지사는 의도적으로 적극적인 태도와 감정을 표현함으로써 클라이언트가 자신의 솔직한 감정을 표현할 수 있도록 해야 한다.

셋째, 통제된 정서적 관여의 원리이다. 통제된 정서적 관여(controlled emotional involvement)는 사회복지사가 클라이언트의 감정에 호응하기 위해 민감성과 이해로서 정서적으로 관여하는 것을 말한다. 정서적 관여는 사회복지사에 의해 그 정도와 방향이 통제될 수 있어야 한다. 사회복지사는 클라이언트와의 면접에서 정서적인 면에 관계되고 있으므로 정확한 진단적 사고로 클라이언트 욕구의 변화에 따라 개입한다.

넷째, 수용의 원리이다. 수용(acceptance)은 사회복지사가 클라이언트의 장점과 약점, 바람직한 성격과 바람직하지 않은 성격, 긍정적 감정과 부정적 감정 등 있는 그대로를 이해하는 관계의 원칙을 말한다. 이것은 클라이언트의 존엄성과 인격의 가치에 대해 존중한다는 뜻이다. 그러나 수용은 내담자가 가진 비정상적이거나 부정적인 측면까지도 묵인하라는 것은 아니다. 어떤 점을 고쳐야 한다는 사실은 분명히 하되, 그것 때문에 존재 자체에 대한 편견을 가져서는 안 된다.

다섯째, 비심판적 태도의 원리이다. 비심판적 태도(nonjudgemental attitude)는 사회복지사가 전문적·개인적 가치를 통해 클라이언트를 심판하지 않는 태도를 말한다. 사회복지사의 판단은 관계형성 과정에서 경솔한 선입견으로 표현하지 말고, 비심판적 태도를 유지하며, 클라이언트에 대한 충분한 정보를 모은 후에, 개입과정에서 함께 해결할 객관적인 목표로 제시될 수 있도록 활용해야 한다.

여섯째, 자기 결정의 원리이다. 자기 결정(self-determination)은 사회복지실천과정에서 클라이언트가 스스로 선택하고 결정을 내릴 수 있는 자유로운 권리와 욕구를 갖고 있다는 것을 말한다. 이에 따른 사회복지사는 클라이언트가 선택할 수 있는 여러 가지 결정의 가능성과 한계에 대해 고민할 수 있도록 도와주고, 그 결정에 따르는 시간과 노력, 필요한 제반 자원을 발견, 활용할 수 있도록 조언해 주어야 한다. 클라이언트가 스스로 결정을 내리게 하는 이유는 결정과정에서 스스로의 상황과 능력, 가능성에 대해 충분히 고려하고, 자신감을 갖도록 하기 위해서다.

일곱째, 비밀보장의 원리이다. 비밀보장(confidentiality)은 사회복지사가 전문적 관계를 통해 알게 된 클라이언트의 비밀스러운 정보를 치료적 목적 이외에 타인에게 알려서는 안 된다는 윤리적인 의무이다. 클라이언트의 비밀이 보장되지 않는다면 사회복지실천의 인간관계는 성립될 수 없다. 그러나 비밀보장의 원칙에도 예외는 있다. 자살이나 방화 등 극단적인 상황에서 사회와 클라이언트의 보호가 시급하다고 판단될 때, 비밀보장은 지켜질 수 없음을 클라이언트에게 알리고 해당 문제가 발생하지 않도록 신속하게 조치해야 한다.

제3절

사회복지실천과정과 개입방법

1. 사회복지실천의 과정

사회복지실천은 일정한 과정에 따라서 조직적으로 돕는 전문적 활동이므로 일련의 체계적인 과정을 따를 때 보다 더 효과적이고 과학적인 방법으로써 클라이언트에게 도움을 줄 수 있다. 그 과정을 살펴보면 다음과 같다(장인협 외, 2007).

1) 접수(intake)

클라이언트가 문제해결의 도움을 얻고자 사회복지기관을 찾아왔을 때 사회복지사가 그의 문제와 욕구를 확인해 그것이 기관의 정책과 서비스에 부합되는지 여부를 판단하는 과정이다. 접수과정을 통해 서비스의 적합성이 판단될 때 사회복지사와 클라이언트는 상호작용을 원활하게 하기 위한 관계형성이 필수적이다. 접수단계에서는 클라이언트의 기관에 대한 첫 인상이 결정되는 중요한 단계라고 할 수 있다. 이때 갖게 되는 첫인상이 클라이언트의 문제해결과정에 있어 클라이언트의 적극적 또는 소극적 참여 정도에 영향을 미칠 수 있기 때문에 모든 클라이언트를 개별화해 클라이언트가 가질 수 있는 양가감정, 두려움, 열등감 등을 이해하고 관심과 존중으로서 클라이언트가 안정과 평안을 느낄 수 있도록 주의를 기울여야 한다. 접수 시의 과제는 문제확인, 관계형성, 의뢰가 있다.

2) 자료수집(data collection)

자료수집은 클라이언트의 문제를 이해, 분석, 해결하는 데 필요한 자료를 모으는 것을 말한다. 즉, 사회복지사가 최선의 도움을 실천할 수 있도록 정보를 모으는 것으로서 클라이언트 개인과 클라이언트 주변 환경에 관한 자료를 확보하려는 활동이라고 설명할 수 있다. 이렇게 수집된 자료를 바탕으로 사정을 하게 되는데 실제로 자료수집과 사정은 거의 동시에 반복적으로 이루어진다. 각 기관마다 초기면접지라고 하는 자료수집을 위한 구조화된 양식을 가지고 있으며, 이에 대한 질문내용은 일반적으로, 첫 번째는 클라이언트의 기본정보, 즉 이름, 성별, 나이, 결혼관계, 주소, 전화번호, 직업 등이며, 두 번째, 가족관계를 알아보는 것으로서, 가족 중심으로 가족원의 이름, 나이, 직업, 교육정도, 종교, 관계 등에 대한 질문내용이다. 세 번째로는 클라이언트가 도움을 청하게 된 주요 문제가 무엇이며, 언제부터 어떤 과정으로 문제가 지속되었는지에 관한 내용이다. 네 번째, 클라이언트가 기관에 오게 된 동기를 알아보고, 다섯 번째, 자의에 의한 도움이 아닌, 타 기관 또는 가족으로부터의 의뢰일 경우 의뢰이유를 상세히 알아본다. 마지막으로는 이전의 사회복지서비스의 경험에 대하여 알아보는 내용으로서, 과거 어떤 사회복지기관에서 어떠한 서비스를 받았는가를 알아본다.

3) 사정(assessment)

사정이란 자료수집으로 얻게 된 내용을 해석하여 최종적으로 문제를 규정하고 실천의 방향을 결정하는 것이다. 사정은 클라이언트의 문제가 무엇인지, 문제를 완화·해소하기 위해 무엇이 변화될 수 있는지를 탐색하는 사회복지실천과정의 종합적인 해석을 하는 단계이며 그 문제해결을 위한 계획을 수립하기 위한 단계이다. 즉, 클라이언트의 욕구를 파악한 후 이 욕구에 따라 사회복지사가 실천 가능한 프로그램을 결정하게 된다. 결국, 이 과정은 어떤 개입방향이나 접근이 클라이언트의 문제해결에 최우선적이고 효과적인지에 대한 단계이다.

사회복지사가 사용하는 사정방법으로는 가계도(genogram)와 생태도(eco-map) 등이 활용된다.

가계도는 2~3세대의 가족관계를 도표로 작성하여 현재 제시된 문제의 원인을 규명하는 것으로 주요한 사건들, 가족성원의 출생과 상실, 의사소통과 관계유형, 직업 등 가족에 관한 연대기적 청사진을 보여준다. 가계도는 가족을 사정하는 데 널리 사용되어 왔으며, 여러 세대를 살펴볼 수 있다는 장점을 가지고 있다.

생태도는 가족 및 가족구성원과 환경 간의 상호작용을 그림으로 나타낸 것이다. 생태도는 클라이언트가 상호작용하는 외부환경들을 명료하게 해 줄 뿐 아니라 그 환경들 간의 상호작용의 성격과, 지지와 자원의 흐름까지 파악할 수 있도록 정보를 제공해 주기 때문에 외부체계로부터 스트레스를 경험하고 있는 가족의 문제를 사정할 때 유용하다.

4) 계획

위의 일련의 과정에 따라 클라이언트의 변화의 목적 및 방향이 제시되면 클라이언트의 사회복지실천의 구체적인 목표가 설정된다. 목적은 개입 이후에 기대되는 광범위한 결과를 의미하며, 클라이언트와 클라이언트를 둘러싼 중요한 사람들과 사회복지사의 기대를 고려하여 설정하게 되며, 목표는 개입 이후 기대되는 개인이나 사회체계의 세부적인 변화를 의미하는 것으로서, 명시적이며 측정 가능하고 현실적으로 달성 가능한 것으로 설정하여야 한다. 이러한 목표를 설정함에 있어서 지켜야 할 지침은 다음과 같다.

첫째, 클라이언트가 원하는 결과와 관련이 있어야 한다.

둘째, 명시적이며 측정 가능한 형태이어야 한다.

셋째, 현실적으로 달성 가능한 것이어야 한다.

넷째, 사회복지사의 지식과 기술에 상응하는 것이어야 한다.

다섯째, 성장을 강조하는 긍정적인 표현으로 기술한다.

여섯째, 사회복지사는 자신의 가치나 권리에 맞지 않는 목표에는 동의하지 말아야 한다.

일곱째, 기관 기능과 일치해야 한다.

또한 다양한 목표가 발생할 경우 목표의 우선순위는 첫째, 클라이언트에게 가장 시급한 문제 둘째, 가장 단기간에 달성해 성취감을 느낄 수 있는 것 셋째, 클라이언트가 목표달성에 전력을 다할 수 있도록 강한 동기를 가지고 있는 것 넷째, 기관의 기능에 적합하고 사회복지사의 능력에 맞는 달성 가능한 것으로 정하는 것이 바람직하다.

그 목표에 따른 실천 방법의 선택 및 개입의 수준이 결정되고 그 방향에 따라 개인적 접근, 집단적 접근, 지역사회적 접근 등의 방향 설정이 이루어진다. 실천방법의 설정에 따라 세부적으로 각기 어떠한 모델에 입각하여 클라이언트의 목적을 달성할 것인가의 세부 목표도 이 단계에서 설정되고 실행된다고 할 수 있다.

목표설정이 끝나면 문제의 정의, 목표, 클라이언트의 역할과 사회복지사의 역할, 미팅시간, 장소, 비용, 개입기법, 평가방법 등에 대해 사회복지사와 클라이언트 간에 서로 동의하여 계약으로 이루어진다.

5) 개입

개입과정은 사회복지사와 클라이언트가 계약 시 상호 합의해 결정한 문제를 해결하기 위해 구체적 행동을 실천해 의도된 변화가 일어나는 단계이다. 사회복지사의 원조활동이 곧 개입을 의미하며 개입단계가 사회복지실천과정의 핵심적인 단계라고 할 수 있다. 이 단계에서 중요한 것은 사회복지사가 변화과정에 대한 클라이언트의 반응을 관찰하고 동의된 목표에 맞게 진행되는지를 점검하며 문제의 변화에 진전이 없을 경우 개입계획을 재평가해 이전에 사용한 개입방법을 수정하고 새로운 방법을 제시하며 문제에 대한 성격과 개입의 최선책을 클라이언트와 재론할 수 있다. 개입방법에는 개인, 집단, 가족, 지역사회를 대상으로 클라이언트에게 직접 개입하는 기술과 기법인 직접적 개입방법과 클라이언트 욕구에 반응하도록 환경을 변화시키는 간접적 개입방법이 있다.

6) 평가 및 종결

사회복지실천 과정의 마지막 단계는 평가 및 종결단계이다. 평가단계는 실제 개입의 결과가 얼마나 안정되게 유지될 것인가를 결정하는 단계이고, 사회복지사는 사회복지실천 결과를 평가해 클라이언트에게 제공한 서비스의 효과뿐 아니라 자신의 전문기술과 지식을 향상시키는 데 도움을 준다. 따라서 평가는 사회복지의 효과성, 효율성, 책임성을 심사하는 과정이기 때문에 사회복지실천과정에서 없어서는 안 될 중요한 과정이다.

종결단계는 클라이언트가 상실과 이별에 직면하여 보이는 다양하고 복잡한 감정과 태도 때문에 어느 단계보다 사회복지사의 민감한 반응과 기술적 접근이 필요한 단계이다. 종결은 클라이언트의 사회적 기능을 강화시키는 동시에 사회복지사와 대상자가 개입의 전 과정을 통해 같이 발전시켜 온 성과를 이해하는 과정이기도 하다. 원칙적으로 종결은 클라이언트의 욕구에 근거해 첫째, 클라이언트가 더 이상 서비스를 필요로 하지 않을 때, 둘째, 클라이언트에 대한 서비스가 더 이상 효과가 없거나 진전이 없을 때, 셋째, 다른 요인들이 개입되어 관계를 끝내야 할 필요가 있을 때 이루어져야 한다. 클라이언트가 아직도 서비스를 필요로 하지만 기관이나 사회복지사의 사정이 허용되지 않을 때는 다른 기관에 의뢰해 클라이언트가 서비스를 받을 수 있도록 도울 필요가 있다. 어떤 유형의 종결이든 종결과정에서는 다양한 감정이 출현할 수 있다. 따라서 사회복지사는 클라이언트가 종결을 준비할 수 있도록 개입의 후반에서부터 종결을 준비해야 한다.

7) 사후관리 및 의뢰

(1) 사후관리

개인, 집단, 가족 등을 대상으로 하는 사회복지실천의 궁극적인 목적은 개인, 집단, 가족 등의 클라이언트가 사회복지사와의 전문적 관계가 종결된 이후에도 만족스럽고 자율적인 삶을 살아갈 수 있도록 원조하는 것이다. 사후관리는 개입이 더 이상 실시되지 않거나 모든 개입이 종결된 후 개입 목적과 관련해 클라이언트의 기능수준에 관한 정보를 획득하는 것이다. 종결한 후 2~6개월이 지났을 때 클라이언트의 변화를 평가하고 유지하기 위해 갖는 것이 필요하다.

(2) 의뢰

의뢰는 클라이언트를 다른 기관이나 전문가에게 보내 추가적인 서비스를 제공할 때 행해진다. 사회복지사가 개입 이후에도 클라이언트에게 계속 관심을 가지고 있다는 것을 보여 줌으로서 변화를 지속할 수 있는 동기를 제공하며 종결 이후 발생한 새로운 문제나 잔여문제를 다룰 수 있는 여유를 준다.

2. 사회복지실천의 개입방법

1) 개인 중심 사회복지실천 방법(개별사회사업)

개인 중심의 개입방법은 개별사회사업(case work)에 해당하는 사회복지실천 기술방법을 말한다. 이것은 현실적인 문제에 대응하기 위하여 개인이나 가족을 대상으로 그들의 입장에서 환경을 조성하고 개인에 영향을 미치는 사회·경제적 결핍상태를 사회복지서비스를 통하여 문제해결을 가능하게 하는 원조기술을 말한다. 개별실천기술의 이론은 자아 심리학, 가족 역동, 학습이론, 행동주의 요법 등 인접분야의 영향을 받아 정립되었다.

리치몬드(Richmond)는 “개별사회사업이란 개인과 사회환경 간의 개별적인 의식적 조정을 통하여 인간의 인격발달을 돕는 제반 과정”이며, 개별사회사업의 특징을 개별화, 의식적 조정, 인격 발달 및 과정이란 말로 표현하고 있다.

펄만(Perlman)은 “개별 사회사업이란 사람들이 사회적 기능을 수행함에 있어 자신의 문제를 보다 효과적으로 대처해 나가도록 개인을 도와주는 전문기관에서 활용하는 한 과정”이라고 하여 펄만이 중요 요소로 말하는 사람(person), 문제(problem), 장소(place), 과정(process) 등의 4P를 중심으로 설명하고 있다(장인협 외, 2007).

위의 정의들을 토대로 개별사회사업의 특징을 요약해 보면 다음과 같다

- 자기 스스로 해결하기 곤란한 문제를 가진 개인과 가족이 대상이 된다.
- 문제에 대한 과학적 지식과 이에 대한 전문적 기술을 가진 전문가에 의해서 실시된다.
- 개별적으로 이루어진다.
- 환경에서의 적응과 인격의 성장·발달을 돕기 위한 의식적이고 계속적인 노력이다.
- 사회복지사와 클라이언트와의 인간관계가 중요시된다.
- 일련의 과정이 있다.
- 개인과 사회 환경과의 상호작용이 매우 중요시된다.

주로 사용되는 모델로는 심리사회모델, 기능적 모델, 문제해결모델, 행동수정모델 등이 있다.

2) 집단 중심의 사회복지실천 방법(집단사회사업)

집단 중심의 개입방법은 집단사회사업(group work)에 해당하는 사회복지실천기술의 방법을 의미한다. 집단사회사업은 집단 내의 상호작용을 활용하고, 활성화함으로써 집단의 사회적 기능을 강화·회복시키고, 집단구성원 개개인들의 사회적 기능의 회복이나 성장을 촉진하는 원조과정이다. 집단실천기술의 기본적 성격은 사회복지실천기술에 근거하고 있으며 사회복지사의 역할은 실천과정을 통하여 집단의 구성, 구성원의 집단활동, 목표달성 등을 가능하게 한다. 사회복지사는 집단의 영향력을 활용하여 당면한 문제를 해결하는 집단원조의 개입기술을 습득하여야 하며 의도적인 집단경험을 통하여 개인의 사회적 적응력 및 기능성을 높이도록 원조해야만 한다.

코노프카(Konopka)는 집단실천의 원칙을 다음과 같이 설명하고 있다(장인협 외, 2007, 재인용).

- 각 개인의 독특한 차이점을 인식하여 행동한다(집단 내에서의 개별화).
- 어떤 집단에 대해서든지 그 집단이 가지는 특성을 인식하여 그에 따라 행동한다.
- 개인에 대해서는 그가 가지는 장점과 단점을 동시에 순수하게 수용한다.
- 사회복지사와 집단구성원 간에 의도적인 원조관계를 수립한다.
- 집단구성원들 간에 협조적이며 협력적인 관계를 유지한다.
- 각 구성원들에게 각자의 능력의 단계에 따라 참가하도록 격려하며 보다 유능해지도록 돕는다.
- 각 구성원들로 하여금 문제해결과정에 스스로 관여케 한다.
- 집단구성원들이 문제를 해결해 나감에 따라 점차 만족할 수 있는 방도를 체험토록 한다.
- 개인 및 집단과정에 대한 현재 진행적인 것에 대해 평가한다.
- 집단실천 사회복지사는 온정적이며 인간적인, 또한 잘 훈련된 자아를 활용한다.

집단실천기술은 시설의 입소자, 기관의 이용자들의 집단활동 및 학습활동, 치료지향의 집단, 아동모임, 노인클럽 등 기능별, 목적별, 다양한 종류에 개입하고 있다. 사회복지사는 집단 프로그램에 참가하는 구성원이 효과적인 집단활동의 경험을 통하여 사회적 성장이나 과제 해결이 가능하도록 원조하는 역할을 수행한다.

3) 지역사회 중심 사회복지실천(지역사회복지)

지역사회 중심의 개입방법은 사회복지실천기술을 지역사회를 중심으로 실천하는 것으로서 지역사회 주민이나 클라이언트의 개별적이고 공통적인 생활과제를 조직적으로 해결하고자 하는 실천적 기술을 의미한다. 지역사회실천기술은 지역문제에 대한 협동적인 해결과정을 지향하며 독자적인 전문성을 확보하고자 한다.

지역사회복지실천은 지역사회가 그의 요구나 목표를 발견하여 이에 대해 우선순위를 정하며, 목표달성을 위한 의지를 발전시키고, 필요한 자원을 내외에서 발견하여 동원함으로써, 지역사회 내에서 협력적이며 협동적인 태도와 실천력을 발전시키는 과정을 의미한다.

이러한 지역사회복지실천의 특징은 아래와 같다.

- 지역사회의 욕구와 자원 간의 조정을 도모하고 광범위한 욕구를 충족시킨다.
- 주민의 참여나 자기결정 또는 협조 등의 능력을 발전, 강화, 유지하도록 도와줌으로써 그들 자신의 문제나 목표에 보다 효과적으로 대처한다.
- 지역사회와 집단 간의 관계 및 의사결정 능력의 배분에 작용하는 것을 의미한다.

4) 통합적 접근방법

통합적 접근방법은 모든 사회복지사들이 개인, 집단, 지역사회에 대처해 나가고자 할 때 활용할 수 있는 공통된 하나의 원리나 개념을 제공할 수 있는 방법의 통합화를 말한다. 미국에서의 사회사업실천의 통합화는 사회복지사의 역할이 개별사회사업가, 집단사회사업가, 의료사회사업가 등으로 세분화됨에 따라서, 다양한 서비스를 받아야 할 클라이언트가 여러 종류의 사회복지사를 찾아가야 하는 불편을 해소하기 위해서 논의되기 시작했다(Zastow, 2006). 즉, 다양한 사회사업실천에서 공통적 요소는 사회복지사가 복지대상자와 함께 '문제해결'을 추구하는 '과정'이라는 점에 착안하게 되었다.

통합적 접근방법을 발전시키는 데 기여한 이론은 체계이론이었다. 일반체계이론은 모든 유기적 조직체는 체계, 즉 상부체계와 하부체계로 연결되어 있으며 서로 영향을 받고, 경계를 지니고 있으며 투입, 전환, 결과, 환류라는 일련의 과정으로 이루어진다. 사회복지사는 체계이론을 활용하여 개인, 집단, 가족, 지역사회 등을 이해하고 그 문제를 해결하고자 하였다.

핀커스(Pincus)와 미나한(Minahan)은 사회사업실천을 변화주도체계, 복지대상자 체계, 목표체계, 그리고 행동체계의 네 가지 기본체계로 규정하고, 사회복지사는 자신이 다루어야 할 개인들이 어느 시점에서 어떤 체계에 속하게 되는가를 분석하고, 체계 간 관계의 속성을 분석하는 과정으로 이루어진다고 본다. 즉, 사회복지사와 이들이 소속되어 일하는 조직이나 기관이 변화주도체계이고, 도움을 찾으면서 변화주도체계와 협력하는 개인, 집단, 가족 및 지역사회는 클라이언트 체계이며, 변화주도체계가 목적을 성취하기 위해 변화시키고자 하는 개인·집단·조직이 목표체계이고, 변화주도체계가 목적을 위해 함께 일하는 개인·집단·조직이 행동체계라는 것이다. 이 밖에도 통합적 접근방법의 모델로는 단일화모델, 문제해결과정모델 그리고 생활모델 등이 있다.

꼭 알아야 할 내용

- 사회복지실천의 개념
- 사회복지실천의 관계론
- 사회복지실천의 과정론
- 사회복지실천의 개입방법

Chapter 09

사회복지의 거시적 실천방법

사회복지의 거시적 실천으로는 첫째, 지역사회 수준에 개입하여 지역사회에 존재하는 각종 제도에 영향을 주고 지역사회의 문제를 예방하고 해결하고자 하는 사회복지사의 활동으로 지역사회 자원의 발굴과 연계활동이 포함된다. 둘째, 사회복지기관이나 조직의 행정체계를 대상으로 한 사회복지사의 활동으로 기관 및 조직의 운영, 사회복지 전달체계에서 사회복지서비스 제공 등의 활동을 주로 한다. 셋째, 클라이언트의 삶에 영향을 미치는 국가와 사회의 복지체계를 대상으로 한 사회복지사의 활동으로 국가와 사회의 복지정책 개발, 정책 분석, 정책대안의 발굴 및 제시 등의 활동이 주로 이루어진다.

이 장에서는 거시적 실천으로 지역사회복지, 사회복지행정, 사회복지정책을 살펴보기로 하겠다.

제1절 지역사회복지

1. 지역사회복지의 개념적 정의

지역사회복지의 개념은 최근 지역사회를 기반으로 한 사회복지실천의 한 방법으로 지역사회복지 혹은 지역사회를 중심으로 한 사회복지실천으로 불리는 경향이 있다. 지역사회(community)란 공동의 지리적 위치에 사는 사람들 또는 동질적인 문화와 이해관계, 생활 활동에 기초한 사람들의 집단으로 구성된 사회적 단위를 말한다. 이와 같이 지역사회복지란 지역의 복지 향상을 위한 포괄적인 제도적 개념으로서 전문 또는 비전문 인력이 지역사회 수준에 개입하여 지역사회에 존재하는 각종 제도에 영향을 주고 지역사회의 문제를 예방하고 해결하고자 하는 일체의 사회적 노력이다. 이의 특징은 다음과 같다(최일섭·류진석, 1996).

첫째, 지역성과 기능성을 포함하는 일정한 지역사회 내에서 이루어진다.

둘째, 지역주민의 삶의 질 향상이라는 목표를 가지고 있다.

셋째, 지역사회의 문제를 해결하고 주민의 복지욕구를 충족시키는 기능을 갖고 있다.

넷째, 정부와 민간기관이 공동주체가 되어 공공과 민간의 협력이 강화되는 추세이다.

다섯째, 조직적인 활동을 강조하는 전문적인 서비스와 방법을 사용한다.

2. 역사적 흐름

사회복지에서 지역사회복지실천은 1800년대 자선조직협회(COS)와 인보관 운동에서부터 시작되었다. 19세기에는 민간 자선기관들이 미국에서 빈곤을 구제하는 주된 책임을 담당하였다. 1800년대 초반에는 민간이 운영하는 보건 및 복지기관들이 광범위하게 설립되어 빈곤한 사람들에게 자금과 사회복지서비스를 제공하였다. 서비스 중복을 방지하기 위하여 자선조직협회가 생겨났고 이들 조직은 빈곤 구제 계획과 노력을 조정하였다.

인보관 운동과 관련된 개혁가들은 근린지역 주민들에게 필요한 서비스를 제공하는 입법활동과 사회행동 프로그램을 전개하였다. 이들 개혁가들은 근린지역 주민들로 하여금 그들의 삶의 조건을 개선하기 위해서 함께 일할 것을 권고하였다.

지역사회복지협의회는 자선조직화운동으로 시작된 노력의 연장선에서, 협의회는 민간 자선기관 간의 조정을 수행하는 조직으로 기능하였다. 협의회의 조정기능은 기획, 조정, 서비스 중복의 방지, 서비스 기준의 수립, 책임성과 효율성 증진이라는 여러 가지 기능을 수행하고 있다.

3. 지역사회복지의 실천모델

1) 전통적인 지역사회복지실천모델

로스맨과 트롭맨(Rothman & Tropman)의 지역사회복지 전통적인 실천모델은 〈표 9-1〉에서와 같이 지역사회개발, 사회계획, 사회행동으로 구분된다. 첫째, 지역사회개발이란 전 지역사회에 참여함으로서 경제적·사회적 진보의 조건을 형성 또는 향상시키기 위한 과정이다. 둘째, 사회계획은 사회문제를 해결하고자 하는 지역사회의 장기적 계획으로 지역사회계획자와 사회복지사들이 사회계획의 목표를 달성하기 위해 상호 원칙적으로 간학문적 팀[4] 안에서 기능하는 기술적인 과정을 포함한다. 셋째, 사회행동은 교량적 목표로서 사회변화를 추구하며, 사회행동가들은 자신의 역할을 지역사회의 맥락에서 변화를 촉진시키는 것으로 보고, 종종 기존의 권력배열과 구조에 도전한다(최일섭·류진석, 1996).

〈표 9-1〉 전통적인 지역사회복지실천모델

구분	지역사회개발	사회계획	사회행동
1. 개념	지역사회 주민의 적극적인 참여와 주민들이 가능한 한 최대의 주도권을 갖고 전 지역사회의 경제적·사회적 조건을 향상시키기 위한 과정	비행, 주택, 정신건강과 같은 사회문제를 해결하고자 하는 기술적인 과정	지역사회의 불우계층에 처한 주민들이 사회정의와 민주주의에 입각해서 보다 많은 자원과 향상된 처우를 지역사회에 요구하는 행동
2. 목표	과정중심 목표	과업중심 목표	과업 또는 과정중심 목표
3. 지역사회구조와 문제상황에 관한 전제	• 주민의 문제를 해결할 수 있는 능력과 기술의 결여 • 상호 고립으로 인한 아노미, 소외, 정신병적 증상 • 전통을 고수하고 소수의 전통적인 지도자에 의한 비민주적인 피지배 형태	지역사회는 수많은 사회문제를 안고 있음	혜택과 권한의 분배에 따른 계층으로 유지되는 지역사회 때문에 무력한 주민들은 억압받고, 박탈당하며, 무시당하고, 정부나 대기업, 사회의 기존체제 등의 부조리와 착취에 의해 고통받고 있음

4) 간학문적 팀 접근은 공식경로를 통해서 서로 간의 의사교환을 하나, 중재 및 치료 상황에서는 서로 독자적으로 활동을 하게 되며, 간학문적의 팀 접근의 대표적인 예가 "긴급출동 SOS의 솔루션 위원회"라고 생각하면 된다.

구분	지역사회개발	사회계획	사회행동
4. 변화를 위한 기본전략	모두 모여 문제해결방안을 논의	객관적인 사실을 취합하여 논리적인 다음 단계를 모색	자신들을 억압하는 것들을 없애기 위한 조직을 구성
5. 변화를 위한 전술과 기법	합의(개인, 집단, 이해관계 집단 간의 의사교환)	사실의 발견과 분석	갈등이나 대결(성토, 시위, 협력거부, 피케팅)
6. 사회복지사의 역할	• 조력자(enabler) • 격려자(encourager)	보다 기술적이고 전문가적인 역할	• 옹호자(advocator) • 행동가(activist)
7. 변화의 매개체	과제지향적 소집단	공식집단과 자료	대중조직과 정치적 과정
8. 권력구조에 대한 견해	권력집단도 지역을 향상시키려는 목적을 위해 노력하는 대상집단	전문가의 후원자 및 고용기관	클라이언트집단 외부의 반대세력이나 강압세력
9. 클라이언트 집단·수혜자 규정	전 지역사회	지역사회 내의 특수지역 및 일부계층	지역사회의 일부로서 고통당하는 집단
10. 클라이언트 집단에 대한 개념	개발되지 않은 잠재력을 지닌 정상인	서비스 혜택을 받는 소비자	체제의 희생자

출처: 윤철수 외(2012), 재구성.

4. 지역사회복지실천의 원칙

지역사회복지를 실천할 때 지역의 다양성을 존중하고 지역주민의 의사를 포함한다 하더라도 구체적인 원칙을 이용하게 되는데 그 원칙을 맥닐(Mcneil)은 다음과 같이 말하고 있다(박용순, 2008,).

① 지역주민과 그들의 욕구에 관심을 둔다.

② 일차적인 클라이언트는 지역사회에 둔다.

③ 지역사회를 있는 그대로 수용한다.

④ 지역주민에 대한 복지서비스에 우선순위를 둔다.

⑤ 지역주민의 욕구는 계속 변화한다는 것을 인식한다.

⑥ 사회복지기관과 단체는 상호의존적임을 전제한다.

⑦ 지역사회복지를 사회복지의 한 분야로 인식한다.

존스와 다마치(Johns & Demarche)는 지역사회복지실천 원칙에서 다음과 같이 제시하고 있다.

① 지역사회복지는 목적이 아니라 수단이다.
② 지역사회는 개인집단과 마찬지로 상이하다.
③ 지역사회는 자기결정권을 부여한다.
④ 지역사회는 욕구에 따라 실천을 이행한다.
⑤ 지역사회복지사업에 우선 강조점을 둔다.
⑥ 지역사회의 공익을 위해 조정을 한다.
⑦ 지역사회복지사업은 가능한 단순하게 행한다.
⑧ 지역주민의 복지서비스는 공평하게 제공된다.
⑨ 지역문제의 해결은 욕구에 입각한다.
⑩ 지역주민의 유익을 공유하도록 기회를 제공한다.
⑪ 집중과 분산 간의 균형을 이룬다.
⑫ 지역사회 내 현존하는 의사소통의 장애를 제거한다.
⑬ 지역사회복지의 실현을 위해 사회복지사를 참여시킨다.

이상을 토대로 지역사회의 원칙을 정리하면 다음과 같다(최일섭·류진석, 1996).

첫째, 지역사회복지는 지역주민과 사회적 약자의 욕구를 충족시키고자 하는 사회복지의 과정이다.

둘째, 지역사회복지는 지역문제의 해결을 위하여 지역주민의 광범위한 참여를 강조한다.

셋째, 지역사회복지는 사회복지실천이나 사회복지실천기술과 마찬가지로 지역사회를 그대로 수용하고 개별화한다.

넷째, 지역사회복지는 사회복지관의 협의체를 결성하여 제한된 사회복지자원을 효율적으로 활용한다.

제 2 절

사회복지행정

1. 사회복지행정의 이론적 기초

1) 사회복지행정의 개념

오늘날 사회복지행정(social welfare administration)에 관한 논의가 여러 방면에서 활발하게 진행되고 있으나 아직 개념에 대한 이론적 일치가 이루어지지 않고 있다. 이는 복지의 개념을 협의로 보느냐 또는 광의로 보느냐 아니면 최광의 및 복합적 개념으로 보느냐에 따라 달라진다(배기효, 1995).

협의의 사회복지행정은 사회사업행정, 사회복지시설행정 및 사회서비스행정으로 이해하는 것으로서 이는 개별사회사업, 집단사회사업, 지역사회조직과 같은 하나의 사회복지실천 방법으로 보는 것이다.

광의의 사회복지행정은 사회복지의 목표달성을 위해 정치권력을 배경으로 한 사회복지정책의 형성 및 구체화를 위한 합리적인 행동을 의미하는 것으로서 이 경우 서비스나 목표달성의 책임은 서비스 인력뿐만 아니라 감독자나 관리자 등 모든 구성원들에게 부여된다. 결국 공·사조직을 막론한 사회복지행정조직 자체의 관리와 업무의 관리, 복지정책의 형성과 구체화, 사회복지정책 목표와 이념의 설정, 사회복지실천 방법의 사용 등의 활동을 사회복지행정의 이념에 입각하여 사업별로 전 국민 또는 일부 계층에 대하여 협동적으로 목표를 추구해 가는 제도화 형태를 말하는 것으로 볼 수 있다. 사회복지행정 및 관련 개념을 정리하면 〈표 9-2〉와 같다.

〈표 9-2〉 사회복지행정·사회사업행정·공공복지행정·사회행정의 비교

<table>
<tr><th colspan="2">구분</th><th>사회복지행정</th><th>사회사업행정</th><th>공공복지행정</th><th>사회행정</th></tr>
<tr><td colspan="2">학문적 배경</td><td>사회학 – 사회복지학</td><td>사회학 – 사회사업학</td><td>정치학 – 행정학</td><td>사회학</td></tr>
<tr><td rowspan="3">연구대상</td><td>주체</td><td>공·사 복지기관</td><td>공·사 복지기관</td><td>공기관
(국가 또는 공공단체)</td><td>공·사 복지기관</td></tr>
<tr><td>내용</td><td>사회복지 목적
달성을 위한 행정</td><td>사회사업 목적
달성을 위한 행정</td><td>공공복지 목적
달성을 위한 행정</td><td>사회목적 달성을
위한 행정</td></tr>
<tr><td>대상</td><td>요보호자</td><td></td><td>전 국민</td><td></td></tr>
<tr><td colspan="2">연구방법</td><td>사회복지학적
접근방법</td><td>사회사업학적
접근방법</td><td>행정학적
접근방법</td><td>사회학적
접근방법</td></tr>
</table>

출처: 신상준(1996), 재구성.

결과적으로 사회복지행정이란 공·사의 사회복지기관(복지의 주체)에서 요보호자나 전 국민의(복지의 객체) 복지증진을 위한(복지의 목표) 어떠한 목적을 설정하여 그것을 달성하기 위하여 관련된 활동들의 결정과 이들의 구체화, 즉 인적·물적 자원의 확보 및 관리행위를 총칭하는 공공사무의 한 기능(평가 및 통제)으로 정의할 수 있다.

2) 사회복지행정의 특성

사회복지행정은 기업이나 정부의 일반 행정과 관리의 기술이나 원리의 면에서는 공통성을 가지고 있지만 건전한 인간의 가치와 관계성에 관한 원리와 감정을 부가하고 있는 점이 다르다. 다시 말해 사회복지행정은 국민의 복지증진을 목표로 하고 있으며 그 최종 목표는 모든 국민이 건전한 인간으로 육성·발전하도록 하는 데 있다.

또한 사회복지행정은 클라이언트에게 의타심을 조장하게 하는 종전의 자선사업(charity work)과는 근본적인 차이가 있으며, 단순한 보호, 육성, 갱생조치가 아니라 서비스를 받는 자가 정상적인 사회인으로 참여하도록 하는 데 의의가 있으며 사회문제의 예방, 더 나아가 복지의 증진을 의도하고 있다는 점에서 일반 행정과 다른 특징이 있다(spencer, 1959; 남기민, 2004; 장동일, 2008).

또한 사회복지행정과 일반 행정은 조직의 관리라는 측면에서 많은 공통점을 지니고 있지만, 행정대상과 행정내용의 차이, 즉 사회복지라는 특수성 때문에 차이점도 있다.

① 사회복지행정은 일반 행정에 비해 투입과 산출이 명확하지 않다.
② 사회복지행정은 일반 행정에 비해 환경적 요소에 크게 영향을 받는다.
③ 사회복지행정은 지역사회와 밀접한 관계를 유지한다.
④ 사회복지행정은 수평적인 특성과 비공식적인 조직을 중요시한다.
⑤ 사회복지행정의 출발은 인간욕구의 변화에 따라 달라진다.
⑥ 사회복지행정은 양보다 질, 그리고 비영리성에 기초한다.
⑦ 사회복지행정은 불완전성을 지니고 있다.

3) 사회복지행정의 이념

사회복지행정의 이념은 사회복지행정이 지향하고자 하는 최고 가치와 정신을 말한다. 이는 사회복지정책을 서비스로 전환하는 행정과정의 기준과 목표가 되고, 실천적 방향을 제시해 준다. 일반적으로 행정이념에서 논의되고 있는 것은 합법성, 능률성, 민주성, 효과성, 생산성 및 사회적 형평성 등이다. 사회복지행정에서도 일반적으로 논의되는 이러한 행정이념이 모두 적용되어야 하며, 나아가 사회복지서비스의 욕구를 명확히 하고 또 욕구를 충족시켜 줄 수 있도록 효과성, 효율성, 공평성, 편익성 또는 접근성이 특히 더 요구되고 있다(三浦文夫 外, 1982; 장인협·이정호, 2006).

(1) 효과성

효과성은 목표달성 정도를 의미한다. 즉, 욕구의 충족 또는 해결에 있어서 어느 정도 기여한가를 의미하는 것이다. 사회복지서비스가 대상자에게 의존성을 조장하였다면 자주적이며 주체적 생활의 영위라는 사회복지의 목표에 비추어 효과성이 없게 되는 것이다.

(2) 효율성

효율성은 투입과 산출의 합리적 비교 개념으로서 최소의 비용으로 최대의 효과를 얻는 것을 말한다. 일정한 투입(자원)에 의해서 얻어지는 성과를 극대화시키는 것이고 제한된 자원으로 행정의 목표를 최대로 성취하는 것이다. 이 이념은 자원의 유한성을 전제로 하는 경우 항상 문제가 되며, 자원의 제한성이 있는 사회복지서비스의 공급에 있어서는 중요시되는 이념이기도 하며, 기계적 능률성보다 사회적 능률성이 강조된다.

(3) 형평성

형평성은 동등한 자유와 합당한 평등, 즉 동일한 욕구를 가진 대상자는 동일한 혜택을 받아야 한다는 것이다. 특히 사회복지서비스의 공급에 있어서는 형평성이 특별히 배려되지 않으면 안 된다. 형평성은 서비스를 받는 기회와 내용뿐 아니라 그 비용 등을 포함하여 수행할 필요가 있다.

(4) 접근성

접근성은 클라이언트가 사회적 서비스를 쉽게 이용할 수 있는 정도, 즉 사회복지 욕구 중 특히 비화폐적 욕구 충족의 경우에 문제가 되는데 이것은 대상자가 서비스를 쉽게 이용할 수 있도록 되어야 한다는 것이다.

2. 사회복지행정의 과정

사회복지행정의 일반적 과정과 절차는 기획(planning), 조직(organizing), 인사(staffing), 지시(directing), 조정(coordinating), 보고(reporting), 재정(budgeting), 평가(evaluating)라는 단계를 거친다. 이를 사회복지행정의 8단계라고도 하며, 〈표 9-3〉에서와 같이 행정학이나 정책학에서는 이의 첫 자를 따서 'POSDCoRBE'로 표현한다.

〈표 9-3〉 사회복지행정의 과정

행정기능	주요내용
1. 기획(planning)	목표의 설정, 목표달성을 위한 과업 및 활동, 과업수행을 위해 필요한 방법을 결정하는 것
2. 조직(organizing)	업무분담이 규정·조정되는 공식적인 구조를 만드는 일
3. 인사(staffing)	직원을 채용, 해고, 훈련하는 일과 활동조건을 유지하는 일
4. 지시(directing)	직원을 지휘하는 것으로 이를 위해 합리적인 의사결정과 승진, 격려, 위임 등의 능력이 요구됨
5. 조정(coordinating)	기관활동의 다양한 부분들을 상호 관련시키는 기능으로서 기관의 여러 부서와 직원들 간에 효과적인 의사소통의 통로를 만들고 유지하는 일
6. 보고(reporting)	기관이 처한 상황을 지원, 이사회, 지역사회 후원기관 등에게 알리는 일로서 기록의 유지, 정기적 감사, 조사연구 등의 활동이 요구됨
7. 재정(budgeting)	기관의 운영에 소요되는 재정을 조절하는 일로서 재정 건전성의 유지가 중요함
8. 평가(evaluating)	기관의 목표에 따른 활동의 전반적인 결과를 사정하는 과정으로 효과성 평가 또는 효율성 평가가 활용됨

출처: 원석조(2011), 재구성.

제3절 사회복지정책의 이해

1. 사회복지정책의 개념

1) 사회복지정책의 정의

사회복지정책의 개념규정 또는 정의는 각기 시대와 국가에 따라서, 또한 개념 규정자 입장의 상이함에 따라서 다양하게 나타난다.

사회복지정책은 '사회복지'와 '정책'의 합성어로서, 특히 '정책'에 대해서 티트머스(Titmuss)는 특정한 목적을 이루기 위해 필요한 행동에 대한 원칙, 칸(Kahn)은 지침(guide) 및 지속적인 계획(standing plan), 번즈(Burns)는 조직화된 노력 등으로 정의하였다.

즉, 정책이란 권위 있는 공공기관이 정책목표를 달성하기 위하여 정치적·행정적 과정을 거치거나 당위성에 입각하여 공식적·의도적으로 선택한 미래의 행동지침 혹은 내용이라 정의할 수 있다.

사회복지의 개념은 추상적인 목적 개념이 아니라 '복지라는 목적달성'을 위한 현실적인 수단으로서 실체적인 개념이다. 송근원·김태성(1999)은 목적달성을 위한 수단으로서 사회복지정책은 일곱 가지 영역인 소득보장, 건강, 교육, 주택, 사회복지서비스, 조세정책, 노동시장정책으로 구성되어 있으며, 사회복지정책이 목적으로 하는 것은 인간생활의 질적 가치를 보장하는 데 있다고 하였다. 즉, 사회복지가 인간생활의 질적 가치를 보장하기 위한 실질적 개념이라고 본다면 사회복지정책은 정책목표의 성취를 통해 사회문제를 해결하고자 하는 행동방침이라 할 수 있다.

칸(Kahn, 1973)은 사회복지정책이란 사회복지 프로그램과 서비스 전달체계가 장기적으로 기초되는 원리와 관계가 있다는 사실을 강조하고 있다. 훌륭한 사회복지정책이란 문제에 대해 즉각적으로 반응하는 것이 아니라 장기간에 걸쳐 합리적으로 잘 고안된 반응이라고 한다. 따라서 목표로서의 사회복지정책에도 다양한 관점과 이론이 있을 수 있으며, 이러한 정책은 계획·실천·평가과정을 통해 수정·보완되어 가는 것으로서 사회는 언제나 유동적이기 때문에 어떤 경우에도 고정된 정책이란 있을 수 없는 것이라고 하였다.

박석돈 외(2008)는 사회복지정책은 '인간의 존엄과 가치구현'이라는 사회복지이념을 바탕으로 한다고 하였다. 사회복지정책의 특징이 사회의 전체 구성원, 특히 사회적 약자를 위하여 가치의 배분이 이루어진다는 점에 있다고 볼 때, 사회복지정책은 더욱 가치 지향적이어야 한다. 즉, 사회복지정책이란 '인간의 존엄과 가치구현'이라는 이념을 바탕으로 모든 사회구성원, 특히 사회적 약자의 기본적 욕구에 대응하기 위한 정책분야이며, 각종 사회문제해결을 목적으로 하는 사회복지제도, 프로그램 등을 통한 가치 배분활동이라고 하였다.

이상에서의 정의들을 종합해 보면, 결과적으로 사회복지정책의 정의는 서비스나 소득을 제공함으로써 시민의 복지에 영향을 미치는 정부의 정책이며, 여기에 해당하는 핵심 프로그램은 사회보험, 공공부조, 사회복지서비스 등이라고 할 수 있다.

2) 사회복지정책의 영역

사회복지정책은 사회복지의 목적달성을 위한 방법, 절차 등을 명확히 하는 것으로서, 어디까지를 사회복지의 대상으로 생각하는가에 따라서 사회복지정책의 영역이 결정된다고 할 수 있다.

[그림 9-1]에서와 같이 타운젠드(Townsend)는 '소득보장, 건강, 교육, 주택, 개별사회서비스(personal social services)'의 다섯 가지 분야를 사회복지정책 영역으로 보고 있다. 반면에 티트머스(Titmuss)는 사회복지정책의 영역을 포괄적으로 해석하여 '다섯 가지+조세정책'을 포함시키고 있으며, 칸과 힐(Kahn & Hill)은 '여섯 가지+노동시장정책(고용정책)'을 사회복지정책의 영역에 넣었다.

그러므로 사회복지정책은 협의의 의미로 해석하면 소득보장, 건강, 교육, 주택, 개인별 사회적 서비스의 다섯 가지 영역으로서, 광의의 의미로 해석하면 소득보장, 건강, 주택, 교육, 개인별 사회적 서비스, 조세정책, 노동시장정책(고용정책)의 일곱 가지 영역으로 구성되어 있다고 할 수 있다.

그러나 복지국가에 대한 욕구증대와 함께 인간의 기본적 욕구실현뿐 아니라 삶의 질 향상이라는 측면에서 그 영역은 점차 확대되고 있으므로, '일곱 가지+인간다운 환경, 인간다운 주거(환경정책, 교통정책, 문화정책) 등'의 삶의 질 개선을 위한 정책을 복지정책의 영역에 포함시키는 학자들이 늘고 있는 실정이다.

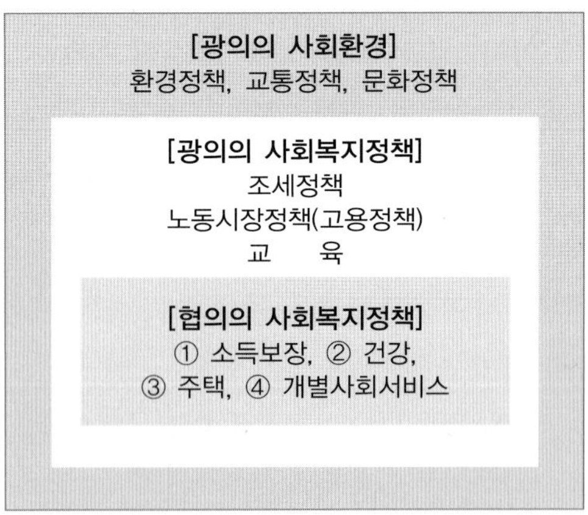

[그림 9-1] 사회복지정책의 영역 구분

출처: 임춘식 외(2008)의 연구를 참고로 재구성.

2. 사회복지정책의 형성과정

사회복지정책은 정부가 사회문제를 해결하기 위해 의도적으로 선택한 행동지침으로서, 우리 사회가 해결해야 할 문제 중 어떠한 것들이 어떠한 과정을 거쳐 사회복지정책이라는 형태로 나타나는가를 살펴보기로 하겠다. 즉, 사회복지정책은 어떠한 정책이든 일정한 과정을 거쳐서 형성되고 있으며, 사회복지정책의 형성과정에 대하여 많은 학자들이 다양한 주장 중에서 가장 대표적이라고 할 수 있는 형성과정 네 가지 모델을 도표화하여 정리하면 〈표 9-4〉와 같다.

〈표 9-4〉 사회복지정책 형성과정 비교

길버트·스펙트 (1986)	디니토·다이 (1995)	프리먼·셔우드 (1970)	송근원·김태성 (1995)
① 문제의 발견 ② 문제의 분석 ③ 대중에게 전달 ④ 정책목표의 개발 ⑤ 대중지지와 정당성의 확보 ⑥ 프로그램 설계 ⑦ 실행 ⑧ 평가	① 정책문제의 입증 ② 정책대안의 형성 ③ 공공정책의 합법화 ④ 공공정책의 시행 ⑤ 정책평가	① 계획 ② 프로그램 개발과 실천 ③ 평가	① 정책문제의 형성 ② 정책어젠다의 형성 ③ 정책대안의 형성 ④ 정책의 결정과정 ⑤ 정책의 집행과정 ⑥ 정책의 평가과정

출처: 정민숙 외(2007)의 연구를 참고로 작성.

〈표 9-4〉에서와 같이 사회복지정책의 형성과정에 대하여 여러 학자들의 다양한 의견이 제기되고 있으나 일반적인 형성과정은 ① 정책의제의 형성, ② 정책의 결정, ③ 정책의 집행, ④ 정책평가로 이루어지며, 각각의 과정에 대하여 설명을 하면 다음과 같다.

첫째, 사회복지정책 의제의 형성이다. 사회문제는 사회복지정책을 형성하게끔 하는 가장 중요한 이유이며, 사회복지정책의 주원료이다. 정정길(1989)은 사회문제가 정책으로 형성되기까지는 [그림 9-2]와 같이 4단계를 거치게 되는데, 〈1단계〉가 사회문제로서, 인간으로서의 기본적인 생활을 누리지 못하여 고통을 받고 있는 사람들이 그러한 상황이나 조건을 해결해야 할 문제로 인식할 때 비로소 문제로서 성립이 되어 사회문제가 존재하게 된다. 〈2단계〉가 사회적 이슈로서, 많은 사회구성원들로부터 관심을 받아 사회 전체를 위하여 해결해야 할 과제임을 인식시키는 단계라고 할 수 있다. 〈3단계〉는 사회적 이슈화과정이 지나면 공중어젠다 과정으로서 특정한 시대에 대중의 관심을 끌만하다고 인식되는 문제 또는 기존 정부기구의 합법적 관할권에 속하는 문제로서 정치체계의 구성원들에 의해 문제라고 간주되는 것이다(Cobb & Elder, 1983). 〈4단계〉는 정부가 정책적 해결을 위하여 사회문제가 정책문제로 채택되는 과정이나 행위를 의미한다.

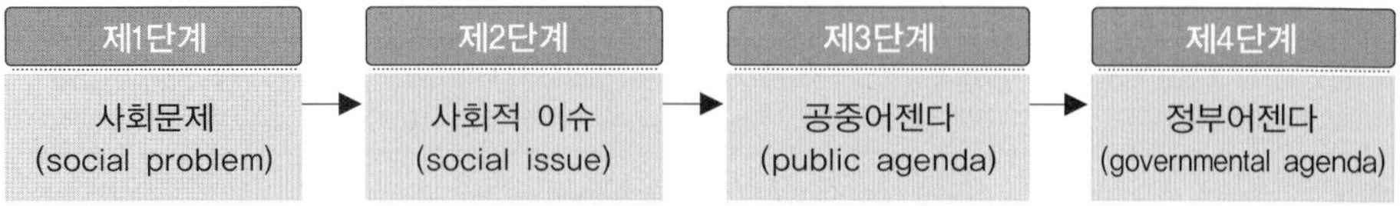

[그림 9-2] 정책의제의 형성과정

둘째, 사회복지정책의 결정이다. 정책결정이란 문제해결을 위해 주어진 다양한 대안들 중에서 하나를 선택하는 과정이므로, 결정에 앞서 주어진 문제해결을 위한 다양한 대안이 검토되어야 한다. 이때 문제해결을 위해 제시된 여러 가지 대안들 가운데 정책결정자가 하나를 선택하는 행위 또는 과정을 정책결정이라고 한다. 일반적으로 이러한 과정에는 정책대안의 비교·분석 행위 및 과정이 포함되는 것이 일반적이다. 따라서 정책결정과정은 ① 문제의 인지와 목표설정, ② 정보의 수집 및 분석, ③ 대안의 탐색 및 평가, ④ 최선의 정책대안 선택 등으로 이루어져 있다(박경일 외, 2004).

셋째, 사회복지정책의 집행이다. 정책의 집행은 의도된 정책목표를 달성하기 위하여 결정된 사항들을 실행하는 활동을 말하며, 이 단계에서는 프로그램을 조직하고, 정책을 보다 구체화하여 현실 적응력을 높이며, 서비스나 해당 급여를 대상자들에게 전달하는 과정이다.

넷째, 사회복지정책의 평가이다. 평가는 정책형성의 마지막 단계로서 정책이 그 목적을 어느 정도 달성하였는가, 반대로 부진하였다면 그 원인은 무엇인가 등을 종합적으로 파악함으로서 정책의 지속적 유지 및 중단을 결정하고 부족한 부분을 보충함으로써 정책이 목표하는 바를 달성하도록 유도해 가는 단계이다. 즉, 평가는 정책형성의 마지막 단계이자, 새로운 정책결정의 시작이라고도 할 수 있으며, [그림 9-3]에서와 같이 정책평가의 결과가 환류(feedback)과정을 거쳐 새로운 정책에 영향을 미침을 의미하고, 이러한 환류과정이 없는 평가는 무의미하다고 할 수 있다. 평가기준은 대체로 목표달성수준, 기대하는 변화 및 성과의 정도, 의도한 서비스 효과가 표현되는 맥락이나 상황의 수준, 원하는 가치가 산출되는 정도나 범위, 소비자의 만족도를 나타내는 특정지표, 특정행동, 태도의 변화 등이 포함될 수 있다(임춘식 외, 2008).

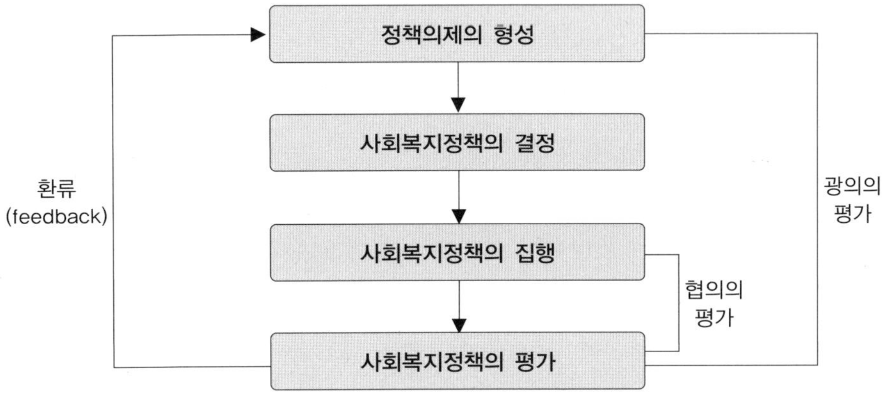

[그림 9-3] 사회복지정책 과정과 환류

출처: 임춘식 외(2008)의 연구를 참고로 작성.

꼭 알아야 할 내용

- 지역사회
- 지역사회개발
- 사회복지행정의 개념
- 사회복지행정의 과정
- 지역사회복지실천모델
- 사회행동
- 사회복지행정의 특성
- 사회복지정책의 개념
- 사회계획
- 지역사회복지실천의 원칙
- 사회복지행정의 이념
- 사회복지정책의 형성과정

Chapter 10

사회복지의 정책분야

사회복지정책의 핵심이 사회보장이라는 견해에는 누구도 이견이 없을 것이다. 사회보장은 국가가 국민 전체를 대상으로 하는 생활보장제도이며, 국민 최저생활의 보장과 그 안정에 목적을 두고 있고, 이는 국민 개개인에 대한 생존권을 보장함과 동시에 인권을 존중하는 데 그 목적이 있으나, 한편으로는 소득의 재분배, 국가체제의 유지라는 기능도 있음을 유의해야 한다.

사회보장은 사회보험, 공공부조, 사회수당, 사회복지서비스로 구성되어 있다. 이 장에서는 사회보장에 대한 전반적인 이해를 도모한 후, 사회보장의 가장 대표적 제도인 사회보험과 공공부조에 대해 구체적으로 살펴보기로 하겠다.

제1절 사회보장

1. 사회보장의 개념 및 범주

사회보장은 국가책임에 의해 모든 국민을 대상으로 하는 생활보장제도지만 그 개념에 대해 합의된 견해는 없으며, 시공을 초월하여 어떤 절대적인 의미를 가지고 있는 것도 아니므로, 나라와 시대 연구자에 따라서 다를 수 있는 것이다(윤철수 외, 2012).

사회보장(social security)이란 용어는 1935년 미국의 뉴딜정책(new deal)의 일환으로 「사회보장법」을 제정하면서 처음 사용되었는데, 사회보장이란 "일반복지(general welfare)의 증진을 위해 연방정부가 관장하는 노령급여제도를 실시하고, 주정부가 관장하는 노인, 맹인, 요보호아동, 장애아동을 위한 복지, 모자복지, 공중보건, 실업보상법의 관리운영을 지원하며, 사회보장청의 신설과 재정조달 및 기타 목적을 추진하기 위한 것이다"(Douglas, 1936).

사회보장을 이론적으로 체계화한 베버리지(Beveridge, 1942)는 사회보장은 5대악(five giants)인 결핍(want), 질병(disease), 무지(ignorance), 불결(squalor), 나태(idleness) 중 "결핍으로부터의 자유(freedom from want)"를 지향하며, 빈민과 같은 특정 집단을 넘어 전 국민을 대상으로 삼고(보편주의), 전 국민에게 최저한의 소득(national minimum)을 보장해 주기 위한 제도라고 규정했다(Beveridge, 1942). 즉, 이 당시 베버리지 보고서(Beveridge Report)에 의한 사회보장은 협의의 개념으로서, 소득의 감소 및 중단, 추가적인 지출을 보완하기 위한 최저수준의 소득보장이라고 해석할 수 있다.

그러나 일반적으로 대부분의 국가에서 널리 통용되고 있는 국제노동기구(ILO)에서 사용하고 있는 사회보장은 광의의 개념으로 정의되고 있다. "사회보장은 사람들이 살아가다가 직면하는 질병, 노령, 실업, 장애, 사망, 출산, 빈곤 등으로 인하여 소득이 일시적으로 중단되거나, 소득이 장기적으로 없어지거나, 지출이 크게 증가하여 사람들이 이전의 생활을 하지 못할 경우 이전의 사회생활을 할 수 있도록 하는 국가의 모든 프로그램을 말한다"(김태성·김진수, 2006).

우리나라에서는 사회보장에 대하여 사회보장법(1995) 제3조에서는 "사회보장이란 출산, 양육, 실업, 노령, 장애, 질병, 빈곤 및 사망 등의 사회적 위험으로부터 모든 국민을 보호하고 국민 삶의 질을 향상시키는 데 필요한 소득·서비스를 보장하는 사회보험, 공공부조, 사회서비스를 말한다"고 정의하고 있다.

이상의 정의들을 종합해 보면, 사회보장은 고령, 장애, 사망, 질병, 출산, 실업, 산업재해 등 사회적 위험과 결혼, 양육, 사망 등과 같은 특별 지출로부터 시민을 보호하기 위해 재정적으로 지원하는 법정 프로그램으로서 사회보험, 공공부조, 사회복지서비스 및 사회수당을 포함한다. 즉, 국가가 전 국민을 대상으로 생존권을 실현하기 위해 소득재분배를 통해 최저생활을 유지할 수 있도록 물질·비물질적 서비스로 소득을 보장하는 총체적인 생활보장제도라고 할 수 있다. 사회보장은 협의의 사회보장과 광의의 사회보장으로 나뉘며, 그 범주에 해당되는 내용은 〈표 10-1〉과 같다.

〈표 10-1〉 사회보장의 범주

구 분		범주내용
광의의 사회보장	협의의 사회보장	• 사회보험 :공적연금, 건강보험, 산재보험, 고용(실업)보험, 노인장기요양보험 • 공공부조: 생활보장, 의료보장, 재해보장 • 사회복지서비스(노인·부녀자·아동장애인복지 등)
	관련 제도	• 주택 및 생활환경, 지역사회개발, 공중보건 및 의료 • 영양, 교육, 인구 및 고용대책

출처: 국민연금(2019)의 "연금정보(사회보장제도와 국민연금)"를 참고로 재구성함.

2. 사회보장의 목적

사회보장의 목적은 매우 다양한 가운데, 국제노동기구(ILO)는 사회보장의 목적을 협의와 광의로 나누어 제시하고 있다. 첫째, 협의의 목적은 빈곤방지 또는 빈곤구제이다. 둘째, 광의의 목적은 생활의 안정이다. 즉, 사회보장은 국가의 책임 아래 다양한 사회적 위험으로부터 국민의 최저생활과 안정을 보장하는 데 그 목적을 두고 있다. 국가의 중요한 책임 중의 하나는 국민의 생존권을 보장하는 것으로 국민들의 기본적 욕구(basic needs)를 보장하기 위한 사회제도가 바로 사회보장제도인 것이다.

사회보장의 목적을 가장 일반적으로 통용되는 세 가지로 구분하여 살펴보면 다음과 같다.

첫째, 기본생활보장이다. 인간이 갖는 기본적 욕구(basic needs) 충족, 욕구는 인간의 생존과 성장 발전을 위해 필요하기 때문에 구하는 것으로서, 기본적 욕구 불충족의 원인은 개인이나 가족에게보다는 사회일반에 있으므로 그 해결방법 또한 사회공동의 노력에 의해 추구되어야 한다는 의미이므로 기본적 욕구는 사회적 욕구의 성격을 갖는다.

둘째, 소득재분배(income redistribution)이다. 소득재분배란 "한 개인 또는 한 집단으로부터 다른 개인이나 집단으로 이전되는 소득 또는 소득으로 간주되는 급여"를 말한다. 소득재분배의 형태에는 〈표 10-2〉와 같이 시간과 세대를 중심으로 세대 내, 세대 간의 재분배가 있으며, 횡단적으로 동일세대 내에서 소득과 위험발생 여부별로 수직적 재분배와 수평적 재분배가 있다. 수직적 재분배는 고소득층에서 저소득층으로의 분배(예: 국민연금의 소득재분배 효과)이며, 수평적 재분배는 보험료를 분담하는 동일계층 간 분배(예: 의료보험의 경우, 건강한 사람에게서 병자에게로, 독신과 가족 부양자가 똑같은 보험료 부담)이다.

셋째, 사회적 연대감의 증대이다. 자본주의 사회는 민간이 제공하는 연대 장치들만으로 사회적 위험을 제거하지 못하므로 소득상실의 위험에 노출된 사람들에게 연대감을 보여 주는 제도적 장치의 마련하여, 이러한 목적으로 인해 자본주의 사회에서 내재화된 불평등을 완화시켜 사회적 연대감을 증대시킨다. 즉, 고소득층과 저소득층 간/세대 간/취업자와 실업자 간/병자와 건강한 사람 간이 그 예라 할 수 있다.

〈표 10-2〉 소득재분배의 형태

형태		방향
세대 간 재분배		노령세대 : 근로세대 현세대 : 미래세대
세대 내 재분배	수직적 재분배	소득계층 간
	수평적 재분배	위험 발생 집단 : 위험 미발생 집단

출처: 이인재 외(2002)의 연구를 참고로 작성.

그러나 세인즈버리(Sainsbury, 1999)는 최근 신자유주의의 강력한 영향으로 이상과도 같은 전통적인 사회보장의 목적과는 이념적으로 차이가 뚜렷한 새로운 신자유주의적 사회보장의 목적[5]이 강조된다고 한다. 즉, 결핍상태에 빠진 사람을 무조건 보호하는 데 주안점을 두었던 수동적 복지 대신에 사회보장의 생산적 측면(적극적 복지)을 강조하며, 근로유인(work incentive)을 강조하고 수급자의 행동변화(책임의식의 강화 등)에 초점을 둔다.

5) 사회보장의 생계보장 기능보다 생산적 측면과 근로유인 강화 기능이 더 강조되는 것은 1980년대 이후의 신자유주의 때문인데, 신자유주의자들은 빈곤을 경제적 역기능(시장의 실패)의 결과로 보는 대신 개인적 노력 부족의 결과로 간주하고, 풍요 속에 상대적 빈곤이 존대한다는 사실도 부정하고, 베버리지가 천명한 "사회보장을 통한 빈곤예방"에 대해서도 부정적이다(Sainsbury, 1999).

제2절
사회보험

1. 사회보험의 개념 및 특징

사회보험(social insurance)은 국민에게 발생하는 사회적 위험을 보험방식에 의하여 대처함으로서 국민건강과 소득을 보장하는 제도를 말한다(사회보장기본법 제3조 제2항). 사회보험은 그 용어에서 알 수 있는 바와 같이 위험분산을 중심으로 시장원리적인 보험을 사회적 방법으로 변화시킨 것이다. 사회적 방법이란 가입의 강제성 또는 이를 통한 소득재분배 효과를 의미하는 것이다. 그러므로 사회보험은 국민을 대상으로 질병·장애·노령·실업·사망 등으로 활동능력의 상실과 소득의 감소가 발생하였을 때 보험방식에 의하여 위험분산과 소득재분배를 통하여 국민을 보호하고 빈곤을 해소하며, 국민생활의 질을 향상시키기 위한 제도라고 할 수 있다(김태성·홍성미, 2007). 우리나라는 5대 사회보험이 실시되고 있는데, 실질적인 강제보험제도 도입의 순서로 보면, 산재보험(1964), 의료보험(1963 임의, 1977 강제), 국민연금(1988), 고용보험(1995), 노인장기요양보험(2008)의 순으로 사회보험제도가 도입되었다.

사회보험은 소득보장정책이란 점에서 공공부조와 동일한 목적을 갖고, 보험이기 때문에 민간보험과 유사한 점이 많으나 사회보험은 민간보험이나 공공부조와는 본질적으로 다른 특징을 가지고 있다.

첫째, 강제적 프로그램이다. 사회보험은 강제적용으로 사회적 위험으로부터 국민을 보호하기 위한 의무적 제도이다.

둘째, 예방적 성격이다. 사전에 규정된 욕구에 따라 급여가 지급되기 때문에 예방적 성격을 가지고 있다.

셋째, 사회적 권리이다. 자산조사(means test)가 없으며, 급여 수급권자가 수급에 필요한 제반조건을 충족하였을 경우 권리로서 이루어지고 수급권은 수급자와 보험자(정보 또는 공적 기관)간의 계약에 의해 이루어진다.

넷째, 사회적 통합이다. 자신이 낸 보험료에 비례하여 급여를 받는 개인의 형평성보다는 모든 가입자에게 최저생계를 유지하도록 급여를 제공하는 사회적 연대 및 통합을 중시한다.

2. 우리나라의 5대 사회보험

현재 우리나라에서 시행되고 있는 사회보험은 크게 다섯 가지 영역으로 구분이 된다. 즉, ① 노후보장을 위한 국민연금보험, ② 건강보장을 위한 국민건강보험, ③ 산재보상을 위한 산업재해보상보험, ④ 실업에 대비한 고용보험, ⑤ 노인의 장기요양을 위한 노인장기요양보험으로서 매우 중요한 바, 사회보험의 내용들에 대해서는 개요, 적용대상, 급여종류, 재정부담으로 각각 구분하여, 구체적이고도 상세히 살펴보기로 하겠다.

1) 국민연금보험

(1) 개요

「국민연금법」 제1조에 규정되어 있는 국민연금제도를 쉽게 설명하면, "국민의 노령·폐질 또는 사망 등과 같은 사회적 위험(social risk)에 처하여 소득의 중단 또는 상실의 위험이 있는 경우 당사자나 유족에게 국가 또는 법률에 의한 특수법인이 운영주체가 되어 경제적으로 안정된 생활을 보장할 수 있도록 연금형태로 급여를 제공하는 것이다"고 규정되어 있다. 또한 국민연금은 공적연금제도의 하나로서 우리나라에서 시행되고 있는 공적연금제도는 ① 전 국민을 대상으로 하는 국민연금과, ② 공무원연금, 군인연금, 사립학교교직원연금이라는 특수직업계층을 대상으로 하는 특수직연금제도로 구분되어 있다.

(2) 적용대상

국민연금의 가입대상자는 국내에 거주하는 18~60세 미만의 국민으로서 국민연금

가입 사업장에 종사하는 외국인과 국내거주 외국인[6]도 해당이 되지만, 특수직연금(공무원연금, 군인연금, 사립학교교직원연금)에 가입하고 있는 자는 제외된다. 또한 국민연금의 가입형태는 크게 반드시 가입해야 하는 당연적용 가입대상(의무가입)과 본인의 선택에 의해 가입하는 임의적용 가입대상으로 구분이 된다.

2019년 국민연금 가입유형으로는 〈표 10-3〉과 같이 ① 사업장가입자, ② 지역가입자, ③ 임의가입자, ④ 임의계속가입자로서 이에 대하여 설명을 간략히 하면 다음과 같다.

첫째, 사업장가입자는 국민연금에 가입된 18~60세 미만의 사용자 및 근로자로서 국민연금에 가입된 자이며 1인 이상의 근로자를 사용하는 사업장 또는 주한 외국기관으로서 1인 이상의 대한민국 국민인 근로자를 사용하는 사업장에서 근무하는 18~60세 미만의 사용자와 근로자는 당연히 사업장가입자가 된다. 따라서 지역가입자가 사업장에 취업하면 자동적으로 사업장가입자가 되고, 지역가입자 자격은 상실된다.

둘째, 지역가입자는 국내에 거주하는 18~60세 미만의 국민으로서 사업장가입자가 아닌 자는 당연히 지역가입자가 된다. 단, 다른 공적연금에서 퇴직연금(일시금), 장애연금을 받는 퇴직연금 등 수급권자, 「국민기초생활보장법」에 의한 수급자, 소득활동에 종사하지 않는 사업장가입자 등의 배우자 및 보험료를 납부한 사실이 없고, 소득활동에 종사하지 않는 27세 미만인 자는 지역가입자가 될 수 없다.

셋째, 임의가입자는 사업장가입자와 지역가입자가 될 수 없는 사람도 60세 이전에 본인의 희망에 의해 가입신청을 하면 임의가입자가 될 수 있다. 즉, 다른 공적연금에서 퇴직연금(일시금), 장애연금을 받는 퇴직연금 등 수급권자, 「국민기초생활보장법」에 의한 수급자, 소득활동에 종사하지 않는 사업장가입자 등의 배우자 및 보험료를 납부한 사실이 없고, 소득활동에 종사하지 않는 27세 미만이 자는 가입을 희망하는 경우 임의가입자가 될 수 있다.

넷째, 임의계속가입자는 가입기간이 20년 미만인 가입자가 60세 도달로 국민연금 가입자격을 상실하였으나 가입기간이 부족하여 연금을 받지 못하거나 가입기간을

6) 외국인도 우리 국민과 동일하게 노령연금, 유족연금, 장애연금, 반환일시금을 수급할 수 있는 요건에 해당되는 경우 국민연금법상의 연금급여는 모두 지급받을 수 있다.

연장하여 더 많은 연금을 받고자 원할 경우 65세에 달할 때까지 신청에 의하여 임의계속가입자가 될 수 있다.

〈표 10-3〉 2019년 국민연금 가입유형

종별	유형	가입요건
사업장 가입자	당연적용사업장가입자	• 상시근로자 1인 이상 사업장에 종사하는 18~60세 미만인 근로자와 사용자(의무 가입) • 1개월 이상 고용되는 임시·일용직 근로자 및 월 80시간 이상 근무하는 시간제 근로자
	특례적용사업장가입자	• 국민연금 가입 사업장에 종사하는 18세 미만의 근로자로서 사용자의 동의를 얻어 가입한 자
	외국인사업장가입자	• 18~60세 미만으로서 국민연금 적용사업장에 종사하는 외국인 또는 외국에 거주하는 국민(해외교포 등)으로 국내에 체류하면서 국민연금 적용사업장에 종사하는 자
지역 가입자	당연적용사업장가입자	• 18~60세 미만으로서 사업장가입자가 아닌 자
	특례적용사업장가입자	• 지역가입자의 요건을 갖춘 자로서 1999. 4. 1. 현재 60~65세 미만인 자
	외국인사업장가입자	• 18~60세 미만으로서 국내에 거주하는 외국인(국내체류 교포 등 포함)
임의 가입자	–	• 사업장가입자와 지역가입자 이외의 18세 이상 60세 미만 자가 본인이 희망할 경우
임의 계속 가입자	사업장임의계속가입자	• 사업장가입자로 가입 중 60세 이상이 되었는데, 계속 사업장에 종사하면서 임의계속가입자로 보험료 납부를 희망할 경우(기준소득월액의 9% 전액 본인부담)
	지역임의계속가입자	• 지역가입자로 가입 중 60세 이상이 되어 임의계속가입자가 된 경우, 계속해서 지역가입자의 기준에 해당하는 소득이 있을 경우
	기타임의계속가입자	• 임의로 가입 중 60세 이상이 되어 임의계속가입자가 된 경우

출처: 국민연금공단(2019)의 "국민연금제도(가입 및 신고)"를 참고로 재구성.

(3) 급여종류

국민연금은 나이가 들거나 장애 또는 사망으로 인해 소득이 감소할 경우 일정한 급여를 지급하여 소득을 보장하는 사회보험으로서 지급받게 된다. 급여의 종류로는 ① 국민연금의 기초가 되며, 노후소득보장을 위한 급여인 '노령연금', ② 장애로 인한 소득 감소에 대비한 급여인 '장애연금', ③ 가입자의 사망으로 인한 유족의 생계보호를 위한 급여인 '유족연금', ④ 연금을 받지 못하거나 더 이상 가입할 수 없는 경우,

청산적 성격으로 지급하는 급여인 '반환일시금', ⑤ 유족연금 또는 반환일시금을 받지 못할 경우 장제보조적·보상적 성격으로 지급하는 급여인 '사망일시금'이 있다.

(4) 재정부담

국민연금보험료는 관리운영 주체인 국민연금공단에서 담당하며, 국민연금의 재원부담은 전형적인 사회보험의 형태를 취하고 있는 바, 사업장의 경우 근로자와 사용자가 각각 절반씩 부담하고 자영업자와 농민은 전액을 본인이 부담하지만, 농어민의 경우에는 국고보조가 일부 지원되고 있다.

국민연금의 보험료는 가입자가 가입기간 동안 가입자의 소득에 비례하여 일정비율의 연금보험료를 지불하게 되는데 연도별 국민연금보험료율 변화추이는 〈표 10-4〉와 같이 사업장가입자와 지역가입자를 다르게 적용하고 있다. 즉, 연도별 상향조정되어 사업장가입자는 1999년 4월 이후부터 근로자 및 사용자가 각각 4.5%씩 부담하고 있으며, 농어민과 자영업자(지역가입자) 계층의 경우도 2005년 7월 이후부터 9%를 부담하고 있다.

〈표 10-4〉 연도별 국민연금보험료율 변화추이

(단위: %)

<table>
<tr><th colspan="2">구분</th><th>1988~1992</th><th>1993~1997</th><th>1998~1999. 3.</th><th>1999. 4. 이후</th></tr>
<tr><td rowspan="4">사업장 가입자</td><td>계</td><td>3.0</td><td>6.0</td><td>9.0</td><td>9.0</td></tr>
<tr><td>근로자</td><td>1.5</td><td>2.0</td><td>3.0</td><td>4.5</td></tr>
<tr><td>사용자</td><td>1.5</td><td>2.0</td><td>3.0</td><td>4.5</td></tr>
<tr><td>퇴직금전환자</td><td>–</td><td>2.0</td><td>3.0</td><td>–</td></tr>
<tr><td colspan="2">사업장임의계속가입자</td><td>3.0</td><td>6.0</td><td>9.0</td><td>9.0</td></tr>
<tr><th colspan="2">구분</th><th>1995. 7.~2000. 6.</th><th colspan="2">2000. 7.~2005. 6.</th><th>2005. 7. 이후</th></tr>
<tr><td colspan="2">사업장임의계속가입자</td><td rowspan="4">3.0</td><td colspan="2" rowspan="4">4.0~8.0
(매년 1%씩 상향조정)</td><td rowspan="4">9.0</td></tr>
<tr><td colspan="2">임의가입자</td></tr>
<tr><td colspan="2">지역임의가입자</td></tr>
<tr><td colspan="2">일반임의가입자</td></tr>
</table>

출처: 국민연금공단(2019)의 "국민연금제도 관련 내부자료"를 참고로 재구성.

2) 국민건강보험

(1) 개요

국민건강보험은 국민의 질병, 부상에 대한 예방·진단·치료·재활과 출산·사망 및 건강증진에 대하여 보험급여를 실시함으로서 국민보건 향상 및 사회보장증진에 기여함을 목적으로 하는 사회보험이다. 이러한 국민건강보험의 근거법령으로는 헌법 제34조 및 36조에서 모든 국민은 인간다운 생활을 할 권리와 이를 실현하기 위한 국가의 사회보장·사회복지증진에 노력할 의무 및 국민의 보건에 관한 국가의 보호를 규정하고 있다(건강보험연구센터, 2005).

우리나라 국민건강보험의 세부적인 연혁은 [그림 10-1]과 같다. 1963년 「의료보험법」이 제정되면서 시작되었지만, 당시는 임의적용방식으로 유명무실했다고 할 수 있다. 1970년대에는 근로자, 공무원, 군인 등을 대상으로 「의료보호법」이 제정되었으나 강제적용에 따른 문제점 등의 어려움 때문에 시행령조차 마련되지 못하였다. 그 후 1988년 1월에 농어촌지역주민을 위한 의료보험이, 1989년 7월 1일에 도시지역주민을 위한 의료보험이 실시되면서 전 국민의료보험 시대가 열리게 되었다. 1998년에 접어들면서 의료보험에 대한 통합논의가 본격화되어 1999년에 통합의료보험을 골자로 한 현재의 「국민건강보험법」이 제정되고 2000년 1월부터 의료보험제도가 국민건강보험으로 통합 운영되고 있다.

의료보험법[1] 제정(1963)

연도	피용자제도	자영자제도
1963	300인 이상 사업장 임의적용 근거 마련	
1970		자영자제도
1977	500인 이상 사업장 당연적용	
1979	•공무원 및 사립학교교직원 당연적용 •300인 이상 사업장 당연적용	
1981	100인 이상 사업장 당연적용	•지역의료보험 1차 시범사업 실시 (홍천, 옥구, 군위) •직종의료보험조합 설립
1982	16인 이상 사업장 당연적용	지역의료보험 2차 시범사업 실시 (강화, 보은, 목포)
1988	5인 이상 사업장 당연적용	농어촌지역 자영자 당연적용
1989		도시지역 자영자 당연적용

전 국민의료보험(1989)

연도	내용
1998	국민의료보험법 제정 (공무원 및 사립학교교직원의료보험 및 지역의료보험 통합)
1999	국민건강보험법 제정 (공무원 및 사립학교교직원의료보험 및 지역·직장의료보험 통합)
2000	국민건강보험법 시행(2000. 7. 1.)
2002	국민건강보험법 재정건전화 특별법 제정(2002. 1. 19.) * 2006. 12. 31. 종료되는 한시법
2003	직장가입자와 지역가입자의 보험재정 통합(2003. 7. 1.)
2011	사회보험 징수 통합(건강보험·국민연금·산재보험)

[그림 10-1] 국민건강보험제도 상세 연혁표

주1) 의료보험법과 국민건강보험법의 가장 큰 차이점으로는 과거 의료보험법 체계에서는 소득형태 및 파악률, 의료이용률 등이 유사한 집단별로 다수 보험자를 구성하여 독립채산방식에 의하여 자치 운영하였으나 새로 제정된 국민건강보험법(1999. 2. 8. 제정) 체계에서는 적용대상자를 단일보험자(국민건강보험공단)로 통합 운영하고 있다는 것임.

출처: 건강보험심사평가원(2019)의 "우리나라 건강보험제도의 개요"를 참고로 작성.

(2) 적용대상

국민건강보험의 적용대상은 국내에 거주하는 전 국민으로서, 국민건강보험은 직장가입자와 지역가입자로 적용대상자를 구분하고 있으나, 공공부조인 의료급여대상자는 제외한다.

국민건강보험 가입자 상세한 구분은 〈표 10-5〉와 같다. 직장가입자는 상시 1인 이상 사업장의 근로자와 그 사용자, 공무원 및 사립학교교직원으로 임용 또는 채용된 자이다. 또한 직장가입자의 피부양자는 배우자, 직계존속(배우자 직계존속 포함), 직계비속(배우자 직계존속 포함), 형제자매 등 직장가입자에 의해 주로 생계를 유지하는 자로서 소득 또는 보수가 없는 자가 피부양자가 된다. 즉, 피부양자는 피보험자와 친족관계 및 생계유지관계에 있어야 하는 두 가지 조건을 충족시켜야 한다. 그리고 지역가입자는 직장가입자와 그 피부양자를 제외한 농어업종사자 및 도시자영업자이다.

〈표 10-5〉 국민건강보험의 가입자 구분

<table>
<tr><th rowspan="2">구분</th><th colspan="2">직장가입자</th><th rowspan="2">지역가입자</th></tr>
<tr><th>일반근로자사업장</th><th>공교사업장</th></tr>
<tr><td>가입자</td><td>상시 1인 이상의 근로자를 사용하는 사업장에 고용된 근로자와 그 사용자</td><td>공무원 및 교직원으로 임용 또는 채용된 자</td><td rowspan="2">직장가입자와 그 피부양자 및 의료보호대상자를 제외한 자(농어업종사자 및 도시자영업자)</td></tr>
<tr><td>피부양자</td><td colspan="2">·직장가입자의 배우자
·직장가입자의 직계존속
·직장가입자의 직계비속 및 배우자
·직장가입자의 형제, 자매</td></tr>
</table>

출처: 국민건강보험공단(2019)의 “건강보험제도 안내”를 참고로 재구성.

(3) 급여 종류

국민건강보험의 적용을 받는 가입자 및 피부양자의 질병·부상에 대한 예방·진단·치료·재활과 출산·사망 및 건강증진에 대하여 법령이 정하는 바에 의하여 공단이 각종 형태로 실시하는 의료서비스를 말한다.

급여에는 법정급여와 임의급여로 나누어지는데, 법정급여는 법에 의한 규정으로 당연히 공급해야 하는 급여인 반면, 임의급여는 법에 의해 강제로 지급되는 급여가 아닌 임의로 지급되는 급여를 말한다.

실질적으로 지급이 이루어지는 국민건강보험의 현물급여와 현금급여는 〈표 10-6〉에서와 같이 그 종류 및 내용이 자세히 기술되어 있다. 즉, 현물급여는 질병, 부상, 분만 시에 지정된 요양기관에서 직접적인 의료서비스를 받는 것으로서 요양급여, 건강진단이 있다. 또한 현금급여는 긴급, 기타 부득이한 사유로 인하여 지정된 요양기관 이외의 의료기관이나 약국에서 진료를 받았을 경우 요양급여에 상당하는 금액을 지급받는 것으로서 요양비, 본인부담액 상한제, 장애인보장구급여비, 장제비, 임신·출산 진료비가 이에 포함된다.

〈표 10-6〉 2019년 국민건강보험 급여의 종류

구분	급여종류	지급대상	급여내용	비고
현물급여	요양급여	가입자, 피부양자	진찰·검사, 약제·치료재료의 지급, 처치·수술·기타의 치료, 예방·재활, 입원, 간호, 이송 등이 포함	법정급여
	건강진단	가입자, 피부양자	질병의 조기 발견과 그에 따른 요양급여를 하기 위하여 2년마다 1회 이상 건강검진 실시	법정급여
현금급여	요양비	가입자, 피부양자	긴급, 기타 부득이한 사유로 인하여 요양기관에서 제외되는 의료기관 등에서 요양을 받은 경우 요양급여에 상당하는 금액 지급	법정급여
	본인부담액 상한제	가입자, 피부양자	과도한 의료비로 인한 경제적 부담을 덜어 주기 위해 연간 본인부담금(비급여, 선별급여 등 제외)의 총액이 개인별 상한금액을 초과하는 경우 그 초과금액을 건강보험공단이 부담하는 제도	법정급여
	장애인보장구[1] 급여비	장애인복지법에 등록된 장애인	보장구 유형별 기준액 이내인 경우 실구입액의 80%, 초과한 경우 기준액의 80%를 지급	법정급여
	임신 출산 진료비	가입자 및 피부양자 중 임산부	임신 1회당 60만 원(다태아 임신부의 경우 100만 원) * 분만취약지의 경우 20만 원 추가지원 (일태아 80만 원, 다태아 120만 원)	법정급여

주1) 지급유형에는 지체장애인용 상하의지, 보조기 등 45종, 시각장애인용 저시력 보조안경, 의안, 콘택트렌즈 등 6종, 청각장애인용 보청기, 언어장애인용 체외용 인공후두, 지체 및 뇌병변장애인용 지팡이, 목발, 휠체어(뇌병변장애인용 휠체어는 중증장애인의 경우만 인정).

출처: 국민건강보험공단(2019)의 "건강보험제도 안내"를 참고로 재구성.

(4) 재정부담

우리나라 건강보험의 관리운영체계는 공법상의 기구인 국민건강보험공단이 맡고 있으며, 통합방식을 채택을 하고 있다.

국민건강보험의 재정부담은 가입자가 부담하는 보험료와 약간의 정부지원으로 운영되고 있으며, 보험료는 〈표 10-7〉의 국민건강보험의 보험료율 및 부담에서와 같이 직장가입자와 지역가입자가 각각 다르게 산정되어 적용된다.

〈표 10-7〉 2019년 국민건강보험의 보험료율 및 부담

구분	직장가입자			농어민, 도시자영업자
	근로자	공무원	사립학교교직원	
보험료율	• 보험료율(80/100 범위 안에서 결정) • 보험료율은 보수총액의 6.46% ➡ 직장가입자 월별 보험료액 = 표준보수월액 × 건강보험료율			• 소득·재산(자동차 포함)에 따라 등급별 일정액 • 세대주가 자진납부 또는 보험자가 방문 징수 ➡ 세대당 보험료 = 부가표준소득(적용점수) ×126.5(적용점수당 금액)
부담	가입자 50% 사용자 50%	가입자 50% 국　가 50%	가입자 50% 사용자 30% 국　가 20%	

출처: 국민건강보험공단(2019)의 "건강보험제도 안내"를 참고로 재구성.

3) 산업재해보상보험

(1) 개요

산업재해는 사회·경제적으로 약자의 지위에 있는 근로자에게 있어서 경제활동은 물론 생계를 유지하기도 어렵게 하는 불행이므로 산업재해로부터 피재근로자(被災勤勞者)[7]와 그 가족을 보호하고자 마련된 사회보험제도이다.

일반적으로 많은 국가들에서 산재보험은 가장 먼저 도입되어 다른 사회보험제도의 도입에 관해서도 상당히 영향을 미쳤다고 볼 수 있으며, 우리나라에서는 1963년에 제정되어 1964년부터 시행되었다. 특히, 우리나라의 경우 현대에 이르러 장애의 90%가

7) 산업재해보상보험법상의 용어인 경우 재해란 산업재해, 즉 업무상 재해를 의미하며, 업무상 부상과 업무에 기인한 질병을 포함하므로 산업재해보상보험법상의 피재근로자는 산업재해를 당한(입은) 근로자라 할 수 있다. 많은 경우 피재근로자를 피해근로자로 혼용하여 사용하고 있다.

산업재해, 교통사고 등의 후천적 장애로 발생되면서 산재보험의 중요성은 매우 크다고 할 수 있다.

산재보험은 타보험과는 달리 고용주만이 보험료를 부담하며, 주된 적용대상은 근로자이다. 또한 산재보험의 가장 큰 특징은 피해근로자에게 재해발생의 과실이 있다고 하더라도 고의에 해당하지 않으면 보호대상으로 보는 무과실 책임주의의 원칙에 따라 고용주의 고의 또는 과실을 요건으로 간주한다. 즉, 산재보험의 보상은 산재의 책임을 고용주나 근로자의 과실여부로 판단하는 것이 아닌 사고의 원인기준에 의한 요건만 충족하면 산재근로자에게 배상을 지급하는 무과실 책임주의를 채택하여 적용하고 있다.

(2) 적용대상

산재보험은 산재보험이 적용되는 사업장에서 업무를 수행하던 중 업무에 기인하여 재해를 당한 근로자에 한하여 보호를 하고 있다. 즉, 업무를 수행하던 중 재해를 당한 자가 산재보상을 받기 위해서는, ① 우선적으로 산재보험이 적용되는 사업장이어야 하며, ② 산재보험법상 근로자성이 인정되어야 하고, ③ 업무상 사고[8] 또는 질병(직업병[9])에 의한 부상·질병·신체장애 또는 사망에 해당해야 한다(노무법인산재, 2013).

산재보험은 점차적으로 적용범위가 확대되어 2000년 7월 1일부터는 상시근로자 1인 이상을 사용하는 모든 사업 또는 사업장에 적용되게 되었으나 위험률·규모 및 장소 등을 고려하여 대통령령으로 정한 바에 해당하는 경우 산재보험이 적용되지 않는 것이 원칙이며, 산재보험의 적용사업장은 강제적용사업장과 임의적용사업장으로 구분된다.

---

8) 1. 업무상 재해 인정기준: ① 업무상 사고나 업무상 질병으로 부상·질병 또는 장해가 발생하거나 사망하면 업무상의 재해로 본다(단, 업무와 재해 사이에 상당 인과관계가 없는 경우는 제외). ② 근로자의 고의·자해행위나 범죄행위 또는 그것이 원인이 되어 발생한 부상·질병·장해 또는 사망은 업무상의 재해로 보지 아니한다(단, 그 부상·질병·장해 또는 사망이 정상적 인식능력 등이 뚜렷이 저하된 상태에서 발생한 경우 대통령령으로 정하는 사유가 있으면 제외).
2. 업무상 사고: ① 근로자가 근로계약에 따른 업무나 그에 따르는 행위를 하던 중 발생한 사고, ② 사업주가 제공한 시설물 등을 이용하던 중 그 시설물 등의 결함이나 관리소홀로 발생한 사고, ③ 사업주가 제공한 교통수단이나 그에 준하는 교통수단을 이용하는 등 사업주의 지배관리하에서 출퇴근 중 발생한 사고, ④ 사업주가 주관하거나 사업주의 지시에 따라 참여한 행사나 행사준비 중에 발생한 사고, ⑤ 휴게시간 중 사업주의 지배관리하에 있다고 볼 수 있는 행위로 발생한 사고, ⑥ 그 밖의 업무와 관련하여 발생한 사고.

9) 일정한 직업에 종사함으로서 작업조건이나 작업방법이 직접적인 원인이 되거나 이와 관련하여 발생하는 질병을 직업병이라 한다. 잘 알려진 직업병은 석탄광부에게 나타나는 진폐증, 소음작업에서 일하는 근로자에게 생기는 소음성 난청, 중금속이나 유기용제를 사용하는 근로자에게 나타나는 중독증, 신체에 부담을 주는 작업을 반복적으로 해야 하는 근로자에게 나타나는 근골격계질환 등이다.

① 강제적용사업장(당연적용사업장)은 산재보험은 상시근로자 수가 1인 이상인 사업 또는 사업장인 경우에는 강제적으로 적용되므로 설령, 사업주가 산재보험에 가입하지 않은 경우이거나 산재보험으로 처리하기를 원하지 않는 경우라도 당연히 산재보험을 적용하여 보상받을 수 있다. ② 임의적용사업장은 산재보험 가입 여부가 사업주의 자유의사에 달려 있으나, 예외적으로 주택건설사업자, 건설업자, 가사서비스업 등의 사업에 사업주가 업무수행 시 재해발생을 대비하여 근로복지공단에 임의로 산재보험 가입신청을 하여 공단이 보험가입을 승인한 경우에는 가입신청서가 접수된 날의 다음 날부터 발생한 재해에 대해서는 산재보험이 적용되어 산재보상을 받을 수 있다.

(3) 급여종류

산업재해를 당한 근로자가 지급받을 수 있는 급여는 〈표 10-8〉에서와 같이 요양급여, 휴업급여, 장해급여, 유족급여, 상병보상급여, 장의비, 특별급여가 있다.

〈표 10-8〉 2013년 산재보험의 급여요건 및 급여수준

(단위: 급, 원, %)

급여종류	급여요건	급여수준
요양급여	근로자가 업무상의 사유에 의해 부상을 당하거나 질병에 걸린 경우 당해 근로자에게 지급. 단, 3일 이내에 치유되는 경미한 부상, 질병의 경우에는 근로기준법에 의해 사용자가 직접 보상	• 치료에 필요한 제반 비용 – 진찰, 약제, 진료재료와 의지, 기타 보철구의 지급 – 처치, 수술 기타의 치료 – 의료기술에의 수용(입원) – 간병료, 이송료 – 기타 노동부령이 정하는 사항
유족급여·장의비	(유족급여) 근로자가 업무상의 사유로 사망	• 유족보상연금 : 수급권자의 선택에 따라 일시금의 50%를 일시금으로 미리 받는 경우 연금액의 1/2을 지급받게 됨. 연금은 매년 이를 12등분하여 월별 지급 • 유족보상일시금 지급 : 연금형태로 지급하기 곤란한 경우 전액을 지급 • 유족보상연금차액일시금 : 연금을 받던 자가 수급자격을 잃은 경우 다른 수급자격자가 없을 때 수급자격 상실 당시 유족에게 상실 당시 평균임금을 산정하여 일시금으로 지급
	(장의비) 근로자가 업무상 사유로 사망한 경우 장제에 소요되는 비용을 지급	• 장의비는 산재근로자의 평균임금의 120일분에 상당하는 금액을 지급 (최고금액: 14,531,690원, 최저금액: 10,376,150원)

급여종류	급여요건	급여수준
휴업급여	산재로 인한 요양으로 취업하지 못한 기간에 지급. 단, 취업하지 못한 기간이 3일 이내일 경우는 제외	• 1일당 평균임금의 70%
상병보상연금	2년 이상 장기 요양하는 재해근로자가 폐질등급(1~3등급)[1]로 판정된 경우, 장애보상연금을 받던 근로자가 부상, 질병이 악화되어 재요양하는 경우 지급	• 등급별 지급일수(장해급여 1~3급과 동일) – 1급: 329일분, 2급: 291일분, 3급: 257일분
장해급여	산재로 인한 부상, 질병에 걸려 치유 후 장애가 남아 있는 경우 지급	◎ 장해보상연금 • 1급: 329일분, 2급: 291일분, 3급: 257일분, 4급: 224일분, 5급: 193일분, 6급: 164일분, 7급: 138일분 ◎ 보상일시금 • 1~14급: 일시금에 해당하는 평균임금 지급일수분의 장해급여전액을 일시에 지급 ◎ 기타 사항 • 1~3급: 연금으로만 지급되며, 4년분까지 선급으로 지급 가능 • 4~7급: 일시금과 연금 중에 선택 가능, 연금으로 선택 시 2년분 선급 가능 • 8~14급[2]: 보상일시금으로만 지급
간병급여	요양급여를 받는 자가 상시 또는 수시로 간병이 필요하여 실제 간병을 받는 경우 지급	• 상시 간병급여(1일 41,170원) • 수시 간병급여(1일 27,450원)
후유증상 진료제도	재요양의 요건에는 해당하지 아니하나 당해업무상의 부상, 질병의 특성상 치유 후에 후유증상[2]이 발생, 발생될 우려가 있는 자에 대해 의료기관에서 필요한 조치를 받을 수 있도록 함	• 공단은 진료비용을 진료의료기관 또는 약국에 펌뱅킹을 이용하여 직접 지급

주1) "폐질상태"라 함은 신체의 기능적 또는 기질적 장해로 요양관리상 노무에 종사하는 것이 금지되어 있거나 신체적 능력, 즉 생명유지를 위하여 필요한 일상생활의 처리동작, 예컨대 생명유지를 위하여 필요한 식사, 용변 등 신체주위의 처리동작은 자력으로 할 수 있다고 하더라도 노무에 종사할 수 없는 상태를 말하며, 이러한 상태를 보고 등급을 설정하는 데 이것이 폐질등급(1~3등급)임.

주2) 보상일시금의 경우 8급: 495일분, 9급: 385일분, 10급: 297일분, 11급: 220일분, 12급: 154일분, 13급: 99일분, 14급: 55일분이 지급됨.

주3) 진료대상 후유증상 범위: 눈(눈의 외상), 흉터(3도 화상 또는 피부이식), 신경정신(두부손상, 뇌혈관질환, 척수손상, 완고한 신경증상), 흉복부장기(흉복부장기장해, 진폐증, 요도협착장해), 체간(척주재해), 팔다리(만성골수염 등 관절손상 또는 골절 등 인공관절 또는 인공골두), 기타(재활보조기구 수리 및 장착)

출처: 노무법인산재(2019)의 "산재보상의 절차와 종류"를 참고로 재구성.

(4) 재정부담

산재보험은 당초 노동부가 관리·운영했지만 1995년에 고용보험을 실시하면서 산재보험의 정책업무와 집행업무로 구분하여 보험료의 결정, 보험급여 수준의 결정 등의 정책업무는 노동부에서 담당하고, 보험료의 징수, 보험급여의 지급 등 집행업무는 노동부산하 근로복지공단이 담당하고 있다. 즉, 산재근로자와 그 가족의 생활을 보장하기 위하여 국가가 책임을 지는 의무(강제)보험으로서, 사용자의 재해보상책임을 보장하기 위하여 사용자로부터만 소정의 보험료를 전액 징수하여 그 재원으로 사업주를 대신하여 장애를 입은 산재근로자에게 보상해 주는 제도[10]이다. 또한 보험료는 사업장 재해발생 위험도에 따라 차등부담원칙에 의거하며, 보험료는 당해 보험연도의 임금총액에 사업신난별 보험료율을 곱해서 산출한다.

산재보험료율은 보험가입자의 보험료 부담과 직결되는 것으로서 보험료 부담의 공평성 확보를 위하여 매년 9월 30일 현재 과거 3년간의 임금총액에 대한 보험급여 총액의 비율[11]을 기초로 재해발생의 위험성에 따라 분류된 사업진단(업종별)으로 보험료율을 세분화하여(매년 12월 31일경 고시) 적용한다.

4) 고용보험

(1) 개요

고용보험은 근로자가 실직하였을 경우, 실직근로자 및 그 가족의 생활안정과 재취업을 촉진하는 사회보험제도이다. 이러한 고용보험은 실업의 예방, 고용촉진 및 근로자의 직업능력의 개발·향상을 도모하고 국가의 직업지도·직업소개 기능을 강화하며 근로자가 실업할 경우에 생활에 필요한 급여를 실시함으로써 근로자의 생활의 안정과 구직활동을 촉진하여 경제·사회발전에 이바지함을 목적으로 한다(고용보험 제1조).

우리나라는 1991년 8월에 80년대 초에 경험했던 높은 실업률로 인하여 실업보험의

10) 또한 소정의 보험료를 징수하여 국가가 재원을 마련하고 산재사고 시 산재근로자에게 보상을 해 줌으로서 사업주에게도 과도한 운영상의 위험을 분산해 주는 역할을 해 준다.

11) 사업주에게 산재재해율에 따른 "가산금액"을 내야 하므로 매우 사업주 부담이 가중되는바, 사용자는 보험료를 적게 내기 위해서 명백한 산재사고를 적극적으로 은폐하려고까지 하는 경향이 있으므로, 보험료율을 정정 시 최고와 최저비율의 차이를 줄여 가는 노력이 필요할 것이다.

필요성이 제기되자 제7차 경제사회발전계획(1992~1996) 후반기 중 고용보험을 도입하기로 결정하였으며, 1993년 12월에 「고용보험법」을 제정하고 1995년 7월에 고용보험이 시행되었으며, 1998년 10월부터는 1인 이상의 전 사업장으로 고용보험 적용을 확대·적용하여 모든 사업주가 의무적으로 가입하게 되었다.

고용보험은 [그림 10-2]에서와 같이 전통적 의미에서의 실업보험사업을 비롯하여 고용안정사업과 직업능력사업 등의 노동시장정책을 적극적으로 연계하여 통합적으로 실시하는 사회보장보험이다.

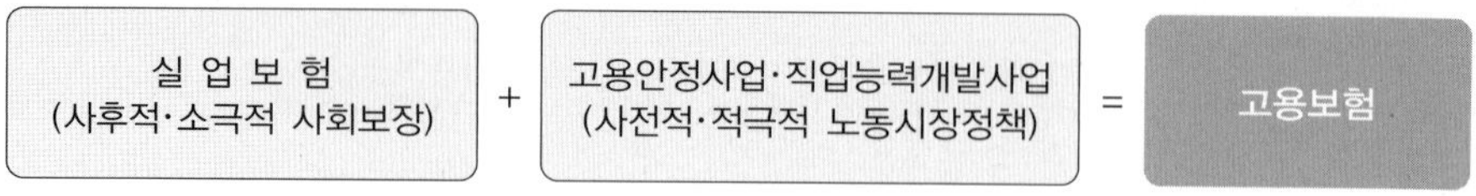

[그림 10-2] 우리나라 고용보험체계 모형

출처: 한국고용정보원(2019)의 "고용보험 정보(의의와 연혁)"를 참고로 작성.

(2) 적용대상

고용보험은 1998년 10월 1일부터 1인 이상의 근로자가 있는 사업주는 의무적으로 고용보험에 가입하여야 되며, 1인 이상의 근로자를 고용하는 사업 및 사업장[12]을 대상으로 적용하고, 연도별 고용보험 적용대상 확대 현황은 〈표 10-9〉에서 상세히 나타내고 있다.

그러나 적용제외 대상으로는 사업의 규모 및 산업별 특성을 고려하여 사업장 및 피보험자 관리가 매우 어렵다고 판단되는 일부 사업에 대하여 적용을 제외한다. 즉, ① 농업, 임업, 어업, 수렵업 중 법인이 아닌 자가 상시근로자 4인 이하를 고용하는 사업, ② 총공사금액이 매년 노동부 장관이 고시하는 금액(2004년 이후 2천만 원) 미만인 건설공사, ③ 가사서비스업이 해당된다.

고용보험은 산재보험과 같이 적용대상에 따라 일반적인 당연적용사업과 적용제외대상사업의 임의가입사업으로 구분이 된다. 첫째, 당연적용사업은 사업이 개시되거

12) 여기에서 '사업(추상적 개념)'은 하나의 업(業)을 반복하여 계속할 의사를 가지고 지속적으로 행하는 행위를 의미하며, '사업장(물리적 개념)'은 사업이 행하여지고 있는 인적, 물적 시설이 존재하는 장소적 범위를 의미한다.

나 사업이 적용요건을 충족하게 되었을 때, 사업주 또는 근로자의 의사와 관계없이 자동적으로 보험관계가 성립된다. 둘째, 임의가입사업은 고용보험법의 의무적용을 받지 아니하는 사업(적용제외 사업)으로서 고용보험가입 여부가 사업주의 자유의사에 일임되어 있는 사업을 말한다. 이 경우 사업주는 근로자(적용제외 근로자 제외) 과반수 이상의 동의를 얻어 고용보험 가입신청서를 관할 근로복지공단에 제출하여 승인을 받아야 가입할 수 있으나 실업급여에 한하여 가입할 수는 없다.

〈표 10-9〉 연도별 고용보험 적용대상 확대 현황

(단위: 명, 원)

구분	'95. 7. 1.	'97. 7. 1.	'98. 1. 1.	'98. 3. 1.	'98. 7. 1.	'98. 10. 1.	'04. 1. 1.
실업급여	30인 이상	30인 이상	10인 이상	5인 이상	5인 이상	1인 이상	1인 이상
고용안정·직업능력개발	70인 이상	70인 이상	50인 이상	50인 이상	5인 이상	1인 이상	1인 이상
건설업의 총공사금액	40억 원	44억 원	34억 원	34억 원	3억 4천만 원	3억 4천만 원	2천만 원

출처: 한국고용정보원(2019)의 "고용보험정보(적용대상 및 가입)"를 참고로 작성.

(3) 급여종류

우리나라의 고용보험은 크게 고용안정·직업능력개발사업과 실업급여[13]로 나뉜다. 이러한 고용보험에서 개인이 혜택을 받을 수 있는 지원서비스로는 ① 재직근로자훈련지원, ② 실업자훈련지원, ③ 실업급여, ④ 육아휴직급여, ⑤ 육아기근로시간단축급여, ⑥ 출산전후휴가급여가 있다. 그리고 기업이 혜택을 받을 수 있는 지원서비스로는 ① 고용창출지원, ② 고용조정지원, ③ 고용촉진지원, ④ 건설근로자고용안정지원, ⑤ 직장보육시설지원, ⑥ 직업훈련지원으로 분류가 된다.

(4) 재정부담

고용보험의 관리운영은 노동부가 직접 관장하지만, 보험가입자의 관리업무 등은 사업장을 대상으로 산재보험을 관리하는 근로복지공단에게 위임하는 형태를 취하고 있다. 고용보험과 산재보험은 모두 사업장을 대상으로 한 사회보험이므로 노동부(고

13) 2006년 1월 1일부터 고용안정사업 및 직업능력개발사업을 통합하여 고용안정·직업능력개발사업으로 운영하였다.

용지원센터)와 근로복지공단의 협력은 필수적인 것으로서 고용보험과 관련한 담당기관의 업무 구분을 살펴보면 〈표 10-10〉과 같다.

〈표 10-10〉 고용보험 업무담당기관 담당업무 구분

담당기관 구분	담당업무
노동부 고용지원센터	• 피보험자 관리, 실업급여 지급, 고용안정사업 관련 각종 지원업무 • 실업급여 관련 업무는 수급자의 거주지 관할 고용지원센터에서 담당 • 직업능력개발 관련 각종 지원 업무
근로복지공단	• 고용보험 가입, 보험료 징수, 보험사무조합인가 등 담당 • 피보험자격 관리
국민건강보험공단	• 보험료 고지 및 수납, 체납관리

출처: 한국고용정보원(2019)의 "고용보험 정보(적용대상 및 가입)"를 참고로 작성.

〈표 10-11〉의 2013년 고용보험료율 및 산정에서와 같이 실업급여는 근로자와 사업주가 각각 절반씩 부담하며, 실업급여보험료 중 근로자 부담분(4.5%)에 대해서는 사업주가 매월 임금지급 시 원천공제할 수 있다. 또한 고용안정·직업능력개발사업의 경우 전적으로 사업주가 부담을 하게 되며, 사업장의 규모에 따라 보험료율에 차등을 두고 있으며, 규모가 클수록 보험료율이 높아지도록 규정하고 있다. 이는 중소기업에 유도하도록 하기 위한 규정이라기보다는 사업장 규모가 클수록 이를 많이 이용하는 경향이 있어 오히려 형평성을 확보할 수 있기 때문으로 해석할 수 있다(김태성·김진수, 2006).

〈표 10-11〉 2019년 고용보험료율 및 산정

(단위: %)

구분		근로자	근로자
실업급여		0.65	0.65
고용안정·직업능력 개발사업	150인 미만 기업	–	0.25
	150인 이상 기업(우선지원대상기업[1])	–	0.45
	150~1,000인 미만 기업	–	0.65
	1,000인 이상 기업 및 국가, 지방자치단체가 직접 행하는 사업	–	0.85

주1) 광업: 300인 이하, 제조업: 500인 이하, 건설업: 300인 이하, 운수, 창고 및 통신업: 300인 이하, 기타 100인 이하의 기업이 해당됨.

출처: 한국고용정보원(2019)의 "고용보험 정보"를 참고로 작성.

5) 노인장기요양보험

(1) 개요

노인장기요양보험은 고령이나 치매, 중풍 등의 노인성 질병으로 인해 일상생활을 혼자 수행하기 어려운 대상자에게 요양시설이나 재가요양기관을 통해 신체활동 또는 가사지원 등의 서비스를 제공하는 사회보험제도이다.

노인장기요양보험은 수급자에게 배설, 목욕, 식사, 취사, 조리, 세탁, 청소, 간호, 진료의 보조 또는 요양상의 상담 등을 다양한 방식으로 장기요양급여를 제공하며, 이미 오래 전부터 고령화 현상을 겪고 있는 선진국들은 우리나라보다 앞서 다양한 방식으로 장기요양서비스를 제공 중에 있다.

2007년 4월 2일 「노인장기요양보험법」이 국회 본회의를 사실상 만장일치로 통과 후 4월 27일 공포됨으로써, 2008년 7월 1일부터 노인장기요양보험이 시행되었다.

노인장기요양보험은 그동안 가족의 영역에 맡겨져 왔던 치매·중풍 등 노인에 대한 장기간에 걸친 간병, 장기요양 문제를 사회연대원리에 따라 국가와 사회가 분담하게 되며, 노인장기요양보험제도는 노인뿐만 아니라 장기요양을 직접 담당하던 중·장년층과 자녀 등 모든 세대에게 혜택을 주는 제도이다.

노인장기요양보험이 시행됨으로서 노인들은 더 이상 자식들에게 부담을 주지 않고 계획적이고 전문적 장기요양서비스를 받을 수 있어 보다 품위 있게 노후를 보낼 수 있으며, 장기요양을 직접 담당하던 중·장년층은 정신적, 육체적, 경제적 부담에서 벗어나 경제, 사회활동에 전념할 수 있고, 자녀들도 장기요양 부담이 해소된 가정에서 더 나은 교육과 보살핌을 받을 수 있을 것이라 사료된다.

우리나라에서 시행되고 있는 노인장기요양보험 서비스 선정절차는 [그림 10-3]에서와 같이 [인정조사 → 인정조사결과 → 등급판정 위원회 → 등급판정 → 서비스 이용]의 체계로 이루어져 있으며, 상세한 내용은 다음과 같다.

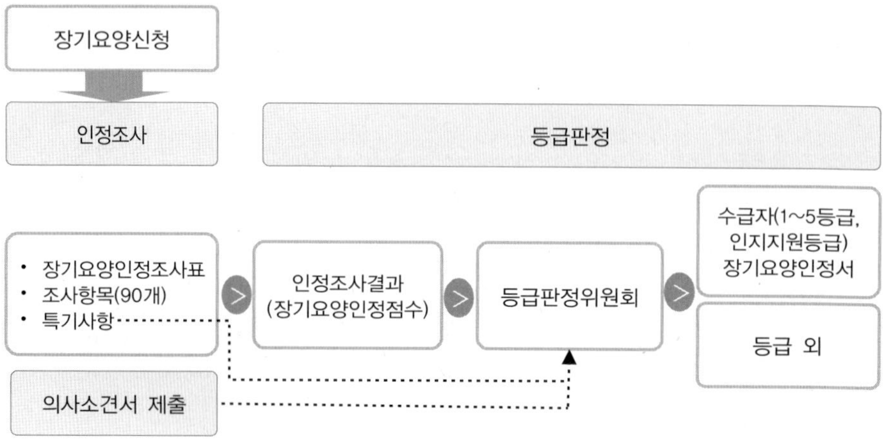

[그림 10-3] 노인장기요양보험 인정 신청절차

출처: 국민건강보험공단(2019)의 "노인장기요양보험(인정신청)"을 참고로 재구성.

(2) 적용대상

노인장기요양보험의 서비스를 받을 수 있는 대상은 65세 이상 노인 또는 65세 미만 노인성질병을 가진 자로서 노인성질병의 대표적인 질병의 종류로는 치매, 뇌혈관성질환, 파킨슨병 및 관련 질환의 세 가지가 노인에게 흔히 발생하면서 거동불편을 초래하는 일차적 원인질환으로서 심사평가원·의사협 및 한의협 의견수렴을 거쳐 정해졌으며, 거동이 현저히 불편하여 장기요양이 필요한 자로서 장기요양등급위원회로부터 장기요양 대상자 인정을 〈표 10-12〉에서와 1등급~5등급까지 받은 자이다.

〈표 10-12〉 장기요양등급 판정기준

수준(등급)	판정기준	장기요양 인정점수
1등급	• 일상생활에서 전적으로 다른 사람의 도움이 필요한 상태 – 거의 움직이지 못하고 누워 있어 식사, 배설 등 일상생활 활동에 있어 전적으로 다른 사람의 도움을 받아야 하거나, – 최중증의 치매 등 인지기능 저하로 이상행동이 거의 매일 나타나 식사, 배설 등의 일상생활 활동에 있어 전적으로 다른 사람의 도움을 받아야 하는 상태	95점 이상

수준 (등급)	판정기준	장기요양 인정점수
2등급	• 일상생활에서 상당 부분 다른 사람의 도움이 필요한 상태 – 신체기능 저하로 식사, 배설 등 일상생활 활동에 있어 상당 부분 다른 사람의 도움을 받아야 하거나, – 중증의 치매 등 인지기능 저하로 이상행동이 자주 나타나 식사, 배설 등의 일상생활 활동에 있어 상당 부분 다른 사람의 도움을 받아야 하는 상태	75점 이상 ~95점 미만
3등급	• 일상생활에서 부분적으로 다른 사람의 도움이 필요한 상태 – 신체기능 저하로 식사, 배설 등 일상생활 활동에 있어 부분적으로 다른 사람의 도움을 받아야 하거나, – 중등증의 치매 등 인지기능 저하로 이상행동이 자주 나타나 식사, 배설 등의 일상생활 활동에 있어 부분적으로 다른 사람의 도움을 받아야 하는 상태	60점 이상 ~75점 미만
4등급	• 심신의 기능상태 장애로 일상생활에서 일정 부분 다른 사람의 도움이 필요한 상태	51점 이상 ~60점 미만
5등급	• 치매(제2조에 따른 노인성질병으로 한정한다)환자	45점 이상 ~51점 미만
인지지원 등급	• 치매(제2조에 따른 노인성질병으로 한정한다)환자	45점 미만

출처: 국민건강보험공단(2019)의 "노인장기요양보험제도 소개(등급 판정)"를 참고로 작성.

(3) 급여종류

노인장기요양보험의 급여는 일차적으로 현물급여를 원칙으로 하며, 현금급여를 보완적으로 제공하고 있다.

현물급여는 재가급여와 시설급여로 크게 나누어진다. 첫째, 재가급여에는 신체활동 및 가사활동 등을 지원하는 방문요양, 방문목욕과 가정을 방문하여 간호활동을 지원하는 방문간호 및 하루 중 일정시간 동안 장기요양기관에서 서비스를 제공하게 되는 주·야간보호, 일정기간 동안만 보호하는 단기보호가 있다. 둘째, 시설급여는 노인요양시설, 노인요양공동생활가정 등에 장기간 입소시켜 급식·요양 및 신체활동, 기능회복훈련 등을 제공하는 급여를 말한다.

그리고 현금급여에는 특별현금급여로서 가족요양비, 특례요양비, 요양병원간병비가 있으나 현재는 가족요양비만이 지급되고 있는 실정으로서, 자세한 내용은 〈표 10-13〉과 같다.

〈표 10-13〉 노인장기요양보험 급여의 종류

<table>
<tr><th colspan="3">종류</th><th>내용</th><th>본인일부부담금</th></tr>
<tr><td rowspan="8">현물
급여</td><td rowspan="6">재가
급여</td><td>방문요양</td><td>• 요양보호사가 수급자의 가정을 방문해서 목욕, 배설, 화장실 이용, 옷 갈아입기, 머리감기, 취사, 생필품 구매, 청소, 주변 정돈 등을 도와주는 급여</td><td rowspan="6">장기요양급여
비용의 15%</td></tr>
<tr><td>방문목욕</td><td>• 목욕설비를 갖춘 차량을 이용하여 수급자의 가정을 방문하여 목욕을 제공하는 급여</td></tr>
<tr><td>방문간호</td><td>• 방문간호사는 의사, 한의사, 치과의사의 지시에 따라 가정 등을 방문하여 간호, 진료의 보조, 요양에 관한 상담 또는 구강위생을 제공하는 급여
※ 방문간호를 이용하고자 하는 수급자는 사전에 의료기관에서 방문간호지시서를 발급받고, 이를 방문 간호급여 이용 시 기관에 제출</td></tr>
<tr><td>주·야간
보호</td><td>• 수급자를 하루 중 일정한 시간 동안 장기요양기관에 보호하여 목욕, 식사, 기본간호, 치매관리, 응급서비스 등 심신기능의 유지 향상을 위한 교육, 훈련 등을 제공하는 급여</td></tr>
<tr><td>단기보호</td><td>• 부득이한 사유로 일시적으로 가족의 보호를 받을 수 없는 수급자에게 일정 기간 동안 단기보호시설에 보호하여 목욕, 식사, 기본간호, 치매관리, 응급서비스, 신체활동지원과 심신기능의 유지·향상을 위한 교육, 훈련 등을 제공하는 급여</td></tr>
<tr><td>기타
재가급여
(복지용구)</td><td>• 수급자의 일상생활, 신체활동 지원에 필요한 용구를 제공하거나 가정을 방문하여 재활에 관한 지원 등을 제공하는 급여</td></tr>
<tr><td rowspan="2">시설
급여</td><td>노인요양
시설</td><td>• 치매·중풍 등 노인성질환 등으로 심신에 상당한 장애가 발생하여 도움을 필요로 하는 자를 입소시켜 급식·요양과 그 밖에 일상생활에 필요한 편의를 제공하는 장기요양급여</td><td rowspan="2">장기요양급여
비용의 20%</td></tr>
<tr><td>노인요양
공동
생활가정</td><td>• 치매·중풍 등 노인성질환 등으로 심신에 상당한 장애가 발생하여 도움을 필요로 하는 자에게 가정과 같은 주거여건과 급식·요양 및 그 밖에 일상생활에 필요한 편의를 제공하는 장기요양급여</td></tr>
<tr><td rowspan="3">현금
급여</td><td rowspan="3">특별
현금
급여</td><td>가족
요양비</td><td>• 장기요양기관이 현저히 부족한 지역(도서·벽지)에 거주하는 자, 천재지변 등으로 장기요양기관이 실시하는 장기요양급여 이용이 어렵다고 인정된 자, 신체·정신·성격 등의 사유로 가족 등이 장기요양을 받아야 하는 자에게 지급</td><td rowspan="3"></td></tr>
<tr><td>특례
요양비</td><td>• 수급자가 장기요양기관으로 지정되지 않은 장기요양시설 등의 기관과 재가 또는 시설급여에 상당한 장기요양 급여를 받은 경우 장기요양급여 비용의 일부를 지급</td></tr>
<tr><td>요양병원
간병비</td><td>• 수급자가 노인복지법상의 노인전문병원 또는 의료법상의 요양병원에 입원한 때에 장기요양에 사용되는 비용의 일부를 지급. 특례요양비와 요양병원 간병비는 현재 시행을 유보하고 있음</td></tr>
</table>

출처: 국민건강보험공단(2019)의 "노인장기요양보험제도 소개(장기요양급여 종류)"를 참고로 재구성.

(4) 재정부담

노인장기요양보험은 관리운영주체인 국민건강보험공단에서 담당하며, 재원부담은 전형적인 사회보험의 형태를 취하고 있는 바, ① 노인장기요양보험료(근로자), ② 국가부담(조세), ③ 본인일부부담의 3자 분담방식에 의해서 비용이 충당된다.

장기요양보험료 납부자는 건강보험료 납부자(직장가입자, 지역가입자)와 동일하며, 건강보험료액에 장기요양보험료율(4.05%)을 곱하여 산정한다. 또한 장기요양보험료는 건강보험료와 통합고지하고 징수 후 장기요양보험료와 건강보험료는 각각의 독립회계로 관리된다.

국가(정부)는 보험료 예상수입액의 20%를 부담하며, 의료급여수급권자 장기요양급여비용을 국가와 지자체가 각각 분담하여 부담한다.

본인일부담금을 살펴보면, 시설급여는 20%, 재가급여는 15%를 본인이 부담하게 된다. 단, 소득·재산이 일정금액 이하인 저소득층은 각각 1/2로 경감(시설: 10%, 재가: 7.5%)하며, 국민기초생활수급노인은 무료이다. 그리고 법안규정에 따른 급여의 범위 및 대상에 포함되지 않는 급여나 월 한도액 초과비용에 대해서는 수급자 본인이 전액 부담해야 한다.

제 3 절 공공부조

1. 공공부조의 개관

1) 공공부조의 개념과 의의

공공부조는 사회보험과 더불어 사회보장제도를 구성하는 중심제도이며, 핵심적인 기능을 수행하고 있는 제도이다.

공공부조는 "국가 및 지방단체의 책임하에 생활유지능력이 없거나 생활이 어려운 국민의 최저생활을 보장하고 자립을 지원하는 제도"를 의미한다(사회보장기본법 제3조제3호). 다시 말하면 공공부조는 생활유지능력이 없는 빈곤한 생활 상태에 있는 자들을 대상으로 하기 때문에 자신이나 부양가족이 빈곤상태에 있는지의 여부를 판단하기 위하여 우선적으로 자산조사를 실시하며, 그 결과에 따라 국가나 지방자치단체기관에 의해 부조가 이루어진다(강영실, 2006; 이인재 외, 2002 재인용).

요컨대 공공부조란 "생활이 빈곤한 사람에게 국가나 지방단체가 부조를 해 줌으로써 이들이 빈곤에서 벗어나게 해 주는 국가의 사회보장 프로그램의 일종이다. 즉, 타인의 일시적인 경제적 수요에 대한 국가의 최저한의 물질적 급여를 말한다(배기효, 1995). 공공부조는 법적으로는 모든 국민이 보호대상이지만 실제로는 자산조사를 거쳐 빈곤선 이하에서 자신의 능력으로 독립된 생활이 어렵고 또한 가족이나 친족의 도움을 받을 수 없는 생활곤궁자가 주 대상이 된다. 또한 공공부조는 도움을 요하는 사람들에게 국가책임하에 소득보장 및 빈곤완화를 위해 급여를 제공하는 일종의 비기여 급여(non-contributory benefit)제도로서 흔히 자본주의 최후의 사회안정망이라고 일컬어지고 있다(양정하 외, 2008).

2) 공공부조의 목적

공공부조제도는 헌법상 국민의 생존권보장이념에 근거를 두며 생활유지의 능력이 없거나 생활이 어려운 자에게 필요한 급여를 행하여 이들의 최저생활을 보장하고 자활을 조성하는 것을 목적으로 한다(국민기초생활보장법 제1조, 이준영, 2008).

(1) 생존권보장의 원칙

공공부조는 헌법상의 생존권보장 이념을 구체화하기 위한 제도로서 실시할 때 생존권보장이 중요한 지도 이념이 되어야 한다.

(2) 평등권보장의 원칙

"모든 국민은 행복을 추구할 권리를 가지며 모든 국민은 법 앞에 평등하다"(헌법 제1조).

공공부조의 요건을 충족하는 한 보호는 성별, 인종, 신앙, 교육정도 및 사회적 지위

등과 관계없이 평등하게 이루어져야 한다는 것이다.

(3) 최저생활보장의 원칙

공공부조의 대상자에게 최저한도의 욕구가 충족될 수 있는 정도의 생활을 보장해야 한다. 각 개인의 소득수준, 직업종류, 가족의 규모 등의 차이에도 불구하고 최저한도의 건강하고 문화적 생활이 보장되어야 한다.

(4) 보충성의 원칙

보충성의 원리는 제도운영상 가족부양우선 및 타 급여와 우선원칙과도 연관된다. 공공부조를 통해 행해지는 빈곤에 대한 국가의 지원은 개인이 빈곤의 해소를 위해 다른 모든 수단을 활용하여 노력한 뒤에 이루어져야 한다는 것이다. 공공부조의 대상자는 자신의 자산과 근로능력을 최대한 활용하여 부양의무자의 부양을 우선적으로 받도록 하며 다른 법에 따른 보호를 받은 후에도 생활상 곤란을 겪는 경우에 공공부조의 수급대상이 된다(모지환, 2005; 이인재 외, 2002 재인용).

(5) 자립생활지원의 원칙

공공부조는 궁극적으로 생활이 어려운 자의 자립을 조장하는 것을 목적으로 하고 있다. 이는 단순히 생계를 지원하는 것에서 그치는 것이 아니라 인격적 의미에서의 자활을 위한 비물질적 지원을 포함하여 포괄적인 지원을 하되 궁극적으로 대상자가 자립생활할 수 있도록 지원해 주어야 한다(양정하 외, 2008).

3) 공공부조의 특성

공공부조의 일반적 특징은 첫째, 공공부조는 규정된 최저소득 이하의 자들에게만 적용된다. 둘째, 공공부조는 조세를 재원으로 한다. 셋째, 공공부조 수급자에게는 자산조사가 있다. 넷째, 공공부조는 사회적 취약계층에 대한 최종의 소득보장을 해 준다(남기민, 2004).

또한 공공부조는 다음과 같은 고유의 특성을 가지고 있다(강희갑 외, 2008).

(1) 최저생활의 보호

공공부조는 근로능력이 없거나 생활이 어려운 자에게 최저한도의 생활보장을 목적으로 한다. 따라서 보호대상자가 최저한도의 생활을 유지하고 있는지의 여부를 판정하기 위하여 자산조사를 실시한다.

(2) 무갹출의 보호

공공부조의 대상이 되는 자는 최저한도의 생활을 유지할 수 없는 자이기 때문에 당연히 비용부담의 능력이 없다. 보호비용은 전액을 국가부담으로 하기 때문에 비용조달수단으로서의 보험방식을 사용하지 않는다.

(3) 개별적 측정에 의한 보호

생활이 빈곤한 자는 그 생활상태가 다양하기 때문에 보호는 생활 빈곤자의 빈곤의 정도나 상황에 따라서 개별적으로 구분된다. 따라서 생활 빈곤자가 최저생활을 유지할 수 있게 하기 위한 부조의 종류나 수준은 개별적으로 측정된다.

(4) 세대단위의 보호

보호를 할 것인지의 여부는 개별적으로 측정하지만, 그렇다고 해서 개인을 단위로 하여 보호가 실시되는 것은 아니다. 보호는 원칙적으로 세대를 단위로 하여 실시된다.

국민의 최저생활을 보장해 주는 소득보장정책인 공공부조는 다음과 같은 장·단점이 있다.

공공부조의 장점은 조세를 중심으로 재원을 조달하여 가장 소득이 낮은 계층에게 집중적으로 지원하기 때문에 수직적 소득재분배 효과가 높다. 또한 재원투입이 선택된 저소득층에만 제한되어 이루어지므로 투입 비용에 대해 빈곤해소 효과가 높다(이준영, 2008).

공공부조의 단점은 수급권자의 도덕적 해이(moral hazard)에 따른 의존성을 키울 가능성이 있고 수급권자 자격을 결정하기 위해 실시하는 자산조사 등에 행정비용이 많이 들고, 수급권자격을 일정액 이하의 소득을 기준으로 함으로써 수급권자의 근로의욕을 저하시키며 수치심을 유발시킨다. 또한 수급권자격이 엄격할수록 수혜자가 적어져 정치적으로 소수의 사람들만이 지지하게 되므로 대다수의 국민은 이 제도의 확충여부에 관심을 갖지 않는다는 점이다(이준영, 2008; 이인재 외, 2008 재인용).

2. 일반적 공공부조제도로서의 국민기초생활보장제도

1) 국민기초생활보장제도의 개관

2000년 10월 1일부터 시행된 국민기초생활보장제도는 제도의 유형상으로 일반적 공공부조제도로 분류된다. 기존 공공부조제도인 생활보호제도는 인구학적으로 특정집단만을 대상으로 한다는 점에서 범주적 공공부조제도라 할 수 있지만, 국민기초생활보장제도는 생활보호제도의 인구학적 구분을 폐지하고, 빈곤 여부만으로 대상자를 선정하고, 급여를 제공한다는 점에서 일반적 공공부조제도이다(한국복지행정학회, 2007).

국민기초생활보장제도에 있어서 급여대상자를 어떻게 제한하는가에 따라 크게 두 가지 유형으로 분류할 수 있다. 하나는 일정한 소득이나 자산수준 이하인 모든 사람에게 급여를 제공하는 일반적 공공부조(general public assistance)가 있고, 다른 하나는 일정한 소득이나 자산수준 이하이면서 동시에 노인, 아동, 장애인 등 특정한 인구집단에 속하는 사람들에게만 급여하는 범주적(範疇的) 공공부조(categorical public assistance)가 있다. 이 가운데 특히 범주적 공공부조가 역사적으로 볼 때 대부분의 국가에서 중요한 역할을 해 왔기 때문에 통상적으로 공공부조제도로 알려져 있다(강욱모 외, 2004; 양정하 외, 2008 재인용).

2) 국민기초생활보장제도의 원리

생활이 어려운 자(저소득국민 영세도시빈민, 실업자 등)에게 필요한 급여를 행하여 빈곤에 대한 사회안전망의 기초를 이들의 최저생활을 보장하며 가구별로 자활지원계획을 수립한 후 그에 걸맞은 자활급여를 실시함으로써 빈곤의 장기화를 예방하기 위한 국민기초생활보장제도는 다음과 같은 기본원리가 있다(보건복지가족부, 2009).

(1) 국가책임의 원리

우리나라 헌법 제34조 제5항에서는 "생활능력이 없는 국민은 법률의 정하는 바에 의하여 국가의 보호를 받는다"라고 규정하고 있다. 이러한 헌법정신에 따라 국민기초생활보장제도의 경우도 "생활이 어려운 자에게 필요한 급여를 행하여 이들의 최저생활을 보장하고 자활을 조성하는 것을 목적으로 한다"고 규정하고 있다(법 제1조).

이와 같이 헌법과 국민기초생활보장법은 생활능력이 없는 국민에 대해서 최저한의 생활을 국가, 광역자치단체 및 기초자치단체가 보장해 줄 것을 규정하고 있다.

(2) 최저생활보장의 원리

국민기초생활보장제도에 의해서 보호를 받는 자는 최저한도의 욕구가 충족될 수 있는 정도의 생활을 모든 국민에게 균등하게 보장하는 이념이다. 국민기초생활보장법 제4조에서는 보호의 기준을 "건강하고 문화적인 최저생활을 유지할 수 있는 것"이어야 한다고 규정하고 있다. 즉, 생활이 어려운 자에게 생계·주거·의료·교육·자활 등 필요한 급여를 행하여 최저한 생활을 보장하는 것이다.

(3) 보충급여의 원리

국민기초생활보장법에 의한 급여는 "수급자가 자신의 생활을 유지·향상을 위하여 개인적으로 가능한 모든 소득·재산·근로능력 등을 활용하여 최대한 노력하였음에도 최저한도의 생활을 유지할 수 없는 경우에 최종적으로 보충 발전시키는 것을 기본원칙으로 한다"(동법 제3조 제1항). 즉, 급여수준은 생계·주거·의료·교육 급여액과 수급자의 소득인정액을 포함한 총 금액이 최저생계비 이상이 되도록 급여하는 것이다.

자본주의 사회에서 생활 유지에 대한 자기책임 혹은 사적 자치의 원칙에 대한 보충적 입장일 뿐만 아니라 부양의무자로 하여금 최대한 부양하도록 한 다음, 이러한 노력이 실패로 돌아갔을 경우 국가가 최후로 보충적, 보완적으로 지원하는 것이 정당하다.

(4) 타법우선의 원리

타법우선의 원리는 부양의무자의 부양과 기타 법령에 의한 보호는 국민기초생활보장법에 의한 급여에 우선하여 적용된다는 것이다(동법 제3조 제2항).

즉, 국민기초생활보장법은 최종적으로 적용되는 법이다. 이에 따라 국민연금 수급자라 하더라도 연금으로 최저생활을 유지할 수 없는 경우에는 기초 생활을 부가적으로 수급할 수 있다. 따라서 사회복지라는 관점에서 볼 때 본 법에 앞서 다른 법률에 대한 보호를 우선적으로 받게 하는 것이 수급자의 입장에서 볼 때도 유리한 것이다.

(5) 자립생활촉진의 원리

자활과 자립생활의 촉진은 국민기초생활보장법의 목적에서 보는 바와 같이 중요한 요소이다. 사회복지의 최고 이상과 가치는 모든 국민에게 최저한 생활의 보장뿐만 아니라 모든 국민이 스스로 자기의 생활을 유지할 수 있는 능력을 길러 주는 데 있는 것이다. 따라서 국민기초생활보장제도는 궁극적으로 모든 사람이 떳떳한 사회 구성원으로서 자부심을 가지고 살 수 있도록 하는 데 목적이 있다. 따라서 근로능력이 있는 수급자에게는 자활사업에 참여할 것을 조건으로 급여하기도 한다. 만일 조건을 이행하지 않는 수급자는 본인의 생계급여의 일부 또는 전부를 지급하지 않는다.

(6) 보편적용의 원리

국민기초생활보장법상의 급여는 보편적용 및 무차별 평등하게 행해져야 하며, 생활빈곤의 주관적 원인이 아닌 생활유지가 어려운 상태라는 객관적 요건으로 급여가 이루어져야 한다. 보편적용 또는 무차별 평등의 원리는 모든 국민은 법률이 정하는 요건만 갖추면 생활이 곤궁하게 된 원인과 관계없이 누구나 차별 없이 법률의 보호를 받을 수 있다는 것이다. 따라서 생활이 곤궁한 모든 국민은 인종, 신앙, 직업 ,연령, 성별, 교육수준 및 사회적 신분에 관계없이 평등하게 보호를 받을 수 있다는 것이다.

3) 국민기초생활보장제도의 주요내용

(1) 적용대상자

국민기초생활보장법의 대상자는 수급권자 및 수급자이다. 수급권자란 국민기초생활보장법에 의한 급여를 받을 수 있는 자격을 가진 자이다(국민기초생활보장법 제2조제1호). 즉, 수급권자는 부양의무자 기준을 충족하고 소득인정액(소득평가액과 재산의 소득환산액을 합한 금액)이 최저생계비 이하인 국민이면 누구나 대상이 된다.

수급권자는 부양의무자가 없거나 있어도 부양능력이 없거나 부양을 받을 수 없는 자로서 소득인정액이 최저생계비 이하인 자로 한다(동법 제5조 제1항).

수급자란 국민기초생활보장법에 의한 급여를 받는 자(동법 제2조 제2호)를 말한다. 수급자는 수급권자와 그 친족, 기타 관계인이 된다(동법 제21조 제1항). 다만 이에 해당하지 않더라도 생활이 어려운 자로서 일정 기간 동안 이 법이 정하는 급여의 전부 또는 일부가 필요하다고 보건복지부 장관이 정하는 자도 예외적으로 수급자가 될 수 있다(동법 제5조 제2항). 국내에 체류하고 있는 외국인 중 대한민국 국민과 혼인하여 대한민국 국적의 미성년 자녀를 양육하고 있는 사람으로서 대통령령이 정하는 사람이 동법 제5조의 '수급권자'의 범위에 해당하는 경우에는 수급권자가 된다(동법 제5조의2).

수급권자 대상선정을 2003년부터 소득과 재산의 이원적 기준에서 소득인정액(개별가구의 소득평가액+재산의 소득환산액)으로 통일하여 사각지대를 해소하고 있다.

(2) 국민기초생활보장의 급여

국민기초생활보장법에 의한 급여는 생계급여, 주거급여, 의료급여, 교육급여, 해산급여, 장제급여 등이 있으며(동법 제7조 제1항 제1~7호) 이외 자활급여도 함께 이루어진다(동법 제7조 제2항 제1문).

국민기초생활보장의 급여에 대하여 좀 더 구체적으로 살펴보면 다음과 같다(보건복지가족부, 2009).

① 생계급여

생계급여는 수급자(의료급여, 교육급여 및 자활급여 특례자, 에이즈 쉼터 거주자, 노숙자 쉼터 또는 한국 갱생보호공단시설거주자 등 국가 또는 지방자치단체로부터 생계를 보장받는 자는 제외)에게 의복·음식물 및 연료비, 기타 일상생활에 기본적으로 필요한 금품을 지급한다.

생계급여액은 현금급여 기준에서 가구의 소득인정액을 차감하여 산정한 급액 중 주거급여액을 지급한다. 현금급여를 원칙으로 하되 급여기준은 최저생계비에서 현물급여의 형태로 지급되는 의료·교육급여 및 타 법령지원액을 뺀 금액이다.

② 긴급생계급여

긴급생계급여 대상자는 주 소득원의 사망, 질병, 부상, 사고, 사업부도·파산 등으로 생계유지가 어려운 경우, 부 또는 모의 가출, 행방불명 등으로 갑자기 생계유지가 어려운 경우, 천재지변이나 화재 등으로 재산 및 소득상의 손실이 발생하여 갑자기 생계유지가 어려운 경우, 거주지 외의 지역에서 거주하고 있으나 소득이 없어 생계유지가 어려운 경우 및 기타 시장, 군수, 구청장 등이 긴급생계급여가 필요하다고 인정한 경우 등이다.

급여내용은 시·군·구청장의 직권에 의해 생계급여가 실시된다.

③ 주거급여

주거급여는 2003년부터 국민기초생활보장법에 별도 규정으로 시행하고 있다. 수급권자의 주거안정에 필요한 비용(임차료, 유지수선비 등)을 지원하는 것으로써 전혀 주택이 없거나 자기 집을 가지고 있는 경우라도 최소한의 주거생활 유지를 위한 임차료나 수선·유지비로 지급된다. 주거급여는 최저생계비 중 최저주거비를 분리하여 지급한다.

급여내용은 주거현금급여와 주거현물급여가 있다.

④ 교육급여

교육급여는 수급권자에게 적정한 교육의 기회를 제공함으로써 자립능력을 키우고 빈곤의 세대전승을 막기 위해 제공된다.

급여내용은 중·고등학생의 경우 학비(입학금, 수업료), 교과서대(부교재대 포함), 학용품비 등을 지원한다.

⑤ 해산급여

해산급여는 조산 및 분만 전과 분만 후의 필요한 조치와 보호를 의미하며, 그 대상은 수급권자(의료, 교육, 자활급여 특례자 등을 포함한 모든 수급자)가 출산(출산예정 포함)한 경우 출산여성에게 일인당 일정액을 현금으로 지급한다.

⑥ 장제급여

장제급여는 수급자 또는 차상위 의료급여수급자가 사망한 경우 사체의 검안, 운반, 화장 또는 매장 등 필요한 장제조치를 행한 비용의 일정액을 현금으로 지원하되, 근로능력이 있는 가구와 없는 가구의 경우 차등지급한다.

⑦ 자활급여

근로능력이 있는 수급권자를 선별하여 적합한 자활사업을 제공하고 생계급여와 근로활동을 연계함으로써 근로빈곤층의 자활지원을 체계적으로 지원하고 근로의욕 저하 및 빈곤의 함정에 빠지는 것을 방지하기 위한 것이다.

자활급여는 일차적으로 근로능력이 있는 생계급여대상에게 제공되며 자활에 필요한 금품의 지급 또는 대여, 기능습득의 지원, 취업알선 등 정보의 제공, 공공근로 등 자활을 위한 근로기회의 제공, 시설 및 장비의 대여 등이 이에 해당한다.

⑧ 의료급여

국민기초생활보장의 수급권자는 의료급여대상자가 되며 근로능력이 있는 가족이 없으면 1종으로 구분되어 진료비의 본인부담이 전혀 없고, 근로능력이 있는 가족이 있을 경우 2종으로 구분되어 진료비의 일부를 본인이 부담하도록 되어 있다.

⑨ 사회취약계층 특별보호

주거가 일정하지 않은 취약계층, 비닐하우스 및 판자촌 거주자, 쪽방거주자, 노숙자 쉼터 거주자, 노숙자, 교정시설 출소예정자 등에 대한 특별 보호대책도 있다.

(3) 국민기초생활보장의 전달체계

국민기초생활보장제도의 전달체계는 행정체계와 집행체계 모두 국가이다.

행정체계는 보건복지부이며, 집행체계는 지방자치단체(특별시, 광역시, 도, 시, 군 구)들이다(법 제2조, 제19조).

(4) 국민기초생활보장의 재원

국민기초생활보장제도의 재원은 국가의 일반조세, 즉 예산으로 충당하며, 그 부담은 국가와 지방지치단체가 일정액을 각각 부담한다.

꼭 알아야 할 내용

- 사회보험의 개념
- 공공부조의 개념과 의의, 목적, 특성
- 국민기초생활보장제도의 주요내용
- 우리나라 5대 사회보험
- 국민기초생활보장제도의 개념 및 원리

Chapter 11

사회복지의 실천분야 I

최근 우리 사회는 사회복지를 둘러싼 환경이 매우 빠르게 변화하고 있고, 저출산, 고령화, 소득의 양극화, 문화의 다양성 등 복합적인 사회문제들이 끊임없이 발생되고 있는 실정이다. 이러한 다양한 사회문제들로 인하여 사회복지 대상자를 기존에 제한적으로 다루어 왔던 것을 이제는 전 국민을 대상으로 확대되고 있으며, 이에 따른 사회복지 주체도 매우 다양해지고 있다. 따라서 사회복지의 분야도 그만큼 다양해지고 있으며 새로운 사회문제의 발생과 함께 새로운 사회복지 분야가 나타나고 있는 것이다. 본 장에서는 전통적으로 다루어지고 있는 아동복지, 청소년복지, 노인복지, 장애인복지, 가족복지를 중심으로 살펴보았고, 특히 가족복지에서는 다문화가족, 동거가족, 독신가족 등 최근의 변화를 살펴볼 수 있도록 구성하였다.

제1절 아동 및 청소년복지

1. 아동복지의 이해

1) 아동복지의 기본 개념

아동복지는 사회복지의 한 분야로서 '아동'과 '복지'라는 두 용어의 합성어이다. 영어로는 child welfare로 표기되는데, welfare는 '잘, 훌륭히, 충분히, 능숙히'라는 의미의 부사 well과 '지내다, 되어 가다'라는 의미의 동사 fare가 합해져서 '충분히 잘 지내다', '순조롭게 되어가다'라는 뜻으로 아동복지란 아동이 편안히 잘 지내는 상태를 뜻한다(이소희, 2005). 아동복지에 대한 정의를 보면, 우선 카두신과 마틴(Kadushin & Martin, 1988)은 모든 아동들의 행복을 위해서 신체적·사회적·심리적 발달을 보호하고 촉진하기 위한 모든 대책을 말하고, 또한 특수한 욕구를 가진 아동과 가족을 대상으로 사회복지기관을 비롯한 특정기관에서 제공하는 서비스를 말한다고 하며 아동복지를 넓은 의미와 좁은 의미로 나누어 정의하고 있다.

따라서 아동복지는 사회복지의 한 분야로서 특수한 장애나 욕구를 가진 아동은 물론, 모든 아동들이 가족과 사회의 일원으로 건전하게 성장하고 발달할 수 있도록 지역사회나 사회복지 분야의 기관들이 협력하여 실천에 옮기는 조직적인 활동이라 할 수 있다.

2) 아동복지실천의 대상

아동복지 대상은 외부로부터의 특별한 도움이 필요하지 않은 일반아동과 특별한 도움이 필요한 요보호아동, 그리고 아동은 성인과는 다른 발달 및 상황적 특성 때문에 아동의 보호자가 포함된다(도미향 외, 2006).

(1) 일반아동

일반아동은 아동이 그의 친부모와 가족과 함께 그의 친가정에서 외부로부터 특별한 도움을 받지 않고도 생활할 수 있는 아동을 말한다. 따라서 앞서 언급한 일반아동과 요보호아동을 구분하는 준거를 충족시키는 아동이 된다.

(2) 요보호아동

요보호아동은 아동 자신이나 그 아동을 양육하는 친부모 혹은 가족구성원에게 개인적인 문제나 장애가 있거나, 가정환경에 문제가 있어 외부로부터 특별한 도움을 받아야만 생활할 수 있는 아동을 말한다. 따라서 앞서 언급한 일반아동과 요보호아동을 구분하는 준거를 한 가지 이상 충족시키지 못하는 아동인 것이다.

(3) 신체 및 발달상의 장애를 지닌 아동

아동 중에는 선천적인 또는 후천적인 요인에 의하여 정상적으로 성장하지 못하고 신체기능상의 장애를 지닌 아동이 있다. 이러한 아동이 보이는 양상은 매우 다양하고, 또 장애 정도의 차이도 심할 뿐 아니라 중복장애를 가진 아동도 있다. 또한 발달과정 중에 아동 개인 및 주변의 부적절한 생활환경에 의해 행동상의 문제를 발생시키는 아동도 점증하고 있다. 이러한 장애와 문제는 해당 아동과 가족 전체의 안녕에까지 영향을 미치므로 매우 다양한 대책을 필요로 한다.

(4) 부적절한 양육환경의 아동

아동은 가정에서 태어나서 자립할 때까지 대부분 부모와 가족에 의해 양육된다. 즉, 아동은 가정에서 기본적인 생리적 욕구를 충족받고 각종의 위험으로부터 보호받을 뿐 아니라 사회구성원으로 필요한 지식·기술·태도 등을 습득하게 된다. 그렇기 때문에 가정은 아동에게 있어서 매우 의미 있는 환경이다. 그러나 가정의 여러 가지 사정 때문에 부적절한 양육환경에서 자라는 경우가 있으며, 이러한 환경은 아동의 건강하고 건전한 성장을 저해하므로 가정 외부에서의 특별한 도움이 필요하게 된다. 여기에서 부적절한 양육환경이라고 하는 것은 부모나 가족이 활용할 수 있는 자원만으로는 아동을 적절하게 양육할 수 없는 환경을 말한다.

(5) 부모

아동복지의 대상자로서 특별한 도움이 필요하지 않은 일반아동과 특별한 도움이 필요한 요보호아동으로 크게 대별하였듯이 부모도 동일한 구분이 적용된다. 즉, 부모의 개별적 특성, 처하고 있는 상황 및 그 부모의 역할수행 정도에 따라 어떠한 사회적 지원이 제공되어야 하는가에 대한 방향과 방법이 결정된다.

3) 아동복지의 과제

최근 한국사회는 급속한 경제성장과 산업화로 인하여 아동의 양육환경이 급속하게 나빠지고 있다. 아동인구는 감소하고 있으며 핵가족제도와 여성의 사회참여 등으로 가족기능이 약화되고 있다. 또한 자녀에 대한 부모의 가치관의 변화, 산업화에 따른 도시집중, 환경오염, 범죄 등 유해한 사회환경 등이 아동문제의 원천을 형성하면서 아동복지에 대한 새로운 사회적 욕구를 창출하고 있다. 이러한 사회적 환경변화에 따른 아동복지의 해결해야 할 과제를 크게 네 가지로 제시하고자 한다(배기효 외, 2009).

첫째, 일반아동의 사회복지 증진에 내실을 기해야 한다. 그동안 우리나라의 아동복지는 예방적인 접근보다는 시설보호 중심으로 사후대책적인 기능이 주를 이루었고, 우리나라 아동복지법도 일반법이라기보다는 요보호아동의 양육에 관한 것을 주된 내용으로 하며 보편적 서비스를 제공하기에는 불충분하다는 평가를 받아왔었다. 앞으로는 예방적이고 지지적인 서비스를 활성화시키는 데 초점을 두고, 일반아동을 위한 보편적인 프로그램이 개발되어야 한다.

예컨대, 모자보건사업의 내실화, 아동 전용시설의 증진, 아동위험 환경의 정비, 가정상담소의 증설, 보육시설의 확충 등이 이루어져야 한다.

둘째, 요보호아동을 위한 서비스의 강화이다. 현재 아동복지시설은 대부분 고아나 기아 등을 중심으로 하는 육아시설에 치중하고 있고 이들의 입소도 보호자가 없는 아동에 제한되어 있다. 그러므로 요보호아동을 위한 기존 서비스체계를 전환하고 아동복지시설의 개방화가 필요하다. 또한 아동복지시설은 대부분 낡고 환경이 열악하기 때문에 시설환경의 정비와 시설처우의 전문화가 우선되어야 한다. 그리고 입양위탁사업의 활성화를 위한 국민적 홍보와 계도를 추진하고 입양, 위탁가정에 대해 경제적 지원책을 강구하여 전문적인 서비스가 이루어지도록 해야 한다.

셋째, 가족기능을 강화함으로써 아동문제의 발생을 미리 예방하는 것이 중요하다. 아동보호의 최우선의 주체는 가족이다. 안정된 가정은 아동양육의 최선의 환경이기 때문에 아동복지가 가장 효과적으로 이루어지기 위해서는 가족의 한 구성원으로서의 아동에 초점을 두고 가족을 통한 아동지원과 육성을 도모할 필요가 있다. 이를 위해서는 우선 가정이 있는 아동의 경우 가족의 자녀양육기능을 유지 향상시킴으로써 안정된 가정생활 속에서 아동이 자랄 수 있도록 지원하고 가족해체를 예방하며 가족보존을 위한 정책을 개발해야 한다. 즉, 소득보장 프로그램이나 가족갈등을 해소할 수 있는 가족 및 아동상담 프로그램의 개발 등이 이루어져서 가족기능을 강화하고 잠재력을 개발하여야 한다.

넷째, 아동복지영역 개발과 전문성 향상이다. 우리나라 아동복지는 시설보호, 응급보호, 입양서비스 등 대리적 서비스가 주를 이루던 과거와는 달리 2000년대에 들어와서는 보육사업, 학대아동보호사업, 학교복지 등 보편적 성격을 갖는 서비스체계를 개발하면서 아동복지영역이 넓어지고 있다. 또 아동인구가 줄어들면서 발달장애와 학습장애 등 아동기에 발생하는 다양한 문제에 대한 이해가 깊어지고 이를 다루는 전문 인력에 대한 욕구도 높아지고 있어 아동복지서비스는 양과 질의 두 가지 측면 모두에서 중요한 시점에 와 있다. 특히 아동은 여과기능이 없는 스펀지와 같아서 주변환경의 영향을 많이 받기 때문에 아동기에 대한 전문지식과 기술을 갖춘 전문 인력의 역할이 매우 중요하다.

2. 청소년복지의 이해

1) 청소년복지의 기본 개념

청소년복지를 이해하기 위해서는 청소년과 청소년복지에 대한 기본개념을 파악하는 것이 선행되어야 한다. 청소년의 개념은 사회, 문화, 시대적 상황에 따라 상이하게 정의되고 있다. 먼저 청소년의 개념을 보다 명확하게 정의내리기 위해서는 청소년기를 어떻게 구분하는가가 중요한데 이러한 기준으로는 신체적 특성에 의한 구분, 연령에 따른 구분 등이 있다(홍봉선 외, 2004).

먼저 신체적 특성(월경, 사정의 시작)으로 구분하는 경우는 개인의 신체적 특성이 나타나는 시기가 사람에 따라 각각 다르기 때문에 보편적인 기준을 제시하는 데 한계가 있다. 청소년기를 연령으로 구분하는 경우는 1985년 UN에서 공식으로 규정한 청소년(young people)의 개념은 15세부터 24세의 집단이며, UN 기구 중의 국제식량기구(Food and Agriculture Organization, FAO)에서는 10세부터 24세까지 사이의 결혼 여부를 불문한 남녀 인구부문을 청소년으로 규정하고 있다(이봉원, 1992).

이처럼 청소년이란 개념은 다양하게 사용되고 있으며, 청소년복지에 대한 개념 또한 다양하게 정의하고 있다. 조흥식(1992)은 청소년복지정책을 청소년 및 그 가족의 복지를 위하여 국가가 행하는 사회복지정책으로 정의하고 있고, 김성이(1993)는 청소년복지는 가정이나 사회로부터 버려지거나 적응하지 못하는 청소년들뿐만 아니라 모든 청소년들의 안녕에 관심을 가져야 한다고 전제하고 청소년복지활동을 청소년들의 기본적 욕구를 충족하게 하고, 정신적·정서적·신체적으로 최상의 발달을 기하기 위해서 청소년 자신들에게 직접적으로 또는 가정이나 사회를 통해서 간접적으로 제공되는 모든 사회제도적·전문적 활동이라고 정의하고 있다.

송정부(1991)는 청소년복지란 청소년의 생존권이 보장되어 사회적으로 편안히 잘 지내는 상태가 될 수 있도록 하기 위해서 청소년이 사회생활을 유지·발전시킬 수 있도록 하는 제도·정책·행위의 체계라고 정의하고 있다. 또한 청소년백서(2005)에서는 청소년복지활동을 청소년들의 기본적인 욕구를 충족하게 하고, 정신적·정서적·신체적으로 최상의 발달을 기하기 위해서 청소년 자신들에게 직접적으로 또는 가정이나 사회를 통해 간접적으로 제공되는 모든 사회적·제도적·전문적 활동이라고 정의하고 있다.

이상의 개념을 종합해 볼 때 청소년복지란 전체 청소년을 대상으로 청소년에 대한 이념적인 목표가 되는 청소년의 복지와 그것을 향한 실천적인 활동까지를 포함하는 개념이다. 즉, 청소년복지란 청소년의 안녕된 삶을 위한 적극적인 사회의 노력이라고 볼 수 있으며, 아울러 이들이 성장하고 발달할 수 있도록 공적, 사적 복지서비스를 실천에 옮기는 조직적인 활동이라 할 수 있다.

2) 청소년복지의 실천 대상과 주요 문제

청소년복지의 주요 대상은 과거에는 요보호청소년과 문제청소년 위주였으나 오늘날에는 모든 청소년으로 확대되고 있으며, 청소년복지는 모든 청소년의 삶의 질 향상을 궁극적 목적으로 삼고 있다. 모든 청소년을 대상으로 그들의 삶의 질을 향상시키는 청소년복지의 궁극적 목표를 이루기 위해서는 그에 상응하는 적합한 수단이 요구된다. 모든 청소년, 즉 요보호청소년, 비행청소년, 학생청소년, 근로·농어촌 청소년 등을 대상으로 청소년복지서비스, 교육기회 확대사업, 근로조건 개선사업, 청소년활동사업, 청소년행정 등의 수단이 적용된다. 이를 정리하면 〈표 11-1〉과 같고, 또한 이를 바탕으로 오늘날 현대사회에서의 주요 청소년문제를 살펴보면 다음과 같이 정리할 수 있다(임상록 외, 2010).

〈표 11-1〉 청소년복지의 실천 대상

대상	수단
요보호청소년	청소년복지보호서비스, 청소년활동사업, 청소년행정
비행청소년	청소년복지 상담 및 치료 서비스, 청소년활동사업, 청소년행정
학생청소년	교육기회 확대사업, 청소년활동사업, 청소년행정
근로·농어촌 청소년	근로조건 개선사업, 청소년활동사업, 청소년행정

출처: 임상록 외(2010).

(1) 가정문제와 청소년

가정은 사회의 최소단위인 가족사회의 보금자리인 동시에 각 개인이 삶을 이루어 가는 출발지라 할 수 있기 때문에 건전한 가정환경이 조성되어야 한다. 가정은 부부 간의 애정이 존속하고 부모와 자녀 간의 존경과 사랑을 바탕으로 유기체적 관계 속에서 혈연으로 맺어진 특수한 체계이다. 그러나 가정이 불행하다면 성장하는 청소년은 정서적으로 불안정하고 다양한 문제를 일으키는 비행청소년이 될 수 있다. 가정문제로는 핵가족문제, 한부모가정문제, 빈곤가정문제, 맞벌이가정문제, 미혼모가정문제, 재혼가정문제, 조손가정문제 등을 들 수 있는데, 이와 같이 문제가 일어날 수 있는 가능성이 있는 가정에 이들의 문제를 보완하고 해결할 수 있는 예방적인 프로그램을 개발하고 전개해서 건전한 가정환경이 될 수 있도록 최선을 다할 수 있어야 한다.

(2) 학교문제와 청소년

학교는 청소년의 지적 성장과 신체적 발육을 위한 교육의 장으로서 청소년의 잠재능력을 계발하고 지도하여 사회발전에 기여할 수 있는 건전한 인간양성을 위한 기능을 지니고 있다. 특히 청소년 시기에 있어서 학교기능은 청소년의 개성에 따라 능력을 배양해 주며 가정과 사회에 잘 적응할 수 있도록 도와주는 데 있다. 학교생활은 학생인 청소년에게 소중한 시기로서 맑고 밝은 분위기 속에 각자의 가치관과 의지력 등을 형성하는 교육과정이어야 한다. 그럼에도 불구하고 현재 학교사회는 입시와 경쟁위주의 학습을 강요하는 등 청소년에게 정신적인 상처를 주거나 원만한 활동에 장애요인이 되고 있어 반사회적이고 반항적인 비행집단화의 문제를 야기시키고 있다. 그러므로 학교주변의 환경적 악화는 물론 경쟁위주의 학습강요 등은 청소년문제와 연관하여 해결해야 할 학교문제로 볼 수 있다(박용순, 2007).

(3) 사회문제와 청소년

청소년들은 아동기와는 달리 부모와 형제를 중심으로 한 가족환경에서 벗어나 또래관계와 더 밀착된 관계를 지니며, 또한 각종 멀티미디어 매체발달에 따른 감각적인 자극에 많은 영향을 받게 된다. 전통사회가 붕괴되고 산업화, 도시화, 정보화 등의 과정 중에 많은 청소년들이 갈등을 겪는 경우가 많다. 청소년을 유혹하는 유흥음식점, 향락업소, 노래방, 비디오방, 게임방, 도박장, 사창가 등이 늘어나고 있고 이러한 현상은 결국 청소년이 현실의 부적응으로 반항하거나 비행화될 수 있는 영향을 미치기 때문에 청소년들이 비행으로 빠지지 않고 건전한 심신발달과 올바를 가치관을 형성하도록 건전한 사회환경 조성이 절실하다.

3) 청소년복지의 과제

청소년은 미래의 구성원이 아니라 오늘의 주인공이다. 우리는 청소년이 부모의 부속물이라는 시각에서 벗어나 하나의 인격체이며 주체라는 시각으로 우리의 현실에 맞도록 청소년복지에 대한 과제를 정책입안과 제도의 보완측면에서 제시하고자 한다.

첫째, 청소년의 통일된 개념과 범주에 대한 정의가 필요하다. 우리나라에서는 청소년이라는 개념을 다양하게 규정하여 분류하고 있고 청소년을 의미하는 용어도 매우 다양하다. 현재 시행되고 있는 청소년 관련법을 보면 청소년기본법, 청소년복지지원법, 청소년활동진흥법에서는 청소년을 9세 이상 24세 이하의 자로 규정하고 있고, 청소년보호법은 19세 미만의 자로 규정하고 있다. 또 청소년을 의미하는 용어도 청소년, 미성년자, 연소자, 아동 등 매우 다양하다. 이는 아동과 청소년의 구분도 모호하게 하고, 각종 활동을 계획하고 실행하는 데 어렵게 하고 있는 요인이 되므로 청소년의 개념을 보다 확실하게 정의하고 통일된 연령범위로 관련법들을 정비해야 할 것으로 보인다. 또한 청소년복지정책에 대한 종합적이고 체계적인 시스템구축과 행정체계의 정비가 필요하다(조성연, 2009).

둘째, 청소년복지정책은 청소년복지에 대한 국가적 책임의 인식과 더불어 청소년기본법의 제정(1991), 청소년복지지원법(2003), 청소년활동지원법(2004) 등 청소년 관련한 법들이 제정되었고, 국무총리 산하에 국가청소년위원회를 두어 청소년과 관련된 제반업무를 관장하면서 청소년복지활동을 전개해 왔다. 그러나 우리나라의 청소년복지행정체계는 정부가 바뀔 때마다 중앙단위 청소년조직이 자주 변경됨으로써 조직이 불안정하고, 부서의 이동도 잦아 일관성 있고 체계적인 정책을 수립하여 집행하는 데 어려움이 많다. 청소년복지행정의 원활하고 체계적인 운영을 위해 청소년복지업무를 총괄, 조정, 협의할 수 있는 통합적인 행정시스템의 구축과 지방자치단체의 청소년복지체계도 정비하여 지역사회에 기반을 둔 청소년복지행정이 효과적으로 수행될 수 있도록 해야 할 것이다(조성연, 2009).

셋째, 청소년참여가 청소년이 사회구성원으로서 청소년의 기본권리라는 인식하에 보장받을 수 있어야 한다. 그동안 우리나라에서 청소년참여활동은 개념과 범위가 지나치게 제한적이었으며, 소극적이었다. 그것도 학교를 중심으로 한 자치활동 수준에 불과하였으며, 입시위주의 교육으로 소극적인 참여가 이루어져 왔다. 그러나 1998년의 '청소년 육성 5개년계획'을 통해 청소년참여가 본격적으로 정책적으로 다루어지기 시작했다. 정책전반에 '청소년참여'가 강조되고, 대표적으로는 '청소년의 권리보장과 자율적인 참여 확대'와 관련한 정책분야를 중심으로 논의되고 있다. 구체적으로 살펴보면 다음과 같다.

① 청소년의 정책참여 기회 확대
② 청소년의 자생·자율활동 활성화
③ 공동체의식을 함양하는 청소년 봉사활동 생활화
④ 청소년의 권리와 시민권 신장
⑤ 청소년의 창조적 문화감수성 함양

⑥ 청소년의 정보능력 향상과 정보문화 육성
⑦ 청소년의 직업 및 자립능력 향상 등에 관한 부분이다.

이러한 청소년참여의 정책제도화는 청소년의 권리보장과 자율활동을 통한 '청소년의 삶의 질 향상'과 청소년정책수립·집행 및 평가과정에 청소년을 참여시킨다는 의미를 갖는다(천정웅, 1999; 홍봉선 외, 2004, 재인용).

제2절 노인복지

1. 노인복지의 기본 개념

노인복지란 노인이 인간다운 생활을 영위하면서 자기가 속한 가족과 사회에 적응하고 통합될 수 있도록 필요한 자원과 서비스를 제공하는 데 관련된 공적·사적 차원에서의 조직적인 제반활동을 뜻한다(홍숙자, 2000). 여기서 공적·사적 활동이라 함은 노인복지는 공적 차원에서 뿐만 아니라 사적 차원에서도 이루어져야 하며, 일시적이고 무계획적인 활동이 아니라 지속적이고 조직적인 활동이어야 한다는 뜻이다(이혜원, 2001). 따라서 노인복지는 저수혜 노인이나 사회부적응 노인뿐만 아니라 전체 노인의 복지증진을 위한 조직적인 사회복지활동을 뜻한다.

노인복지를 이해하기 위해서는 노인에 대한 개념 정의가 필요하다. 노인에 대한 개념은 여러 가지 측면에서 정의할 수 있다. 일반적으로 주·객관적 정의, UN의 정의, 사회적으로 규정된 노인기준, 노화, 정년연령, 고전적·학문적 정의 등으로 구분할 수 있다(현외성 외, 2005).

우선 노인의 주관적 정의란 개인의 신체조건 등에 의해서 자기 자신이 스스로 노인이라고 인식하는 것을 말하며, 노인의 객관적 정의는 여러 가지 법률과 국제조약 등에 정해져 있는 연령으로 몇 세부터 노인으로 간주할 것인가를 나타내는 것이다. UN에서는 15~64세를 생산연령인구(경제활동인구), 65세 이상을 노인인구라고 정하고 있으며, 이 기준에 의해서 통계학, 인구학 등에서는 일반적으로 65세부터 노인이라고 정의하고 있다. 우리나라에서는 고령자고용촉진법에서 노인의 연령구분을 55세 이상인 자, 국민연금법은 만 60세 이상인 자, 노인복지법과 국민기초생활보장법은 65세 이상인 자로 구분하고 있다(정길홍, 2006).

또한 국제노년학회에서 정의한 노인의 개념은 인간의 노령화 과정에서 나타나는 생리적, 심리적, 환경적 변화 및 행동의 변화가 상호작용하는 복합형태의 과정에 있는 사람이라고 하였다. 그리하여 노인의 개념을 한층 자세하게 다음과 같이 다섯 가지 특성을 가진 사람을 의미한다고 설명하고 있다(전재일 외, 1999).

① 환경변화에 적절히 적응할 수 있는 자체조직에서 결핍이 있는 사람
② 자신을 통합하려는 능력이 감퇴되어 가는 시기에 있는 사람
③ 인체기관, 조직기능 등에 있어서 감퇴현상이 일어나는 시기에 있는 사람
④ 생활자체의 적응이 정신적으로 결손되어 있는 사람
⑤ 인체의 조직 및 기능저장의 소모로 적응이 감퇴되어 가는 시기에 있는 사람

종합적으로 노인의 기준은 그 제도나 특성, 사회적 관습에 의해서 제각기 달라 일률적으로 정하는 것은 곤란하다. 한 개인을 노인으로 분류할 때는 여러 가지 측면으로 고찰하여 종합적으로 판단할 필요가 있다.

2. 노인복지실천 관점에서의 환경변화

1) 노인인구의 변화

세계보건기구(WHO)에서는 전체 인구에 차지하는 노인인구의 비율이 7% 이상을 고령화사회, 14%를 고령사회, 21%를 초고령사회라고 규정하고 있는데, 우리나라는 〈표 11-2〉에서 보는 바와 같이 2004년에 이미 고령화사회에 진입하였으며, 2026년경에는 초고령사회가 될 것으로 예상하고 있다. 참고로, 통계청에서 추계한 2019년의 경우에는 노인인구수가 5,061천 명으로서 65세 이상 노인이 전체 인구에 14.4%를 차지하고 있다(통계청 내부자료, 2019). 노인인구의 증가는 단지 수적인 면의 증가가 아

니라 총인구에 대한 비율도 증가하고 있는 추세이다. 그러므로 노령인구에 대한 절대수의 증가는 노령과 관련된 노인문제를 가진 노인의 수를 증가시킬 것이며, 이에 노인문제의 심각성은 더욱더 심해질 것이다.

노인인구 증가와 함께 평균수명에도 변화를 가져오고 있다. 〈표 11-3〉에서 나타난 바와 같이 1960년대에 남녀 평균수명이 52.4세로 나타났으나, 2000년에는 75.9세로 20세가량 증가했으며, 2020년에는 남녀 평균수명이 80.7세 그리고 향후 2050년에는 남녀 평균수명이 83.6세로 증가하는 것으로 예상하고 있다(한국임상사회사업학회,2004; 통계청 내부자료, 2019).

〈표 11-2〉 노인인구의 변화

(단위: 천 명, %)

구분	2004	2009	2019	2026	2050
전체 인구 수	48,199	48,746	50,619	50,610	42,348
65세 이상 인구 수	4,171	5,192	7,314	10,113	15,793
65세 이상 노인의 %	8.7	10.7	14.4	20.0	37.3
노년부양비	12.0	14.7	20.2	29.7	–
유년부양비	28.0	23.1	19.8	19.1	–
노령화 지수	43.3	63.5	102.3	155.9	214.8

출처: 통계청(www.kosis.kr).

〈표 11-3〉 평균수명의 변화

(단위: 세)

구분	1960	1970	1980	1995	2000	2005	2020	2050
평균	52.4	62.3	66.2	73.5	75.9	77.7	80.7	83.6
남	51.1	59.0	62.3	69.6	72.1	74.4	77.5	80.7
여	53.7	66.1	70.5	77.4	79.5	81.2	84.1	86.6

출처: 한국임상사회사업학회(2004), 통계청(2015).

2) 가족구조의 변화

현대사회가 산업화, 도시화, 정보화 등으로 진전되면서 생산양식과 가족제도가 변하여 가족의 구조 및 기능에 커다란 변화를 초래하고 있다. 특히 노인복지와 가족관계는 매우 중요한 요소로서 가족의 존재유무와 역할, 기능, 구성 등에 따라서 노인의 처우나 정책이 상당히 달라지게 된다. 유럽이나 미국과 비교하면 우리나라는 아직도 부모와 자녀의 동거율이 대단히 높은데 이는 재가노인복지를 추진하는 데 중요한 요인이다. 구미에서도 노후의 경제적 보장이 공적연금 등에 의해서 보장된다고 하더라도 노인의 정서적 부양에 중요한 담당자인 여성의 사회진출과 협소한 주택사정, 노인부양의식의 저하 등 사회적 환경변화는 부모와의 동거부양을 더욱 곤란하게 하고 있다(김근홍, 2001).

현대가족은 노인과 미혼자녀로 구성된 2세대와 노인부부 또는 노인단독으로 구성된 1세대 노인가족으로 분리되고 있다. 따라서 현대가족에서의 구조적 유형은 3대 이상의 직계가족, 부부가족, 2세대 노인 핵가족, 1세대 노인가족의 네 가지로 대별할 수 있다. 또한 노부모와 자녀 간의 별거지향적 경향, 즉 핵가족의 경향과 더불어 가족구성원의 수가 크게 줄어들고 있다. 앞으로 이러한 소가족화는 계속될 것이며, 그 속도도 빨라질 것이다(조추용 외, 2008).

이러한 가족구조 및 기능의 변화는 노인부양문제를 야기하는 하나의 주요 요인으로 작용하게 되었다. 산업화·도시화가 진행됨에 따라 생활상의 욕구충족에 필요한 자원획득방안의 변화, 노인과 부양인구의 지리적 또는 사회심리적 분리, 여성의 취업 및 사회참여의 확대, 의식 및 가치관의 변화가 이루어졌다. 따라서 가족구조의 변화는 대가족적 가부장의 권위를 약화시켰으며, 가족에 의한 노인부양기능을 근본적으로 흔들어 놓았다고 볼 수 있다.

3) 산업화와 도시화

최근의 급속한 산업화, 정보화는 노인들의 직업활동에 있어서 연령상의 제한을 가져오게 되고 은퇴를 가속화시키는 중요한 요인이 되고 있다. 노인이 가진 정신적, 신체적 한계로 말미암아 새로운 지식과 정보 및 기술을 배우는 데 있어 젊은이들에 비해 경쟁력이 떨어지고, 따라서 노동의 생산성에 문제가 있음을 인식하여 세계 각국은 정년제도를 도입하게 되었다(河合克義, 1995).

노동시장에서의 열세는 곧 수입의 감소 혹은 단절을 가져오고, 이는 경제적 빈곤과 사회적 활동으로부터 이탈되어 역할상실과 고독문제에 직면하게 되는 요인이기도 하다. 그래서 세계 각국은 이러한 어려움을 해소하기 위하여 은퇴 이후의 노인인력을 활용하기 위한 각종의 사회적 장치를 마련하는 한편 노후의 활발한 사회참여와 활동을 위한 각종의 노인 프로그램을 실행하고 있다. 또 근년에 와서는 정보화의 격차를 곧 사회적 불평등을 가져오고 사회적 소외를 가져오는 요소로 인정하여 노인세대가 정보화 사회에 뒤지지 않도록 정책적 방안을 마련하는 추세도 볼 수 있다.

도시화 역시 노인문제를 간접적으로 발생시키는 요인으로 지적되고 있다. 도시사회가 가진 개인주의와 합리주의, 익명성, 젊은이 중심의 가치 그리고 이익사회적인 경향은 노인의 삶이 젊은이에 비하여 상대적으로 어려운 환경으로 작용하고 있다. 더욱이 우리나라의 경우 오랜 시간 동안 농촌에서 살아오다 자녀들과 함께 도시로 이주하는 경우라든가 공간적 확대로 인해 농촌지역이 도시로 변모하는 경우, 노인들의 도시생활이 힘들게 되는 경향을 발견할 수 있다. 일상생활 자체가 복잡해지고 새로운 행동양식을 습득해야 하므로 노인들의 삶이 그만큼 힘들게 된다(三友雄夫, 1997).

3. 노인문제의 실상

앞에서 살펴보았듯이 노인문제와 관련하여 현대사회에서는 노인들의 평균수명이 증가하고, 가족구조가 변화하고 있고, 또한 산업화와 도시화에 따른 가치관의 변화 등 다양한 원인들이 노인문제를 가속화시키고 있다. 노인을 둘러싼 제 문제에 대해 짚어보고자 한다(고수현 외, 2004; 박차상 외 2003; 양옥남 외, 2006; 현외성 외, 2005; 한국임상회사업학회, 2004).

1) 빈곤문제

노인들이 노후생활에서 가장 문제가 되는 것은 '소득의 상실'로 인한 경제적 궁핍이다. 노인들은 심신의 기능이 쇠퇴하게 되면 노동능력이 감퇴되어 사회의 일선에서 물러나게 되고, 이로 인해 소득상실과 연결되는 것이다. 노인의 소득상실문제는 노인연령층에서 가장 광범위하게 나타나는 사회문제로 지적되고 있다. 노인들의 정년퇴직제도는 인위적으로 직업의 일선에서 물러나게 함으로써 노후의 생계와 용돈부족 등의 경제적 어려움을 야기하는 중요한 요소가 된다. 노인의 단독세대가 늘어나면서 여성 노인들의 수가 더 많은 상황을 감안할 때, 빈곤은 이들의 경우에 가장 심각한 문제이다.

특히 경제적·물질적 빈곤과 박탈이 노인의 생활을 가장 위협하고 있는 요인이 되고 있다. 정년 후에 받게 되는 노령연금제도 역시 미흡한데, 국민의 대다수를 포함하고 있는 국민연금의 경우 1988년에 시행하면서 20년 이상의 가입기간과 60세 이상의 연령에 도달한 삶들에 한해서 노령연금을 받을 수 있도록 함으로써, 당시 60세 이상의 노인은 물론 40세 이상의 장년과 50대의 은퇴자에 대한 노령연금이 배제되었던 것이다. 더욱이 그동안 현재의 노인들은 자녀들을 양육하고 교육하고 출가시키는 과정에서 자신들이 가진 경제적 재산을 소진한 반면, 노후부양에 대한 자녀들과의 의식과 기대 차이로 매우 어려운 처지에 놓이게 되었다.

2) 질병과 건강문제

노인이 되면 건강은 하나의 중요한 문제로 대두된다. 기존의 연구결과를 보면, 노인들 중에는 건강이 좋지 못한 것이 가장 고통스러운 문제라는 비율이 높다. 노인은 신체적·정신적으로 매우 쇠약해져 가는 과정에 있는 사람으로 심신의 장애가 발병하게 된다. 또한 노인은 질병에 쉽게 걸릴 뿐만 아니라, 만성적이어서 장기화되거나 다른 질병과 중복이 되어 나타나기가 쉽다.

그러므로 노인이 건강을 잃어버린다는 것은 자신의 문제에만 국한되는 것이 아니라, 그 가족에게도 커다란 고통을 수반하게 된다. 대개 노인들은 자신들에게 제공되는 의료서비스와 적절한 의료보호에 접근하기가 쉽지 않다.

노인의 건강 및 질병과 관련하여 중요한 사항은 일상생활수행능력(ADL) 문제나 수단적 일상생활수행능력(IADL) 문제를 가진 노인이 증가하고 있다는 사실이다. 이들 문제는 물론 연령이 증가할수록 그 수가 늘어나며, ADL이나 IADL이 중복된 노인도 상당수가 있다는 사실이다. 이는 결국 노인 자신도 문제이거니와 노인을 부양하고 있는 부양자와 가족에게 어려움을 던져 주고 있다.

마지막으로 노인의 질병과 연관하여 최근 치매문제가 사회적 쟁점으로 떠오르고 있는데, 이는 노인질병문제 중 매우 치명적인 것으로 세계 각국에서 대처하고 있다. 우리나라에서는 아직 이 문제에 대하여 많은 노력이 경주되고 있지는 않으나, 앞으로 해결하여야 할 노인문제의 중요한 영역으로 간주되고 있다.

3) 역할상실문제

현대사회의 급격한 사회변천에 따른 세대 간의 의식 및 가치관의 격차가 노인의 지위를 격하시키고 있다. 노인들은 의료의 발달과 생활수준의 향상으로 수명이 날로 연장되어 긴 노년의 기간을 갖는 데 반해, 정년퇴직제도에 의해 가정과 사회에서 일정한 책임과 업무가 주어지지 않고 오히려 주류의 세력에서 제외되고 있다. 직장은 일을 통해 일상생활을 영위할 수 있는 소득을 획득하는 현장임과 동시에 일을 통해 여러 사람을 만나고 자신의 존재의미를 확인하고 창조해 가는 장소로서 의미를 가진다. 그러므로 직장에서 은퇴하는 것은 경제적 소득의 단절은 말할 것도 없고 사회생활의 주류에서 밀려난 존재로 인식되어 사회적으로 활용가치가 없는 사람으로 간주되기도 한다.

또 가정에서 여성노인들은 가사결정권을 며느리에게 인계함으로써 자신의 역할이 상실되었다는 감정을 가지기도 한다. 역할상실은 동시에 심리적 고독을 가져오는 동전의 양면으로서 작용한다. 물론 '활동이론'과는 달리 '은퇴이론'을 주장하는 학자는 노인이 되어 자신의 역할로부터 은퇴하여, 조용히 삶을 되돌아보고 여생을 나름대로 새롭고 의미 있게 설계하는 것이 노인에게 알맞은 일이라고 주장하기도 하지만, 역할상실이 고독과 소외감을 가져오는 것은 사실이다.

이러한 상황에서 노인들이 자기 스스로 노후의 생활을 새롭게 설계하여 보람 있고 의미 있게 보내는 일도 중요하지만, 가정적으로나 국가적으로 노인들이 즐겁고 활발하게 사회에 참여해서 노후를 보낼 수 있는 각종의 여가 프로그램과 사회활동 프로그램을 운용할 필요가 있다.

4) 고독과 소외문제

고독과 소외의 문제는 현대 사회의 특징으로 인한 필연적인 결과이며 노소를 막론하고 누구나 경험할 수 있는 문제이지만, 특히 노인들에게는 그 심각성을 더하고 있다. 만일 노인이 한평생 일에 몰두했다가 아무런 사전준비도 없이 갑자기 은퇴해야 했다면 자신이 사회적으로 배척당하고 거절당했다고 느끼게 된다. 또 개인적인 이유로 인해서 그간 익숙했던 역할을 벗어 놓게 되더라도 여전히 상실과 허탈감 속에서 고독과 소외감을 경험하게 된다. 이러한 역할과 관계의 손실에 겹쳐 경제적으로 넉넉하지 못하고 몸까지 불편하면 더 이상 사회활동을 계속할 수 없을 뿐더러 그 공백시간을 메울 수 있는 여가활동까지도 감당해 낼 능력이 없게 된다. 돈이 없어 클럽이나 단체활동에서 이탈하고 예전처럼 오락이나 운동경기 혹은 외식 등을 포기해야 하는 데에서 사기가 떨어져 불만을 갖게 되고, 또 무료해 하는 등 사회적 고립을 경험하게 된다. 사회적 고립 뿐 아니라 많은 여성 노인들의 경우 이 시기에 품 안의 자녀들이 이미 떠나가 버리고 남편까지 세상을 먼저 떠나게 됨으로써 일생 그들을 그렇게 살게 할 수 있었던 정신적 받침대를 잃어버리고 대신 심리적 고립감에 빠져 들기 쉽다. 특히 우리나라 노인이 고독 및 소외감을 심각히 느끼는 현상은 세대 간의 가치가 혼재되어 있는 과도기 때문으로 풀이할 수 있다. 즉, 부모는 전통적인 가치로 자녀에게 기대하는 바가 크고 실제 자녀는 그 기대에 부응하지 못하기 때문이다. 그로 인한 실망과 좌절 및 소외감은 자녀에게 큰 기대 없이 독립적으로 살아가는 서구 사회의 노인들의 경우보다 더 심각하다. 세대 간의 가치 차이뿐 아니라 동일세대 내에서도 현대적인 수평관계의 의식 추구와 함께 뿌리 깊은 구세대의 수직관계 가치관이 공존해 있거나, 아직은 의식을 연결시키지 못하는 전환기적 이중성을 가지고 있어 전통적 가치관과 현대적 가치관의 병존현상을 경험하게 된다.

또한 노인들은 젊은 세대와 적지 않은 갈등도 느끼게 된다. 상호 역할 간의 부적응과 여성의 사회진출로 인한 며느리의 시부모 부양에 대한 상황 변화, 노소의 교육수준의 차이 및 이로 인한 가치관의 차이는 세대 간의 갈등을 불가피하게 만든다. 이러한 인간관계의 불협화음은 다시 노인으로 하여금 쓸쓸함과 무의미함, 그리고 소외감과 고독감을 경험하게 한다. 연령증가에 따라 배우자 및 자녀와의 애정적 유대에 점점 더 의존하는 경향을 보인다는 점을 감안 할 때 노후생활에서 경제적 안정이나 건강유지 못지않게 가족 간 의사소통과 접촉을 통한 정서적 유대 및 갈등 없는 관계는 어떠한 사회적 관계로도 대체될 수 없는 고독과 소외감 해소에 중요한 요소가 되고 있다.

4. 노인복지의 과제

오늘날 노인문제와 관련하여 해결해야 할 많은 과제들은 노부모의 부양문제, 노인들의 지위약화, 여가활용문제, 사회참여의 기회박탈, 생계비와 용돈부족, 치매 및 건강문제 등으로 산적해 있다. 이에 대한 근본적인 대책은 아직도 미흡한 실정이고 구호적 서비스에 머물고 있는 실정이다. 따라서 여기에서는 우리나라 노인복지정책에 대한 문제점과 과제를 개괄적으로 살펴보고자 한다.

첫째, 노인의 소득보장정책과 관련하여 노인들에게 일정한 경제적 소득보장이 이루어지지 않으면 생계와 질병을 해결하기가 매우 어려워진다. 그래도 건강한 젊은 시절에는 육체적인 힘을 이용하여 자신의 생활유지가 어느 정도 가능하다. 노후의 소득보장에 대한 국가적인 안전장치는 국민연금이 가장 기본이 될 것이다. 또한 정부에서는 국민연금 이외에 노인들의 노후소득 안정화를 위하여 2008년 1월부터 70세 이상 노인의 70%를 대상으로 기초노령연금을 지급하고 있으나 2019년 현재 최고 약 25만 원 정도로서 실질적인 소득금액으로서는 부족한 실정이다(보건복지부 내부자료, 2019). 따라서 전체 노인을 대상으로 기초노령연금 액수를 확대해 나가야 할 것이다.

둘째, 노인의 보건·의료정책에서의 문제점은 의료보험의 적용에 있어서 대상에 따른 다양한 정책이 부재하다는 점이다. 노인은 수술이라든지 기타 중병에 걸리기 쉽고 만성질환율이 높기 때문에 의료비 지출이 상당히 부담스럽다. 그러므로 노인에게는 의료비에 대한 할인혜택이라든지 보험상의 제도적 장치가 마련되어야 할 것이다. 또한 노인에게는 안경, 보청기, 의치가 일반적으로 필요하기 때문에 의료보호 대상에 대한 적극적인 지원은 물론 중산층에게도 이러한 기구들에 대한 할인 혜택이 확대 적용되어야 할 것이다.

또한 노인의 보건복지·의료서비스를 위한 대책으로 2008년 4월부터 노인장기요양보험제도가 시행되고 있으나 급여대상자 선정방식, 과도한 본인 부담, 서비스 종류, 양 및 질의 문제, 민간부문에 시설 공급을 의존하는 문제, 요양보호사의 무차별적인 양상과 열악한 근로조건 등이 문제점으로 지적되고 있다. 이를 위해서는 급여대상자를 포괄적으로 확대하고, 비급여 항목의 축소 및 본인부담비율을 축소하며, 서비스의 양 및 질을 개선하고, 공공시설의 확충 및 민간부문에 대한 규제·감독을 강화하고, 요양보호사 교육기관에 대한 규제·감독의 요양보호사 근로조건을 개선해야 한다는 지적(이미진, 2008)들이 제기되고 있다.

셋째, 노인의 주거보장정책과 관련하여 우리나라의 노인 주거보장정책은 형편이 대단히 미약하다. 이러한 문제는 그동안 노인부양에 관한 문제가 거의 가족책임으로 여겨졌고 더욱이 시설에 노인이 입소하는 일은 노인과 부양자의 체면과 효의 문제에 걸려 있어 선뜻 실행하기 어려운 지경이었다. 이제부터 서서히 노인을 위한 정부와 민간차원의 시설이 건설되고 있지만 민간기업의 주거는 입주가격이 높아 웬만한 중산층에서도 쉽사리 결정하기가 어려운 형편이다. 그러므로 실질적인 노인의 주거보장정책이 필요하다. 또한 사회적 서비스분야의 문제점으로서는 서비스체계의 정비가 이루어지지 않고 있으며 보다 전문성이 요구된다고 할 수 있다.

따라서 근본적인 노인문제의 해결을 위해서는 국가는 물론 가족과 지역사회가 공동으로 노력해야 하겠으며, 무엇보다도 중요한 것은 국가의 적극적인 개입으로 노인복지의 획기적인 발전을 유도해야 한다는 것이다. 즉, 국가의 역할과 책임 확대의 토대로 노인들에 대한 서비스의 적용대상을 확대하고 다양한 프로그램을 개발하고, 전문 인력을 양성하는 것이 중요하다.

제3절
장애인복지

1. 장애인복지의 기본 개념

1) 장애인복지의 개념

장애인복지는 심신의 손상으로 인해 사회생활에 곤란을 겪고 있는 장애인을 대상으로 한 사회복지의 한 영역이다(강영실, 2003). 장애인복지의 개념을 여러 측면에서 살펴보면 다음과 같다.

우선, 세계보건기구는 장애인복지를 의료적·사회적·교육적·직업적 서비스를 통합적으로 사용하여 개인을 훈련시키고 재훈련시켜 개인의 기능적 능력을 가능한 한 최고의 수준으로 높이는 것으로 정의하였다. 또한 미국의 국립재활전문위원회는 장애인의 신체적·정신적·직업적·경제적 가용능력을 최대한으로 회복시키는 것이라고 정의하였다(裴村多加志, 2006). 그러나 이와 같은 정의는 장애에 대한 사회적 책임을 배제한 채 장애인의 기능습득과 사회적응을 강조한 것으로 최근의 장애인복지 흐름을 충분히 반영하지 못한 정의라고 할 수 있다.

최근 장애인복지에 있어서 가장 많이 대두되는 개념이 사회통합이다. 사회통합은 장애인이 사회구성원으로서 가치 있는 역할을 수행하며 살아가는 것을 의미하는데 진정한 사회구성원의 역할을 수행하기 위해서는 그 사회에서 인정하는 생활방식과 사회에 완전하게 참여하여야만 가능하다. 장애인이 사회에 완전하게 참여하기 위해서는 그 사회가 장애인의 참여에 부정적인 것, 예를 들어 물리적, 심리적, 문화적 제약조건을 없애는 것이 중요하다(安井秀作, 1999).

따라서, 장애인복지란 장애인의 완전한 사회참여를 통한 사회통합을 목적으로 심신의 결함으로 인하여 가정생활, 사회생활에 곤란을 가지게 되는 것을 국가나 민간사회복지기관이 의료적, 교육적, 직업적, 사회적 제 문제에 걸쳐 원조하는 제도적, 정책적 서비스의 조직적 활동과 노력이라고 설명할 수 있다(정일교 외, 2007).

2) 장애의 개념

장애 개념에 대한 정의는 각 시대, 국가, 학자별로 약간씩 다르게 정의되어 왔으나, 오늘날 가장 보편적으로 받아들여지고 있는 것으로 세계보건기구(WHO)에서 제시한 개념을 들 수 있다. 세계보건기구에서는 1981년을 '세계장애인의 해'로 정하고 행동계획을 결의하면서 1980년에 국제장애분류(International Classification of Impairments, Disabilities, and Handicaps: ICIDH)라고 하는 장애에 관한 개념적 틀을 발표하고 이 분류기준을 세계 각국에 적용할 것을 권장하고 있다(권선진, 2005).

세계보건기구는 1980년의 장애개념에서 장애의 정의를 기능장애, 능력장애, 사회적 불리의 3개의 영역으로 나누었다. 기능장애(Impairments)는 생물학적 장애로 기능의 감소를 가져다 준 영구적 또는 일시적인 병리적 상태를 의미하며, 능력장애(Disabilities)는 기능장애에서 야기된 것으로서 인간에게 정상적인 것으로 간주되는 범위 내에서 또는 그러한 방식으로 활동을 수행하는 능력의 제약이나 결여를 말한다. 이것은 정신적·신체적 손상의 결과일 뿐만 아니라 그 상태에 대한 개인의 적응 결과를 뜻하기도 한다. 사회적 불리(Handicaps)는 선천적 또는 노령, 질병, 사고 등으로 인하여 신체적·정신적 상태가 일시적 또는 영구적으로 손상되어 그 결과 독립생활, 교육, 취업 등이 저해되는 상태를 말한다. 세계보건기구에서는 일차적 기능장애, 2차적 능력장애, 3차적 사회적 장애로 구분하고, 그에 따라 행동지침도 예방, 재활, 기회의 균등화를 정책적 대안으로 제시하고 있다(兒島美都子 外, 2001).

그러나 1980년의 국제장애분류(ICIDH)는 질병과 기능장애, 능력장애, 사회적 불리 사이에 명확하게 경계를 구분하기 어려우며, 질병이나 부상, 기능장애 이외에도 능력장애와 사회적 불리에 영향을 주는 다른 많은 요인이 존재할 수 있다는 한계를 가지고 있다(한국장애인고용촉진공단, 2005). 이러한 한계를 보완하여 1997년에 국제장애분류(ICIDH-2)가 제안되게 되었다.

1997년의 국제장애분류 제2판(ICIDH-2)은 장애의 개념과 범주를 개별적, 사회적 모델 개념의 차이로 새롭게 정의하고 있다. 즉, 장애라는 현상을 질병, 종양, 건강조건 등에 의해 직접적으로 야기된 개인(Individual)의 문제로 간주하는 것이 개별적 모델로서, 개인의 장애문제에 그 핵심을 두고, 이러한 문제의 원인이 장애가 발생시키는 근본적인 제한 혹은 심리적인 상실에 기인된다고 보고 있다. 반면 사회모델은 장애현상을 장애를 가진 사람의 사회통합이라는 관점에서 사회적인 문제로 간주하여, 장애인 개인에게 귀속된 것이 아니고 사회적 환경에 의해 창조된 조건들의 복잡한 집합체로 보는 것이다.

결함 혹은 손상(Impairments)은 신체구조나 물리적, 심리적 기능상의 상실이나 비정상성을 의미하는 것으로 이러한 기능상의 제한, 신체 혹은 신체 부분의 기본적인 기능을 수행하는 데 따른 불능을 말한다. 활동(activities)은 개인적 수준에서 기능의 범위와 본질로서 일상생활과 관계된 개인의 활동을 다룬다. 참여(participation)는 손상, 활동, 건강조건, 생활요인과 관련한 생활상황에서 개인의 연관성 정도와 본질로 정의한다. 따라서 참여의 차원은 사회적 현상을 다루며 개인의 참여 정도, 참여를 촉진하거나 방해하는 사회적 반응을 의미한다(손광훈, 2004).

한편 세계보건기구에서는 2001년에 국제장애분류 제2판(ICIDH-2)의 장애개념을 ICF(International Classification of Functioning, disability and health)로 확정하여 장애분류를 세계적으로 통용될 수 있도록 하였다. ICF는 ICIDH-2에서 제시되고 있는 대부분의 내용을 계승하면서 장애분류체계와 언어사용을 보다 긍정적이며 환경지향적인 맥락에서 수정한 결과라고 할 수 있다. 또한 [그림 11-1]에서 보는 바와 같이 ICF에서는 개인적 장애나 질병과 상황적 맥락(환경적 요소와 개별적 요소)과의 상호작용에 의하여 기능과 장애를 설명하고 있다. 즉, 특정영역에서의 개인들의 기능수준은 건강상태와 상황적 맥락의 상호작용의 결과로 볼 수 있다(裴村多加志, 2002).

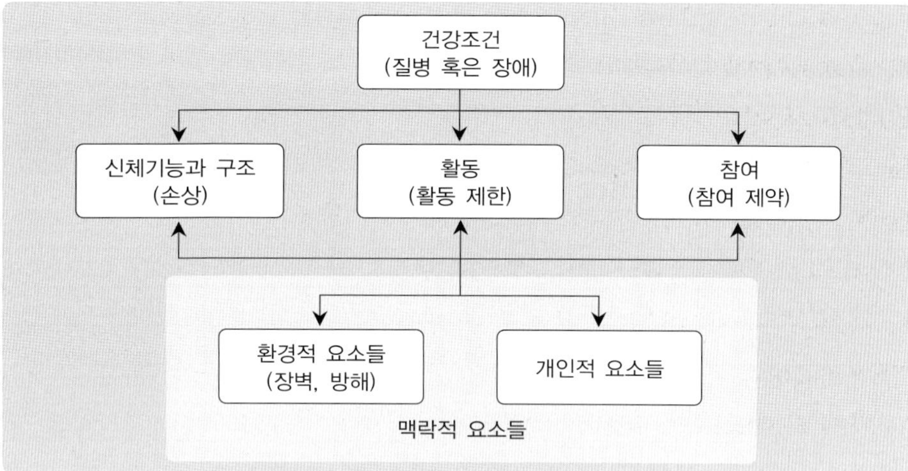

[그림 11-1] WHO에 의한 ICF의 장애개념

출처: 裴村多加志(2002), 재구성.

2. 장애인구의 현황과 장애범주

1) 장애인구 현황

장애인구를 정확히 파악하는 것은 여러 가지 어려움이 있다. 세계보건기구에서는 장애개념을 넓게 정의함으로써 일반적으로 인구의 약 10%가 장애인구에 해당한다고 제시하고 있다. 우리나라에서는 장애인복지법 제28조에 의해 보건복지부 주관으로 매 3년마다 장애인구와 장애인들의 생활실태를 파악하기 위한 장애인실태조사를 실시하고, 이 조사에 근거하여 장애인구를 추정하고 있다.

2017년도 장애인실태조사(보건복지부, 2017)에 의하면 전국의 장애인은 2,668.4천 명으로 추정되고 있고, 이 중 등록장애인수는 2,511천 명으로 나타나 등록률 91.7%를 나타내고 있다. 전체 장애인 중 지체장애인 1,278,368명, 뇌병변장애인 306,855명의 순으로 많고, 뇌전증장애를 가진 장애인인 9,592명으로 가장 적게 나타났다(보건복지부, 2017).

〈표 11-4〉 장애인 추정 수 및 장애등록률 변화추이

(단위: %, 명)

구분		2014년			2017년		
		등록 장애인 수	추정 수	등록률	등록 장애인 수	추정 수	등록률
계		2,501,112	2,726,910	91.7	2,511,051	2,668,411	94.1
주된 장애 유형별 장애인 수	지체장애	1,309,285	1,353,753	96.7	1,267,174	1,278,368	99.1
	뇌병변장애	253,493	308,100	82.3	250,456	306,855	81.6
	시각장애	253,095	278,172	91.0	252,794	266,823	94.7
	청각장애	255,399	281,923	90.6	271,843	288,251	94.3
	언어장애	17,830	21,700	82.2	19,409	21,087	92.0
	지적장애	178,866	207,703	86.1	195,283	223,228	87.5
	자폐성장애	18,133	19,868	91.3	22,853	23,961	95.4
	정신장애	95,675	117,428	81.5	100,069	116,079	86.2
	신장장애	66,551	72,132	92.3	78,750	83,906	93.9
	심장장애	6,928	8,499	81.5	5,507	6,217	88.6
	호흡기장애	13,150	16,055	81.9	11,831	14,111	83.8
	간장애	9,194	11,842	77.6	11,042	11,045	100.0
	안면장애	2,696	3,019	89.3	2,680	3,180	84.3
	장루·요루장애	13,546	16,815	80.6	14,404	15,707	91.7
	뇌전증장애	7,271	9,841	73.9	6,956	9,592	72.5

출처: 보건복지부 2017년도 장애인실태조사보고서, 2017에서 재구성.

2) 우리나라의 장애범주

한 나라에서 법적으로 규정하고 있는 장애개념은 그 나라에서 누구를 장애인으로 간주하고 있으며 장애인을 어떻게 바라보고 있는가를 알 수 있을 뿐만 아니라 이들이 사회에서 어떻게 생활하며 장애인복지와 관련하여 어떠한 서비스를 어느 정도로 받는가를 결정짓는 기본적인 시각이다. 따라서 장애범주도 한 나라의 장애정책과 제도에 따라 계속 변화되는 과정을 거치게 되며, 장애인복지제도가 잘 발달되어 있는 국가일수록 장애범주가 포괄적이고 광범위하다고 볼 수 있다. 우리나라의 경우에도 장애인복지법이 대폭적으로 개정되기 이전인 2000년 이전에는 지체장애, 시각장애, 청각장애, 언어장애, 정신지체의 5개 유형으로 한정되어 있었지만, 2000년 1월 1차

장애범주 확대를 통하여 지체장애에서 뇌병변장애를 분리하였으며, 내부장애인 신장장애와 심장장애 그리고 정신장애와 발달장애가 추가되어 10개의 유형으로 증가되었다. 2003년 7월에는 2차 장애범주 확대 개정을 통하여 안면장애, 간장애, 호흡기장애, 장루 및 요루장애, 뇌전증장애가 추가되어 현재 우리나라에는 장애인복지법 시행령에 따른 장애범주가 〈표 11-5〉와 같이 15개 유형이다(정무성, 2006). 향후 정부에서는 제3차 장애범주 확대를 통하여 치매, 알코올중독, 만성질환 등의 장애를 장애범주에 포함시킬 예정으로 있다. 그러나 우리나라의 경우 세계보건기구에서 제시한 장애개념 중 의료적 측면인 손상장애의 개념에서 장애정도를 진단하고 장애등급을 판정하기 때문에 장애유형과 장애등급 간의 불합리한 부분이 발생하고 있는 것도 사실이다.

〈표 11-5〉 우리나라의 장애범주

<table>
<tr><th>대분류</th><th>중분류</th><th>소분류</th><th>세분류</th></tr>
<tr><td rowspan="12">신체적 장애</td><td rowspan="6">외부 신체기능 장애</td><td>지체장애</td><td>절단장애, 관절장애, 지체기능장애, 변형 등의 장애</td></tr>
<tr><td>뇌병변장애</td><td>중추신경의 손상으로 인한 복합적인 장애</td></tr>
<tr><td>시각장애</td><td>시력장애, 시야결손장애</td></tr>
<tr><td>청각장애</td><td>청력장애, 평형기능장애</td></tr>
<tr><td>언어장애</td><td>언어장애, 음성장애</td></tr>
<tr><td>안면장애</td><td>안면의 기능상의 장애</td></tr>
<tr><td rowspan="6">내부기관 장애</td><td>신장장애</td><td>투석치료 중이거나 신장을 이식 받은 경우</td></tr>
<tr><td>심장장애</td><td>일상생활이 현저히 제한되는 심장기능 이상</td></tr>
<tr><td>간장애</td><td>일상생활이 현저히 제한되는 만성중증의 간기능 이상</td></tr>
<tr><td>호흡기장애</td><td>일상생활이 현저히 제한되는 만성중증의 호흡기능 이상</td></tr>
<tr><td>장루·요루장애</td><td>일상생활이 현저히 제한되는 장루·요루</td></tr>
<tr><td>뇌전증장애</td><td>일상생활이 현저히 제한되는 만성중증의 뇌전증 장애</td></tr>
<tr><td rowspan="3">정신적 장애</td><td colspan="2">지적장애</td><td>지능지수가 70 이하인 경우, 적응행동에 제한</td></tr>
<tr><td colspan="2">자폐성장애</td><td>소아자폐 등 자폐성장애</td></tr>
<tr><td colspan="2">정신장애</td><td>정신분열병, 분열정동장애, 양극성정동장애, 반복성우울</td></tr>
</table>

출처: 정무성(2006).

3. 장애유형별 주요 특성

상기에서 살펴본 바와 같이 현행 우리나라의 장애인복지법 시행령에 의한 장애유형은 크게 신체적 장애와 정신적인 장애로 분류된다. 신체적 장애에는 지체장애, 뇌병변장애, 시각장애, 청각장애, 언어장애, 신장장애, 심장장애, 간장애, 호흡기장애, 장루·요루장애가 있으며, 정신적 장애에는 지적장애, 정신장애, 발달장애(자폐증)가 있다. 장애분류는 심신의 손상 정도에 따라 그동안 6등급의 범위 내에서 분류되어 오다가 2019년 7월부터 장애등급제도가 폐지되면서 중증장애(장애정도가 심한장애인)와 경증장애(장애정도가 심하지 않은 장애인)로 변경되어 이에 따라 장애인복지서비스 및 제도가 실행된다(강영실, 2003; 김익균 외, 2004; 손광훈, 2004; 정영숙 외, 2003; 권선진, 2005; 정무성, 2006; 정일교 외, 2007; 이채식 외, 2008; 보건복지부 내부자료, 2019).

1) 지체장애

사람의 몸은 골격, 근육 및 신경으로 이루어져 여러 가지 운동을 할 수 있도록 되어 있는데, 질병이나 외상 등으로 그중 어느 하나에 기능장애가 발생하여 운동장애를 일으키는 것을 지체장애라 한다. 즉, 지체장애는 질병이나 외상 등으로 골격, 근육, 신경 중 일부분을 다쳐서 신체의 변형 또는 운동장애가 있는 것을 말하며, 2005년도 장애인실태조사에서 우리나라의 전체 장애인 중 46.8%(1,005,618명)로서 가장 많은 수치를 나타내고 있다. 또한 지체의 운동기능에 제한이 있어도 그 증상이 일시적일 경우 지체장애라 하지 않으며, 그 증상이 영구적일 경우에 지체장애에 해당된다. 지체장애의 원인이 되는 장애유형에는 소아마비, 척수손상, 근이양증, 절단, 왜소증, 관절장애 등이 있으며, 범위가 상당히 넓고 다양하다.

2) 뇌병변장애

뇌병변장애는 중추신경의 손상으로 인한 복합적인 장애로 뇌성마비, 뇌졸중, 외상성뇌손상 등 뇌의 기질적 병변으로 인하여 보행 또는 일상생활동작에 제한을 받는 것을 의미한다. 뇌성마비는 임신이나 출산 중 또는 출생 후의 뇌손상으로 야기되는 비유전성질환으로 근육의 조절능력이 없어지는 것으로 때로는 감각이나 지각의 장애도 동반된다. 뇌성마비의 원인으로는 출산 전 산모의 과다한 약물복용, 출산 시의 외상으로 인한 출혈과 산소결핍, 유아기의 심한 황달이나 백일해, 뇌염과 뇌막염, 두부외상 등을 들 수 있다. 뇌졸중은 보통 중풍이라고 알고 있는 뇌혈관 장애로서 편마미 또는 반신불수 등의 신체반측의 운동 및 감각의 장애를 말하며, 뇌의 급격한 혈액순환장애로 일어난다. 혈전이나 경색으로 혈관이 막히거나 출혈로 뇌조직이 눌리고 순환이 되지 않아 발생한다. 대개 동맥경화증이나 고혈압이 원인이 되는 경우가 많으며 심장내막염이나 심장판막염이 그 원인이 되기도 한다. 외상성 뇌손상은 혈액공급의 파열, 감염, 뇌염의 상처에 기인하는 뇌기능의 중요한 손상을 말한다.

3) 시각장애

시각장애는 눈의 여러 가지 기능장애를 포괄적으로 말하나 일반적으로 눈의 주 기능인 시력을 중심으로 생각하게 된다. 시각장애는 시각적 손상이 심하여 시력교정을 하여도 일상생활 및 교육적 수행에 불리한 영향을 주는 상태를 의미한다(손광훈, 2004, 재인용). 시각장애의 원인은 어린아이의 경우는 대개 종양, 감염, 상해 또는 수정체 후방 섬유증식증에 의해 발생하며 성인은 백내장, 녹내장, 당뇨병, 혈관장애, 감염, 근시, 상해에 의해 발생한다.

우리나라에서의 시각장애는 안경을 쓰고도 잘 안 보이거나(좋은 눈의 시력이 0.02), 볼 수 있는 범위가 절반 이상 감소된 것을 말하며, 의학적으로는 실명(失明) 또는 맹(盲)은 눈앞의 광선을 전혀 못 느끼는 상태를 절대맹이라고 하고, 그리 심하지 않으나 사회활동이 불가능할 정도의 감소는 사회맹(社會盲) 또는 법적맹(法的盲)이라 한다.

4) 청각장애

청각장애는 청각과 청력의 기능에 결함이 있는 경우이며 듣는 능력의 제한을 의미한다. 즉, 청각장애란 기질적 혹은 기능적인 장애가 원인이 되어 듣는 기능이 일시적이거나 영구적으로 저하되거나 결여된 상태를 의미한다. 일반적으로 청각장애를 농인과 난청인으로 구분하는데 농인(일반적으로 70데시벨)은 보청기를 착용하거나 착용하지 않은 상태에서 청력으로 언어적 정보의 성공적 소통과정이 불가능한 자를 말하며 난청인(일반적으로 35~69데시벨)은 청각을 통한 언어적 정보의 성공적인 소통과정이 충분히 가능한 잔존청력을 보유하여 일반적으로 보청기를 사용하는 자를 말한다. 청각장애의 원인은 모체의 풍진, 알코올중독, 약물중독, 영양실조, 매독 등으로 인한 선천적인 경우와 분만 시의 외상, 신생아 중증 황달 등과 질병과 사고에 의한 후천적인 경우가 있다.

5) 언어장애

언어장애는 의사소통과정에 결함이 있는 경우로서 이로 인해 언어습득과 발달에 지장이 있으며, 사회적응에 문제를 초래하는 언어 상태를 의미한다. 언어장애의 원인은 복잡하고 다양하나, 대부분의 경우 음성기관이상, 언어중추이상, 지능지수의 저하, 언어발달지체 등의 원인을 들 수 있다. 우리나라 장애인복지법에 의한 언어장애 기준은 음성기능 또는 언어기능을 잃은 사람, 음성·언어만으로는 의사소통을 하기 곤란할 정도로 음성 또는 언어기능에 현저한 장애가 있는 사람으로 규정하고 있다.

6) 안면장애

안면장애는 화상, 사고, 화학약품, 질환, 산업재해 등으로 안면부 추상, 함몰, 비후 등 변형으로 발생한다. 이와 같이 안면부위의 변형 또는 기형으로 인하여 사회생활을 하는 데 있어 상당한 제한을 받는 사람이 안면장애이다. '안면부'라 함은 두부, 안면부, 경부, 이부와 같이 상지와 하지, 몸통 이외에 일상적으로 노출되는 부분을 의미한다. 여기에 해당하는 유형에는 면상반흔, 색소침착, 모발결손, 조직의 비후나 함몰, 결손 등이 있다.

7) 지적장애

지적장애는 '현재 지적기능에 있어서 실질적인 장애가 동반된 상태'를 의미한다. 지적장애는 표준화된 지능검사의 소견에서 유의하게 표준 이하의 지적인 기능과 동시에 그와 연관된 적응성, 제한성이 두 가지 혹은 그 이상의 실제 적응기술 영역들, 즉 의사소통, 자기관리, 가정생활, 사회성기술, 지역사회활동, 자기지시, 건강과 안전, 기능적 학습 효과, 여가, 직업기술의 영역 등에서 존재하는 것으로 특징지어진다. 발병의 연령은 18세 이전으로 되어 있으며, 이 때 정신질환이나 신체질환이 공존하는지 하지 않는지의 여부는 진단과정상 고려치 않는다. 우리나라의 장애인복지법에서는 주로 지능지수가 70 이하인 경우를 말하고, 이로 인해 일상생활과 사회생활 적응에 현저한 문제가 있는 것으로 되어 있다.

8) 자폐성장애(발달장애)

자폐성장애는 정신적 장애의 한 분류로서 1976년 미국의 발달장애지원 및 권리장전법(Developmental Disabilities Assistance and Bill of Rights Act)에 의하면 발달장애를 "18세 이전에 발생하는 정신지체, 뇌성마비, 뇌전증, 자폐증에 기인한 지속적이고 본질적인 장애'라고 정의하였다. 우리나라의 경우 1999년에 개정된 장애인복지법에서 처음으로 발달장애라는 용어를 공식적으로 사용하였으며, 자폐성장애(발달장애)를 자폐증으로 정의하여 사용하고 있다(정영숙 외, 2003, 재인용). 따라서 자폐성장애(발달장애)는 다양한 의미로 사용되어 명확하게 정의 내리기 어려우나 일반적으로는 발달장애가 있는 사람은 대체로 출생 이후부터 사람과 주변 환경에 대한 관계형성이 어렵고 반사회적 행동유형을 보이기 때문에 정상적인 환경에서도 부적절한 행동이나 느낌을 가지며 원만한 대인관계를 유지할 수 없는 상태를 말하며, 가장 대표적인 특성으로 자폐증, 과잉행동, 공격성 등을 들 수 있다.

9) 정신장애

정신장애는 생물학적, 심리적 병변으로 인하여 정신기능의 제 영역인 지능, 지각, 사고, 의식, 정동, 성격 등에서 병리학적 현상이 진행되는 것을 말한다. 장애인복지법의 정의에 의하면 정신장애는 지속적 정신분열병, 분열형 정동장애, 양극성 정동장애 및 반복성 우울장애에 의한 지능 및 능력장애로 인하여 일상생활 혹은 사회생활을 영위하기 위한 기능수행에 현저한 제한을 받아 도움이 필요한 사람이다. 2000년 장애인복지법 개정으로 일차적으로 중증이면서 만성의 정신분열증과 정동장애가 장애범주에 포함되었으며, 향후에는 만성 알코올이나 약물중독, 기질성 뇌증후군, 치매로까지 확대될 예정에 있다(권선진, 2005).

10) 신장장애

신장장애는 신장의 기능부전으로 인하여 혈액투석이나 복막투석을 지속적으로 받아야 하거나 신장의 기능에 영속적인 장애가 있어 일상생활 활동에 현저한 제한을 받는 장애를 말한다. 장애인복지법에서는 만성신부전증으로 인하여 1개월 이상 혈액투석 또는 복막투석을 받고 있는 경우와 신장을 이식받은 경우를 말한다. 신장장애의 원인으로는 신장질환에 의한 것으로 만성 사구체신염, 당뇨병성신증, 고혈압성 사구체경화증 등으로 우리나라의 경우 당뇨병성 신증이 가장 많은 비중을 차지하고 있으며, 말기 신부전환자의 발병률도 점차 증가하는 것으로 나타나고 있다.

11) 심장장애

심장장애는 심장의 기능부전으로 인하여 일상생활 정도의 활동에도 호흡곤란 등의 장애가 있어 일상생활 활동에 현저한 제한을 받는 것을 말한다. 심장은 혈액순환의 원동력이 되는 기관으로 수축과 확장을 반복하여 혈액을 신체의 구석구석까지 보내는 펌프의 역할을 한다. 심부전은 심장의 펌프기능이 장애를 일으켜 정맥압을 상승시키고, 충분한 양의 산소를 말초조직에 공급할 수 없는 상태를 말하며 심기능부전이라고도 한다. 심부전은 모든 기질적인 심질환에서 기인하여 발생한다.

12) 호흡기장애

호흡기장애는 폐나 기관지 등 호흡기관의 만성적 기능부전으로 인한 호흡기능의 장애로 인하여 일상생활을 하는 데 있어 상당한 제한을 받는 경우를 말한다. 호흡기장애는 모든 호흡기질환의 마지막 결과로 폐기능이 저하되면 올 수 있으며, 활동 시에 더욱 심한 호흡곤란을 유발하므로 호흡기장애인의 삶의 질이 현격히 저하된다. 평상시에는 비교적 안정적인 만성 호흡기장애인도 급성 악화의 요인이 생기면 생명을 위협할 수 있는 치명적인 장애로 발전할 수 있다. 호흡기장애 유형에는 만성 폐쇄성 폐질환, 만성 제한성 폐질환, 만성 폐혈관질환 등이 있다.

13) 간장애

간장애란 간의 만성적 기능부전과 그에 따른 합병증으로 인한 간기능의 장애로 인하여 일상생활을 하는 데 있어 상당한 제한을 받는 것을 말한다. 다시 말해 간의 기능에 장애가 있어 1년 이상 치료를 받고 있으나 일상생활이나 사회생활에 현저한 제한을 받는 상태를 말한다. 간은 우리 몸에서 체중의 약 3%를 차지하는 인체 내의 최대의 장기로서 물질의 저장에 적합하고, 영양소가 장에서 흡수되어 문맥이라는 특수한 통로를 거쳐 직접 간으로 들어가며, 물질의 처리와 저장에 중요한 역할을 하고 있다. 간의 기능은 대사기능, 배설기능, 해독 및 방어기능, 순환기능으로 대별할 수 있다.

14) 장루·요루장애

장루·요루장애는 배변기능 또는 배뇨기능의 장애로 인하여 장루 또는 요루를 시술하여 일상생활을 하는 데 있어 상당한 제한을 받는 경우를 말한다. 장루 및 요루장애는 배변기능장애를 주 증상으로 하는데, 원인은 결장루, 회장루, 요루 등이다. 장루·요루란 복부 밖으로 장관 또는 요관을 꺼내어 인위적으로 장 내용물을 배출할 목적으로 만든 인공적 개구부를 말한다.

15) 뇌전증장애

뇌전증장애는 신경세포가 짧은 시간 동안 과도한 흥분상태를 일으킴으로써 나타나는 발작장애를 주 증상으로 한다. 따라서 뇌전증장애인은 뇌전증에 의한 뇌신경세포의 장애로 인하여 일상생활 또는 사회생활을 하는 데 있어 상당한 제한을 받아 다른 사람의 도움이 필요한 사람을 말한다. 뇌전증은 언제든지 재발할 수 있는 만성적인 질병상태를 말한다. 만성적인 뇌전증에 대한 적극적인 치료에도 불구하고 월 1회 이상 중증발작 또는 2회 이상 경증발작을 포함하여 연 6월 이상의 발작이 있고 이로 인해 협조적인 대인관계가 현저히 곤란한 사람이 해당된다.

4. 장애인복지의 과제

최근 우리 사회가 저출산·고령화 등 인구특성이 변화하면서 장애인에 대한 관점과 인식도 달라지고 있다. 그동안 장애인이 사회적 소수자나 사회적 약자로서 동정과 시혜적 측면에서의 대상이었다면 이제는 권리의 주체로서의 관점이 점차 강조되고 있다. 따라서 장애인복지는 당사자의 욕구를 기반으로 하여 포괄적인 이해와 접근을 통하여 해결해 나갈 필요가 있다. 그동안 장애인복지정책과 서비스는 국내외적으로 장애인복지정책이나 장애인 인권운동 등에 힘입어 가시적인 성과들이 나타난 것은 사실이지만, 아직까지 장애인복지의 저예산과 정책부재 그리고 전문 인력 및 서비스 전달체계 미흡 등 장애인복지의 자원이 양적으로나 질적으로 미흡한 실정이다. 따라서 장애인복지의 바람직한 발전을 위한 주요 과제를 살펴보면 다음과 같다(차흥봉, 2004).

첫째, 장애인의 발생예방을 위한 노력과 의료재활사업을 강화해야 한다.

장애인복지의 기본과제는 장애발생을 예방하여 장애인을 만들지 않는 것이다. 이를 위하여 장애발생예방사업을 강화해야 한다. 모든 국민을 대상으로 의학적 지식을 보급하고, 임신 전·후의 장애예방교육을 실시하는 것, 출산 후 조기발견과 치료대책을 강화하는 것, 산재사고 및 교통사고의 예방 등 후천적 장애발생의 예방사업을 강화하는 것들이 중요한 과제이다.

둘째, 장애인이 경제적으로 자립할 수 있도록 하고, 소득보장제도를 완성해야 한다. 인간다운 생활을 위하여 가장 필요한 것은 경제적 생활보장이다. 경제적 생활을 보장하기 위하여 장애인이 일을 하도록 하는 것이 우선적인 과제이다. 이를 위하여 직업재활사업을 활성화하고 고용촉진제도를 성숙시켜 나가야 한다. 일을 하기가 어렵거나 일을 해도 소득능력이 부족한 장애인을 위해서는 소득보장제도를 확충해야 한다. 국민연금제도상의 장애인연금을 모든 대상자에게 확대 적용하고, 2010년 7월부터 시행하고 있는 기초장애연금제도(보건복지부 내부자료, 2012)의 연금액을 현실적인 물가 등을 고려하여 완성해야 한다. 또한 장애인의 경제적 생활을 지원하기 위하여 현재까지 개발된 각종 할인, 감면, 지원제도는 장애인 고용제도 등과 보완하고 조절해 나가야 할 것이다.

셋째, 장애인복지서비스체계를 완성해야 한다. 장애인복지서비스는 장애인의 생활에 필요한 다양한 욕구를 충족시켜 주기 위한 각종 사회적 서비스를 말한다. 시설을 통한 서비스체계가 그중의 하나이다. 장애인이 입소하여 생활하는 생활시설 중에서는 중증장애인을 위한 요양시설이나 그룹홈 형태의 시설을 발전시켜 나가야 한다. 지금까지 추세로 보면 가정에서 생활하며 서비스를 이용하는 이용시설의 수요가 매우 크다. 따라서 장애인복지관을 비롯한 이용시설을 확충해야 한다. 이들 이용시설은 지역별, 기능별로 고르게 분포되도록 해야 한다. 또한 지역사회내의 서비스 강화를 위하여 2011년 10월부터 기존 장애인활동보조서비스 제도를 개편하여 시행하고 있는 장애인활동지원법(보건복지부 내부자료, 2012)도 급여 대상자를 확대하고 서비스 제공범위를 확대시켜 나가야 할 것이다.

넷째, 장애인의 사회통합을 위한 국가, 사회적 노력을 강화해야 한다. 장애인복지의 궁극적 목표는 장애인이 모든 시민과 함께 더불어 살아가는 사회통합이다. 물질적 환경, 제도적 환경, 의식구조상의 환경 등을 개선하여 장애인이 장애 없이 살아가도록 만드는 일이다. 물질적 환경의 개선을 위해 지금까지 발전시켜 온 편의시설을 계속 확충하여 이를 완성해야 한다. 제도적 환경의 개선을 위해서도 현재까지 발전시켜 온 학교입학, 자격취득, 취업 등 각종 제도를 사회통합적 관점에서 완성해야 한다. 특히, 의식구조상의 환경개선은 장애인의 사회통합을 위해 마지막으로 가장 중요한 과제이다.

제4절 가족복지

1. 가족복지의 기본 개념

가족복지의 개념을 설명하면 가족복지란 전체로서의 가족은 물론 그 구성원들의 사회적 기능수행을 효과적으로 증진시킴으로써 가족구성원 모두에게 행복을 도모하도록 하기 위한 사회복지의 한 분야이다(송성자, 1998, 재인용).

가족복지의 개념은 학자마다 다르게 설명하고 있으며 김상규 외(1983)는 가족의 기능을 유지시키는 것을 말하는데, 국민생활권의 이념에 입각한 가족생활을 보장하는 사회적 모든 노력(제도·정책·기술)의 총칭이라고 하였다. 조흥식 외(1995)는 가족복지란 목적 면에서는 국민 생활권의 기본이념에 입각하여 가족의 행복을 유지시키고자 하는 것이며, 주체 면에서는 가족을 포함한 사회구성원 전체가 되고, 대상 면에서는 가족구성원 개개인을 포함한 '한 단위로서의 가족 전체'가 되며, 수단 면에서는 제도적, 정책적, 기술적 서비스 등 조직적인 제반활동이 되고, 범위 면에서는 사회복지의 한 분야인데 사회복지 개념은 추상적인 목적개념이 아니라 복지라는 목적달성을 위한 현실적인 수단으로서 실체개념을 갖는다고 하였다.

따라서 가족복지에 대한 공통적인 개념으로서 가족복지를 정리하자면 가족복지의 개념은 가족의 욕구를 자력으로 충족할 수 있도록 잠재력을 개발시켜 주거나 가족문제의 예방 및 해결, 가족원의 사회적 기능 수행의 활성화와 생활의 질적 향상 등에 전문적 지식과 기술을 동원한 제도적·정책적·기술적 서비스로, 가족구성원 개인이나 가족 전체에 관심을 두는 과정이다. 이는 가족원의 만족스러운 생활의 이상(理想) 상태를 의미하는 개념인 동시에 그 이상 상태를 지향하는 구체적인 실천 활동까지 포함하는 개념을 말한다(조추용 외, 2006).

2. 현대사회에서의 주요 가족문제

현대사회의 가족문제는 가족규모의 축소, 가족기능의 약화, 가족관계의 평등화 등에서 나타나고 있다고 할 수 있겠다. 가족문제유형으로는 가족해체, 탈선, 결손문제, 구조적 문제 등을 들 수 있다. 이혼, 별거, 가출 등의 해체문제, 부랑아, 비행청소년, 미혼모, 가정폭력, 근친상간 등의 탈선문제와 구조적 문제로는 빈곤가족, 노인부양, 맞벌이가족의 아동부양문제, 다문화가족문제 등을 들 수 있다. 따라서 현대사회에서의 주요 가족문제를 다음과 같이 정리할 수 있다(조추용 외, 2006).

1) 일반적 가족문제

경제적 부양문제, 가족보호기능의 약화문제, 가족통제기능의 약화 혹은 상실문제, 해체가정의 증가에 따른 문제 등 가족의 일체성, 연대성을 약화시키고, 가족의 보호기능, 부양기능이 감퇴하고 있고, 만혼이 늘고 있으며, 또한 빈 둥지 기간이 길어지고, 평균수명의 연장 등 가족주기상의 변화를 들 수 있겠다.

구체적인 문제로는 이혼율의 증가, 부부관계와 친자관계의 평등화, 핵가족화, 기혼여성의 사회활동 참여 증가와 동거부부, 계약결혼, 동성애가족 등 다양한 가족유형이 증가하는 데 따르는 문제가 있다.

2) 가족의 생활주기에 따른 가족의 문제

가족생활주기(family life cycle)는 일련의 인간의 생애주기와 마찬가지로 가족생활에도 탄생에서 소멸까지 일련의 과정의 단계가 있고 그 단계마다 과업이 있다. 이 장에서 가족생활주기는 카터와 맥골드릭(Cater & Mcgoldrick)의 6단계를 단계별로 나누어(결혼전기, 결혼적응기, 자녀아동기, 자녀청소년기, 자녀독립기, 노년기 가족) 설명하고자 한다.

(1) 결혼전기 가족

이 시기는 원가족을 떠나 결혼을 하고 자녀를 낳아 자신의 가족을 이루기 전까지의 기간이다. 가족은 결혼에 의하여 형성된다. 또한 가족생활의 문제를 초래하게 되는 원인은 혼인에 의하여 이루어지므로 배우자 선택은 결혼생활의 행복 또는 불행에 영향을 준다. 가족주기의 첫 단계인 결혼적령기 가족을 위해서는 건전한 배우자 선택이 장래의 건전한 가족을 유지할 수 있는 첩경이라고 할 수 있다.

(2) 결혼적응기 가족

결혼이란 다른 두개의 개체가 변화해서 또 다른 새로운 하위체계를 형성하는 것이다(Cater & Mcgoldrick, 1988; 조추용 외, 2006, 재인용). 서로에게 적응하기 위하여 부부로서 어떻게 함께 생활하며 여가를 보낼 것인가 등 생활양식의 재조정을 요구하며 부모, 형제, 친척들과의 관계도 새로이 재조정되어야 한다. 가족형성기에서의 가족의 목표는 무엇보다도 부부로서의 새로운 생활에 적응함에 있다. 가족생활에 적응하기 위해서 부부는 특별한 상호보완의 기능과 상호적응의 기능을 수행해야 한다. 부부체계는 학습, 창조 및 성장을 촉진시키며 상호적응과정에서 상대의 잠재적이고 창조적인 측면을 일깨워 서로의 장점을 지지할 수 있어야 한다.

(3) 자녀아동기 가족

첫 아이의 탄생과 함께 부부위주가 아니라 자녀를 돌봐야 하는 책임이 요구된다. 부부체계는 서로 손상되지 않고, 상호적 지지를 잃지 않은 채 아동을 사회화시키는 과제를 수행해야 한다. 또한 자녀가 태어나면 그들의 목표가 자녀의 보호양육 및 발달이 되어야 하는데 이때 부모가 서로의 책임을 전가하거나, 한 배우자에게만 자녀양육의 책임을 지도록 하면, 부부 사이가 소홀해지기도 하고, 자녀양육의 능력이 없을 때에는 문제들이 야기된다.

(4) 자녀청소년기 가족

자녀는 급속한 육체의 성장과 성적인 성숙으로 인하여 자기정체감을 확립하려하며 사회에서의 자신의 역할이 무엇인지 찾으려 한다. 즉, 이 시기는 개별적이며 독자성을 지닌 자아를 의식하게 되며 새로운 가치나 사상을 받아들이고 자기평가를 통해 자기상의 확립에 힘쓰는 시기이다. 이 단계에서 가족은 부모와 자녀의 역할규정을 새롭게 할 필요가 있다.

특히 건전한 자녀 청소년기 가족의 유지를 위해서 가족의 구조적 경계가 개방적이어야 한다. 이 시기 청소년이 지각하는 자아존중감은 그들이 지각하는 가족 내의 지지와 밀접한 관련이 있으므로 부모는 자녀들의 욕구나 기대에 대하여 성숙한 반응을 해야 하며 동시에 사춘기 자녀들도 가족 내에서의 자기의 지위나 역할기대를 자각하고 자기 발견과 실현, 자기선택과 결정을 해야 한다.

(5) 자녀독립기 가족

이 시기는 첫 자녀의 결혼에서부터 막내자녀의 결혼이나 사회활동으로 독립된 삶을 확립하는 시기이다. 과거의 가정들은 결혼 후 대부분의 생애과정을 통해서 자녀양육과 자녀결혼에 오랜 기간 동안 속박되어 있었다. 그러나 출산율 저하와 노령화로 인하여 부모들은 자녀들을 분가시킨 후 부부가 함께할 수 있는 시간이 늘어나면서 문제가 발생할 수 있다. 그렇다고 이 시기는 어떤 가족들에게는 결실과 완성의 시기로 받아들일 수 있기도 하고, 또 부부관계가 좋지 못하거나 새로운 직업이나 사회활동을 할 수 있는 준비도 되어 있지 않은 가족들은 공허감, 상실감, 우울, 와해를 경험할 수도 있다. 그렇게 되지 않기 위해서는 이전 단계에서부터 미리미리 새로운 삶의 활동을 준비해야 한다.

(6) 노년기 가족

이 시기에는 경제적으로 불안정하고, 심리적, 신체적, 사회적으로 의존적이며, 도움을 가장 필요로 하는 노년기의 가족은 대부분 고독한 생활을 하게 된다. 이들은 생리적 기능의 약화, 사회생활의 은퇴 및 경제적 수입의 저하 등으로 대인관계나 사회관계에 있어서 상처받기 쉽고 고독감과 타인들로부터 받는 경시와 무관심 때문에 자존심을 상하게 되고 불안을 느낀다. 특히 배우자의 죽음은 가장 큰 스트레스가 되는데, 이러한 상실을 대치할 수 있는 사회복지 대책이 매우 필요하다.

3. 가족복지실천에 따른 가족유형

가족은 가족유형(구조), 가족기능, 가족주기 등 여러 가지 기준으로 연구되고 있는

데 그중에서도 가족유형은 가족의 특성이나 구성원의 발달과 가족관계 및 가족문제를 보는 중요한 틀이며 가족의 변화에 있어서 가장 가시적인 특성이기도 하다. 가족구조는 역사적으로 볼 때, 두 번의 눈에 띄는 변화과정을 겪는데 하나는 농경사회에서 산업사회로 이동하였을 때와 다른 하나는 후기 산업사회에서 지식·정보사회로 이동했을 때이다(이소희, 2004). 전자는 확대가족이자 대가족형태에서 핵가족이면서 소가족형태로 변화한 것이며 후자는 핵가족 형태에서 분화되거나 수정된 형태로 변모하고 있다. 이러한 변화는 전통적인 핵가족을 가정하고 있는 현재 우리 사회에서 새로운 인식을 요구한다. 현재는 공식적·비공식적 지원체계의 결여로 인해 분화, 수정된 가족이 적응하는 데 어려움을 겪고 있어 가족복지적 차원의 분석과 지원이 필요하다. 여기서는 1980년대 이후 뚜렷한 증가세를 보이고 있는 한부모가족, 재혼가족, 무자녀가족, 독신가족, 동거가족과 그 외 핵가족이지만 부부가 공히 경제활동을 함으로써 전통적 핵가족의 기능 수행에 어려움이 있는 맞벌이가족의 특성과 문제를 간략히 다루고자 한다.

1) 맞벌이가족

제2차 세계대전 후 이상적인 가족유형으로 자리 잡게 되었던 전통적인 핵가족은 가족부양자로서의 아버지와 전업주부인 어머니, 그리고 미혼의 자녀로 구성되었다. 핵가족에서 성인여성의 역할은 가계를 꾸리고 자녀를 양육하고 병자나 장애인을 수발하는 돌봄노동 담당이었다. 그러나 여성의 사회진출이 급격히 늘어나면서 맞벌이가족이 크게 증가하고 있다.

맞벌이가족은 시장경제원리가 적용되는 자본주의 사회에서 생계를 위해 저소득계층에서 먼저 나타나기 시작해 차차 다른 계층으로도 확산되고 있다. 맞벌이가족은 그 목적과 상황에 따라 서로 다른 특성을 보여 주는데 먼저 가족의 재정적 필요성에 의해 부부가 자발적, 비자발적으로 취업하는 생계유지형 맞벌이가족이 있고, 생계에 위협을 받지는 않지만 보다 나은 경제적 여유를 위해 취업하는 내·외조형 맞벌이나 자아실현형 맞벌이 두 가지 모두 자발적인 취업이다. 취업으로 인한 수입이 불필요한 것은 아니라는 점에서는 생계형 맞벌이가족과 비생계형 맞벌이가족으로 단순화할 수 있을 것으로 보인다.

맞벌이가족이 겪고 있는 가장 큰 어려움은 출산 및 자녀양육과 관련된 문제로서 자녀가 어릴수록 이로 인한 스트레스가 심하다. 임신·출산 시 직장생활에서의 불리한 처우나 적절한 보육서비스의 부재, 또는 학동기 아동의 경우 자녀의 학교생활에 대한 부모참여기회의 박탈과 같은 것이라고 할 수 있다. 특히 우리나라처럼 자녀의 교육과 보호가 사적인 영역에의 의존도가 높을 경우 맞벌이가족 아동의 교육과 보호의 질 문제는 매우 심각하다고 할 수 있다. 더욱이 최근에는 직장일로 인해 부부가 떨어져 지내다 주말, 혹은 더 드물게 만나는 분거(分居)가족이 증가하면서 자녀출산과 양육의 문제는 더욱 큰 과제가 되고 있다.

이외에도 가족 내 환자나 장애인, 또는 수발이 필요한 노인이 있을 경우 필요한 보호노동을 제공받을 수 있는 사회적 지원체계는 아직도 많은 부분 비공식적 체계에 의존해야 하기 때문에 맞벌이가족은 어려움이 많다. 맞벌이가족의 문제는 단순히 아동양육과 관련한 아동복지정책뿐 아니라 여성복지, 가족복지 등 다양한 복지영역의 정책적, 실천적 서비스 부재와 관련되어 있다.

2) 한부모가족

한부모가족이란 사망, 이혼, 실종, 사생아 출산(미혼모) 등의 이유로 부모 중 한쪽이 부재하는 가족형태를 말하며 결합형태에 따라 부자가족, 또는 모자가족으로 구체화할 수 있다. 한부모가족의 증가추세는 세계적인 현상으로 미국의 경우에는 전체 가족의 50%가 다양한 이유로 인한 한부모가족이라고 하며 우리나라에서도 차차 늘어나고 있다. 아직은 모자가족(2005년 972,267가구)이 부자가족(2005년 234,902가구)에 비해 3.5배 정도 더 많지만 증가율은 부자가족이 더 높은 편이다. 모자가족의 경우 주 원인이 배우자의 사망인 반면, 부자가족은 이혼이 더 큰 비율을 차지하고 있고, 1985년에 비해 2006년의 한부모가족 발생원인으로서의 이혼이 147%나 증가하여 전반적으로 한부모가족 발생은 이혼율 증가가 가장 큰 요인임을 알 수 있다(통계청, 2006).

한부모가족은 개인차가 있겠으나 일반적으로 볼 때, 양친부모가 있는 가족에 비해 전형적으로 경제적 형편이 좋지 않거나 간혹 덜 기능적이라고 할 수 있다. 최근 이혼

할 때 어머니가 자녀를 양육하는 경우가 80% 이상인데 생계를 위해 어머니가 취업을 함으로써 자녀보호와 양육상의 어려움이 특히 지적되고 있다. 한부모가족은 한부모가족이 된 직접적인 원인(사망, 실종, 이혼, 미혼모)과 주위 상황(경제력, 취업유무, 가족의 크기, 자녀의 연령, 비공식적 지지체계)에 따라 일부 다르지만 공통적으로 크게 세 가지 정도의 문제에 직면하게 된다. 우선 경제적 문제로서 한쪽 배우자의 상실로 인한 소득의 감소와 주택문제가 있는데 모자가족의 경우 더욱 심각하다. 두 번째로는 자녀양육문제로서 보호자의 부재상태와 역할모델의 상실이 있으며 세 번째로는 심리사회적 역할수행의 부담으로 스트레스와 갈등을 겪게 된다. 때로 자녀의 부적 소외감으로 인한 대인관계의 어려움을 겪기도 한다.

한부모가족의 문제는 한부모가족이 된 원인, 가족의 상황적 요인에 따라 차이는 있지만 일반적으로 보아 모자가족의 경우 경제적 곤란이 부자가족보다 더 크고, 역할재조정에 따른 역할과중이 더 심하게 나타나는 것으로 보인다. 반면 부자가족의 경우는 모자가족에 비해 가사문제를 비롯한 가정관리의 문제에서 더 많은 어려움을 겪는다. 따라서 한부모가족에 대해서는 수요자의 욕구에 맞는 다양한 보육서비스(시간제, 휴일, 야간제, 방과후 보육, 환아(患兒)보육)의 개발과 공보육화, 소득지원, 세제지원 및 주거지원, 이혼 시 양육비부담의무제 도입, 한부모자조집단의 활성화, 가족상담 등 심리사회적 지원체계의 도입과 같은 다양한 정책적·임상적 지원이 필요하다 하겠다.

3) 무자녀가족

무자녀가족은 부부가 합의하에 부부 중심의 생활이나 삶을 즐기기 위해 자발적으로 무자녀를 선택한 가족형태를 말하며 아이가 없는 신세대 맞벌이 부부를 DINK족(DINK: Double Income No Kids)이라고 부르기도 한다. 지금까지는 결혼한 부부에게 있어 자녀양육은 결혼생활의 중심이 되어온 과업이었으며 한 사회집단을 가족으로 명명하는 데 필수조건으로서 가족유지의 핵심적 요소였으나 최근 들어 다양한 이유로 자녀를 두지 않는 무자녀가족이 차차 증가하고 있다. 2005년 조사에서 가구주의 연령이 30~34세인 전체가구의 약 8.4%가 무자녀가족으로 나타나고 있다(인구주택총조사, 통계청, 2005). 이는 동일한 연령집단의 미국의 무자녀가족 비율인 18.4%(US Census

Bureau, 1998)에 비하면 상당히 낮은 것이나 그 변화의 폭은 상당한 것이다(한국여성복지연구회, 2005).

무자녀가족 현상이 한때는 의학적·생물학적 이유인 불임으로 이해되기도 했으나 이제는 이러한 이해를 넘어서서 '부부 중심의 삶을 위해서', '자녀양육의 비용과 고통이 너무 커서', '현재의 세상이 자녀를 낳아 기르기에 적합하지 않고 위험해서'와 같은 이전에 볼 수 없었던 이유도 있어 다양하다. 즉, 자발적 무자녀가족과 비자발적 무자녀가족을 포괄하는 개념인 것이다. 따라서 무자녀가족은 유자녀가족과 대립되는 이분법적인 개념이라기보다는 일종의 연속선상에 있는 과정적인 개념으로, 다양한 개인적·사회적 환경에 따라 만들어지는 '진행형의 실천'이라고 보는 것이 합리적이라는 의견(이소희, 2004)도 있다. 즉, 무자녀가족이란 부부가 자신들이 처한 각 상황 속에서 자신들에게 가장 적합한 대안을 모색하는 과정에서 만들어진 '과정적인 현상'이라는 것이다. 무자녀가족은 유자녀가족에 비해 이혼이 좀 더 손쉽게 결정될 수 있어 가정해체의 위험이 클 가능성이 있으며 노후의 사회적 지원체계로서의 자녀가 없어 노후 지원체계에 대한 대비에 주의를 기울여야 한다.

4) 동거가족

동거는 혈연관계나 친족관계가 아닌 두 남녀가 결혼을 하지 않고 합의에 의해 함께 사는 것을 말한다. 미혼남녀가 결혼 전 시험적 공동생활을 하는 것부터 자녀를 두고 실질적이고 사실적인 결혼생활을 하는 경우, 그리고 전혼의 자녀들을 데리고 사는 재혼의 형태이지만 경제 등 다양한 이유로 법적인 결혼절차만을 결(缺)한 경우를 모두 포함한다. 외국에서는 동거가 예비결혼의 성격이나 또는 법적 절차를 생략한 정상적 결혼의 성격을 띠고 있어 법적인 가족과 거의 동일하게 인정되고 있기도 하다. 1995년 핀란드의 출생아 중 55%가 법적인 혼인과 관계없이 탄생하였고 그 비율이 유럽을 중심으로 차차 증가하고 있다는 것은 미혼모도 있겠지만 동거가족이 그만큼 늘어나고 있고 이들이 자녀를 양육하는 데 있어 사회적으로 불이익이 없도록 제도가 개편된 것도 한 요인일 것이다.

우리나라에서는 일부 젊은 층의 진보적 형태로, 또는 저소득계층에게서 찾아볼 수 있었는데 최근 미혼의 젊은이들이 교육 또는 직장생활을 위해 부모로부터 분가하여 생활하는 비율이 증가하면서 동거인구도 차차 늘어나고 있다. 현재의 산업화 정보화된 생활양식에 따라 부모를 떠나 독립적인 주거를 가지고 생활하는 젊은이들이 경제적 욕구, 외로움, 성생리적 욕구, 생활상의 편익 등을 이유로 결혼보다 책임과 부담이 덜하고 일시적이며 계약적 성격을 가지고 있는 동거를 새로운 대안으로 선택하는 경향이 높아지고 있는 것이다.

문제는 충분한 준비와 인격적 성숙이 덜한 상태에서 실제적인 욕구충족의 대안으로 동거가 선택되었을 때 성의식의 약화, 정상적 결혼의 지연, 임신과 출산의 문제 등이 등장할 수 있다는 것이다. 혼전 동거 커플의 결혼률이 50%를 밑도는 통계수치는 이를 증명하고 있다. 특히 아직까지 우리 사회에서는 인습적·법적·제도적 제한을 많이 받고 있는 것이 사실이다. 또, 자녀를 두고 있는 동거가족의 경우, 범적 혼인가족에 비해 가족해체가 보다 쉽고, 가족해체에 따른 자녀 양육의무나 양육비지급 등이 법적으로 보장되지 않기 때문에 더 많은 주의가 요구된다.

5) 독신가족

독신가족은 1인가구라고도 하는데 주로 결혼을 하지 않고 혼자 사는 독신 비혼가구와 노인단독가구로 구성된다. 1인가구는 꾸준한 증가추세를 보여 1960년에는 2.3%였던 것이 1990년에는 4.8%, 1990년에는 9%, 그리고 2055년에는 전체 가구 수의 12.5%에 달하였고 앞으로도 매년 전년대비 34%의 증가율을 보일 것으로 추정되고 있다(통계청, 2006). 독신가족의 증가이유와 주요 가족문제는 독신비혼가구와 노인단독가구 유형에 따라 각기 다른 특성을 가지고 있다.

독신비혼가족은 개인주의적 가치관과 자아실현욕구의 확산이 맞물려 혼인을 통해 가족을 부양하면서 양보하고 희생하기보다 자기 자신의 가치실현에 더 큰 의미를 두는 경우가 많다. 또 최근 경제력 있는 미혼남녀들이 늘면서 오피스텔, 원룸 등 독신가구에 적합한 주거형태가 늘고, 산업화·정보화된 생활양식이 동반자가 없이도 혼자서 생활을 꾸려 나갈 수 있도록 지원해 줌에 따라 결혼의 대안으로 확산되고 있다. 미혼성인남녀의 독신비혼가족의 비중은 1960년 1% 미만에서 2005년에는 9%까지 급격한 증가를 보여 준다. 2005년 대학생 대상의 한 조사에서는 여자대학생의 60%가 결혼은 '하지 않을 수도, 할 수도 있는' 선택사항이라고 답해 의식의 변화를 보여 주고 있다. 물론 여기에는 여성의 사회진출에 따른 경제력 확보가 기반이 된다고 보아야 한다(통계청 내부자료, 2006).

6) 재혼가족

재혼가족에 대한 용어나 개념 정의는 다양하다. 재혼가족은 재결합가족, 이중핵가족, 재구성가족, 혼합가족 등의 용어들로 불리기도 한다. 일반적으로 이는 재혼가족의 하위영역인 계부모가족과 재혼가족을 혼용 혹은 동일시하는 것이라 할 수 있다(박은주, 2004) 이와 비슷한 용어로는 의붓가족, 계부모가족이라는 용어가 사용되고 있다. 이는 아동의 입장에서 생부모가 아닌 부모와 아동으로 이루어진 가족형태를 표현한 것으로, 실제로 재혼의 경우 이혼자의 재혼이 많고 유자녀 이혼이 압도적으로 많은 현실을 고려할 때 재혼가족의 대부분은 의붓가족으로 명명하는 경우도 있다(장혜경·민가영, 2001)

재혼가족은 한 명 이상이 초혼이 아닌 성인남녀의 재결합을 의미한다. 현재 미국에서의 재혼가족은 배우자 한쪽이나 양쪽 모두 재혼 이상의 결혼으로 자녀가 있거나 없으면서 하나의 가구를 구성하는 남편과 아내로 구성된 가정으로 정의된다(권진숙 외, 2006).

재혼가족은 여러 유형으로 분류될 수 있는데 공식적으로 사용되는 재혼유형은 대표적으로 성별과 초혼·재혼을 조합하여 남녀재혼 유형을 구별하는 인구조사 방식이다. 이 유형에서는 재혼남과 재혼녀, 남재여초, 남초여재의 유형으로 구분하는데 우리나라의 경우 남재여초의 재혼이 가장 많았던 과거와 달리, 최근에는 점차 남녀 모두 재혼인 경우가 늘고 있으며 재혼인 여성과 초혼 남성의 결합도 증가하고 있어 재혼의 유형에도 인구학적인 변화가 있음을 알 수 있다(장혜경, 2001).

이와 같이 재혼가족은 여러 유형으로 구분할 수 있는데, 재혼가족이 안고 있는 주요 문제를 살펴보면 다음과 같다. 재혼가족은 초혼가족과 다른 특성을 가진 것으로 나타나고 있는데, 이러한 특성을 크게 세 가지로 정리할 수 있다(권진숙 외, 2006).

첫째, 구조적 특성으로서 재혼가족의 구조는 복잡하고 그 경계는 모호하고 항상 변화하기 때문에 재혼가족의 역할 정의가 모호하다는 것이다.

둘째, 역동적 특성으로서 재혼가족은 개인과 결혼, 가족생활주기가 서로 일치하지 않는 가족원이 동시에 서로 다른 발달단계에 직면할 수 있으며 두 가족의 문화를 합쳐야 하는 특성을 지닌다. 또한 재혼가족구성원은 서로 분리된 충성심을 느낄 경우 법적 지위와 현실의 괴리 속에 생활할 수 있다.

셋째, 발달적 특성으로서 재혼가족은 많은 변화를 경험한다. 재혼가족은 많은 상실에 적응하여야 하며, 복잡한 가족역사를 가지고 있다는 특성을 가진다. 재혼가족은 재혼가족 형성을 결정하는 순간부터 가족원들이 서로 적응하는 과정에서 많은 어려움을 경험하게 된다. 그 이유는 재혼을 통해 새로이 형성된 형제관계, 친인척관계에 적응하고 이 관계들을 재혼 전의 가족체계 속 관계망들과 함께 유지해야 하기 때문이다. 재혼과정에 따라 단계별 어려움의 내용을 살펴보면 다음과 같다.

〈표 11-6〉 재혼단계별 어려움의 내용

단계	1순위	2순위	3순위
재혼 결심단계	• 재혼가족에 대한 긍정적 사회인식 미비	• 재혼가족임을 사람들이 아는 것	• 경제적 문제 • 가족 내에서 자신의 책임(위치)과 역할에 관한 것
재혼 준비단계	• 경제적인 문제	• 재혼가족임을 사람들이 아는 것 • 배우자와의 재혼생활에 대한 확신 여부 • 친자녀의 적응문제	• 재혼가족임을 사람들이 아는 것
재혼 초기단계 (재혼 초기 5년)	• 경제적인 문제 • 친자녀의 姓문제	• 재혼가족임을 사람들이 아는 것	• 친자녀의 적응문제
재혼 중기단계 (재혼 5년 이후)	• 경제적인 문제	• 새엄마에 대한 편견 • 경제적인 문제 • 배우자와의 관계 • 처가 및 시댁 식구와의 관계	• 재혼가족임을 사람들이 아는 것 • 처가 및 시댁식구와의 관계

출처: 권진숙 외(2006). 가족복지론.

이러한 어려움의 요인들은 자칫 재혼가족의 안정성을 위협할 수 있다. 가족 안정성은 어떠한 유형의 가족구조를 가지더라도 가족의 경제적 기능과 정서적 기능에 대한 전반적인 만족도, 경제적 기능 및 정서적 기능과 더불어 가족원들 간의 상호관계, 그리고 노부모나 환자부양 등 가족의 부양기능까지 모두 포함하여 매우 중요한 가족의 기반이 된다(변화순, 2000). 따라서 재혼가족에서는 특별히 새로운 가족형성에 의한 가족관계에서의 역할과 가족원 간의 친밀성 및 유대감을 형성하고 유지하는 것이 중요한 과업이라고 할 수 있다.

7) 다문화가족

최근 거스를 수 없는 세계화가 국가 간의 인적 교류를 유례없이 활발하게 만들고 있는 가운데 우리나라에 체류하는 이주노동자(외국인근로자)와 더불어 우리나라 국민과 외국인 간의 국제결혼이 급격히 증가하고 있다. 국제결혼을 통한 가족의 형성은 우리 사회가 1950년대부터 목도해 온 것으로 새삼스러운 일은 아니지만, 최근 들어 두드러진 현상 중의 하나가 한국인 남성과 외국인 여성이 결혼하는 유형이 매년 증가하는 동시에 국내에 거주하는 여성결혼이민자 가족이 급증하고 있다는 것이다(박종보, 2007).

다문화가족의 기술적인 정의는 한 사회 내의 다양한 가족문화의 존재를 말하는 것이다. 한국에서 다문화가족의 법률적 정의는 '다문화가족지원법'에 의하면 '결혼이민자(혹은 귀화자)와 한국인으로 이루어진 가족'(도미향, 2009)을 말한다.

이러한 정의에 따라 한국에서의 다문화가족은 크게 '외국인이주노동자가정'과 '결혼이민자가정'으로 구분할 수 있는데, 우선 외국인이주노동자가정은 한국인과 외국인이주노동자의 결혼으로 형성된 국제결혼가정이 있고, 외국인이주노동자로 국내에 유입되어 외국인이주노동자 간에 결혼하여 형성된 외국인이주노동자가정이 있다. 그리고 이미 본국에서 결혼하여 형성된 가족이 국내에 외국인이주노동자로 이주한 이주가정 등 다양한 형태를 말한다. 외국인이주노동자들은 국내 취업 역사가 길어짐에 따라 생산기능직 외국인노동자 중에서도 여러 가지 형태로 가족을 동반하여 거주하거나, 국내에서 가족을 형성하는 사례가 종종 발견되고 있으며, 그 가족구성원에 아동이 포함되어 있는 경우가 적지 않다(정일선, 2008).

다음으로 국제결혼이주가정은 1990년대 '농촌 총각 장가보내기 운동'의 일환으로 시작되었던 것이 특정 종교단체의 종교적인 신념으로 대규모 집단 국제결혼이 성사되면서 활성화되었고, 이어 결혼중개업자가 주도하여 외국인 여성이 한국으로 와서 결혼생활을 하게 되는 경우가 대부분이다. 특히 아시아 지역에서 '이주노동자의 여성화' 현상이 두드러지고 있는데 여성결혼이민자들은 성(gender)과 전지구화(globalization) 및 이주(migration) 현상으로부터 복합적인 영향을 받고 있다. 그들은 친정과 시댁의 생계를 책임지는 노동자이면서 아내, 어머니라는 가족 내의 지위를 가짐과 아울러, 두 나라의 시민자격이 교차하는 복합적인 지대에 자리 잡고 있다. 더구나 이제까지 사적인 영역으로 간주되어 왔던 가사 노동과 섹슈얼리티의 영역도 돈으로 매개되는 주요한 경제영역으로 되고 말았다(Jones and Pratten 1999; 최영인, 2008, 재인용).

우리나라의 다문화가족의 현황을 국제결혼 현황, 국적별 국제결혼 현황, 시도별 국제결혼 이주자 현황으로 구분하여 살펴보면 다음과 같다.

우선, 국제결혼 건수와 비율을 〈표 11-7〉과 같이 살펴보면 2010년도에 국제결혼이 34,235건으로 가장 많이 나타났으나 이후 조금씩 하향되어 2017년도에는 20,835건으로 나타났다. 특히 한국남자와 외국여자의 결혼이 한국여자와 외국남자의 결혼에 비해 훨씬 높게 나타나 외국여성과의 결혼비율이 높음을 알 수 있다.

〈표 11-7〉 국제결혼 현황

(단위: 건, %)

구분	2010	2011	2012	2013	2014	2015	2016	2017
국제결혼 총건수	34,235	29,762	28,325	25,963	23,316	21,274	20,591	20,835
한국남자 외국여자	26,274	22,265	20,637	18,307	16,152	14,677	14,822	14,869
한국여자 외국남자	7,961	7,496	7,688	7,656	7,164	6,597	5,769	5,966

출처: 통계청(2018), 인구동태통계연보 재구성.

이와 같이 최근 다문화가족이 증가하고 있는데, 다문화가족의 주요 문제를 살펴보면 다음과 같다.

첫째, 의사소통의 불편함과 문화의 이질성이다. 결혼을 하고 한국에 정착한 외국인 배우자의 경우 가장 먼저 부딪치는 어려움은 언어를 통한 의사소통 문제이다. 언어소통의 문제는 생활 전반에서 오는 문화적 차이를 극복할 수 있는 통로를 원천적으로 가로막는데, 함께 생활하는 가족뿐 아니라 배우자와도 언어소통이 원활치 못하다 보니 사소한 오해가 더 큰 부부문제로 이어질 수 있을 뿐더러 언어단절이 경우에 따라선 정서적 단절로 이어지기까지 한다(김승권, 2004).

둘째, 사회의 편견과 차별이다. 가부장적 혈연 중심의 사회가치관과 인종 및 저개발국가에 대한 문화적 편견은 외국인 배우자의 국적이 선진국이냐 후진국이냐에 따라 사회적 시각을 달리하고 이들 외국인 배우자에 대한 한국 사회로의 문화적 흡수를 더디게 한다. 특히 외국인 배우자의 국적에 대한 편견은 외국인 배우자뿐 아니라 이들 부부의 자녀에게도 차별적으로 나타나는데, 선진국의 경우는 부러움과 배려의 대상이 되지만 후진국이나 개발도상국인 경우는 이들에 대해 우월의식을 갖고 냉대하거나 차별하는 경향이 있다. 이러한 사회적 분위기 속에서 외국인 배우자는 이웃과 직장 등 지역사회에서 따돌림 당하여 소외감과 정신적 긴장감에 놓이게 될 뿐 아니라 가족형성 및 적응과정에서 많은 문제를 초래할 수 있다(임경혜, 2004).

셋째, 폭력과 학대이다. 최근 들어 결혼이민자 여성의 사기결혼, 폭력, 학대 등이 사회문제로 대두되고 있다. 보건복지부의 실태조사를 보면 농촌지역 외국인 배우자 4명 중 1명은 남편에게 구타를 당한 적이 있음에도 불구하고 이들이 상담할 곳이 전혀 없는 것으로 조사되었고, 실제로 이들 결혼이민자 여성의 안전을 보장할 사회적 안전장치가 미흡하다는 것이다.

이들 결혼이민자 여성들은 한국 문화와 언어에 미숙하여 폭력이나 학대에 제대로 대응하지 못할 뿐더러 한국 국적 취득을 위해서는 한국인 배우자와 2년 이상 동거하며 혼인상태를 유지해야 하기 때문에 이러한 폭력 상황을 외부에 노출시키거나 도움을 요청하기 어려운 게 현실이다(권진숙 외, 2006).

넷째, 사회제도의 미흡이다.

외국인 배우자가 한국 국적을 취득하지 못했거나 불법체류 상태인 경우 국제결혼가족은 국민연금 및 건강보험 등 사회보장의 사각지대에 존재하게 된다. 현행 국민기초생활보장법에 따르면 외국인 배우자는 국적법 제6조의 간이귀화를 한 후 한국국적을 취득할 때까지 배우자가 속한 가구의 국민기초생활보장법상의 수급권을 받는 가구라도 외국인은 수급권이 존재하지 않는다(김승권, 2004).

이러한 결혼이민자의 인권 및 생활보장에 제약이 되는 법적 제한점을 보완하고자 정부는 '결혼이민자가족의 사회통합지원대책'과 '혼혈인 및 이주자의 사회통합 기본방향'을 발표하였다. 한국남성과 결혼해 국내로 이주한 외국 여성의 경우 생활능력이 없고 국적 취득을 못했을지라도 최저생계비와 의료서비스를 제공하고, 한국국적의 18세 미만 자녀를 양육하는 여성 결혼이민자들에게 2007년부터 국민기초생활보장법 수급권자로서 지원을 받을 수 있도록 하는 것으로서 이들의 사회보장을 위한 제도적 지원책을 마련하고 있다(보건복지부, 2008).

4. 가족복지의 과제

가족복지의 과제를 보건복지부의 가족정책 방향에 맞추어 제시하면 다음과 같이 방안을 제시할 수 있다.

첫째, 보편적·예방적 가족정책이 추진되어야 한다. 정부의 가족정책의 기본방향이 보편적·예방적 가족정책추진에 발맞추어 가족복지의 과제도 특별한 욕구가 있는 취약계층의 가족복지 중심에서 중산층 이하 대부분의 가족으로 정책대상이 확대되어야 한다. 프로그램으로는 가족의 돌봄 지원, 일과 가정의 양립 지원 등 사전·예방적 기능이 강화되어야 한다.

둘째, 국가와 가족, 지역사회의 파트너십이 강화되어야 한다. 가족복지가 공급자중심이 아니라 수요자 관점에서 가족의 다양한 선택이 보장되고 다양한 주체 및 자원의 협력체계가 구축되어야 한다.

셋째, 가족정책의 통합적 지원망이 구축되어야 한다. 가족복지서비스체계가 개선되어 아동, 노인 등 개별복지정책과 통합성이 강화되어야 하고, 다양한 민관서비스전달체계와의 연계를 강화하여 복지네트워크가 활성화되어야 한다. 변화하는 사회 속에서 다양한 가족형태가 늘어나고 있고 이혼, 재혼, 입양, 분배정책, 재분배정책 등 복잡하고 다양한 문제와 욕구해결을 위해 법체계를 마련하고 법체계를 고려한 확실한 가족복지정책의 방향이 필요하다. 가족복지정책의 방향도 보다 더 가족기능의 유지·강화를 돕도록 해야 하고 이를 위해서는 사회보장, 직업보도, 보건위생, 교육, 주택, 건전한 지역사회 관계와 시설, 문화활동과 상담가정원조서비스, 보육서비스 등 예방적, 치료적 기능이 강화되어 실제적으로 가족의 기능을 도울 수 있도록 체계적이고 포괄적인 정책이 이루어져야 한다. 또한 가족성원들이 이러한 정책에 속하는 제도적 기관들을 효과적으로 활용하도록 하여 그들의 사회생활과 가족생활을 조화롭게 하도록 돕는 가족복지서비스여야 한다.

꼭 알아야 할 내용

- 아동복지의 개념과 실천 대상
- 청소년복지의 개념과 실천 대상
- 노인복지의 개념과 노인문제
- 장애 및 장애인복지의 개념과 장애범주
- 가족복지의 개념과 가족문제

Chapter 12

사회복지의 실천분야 Ⅱ

사회복지실천분야는 현대 산업사회 구조 속에서 점점 다양해져 가는 클라이언트의 욕구에 부응하기 위해 더욱 세분화된 복지서비스 전달체계를 지녀야 한다. 특히 복지 사각지대에서 인권(人權)을 보장받지 못했던 소외계층의 욕구충족을 지원하는 인식과 아울러 실천의 변화가 발전되고 있다.

본 장에서는 사회복지실천분야로 지역사회복지, 의료 및 정신보건, 학교사회복지, 산업복지, 교정복지, 기타(군 사회복지, 외국인노동자복지, 탈북이주자복지, 농촌복지)로 구분하여 살펴보고자 한다.

제1절 자원봉사

1. 자원봉사의 개념과 요소

'자원봉사(自願奉仕)'란, 스스로 자발적인 동기하에 남을 돕는 일체의 활동을 의미한다. 특히 최근 자원봉사는 기업의 사회공헌 활동이 활발히 이루어지고 있어서 자원봉사의 사회적 기여는 더욱 확대되고 있다.

자원봉사는 개인·지역사회·국가에게 다양한 기여를 하게 되는데, 우선 개인에게 있어서는 여가선용의 건전한 방법, 소속감과 안정감, 특히 아동 및 청소년에게는 바람직한 인성을 함양하는 기능을 하게 된다. 지역사회 측면에서 자원봉사는 사회구성원들이 연대적 책임과 자발적 참여를 통해 사회문제를 해결하는 기능을 하게 된다. 즉, 국가적인 측면에서 자원봉사는 공적인 서비스의 한계성을 극복하고 국민의 다양한 사회복지 요구 증대에 적극적으로 대응하여 복지공동체를 건설하는 기능을 하게 된다.

자원봉사의 개념은 나라마다, 학자마다 다양하게 정의하고 있다.

첫째, 「미국의 사회사업백과사전」은 '자원봉사'란 개인·집단·지역사회에서 발생하는 다양한 사회문제의 영향을 예방, 통제, 개선하기 위하여 보수 없이 자발적으로 참여하는 다양한 행위로 정의하고 있다.

둘째, 「한국사회복지협의회」는 '자원봉사'란 사회문제의 예방 및 해결 또는 국가의 공익사업을 수행하고 있는 공사(公私)조직에 자발적으로 참여하여 반대급부를 받지 않고 인간존중의 정신과 민주주의의 원칙에 입각하여 필요한 서비스를 제공하고 이타심의 실현과 자기실현을 성취하고자 하는 활동으로 정의하고 있다.

자원봉사가 지니는 특징적 요소는 ① '자발성'으로 타인의 강요에 의하지 않고, 자신의 의지와 생각에 의해서 하는 활동을 의미한다. ② '이타성'은 자신의 이익이나 목적을 위한 것이 아닌 타인을 존중하고 이웃과 더불어 살아가는 것을 말한다. ③ '무보수성'은 자원봉사의 대가로 금전적인 보수를 바라지 않는 것을 의미한다. ④ '지속성'은 일회성이 아니라 의도되지 않고 계획된 활동에 의해서 지속적으로 봉사를 실천하는 것을 의미한다.

2. 자원봉사 활동 분야

1) 자원봉사 네트워크 단체

자원봉사 활동은 자원봉사센터를 중심으로 아래의 사회복지 관련 기관 및 시설들과 연계하여 지역사회문제에 대해 공동으로 접근하고 있다(김범수 외, 2012).

(1) 자원봉사센터

시·군·구 단위의 자원봉사센터 네트워크 활동은 특히 지역 내 사회복지협의회와 연계하여 활발한 후원모금 및 지역시설과 연계된 지원 등 다양한 활동을 전개하고 있다. 자원봉사센터의 주요활동은 기관과의 네트워크 활동이지만, 지역 내 주민을 대상으로 각종 모금행사, 김장봉사, 연탄봉사, 무료급식, 사랑의 집짓기 등의 활동을 하고 있다.

(2) 한국자원봉사단체협의회

한국자원봉사단체협의회는 1992년 10월 한국자원봉사단체협의회에 관한 필요성을 인식하고 준비위원회를 구성하여 오다가 1994년 4월 한국자원봉사단체협의회의 명칭으로 출발하고, 2003년 6월 명칭을 개정하여 활동하고 있다. 한국자원봉사단체협의회는 2005년 자원봉사 활동기본법이 제정되기까지 중심적인 역할을 해오고 있다.

(3) 한국자원봉사센터중앙회

한국자원봉사센터중앙회는 2000년 12월 한국자원봉사센터협의회로 출범한 이래, 2009년 7월 한국자원봉사센터중앙회의 명칭으로 변경하여 활동 중이다. 한국자원봉사센터중앙회의 전국자원봉사자 관리자 대회와 자원봉사 컨퍼런스 등을 통해 자원봉사센터의 네트워크를 통한 활동을 해 왔다. 광역자치단체별로는 자원봉사센터협회가 조직되어 있어 광역단체별 자원봉사 네트워크를 활용하여 자원봉사 발전에 기여해 왔다.

(4) 한국자원봉사포럼

한국자원봉사포럼은 1995년 1월 창립총회를 통해 출범하였고, 자원봉사에 관한 이슈를 중심으로 자원봉사 네트워크 활용에 관한 내용을 전개하고 있다. 주요활동으로는 ① 1999년 3월 시민자원봉사헌장의 제정 및 공포, ② 2004년 자원봉사학회의 창립, ③ 2007년 뉴스레터 VOLUNTAS 창간, ④ 2010년 11월 3일 100회 포럼 개최 등의 네트워크 사업을 해 오고 있다.

2) 자원봉사 주체별 현황

(1) 청소년 자원봉사

청소년 자원봉사의 개념은 청소년 시기의 특징인 자아정체성을 확립해 나가고, 공동체의식과 상부상조 정신의 기회를 배울 수 있는 특징을 지닌다. 특히 청소년 자원봉사 활동은 체험학습을 통해 개인적 만족감을 증진시키고 사회참여의 기회와 사회적 책임을 실천하는 기회가 된다.

우리 사회에서 청소년 자원봉사가 지니는 의의와 사회에 미치는 효과는 무궁무진하다고 볼 수 있으며, 다음과 같이 요약할 수 있다.

첫째, 자원봉사 활동은 청소년에게 경험적 학습의 기회를 제공한다. 실제적으로 청소년이 자원봉사 활동을 하게 되는 과정은 자신의 직접적인 경험이기 때문에 기존의 간접적인 경험과는 차별화된다.

둘째, 자원봉사 활동은 청소년에게 경험적 학습의 기회로 지역사회에 대한 지식과 이해력을 제공한다. 청소년은 지역사회에서 발생하는 사회문제의 발생원인과 배경, 이를 해결하기 위한 현실적인 대책 등에 대해 고민할 수 있는 기회를 지니게 된다.

셋째, 자원봉사 활동은 청소년에게 건전한 여가선용의 기회를 제공한다. 청소년들이 주말에 여가시간을 게임 등의 불건전한 시간으로 소비하기 보다는 창의적이고 건설적으로 활용하게 한다. 청소년은 자원봉사 활동을 통해 자기주도적인 삶을 설계하는 데 기초가 될 수 있는 자발성, 자긍심, 민감성, 판단력 등을 키울 수 있게 한다.

넷째, 자원봉사 활동은 청소년에게 일하는 경험의 기회를 제공한다. 청소년은 자원봉사 활동을 통해 다양한 직업군에 대해 경험하게 되므로 자신의 진로에 대해 탐색하고, 고민하는 기회를 갖게 된다.

청소년 자원봉사 활동 영역은 '장소'에 따라, 학교·지역사회복지관·사회복지시설·병원·각종 사회단체·공공기관 등에서 봉사하게 된다. '대상'에 따라서는 노인·장애인·청소년·지역사회 등으로 구분된다. '활동 영역'으로는 일손돕기 활동·위문활동·지도활동·캠페인활동·자선 및 구호활동·환경 및 시설 보전활동·지역사회 개발활동 등으로 분류된다.

현재 우리나라 청소년 자원봉사 활동은 활발히 전개되고 있으나, 다음과 같은 문제점을 지니고 있다.

첫째, 청소년 자원봉사 활동의 '참여부분'에 있어서 입시위주의 교육으로 인해 활동시간이 부족하며, 안전보장 및 신분보장 등의 문제가 제기되고 있다. 또한 자원봉사 활동이 입시에 반영되는 것으로 인해 자원봉사 활동의 원칙인 자발성과 자주성이 왜곡되고 있다.

둘째, 청소년 자원봉사 활동의 '활동내용'에 있어서 단순한 일손돕기 등에 그치고 있다는 점이다. 청소년기의 욕구와 특징을 부각할 수 있는 전문 인력의 배치를 통해 흥미를 유발할 수 있는 프로그램의 개발이 필요하다.

셋째, 청소년 자원봉사 활동의 '활용기관'에 있어서 급증하는 청소년 자원봉사자에 비해 연결체계 및 관리자의 부재 등으로 인해 청소년의 자원봉사 활동은 적극적으로 전개되지 못하고 있다.

향후 청소년 자원봉사 활동의 개선방안은 다음과 같이 요약할 수 있다.

첫째, 청소년 자원봉사 활동은 청소년이 올바른 자원봉사관을 확립할 수 있도록 체계적인 단계별 교육 프로그램이 개발되어야 한다. 본격적인 자원봉사 활동 이전에 충분한 오리엔테이션, 현장실습과정, 훈련과정 등에 대한 세심한 준비가 필요하다. 또한 자원봉사자의 연령에 맞는 다양한 교육·훈련 자료의 개발 및 보급, 사례집 발간 등의 저변화 노력이 선행될 필요가 있다.

둘째, 청소년 자원봉사 활동은 성인의 자원봉사 활동보다 봉사과정 중에 발생할 수 있는 위험에 노출될 확률이 높다. 따라서 자원봉사자들의 사고를 보장해 줄 수 있는 보험가입 등의 제도화 장치가 필요하다.

셋째, 청소년 자원봉사 활동이 대학 입시를 위한 수단으로 활용되고 있는 측면이 있다. 자원봉사의 기본원칙인 자발성의 측면에서 볼 때, 자원봉사의 본질이 왜곡되고 있는 실정이다. 따라서 자원봉사 활동이 교육적 효과와 공동체 의식을 제고하기 위한 제도화가 마련될 필요가 있다.

(2) 노인 자원봉사

우리나라의 노인 자원봉사의 필요성은 급증한 노인 인구의 수치로 인해 더욱 절실해졌다. 현재 우리나라는 '고령화 사회'에 진입하였으며, 2018년에는 '고령 사회', 2026년에는 '초고령 사회'에 진입할 것으로 전망된다. 따라서 노인 자원봉사 활동의 의의 및 필요성은 다음과 같이 설명할 수 있다.

첫째, '노인의 자원봉사 활동'은 노인 자신과 지역사회에 기여하는 의미를 지닌다. 자원봉사 활동은 노인 자신에게 정신적 풍요로움을 주며, 지역사회 유지·발전에 기여하는 사회구성원으로서의 모습을 보여 준다. 노인의 퇴직 이후 상실된 사회적 지위와 역할을 보충해 주며, 고독감을 해소하고 사회연대감을 회복하게 한다.

둘째, '노인의 자원봉사 활동'은 자아성장과 자아실현의 계기를 갖는다. 노령기의 노인은 마지막 단계로 인식을 하지 않고, 새로운 시작의 기간으로 성장하는 시기로 전환할 수 있는 기회가 된다.

셋째, '노인의 자원봉사 활동'은 평등한 가치를 정립할 수 있는 계기를 갖는다. 노인은 자원봉사자로 활동할 수도 있지만, 자원봉사자의 대상이 될 수 있다는 점에서 봉사자와 대상자와의 관계를 대등하게 전환시킬 수 있는 기회가 된다.

우리나라 노인의 자원봉사 활동은 다른 나라에 비해 현저히 낮은 실태이지만, 노인 단체들의 활발한 활동으로 자원봉사 영역이 확대되고, 개발되고 있다. 대표적인 노인 자원봉사 단체로는 대한노인회, 한국 노인의 전화, 노년 자원봉사회, 대한은퇴자협회, 한국노인복지회, 노인대학, 삼락회 등이 있다.

노인이 참여할 수 있는 자원봉사 활동 프로그램은 매우 다양하지만, 대표적인 분야를 정리하면 다음과 같다.

첫째, '사회복지 분야'는 '아동·청소년 프로그램'에서 청소년 상담, 결손가정 아동지도, 시설 및 결손가정 아동 교육지도, 여가선용 지원, 시설 아동보호 지원, 청소년 유해환경 조사 및 감시, 각종 캠페인 참여 등의 활동이다. 또한 '노인 및 장애인 프로그램'에서 말벗 서비스, 가정방문, 케어서비스, 이·미용 서비스 지원, 시설환경 조성 지원, 점자 및 수화서비스 지원 등의 활동이다.

둘째, '지역사회분야'는 방범활동, 놀이터 및 유해환경 안전지도, 캠페인 활동, 교정

활동, 시민단체 참여활동, 전문 자문 및 상담활동 등이다.

셋째, '보건의료분야'는 안내활동, 간병활동, 시민운동 및 캠페인 활동, 건강교육 지원활동, 전문 모니터링 활동 등이다.

노인 자원봉사자를 양성하는 과정이 각종 기관에서 활발히 전개되고 있는데 그 절차는 모집 → 오리엔테이션 → 신청 → 1차 개인면담 → 인간관계형성 → 강의 → 자기발견 → 사례소개 → 실습 → 2차 개인면담 → 집단토의 → 3차 개인면담 → 발표 → 집단구성 → 사후관리 등이다.

그러나 현재 노인 자원봉사자 활동의 문제점은 사회 전반에 걸친 인식의 부족, 노인 자원봉사 활동을 위한 프로그램 개발의 미비, 전문 담당기관의 부재, 법적·제도적 지원체계 및 재원확보 미흡 등이 나타나고 있다.

향후 노인 자원봉사 활동이 활성화되기 위한 방안으로는

첫째, 노인이 쉽게 참여할 수 있도록 접근성을 제공하고, 참여경로에 대한 적극적인 홍보를 통해 잠재적 노인 자원봉사자들을 개발하여야 한다.

둘째, 노인이 자원봉사 활동의 주인의식을 가질 수 있도록 지역사회의 욕구에 부응할 수 있는 체계적인 자원봉사 프로그램 개발 및 지도자에 대한 양성이 필요하다. 특히 노인 스스로가 지도자가 될 수 있는 육성체계의 마련이 필요하다.

셋째, 지속적인 노인 자원봉사 활동이 되기 위해서는 최소한의 필요 경비와 보험가입 및 이동수단의 편의를 갖추는 제도화가 필요하다.

3) 자원봉사 영역별 현황

(1) 장애인 자원봉사

'장애'란 매우 다양한 의미를 내포하며, 장애인복지법에서 규정하는 '장애인'은 신체적·정신적 장애로 오랫동안 일상생활이나 사회생활에서 상당한 제약을 받는 자를 의미한다. 현재 우리나라의 장애유형은 총 15개 유형으로, 지체장애, 시각장애, 청각·언어장애, 지적장애, 자폐성장애, 정신장애, 신장장애, 심장장애, 간장애, 호흡기장애, 장루·요루장애, 뇌전증장애, 안면장애로 구분되고 있다.

장애인은 우리나라뿐만 아니라 외국에서도 자원봉사의 일차적인 대상이 되어 왔으며, 장애인 자원봉사 활동은 시설 중심에서 벗어나 지역사회재활로 보급되면서 더욱 활성화되고 있다.

장애인 자원봉사 활동은 다른 자원봉사 대상에 비해 장애유형이 다양하고, 전 연령층에 분포되고 있기 때문에, 보다 광범위하게 전개되고 있다. 즉, 장애아동들에게는 보호와 교육에 대한 욕구가 우선시되고, 장애 청·장년에게는 직업 활동과 사회활동의 욕구가 있으며, 노령 장애인의 경우는 간병이나 케어에 대한 욕구가 크다. 일반적으로 장애인 자원봉사 유형은 단순 노력봉사, 상담봉사, 교육 및 학습봉사, 환경개선 봉사 등으로 구분할 수 있다.

자원봉사 영역별 활동의 종류와 내용은 매우 다양하지만, 주로 활동되는 영역을 요약하면 다음과 같다.

첫째, '사회활동 지원활동 봉사'로는 전화상담, 장애인과 친구되기, 장애인 대중교통 이용 및 지역기관 이용지도, 의사소통을 위한 수화통역, 중증장애인 외출동행 및 나들이 보조 등의 활동이다.

둘째, '교육적 지원활동 봉사'로는 장애아동 학습보조 및 학습지도, 장애인 컴퓨터 교육, 장애아동 통학보조, 시각 장애인 이동훈련 보조, 체육 및 여가활동 보조 등의 활동이다.

셋째, '장애인 생활지원 봉사'로는 목욕보조, 반찬지원, 이·미용 지원, 가사활동 지원 등의 활동이다.

넷째, '취업지원 봉사'로는 구인·구직 개척, 구직 장애인을 위한 직업상담, 취업알선 및 사후지원, 출·퇴근 이동 보조, 작업지도 및 보조 등의 활동이다.

다섯째, '장애인시설 봉사'로는 시설거주 장애인의 일상생활 지원, 관련시설·단체 업무보조, 시각장애인을 위한 녹음도서 제작보조, 장애인 관련 행사보조, 후원자 개발·관리 보조, 설비·장비 보수 및 환경관리 등의 활동이다.

여섯째, '의료분야의 봉사'로는 의료검진 보조, 재활치료 보조, 특정 기능훈련 보조 등의 활동이다.

장애인 자원봉사 활동 시 주의사항은 과잉 친절과 지나친 무관심은 바람직하지 못하다는 것이다. 무엇보다도 장애인의 의사를 최대한 존중하여 봉사활동의 범위를 정하는 것이 가장 바람직하다. 향후 현대산업사회에서는 장애인 자원봉사자의 역할로 조력자, 대변자 등으로서 장애인의 입장에서 장애인에 대한 올바른 인식을 촉구하고 장애인을 지지할 수 있는 설득력 있는 활동이 전개될 필요가 있다.

(2) 기업 자원봉사

기업 자원봉사 활동의 의의는 긍정적 기업문화 구축, 임직원 간 인화 및 인적 자원 개발, 지역사회와의 신뢰적인 관계형성, 기업의 이미지 증진 등에 있다. 1990년대 이후부터 대기업인 삼성그룹을 중심으로 한 자원봉사 활동이 중소기업으로 확대되고 있으며, 신입사원 연수 프로그램으로도 활용하고 있다. 또한 입사 시 중요한 경력사항으로 반영하고 있는 추세이다.

기업의 자원봉사 활동은 주로 일반 사회복지 분야로 집중되어 있으며, 점차 환경으로 확대되고 있다. 기업 자원봉사 활동이 활성화되기 위해서는 기업의 확고한 자원봉사 정책의 수립, 자원봉사 실행기구의 설립, 전문 자원봉사 팀 설치, 지역사회 내 기관과의 연계 및 협조체제 구축 등이 필요하다.

3. 자원봉사의 과제와 전망

1) 자원봉사 영역별 현황

(1) 체계적인 자원봉사 전달체계 확립

현재 우리나라 자원봉사 업무를 담당하는 부처는 안전행정부를 중심으로 보건복지부, 국가청소년위원회, 여성가족부, 교육부 등이 있다. 따라서 지원기관이 중복되고 유사한 프로그램의 제공, 자원봉사자 중복, 행사 중복 등의 문제가 발생하고 있다. 따라서 부처 간 주요 특색 사업의 분장이 필요하며, 관리 업무에 대한 체계화가 필요하다.

(2) 전문 자원봉사 관리의 내실화

자원봉사 활동이 전문적으로 전개되기 위해서는 필수적으로 전문적 교육훈련과정이 정기적으로 갖춰져야 한다. 이를 위해서는 전문강사 및 자원봉사를 체계적으로 육성할 수 있는 전문 자원봉사 지도자가 필요하다. 또한 자원봉사자의 경력 및 연령 등 특성을 고려한 자원봉사자가 관리 프로그램을 개발할 인력이 필요하다.

(3) 사회 전반의 자원봉사 분위기 확산

자원봉사 활동 참여율을 지속적으로 증가시키기 위해서는 자원봉사 활동에 대한 가치, 교육, 홍보 등을 통해 사회분위기를 촉진할 필요가 있다. 현재 시행되고 있는 자원봉사 실적 인증제도의 개선 및 보완, 자원봉사 활동에 대한 가산점 및 세금 감면 제도 등의 제도적 보상 체제의 확립으로 활성화 분위기를 조성해야 한다.

꼭 알아야 할 내용

- 자원봉사의 특징적 요소
- 자원봉사자 관리과정
- 우리나라 자원봉사 활동에 대한 과제

제2절 의료 및 정신보건사회복지

1. 의료사회복지

1) 의료사회복지의 개념

의료사회복지(medical social work)는 건강과 관련된 구체적인 현장에서 수행되는 사회복지활동으로서 현재 미국에서 가장 큰 사회복지실천 현장이다(Cowles, 2000).

최근 의료사회복지의 개념은 질병의 사회적 측면을 고려하여 치료에서 보건의 개념으로 확대되고 있으며, 예방을 비롯한 전 국민의 건강증진을 포함한다.

프리드랜더(Friedlander)와 앱트(Apte)는 의료사회복지를 의사, 간호사, 다른 치료자들과 협력하에 사회복지사가 조사와 진단, 치료-계획과정에서 환자의 사회적 기능의 회복을 돕는 역할을 하는 것으로 정의하였다.

NASW(1999)에서는 의료사회복지를 '모든 보호조직에서 통합적으로 시행되어야 하며 포괄적 보호와 지속적 보호를 제공하기 위해 ① 신체적이고 심리사회적인 안녕을 유지하고 증진하는 것, ② 장·단기보호서비스로부터 최대한의 이익을 보장하기 위한 필요한 여건을 증진하는 것, ③ 신체적·정신적 질병을 예방하는 것, ④ 질병이나 장애의 사회적이고 정서적인 영향에 관심을 갖고 신체적·심리적·사회적 기능을 강화하고 증진시키는 것, ⑤ 의료환경 내의 다양한 관련자 간 갈등을 일으키는 가치에 대해 윤리적 반응을 증진하는 것'으로 규정하고 있다.

따라서 의료사회복지의 구체적 목적은 입원 및 외래환자에 대한 사회적·경제적·정서적인 면을 조사, 진단하여 의료적 치료수행에 도움을 줄 수 있도록 하며, 치료가 종료된 후에 정상적인 가정 및 사회로의 복귀가 가능하도록 돕는 제반활동을 전개하는 것이다. 의료사회복지는 이와 같은 목표를 달성하기 위하여 의료기관, 즉 병원, 진료소, 보건기관 및 시설, 그리고 사회복지기관과 재활원 등에서 사회복지과정을 통하여 다양한 기능을 수행한다.

2) 의료사회복지사의 역할

의료사회복지사는 전문상담가로 환자와 가족의 심리적, 사회적, 경제적 문제를 파악 진단하여 원활한 진료가 이루어질 수 있도록 원조하고, 환자가 정상적으로 가정과 사회로 복귀할 수 있도록 지원하며, 병원의 효율적인 운영과 환자에 대한 서비스 증진을 위해 활동한다. 또한 지역사회와의 유대관계를 확립하기 위한 프로그램을 개발하고 시행하며 전문상담활동 및 질환별 사회복지 개입을 위한 연구조사활동을 수행한다(한인영·최인영, 2000).

의료기관의 사회복지사의 업무는 크게 환자 관련 임상업무와 의료기관 및 지역사회의 거시적 환경체계와의 상호작용 속에서 이루어지는 업무로 나누어 볼 수 있다. 임상업무는 치료팀의 일원으로서 해당 임상과의 특성과 환자군의 특성에 따라 원활한 치료가 이루어지도록 치료적 여건을 조성하고 환자의 회복과 사회복귀를 원조하는 다양한 프로그램들을 운영하는 것이다. 또한 거시적 환경체계와 관련된 업무로는 지역사회와 연계하여 환자와 가족 또는 의료기관이용자의 편의를 높이기 위한 서비스를 제공하고, 지역사회를 대상으로 의료욕구를 조사하거나 건강교육을 실시하고 병원의 정책 및 운영에 참여하는 활동이 포함된다(엄명용 외, 2007). 이들을 고려할 때 의료사회복지사의 역할은 치료자, 원조자, 서비스 조정자로서의 역할을 수행하며, 의료사회복지사의 역할 내용은 〈표 12-1〉과 같이 정리할 수 있다.

〈표 12-1〉 의료사회복지사의 역할

역할	내용
개인력 조사 및 평가	환자가 질병발생 이전에 어려운 문제가 발생했을 경우 어떻게 문제를 극복해 왔는지, 질병발생 후 어떠한 사회적, 정신적, 경제적인 문제가 발생했으며 변화했는지, 자신의 질병을 어느 정도 받아들이고 있으며 치료과정에 대한 이해는 어느 정도인지 등 환자의 심리사회적, 경제적 환경 및 가정환경, 가족역동 등을 조사하고 사정결과 나타난 문제에 대하여 개입계획을 세운다.
심리·사회적 상담	환자와 가족이 질병으로 인해 겪게 되는 스트레스나 합병증에 대한 염려 등의 심리·사회적인 문제들을 평가하고 상담하는 개입과정으로 환자가 입원기간 동안 안정적으로 치료를 받을 수 있는 기반을 제공한다.
정보제공	환자와 가족에게 필요한 보험문제나 장애인 등록절차, 장애인복지시책, 의료용품 구입 등에 대한 정보를 제공한다.
퇴원계획활동	환자와 상담을 통해서 불필요한 재원요인을 제거 또는 완화하고 적절한 퇴원이 이루어지도록 한다.
지역사회 자원 연결 및 사후관리	환자가 퇴원 후에도 지속적인 재활서비스를 받을 수 있도록 지역사회에 있는 복지기관, 요양원, 간병단체 등의 자원을 연결해 주고 사후관리한다.
경제적 지원활동	경제적인 문제로 인해 치료에 어려움이 있는 환자에게 자선기금, 단체의 후원금이나 개별후원금 등을 동원하여 치료비 및 재활용품 등을 지원한다.
협의진료활동	환자에게 가장 적절한 치료계획을 세우기 위해 타 진료과와 협의진료 의뢰에 의해 진료과정에 참여하여 환자에게 가장 적절한 치료계획을 결정하고 개입하여 각 팀 간의 조정자 역할을 담당한다.
기타활동	환자에게 다양하고 구체적인 서비스를 제공하기 위해 자원봉사자교육 및 배치와 관리, 질환별 의료사회사업적 개입을 위한 연구조사활동, 사회사업의 후진양성을 위해 실습생을 교육하고 지도한다.

3) 의료사회복지의 과제

첫째, 보건의료영역에서 사회복지의 전문적 서비스에 대한 사회의 인정을 획득해야 한다. 이를 위해 임상 실제의 업무에 대하여 신뢰할 수 있는 체계적이고 표준화된 개입방법과 개입의 효과성이 보증되도록 노력해야 한다.

둘째, 의료사회복지 수가체계의 정비와 보완이 필요하다. 현행 건강보험에서 지급하고 있는 급여는 정신의료 및 재활의학 분야의 매우 제한된 항목에 대해서만 인정하고 있다. 그러나 실제 사회복지사들은 임상 각 과의 협의진료 개입요청을 기반으로 임상과와 환자군의 특성에 따라 전문적인 상담기법과 접근방법을 통하여 환자를 전인적으로 치료하는 과정을 원조하고 있다. 따라서 의료사회복지의 수가인정 활동의 내용과 범위가 크게 확대되어 사회복지사들이 보다 전문적인 다양한 활동을 통해 환자의 치료와 재활, 질병의 예방에 기여할 수 있도록 사회복지영역의 고유한 수가체계가 인정되도록 해야 할 것이다.

셋째, 의료사회복지사의 전문성 강화를 위한 노력이 필요하다. 현재 의료사회복지사는 사회복지 고유의 지식기반을 구축하여 가고 있지만 여전히 의료사회복지사에 대한 자격기준의 부재, 교육내용과 수련기회의 부족 등 해결해야 될 과제들이 남아있는 상황으로 다양한 전문가들과 팀을 이루어 활동하기에는 전문성이 부족하다고 지적받고 있다. 향후 의료사회복지사들이 다른 전문직들과 동일한 업무 관계를 발전시키는 동시에 의료사회복지의 전문 정체성과 기능에 대한 감각을 유지시킬 수 있도록 해야 할 것이다.

넷째, 의료기관과 지역사회서비스전달체계 연계가 필요하다. 의료사회복지사는 사회적, 정서적 문제를 포함하는 전인으로서의 환자에 대한 이해를 바탕으로 의료기관과 지역사회 안의 서비스전달체계를 연결하는 역할을 잘 수행해야 할 것이다.

2. 정신건강복지

1) 정신건강복지의 개념

현대사회가 발달하면서 정신건강의 중요성이 대두되고 있으며 정신장애인의 인권 및 삶의 질 향상이 중요한 문제로 떠오르고 있다.

영국 최초의 여성 정신건강복지사인 허니번(Hunnybun)은 정신건강복지란 “인간행동에 관한 심리학적 이해에 기초한 케이스워크며, 행동문제나 성격문제 혹은 정신질환을 앓는 아동과 성인을 치료하기 위하여 특별히 훈련을 받은 케이스워커에 의해 행해진다"고 하였다(이영호 외, 2006).

정신건강복지(Mental Health Social Work)는 의료사회사업에서 분화되어 전문화된 영역으로 정신의료사회사업(Psychiatric Social Work, PSW)과 동의어로 이해할 수 있다.

정신건강복지의 목적은 정신적·정서적 장애로 고통 받고 있는 개인의 건강을 회복시키고 정신건강을 촉진하는 활동 등 예방활동을 하는 것이며, 그 대상은 정신적·정서적 장애를 가진 클라이언트와 그 가족이 된다. 그리고 서비스 제공 주체는 정신과 의사, 정신건강복지사 등이 치료 팀으로 구성되고, 실천의 장은 지역사회 내 지역사회가 되며, 접근방법으로 개별사회사업을 포함한 제반 사회복지방법론을 적용한다.

정신장애는 광의적인 개념으로 정신병이나 정신질환의 개념을 포괄하는 용어로서 사고, 감정 및 행동이 병리학적으로 특징지어지는 장애를 일컫는다. 정신질환과 달리 정신장애는 질병 자체의 활발한 진행 외에도 질병으로 인한 기타 기능의 파손까지를 포함한다. 따라서 질병의 증상이 없어진 후에도 사회적 기능 등이 질병 이전의 상태로 회복되기 어려워 사회적응에 어려움을 겪는 경우를 말하는데 만성정신장애(chronic mental disorder)가 여기에 속한다.

또한 정신장애를 단순히 병리학적인 용어로만 규정할 수는 없으며 시대성과 사회성을 반영하는 사회역사적 개념으로 보아야 한다. 예를 들면, 과거에는 동성애와 알코올중독이 일탈적인 것으로 간주되었으나, 최근에 동성애는 정상적인 생활방식의 하나로 주장되고 있으며 알코올중독도 신체질환으로 취급되고 있다.

2) 정책과 서비스 내용

정신장애의 원인에 대한 관점은 심리학적, 사회학적, 생물학적으로 나누어 볼 수 있다. 심리학적 관점은 심리적 요소나 경험으로부터, 사회학적 관점은 개인과 사회적 환경 간의 부조화로부터, 생물학적 관점은 생물학적 요소를 통해 이해하려고 한다. 그러나 이들 각각의 시각만으로는 정신장애를 이해하는 데 한계가 있으며 통합적 접근이 필요하다. 이러한 정신장애에 대한 분류기준으로 오늘날 보편적으로 사용되는 정신질환의 진단체계는 두 가지가 있다. 하나는 세계보건기구에서 질병의 체계적 분류를 위하여 제정하여 국제적으로 통용되는 국제질병분류체계(International Classification of Diseases, ICD)에 포함된 정신장애 진단분류방식이고, 다른 하나는 미국정신의학회에서 만든 정신장애 진단 및 통계편람(Diagnostic and Statistical Manual of Mental Disorders, DSM)이다.

1992년에 나온 ICD에서는 정신장애라는 용어를 정신 및 행태장애라는 모든 정신의학적 진단에 포괄적인 개념으로 사용하고 있으며, DSM는 다축적 진단체계로 5개의 축을 활용하여 진단하게 된다.

◎ ICD 진단체계

- Ⅰ축: 임상진단(clinical diagnosis)
- Ⅱ축: 후유장해(disablement)
- Ⅲ축: 상황적 요인(contextual factors)

◎ DSM 진단체계

- Ⅰ축: 인격장애와 지적장애를 제외한 임상장애와 임상적 주목의 초점이 되는 상태
- Ⅱ축: 성격장애와 지적장애, 특정방어기제
- Ⅲ축: 신체질환이나 일반적 의학상태
- Ⅳ축: 심리사회적, 환경적 문제
- Ⅴ축: 사회적, 직업적, 심리적 기능 등 전반적인 기능상태

한편 DSM-Ⅴ는 정신장애를 20개의 주요 범주로 나누고, 대표적인 장애에 대한 내용을 살펴보면 〈표 12-2〉와 같다.

〈표 12-2〉 DSM-Ⅴ 정신장애분류

연번	주요 정신장애범주	연번	주요 정신장애범주
1	신경발달장애	11	배설장애
2	정신분열 스펙트럼 및 기타 정신증적 장애	12	수면-각성장애
3	양극성 및 관련 장애	13	성기능 장애
4	우울장애	14	성 불편증
5	불안장애	15	파괴적, 충동조절 및 품행장애
6	강박 및 관련 장애	16	물질-관련 및 중독장애
7	외상-및 스트레스 사건-관련 장애	17	신경인지장애
8	해리성 장애	18	성격장애
9	신체증상 및 관련 장애	19	성도착 장애
10	급식 및 섭식 장애	20	기타 정신장애

우리나라의 정신보건정책과 전달체계는 정신보건법의 제정을 계기로 양적으로나 질적으로나 모두에서 상당히 진전이 있었으나 아직도 선진국에 비해서 상당부분 개선이 필요한 상태이다. 보건복지부는 1984년 정신질환 종합대책을 수립하였으며 초기에는 주로 정신병원건립 및 정신요양시설운영지원 등 시설보호에 역점을 두고 사업을 진행하였다. 그러나 시설에서의 장기보호가 사회문제화되면서 1985년에 제출되었다가 자동폐기되었던 정신보건법이 10년만인 1995년에 제정되고, 정신건강증진 및 정신질환자 복지서비스 지원에 관한 법률(약칭: 정신건강복지법) 2018년 12월 11일 제정되었다.

이들 전달체계 현장기관으로는 〈표 12-3〉과 같이 정리할 수 있다.

〈표 12-3〉 정신건강증진기관·시설 현황

(단위: 개소)

구분		기관 수	주요 기능
계		2,537	
정신건강복지센터		255	• 지역사회 내 정신질환 예방, 정신질환자 발견 상담·정신재활훈련 및 사례관리 • 정신건강증진시설 간 연계체계 구축 등 지역사회 정신건강 사업 기획·조정 ※ 광역 16(국비 15, 지방비 1) 기초 239(국비 214, 지방비 25)
정신 의료기관	국·공립	54	• 정신질환자 진료, 지역사회정신건강증진사업 지원
	민간	1,774	• 정신질환자 진료
정신요양시설		59	• 만성 정신질환자 요양·보호
정신재활시설		345	• 병원 또는 사설에서 치료·요양 후 사회복귀 촉진을 위한 훈련 실시
중독관리통합지원센터		50	• 중독 예방, 중독자 상담·재활훈련

(2019. 12. 31. 기준)

출처: 보건복지부(2020) 2020 정신건강사업안내.

3) 정신건강사회복지사의 역할

정신건강복지법에서는 정신보건분야에 관한 전문지식과 기술을 가진 자에게 정신건강전문요원의 자격증을 교부할 수 있다고 정신건강증진 및 정신질환자 복지서비스 지원에 관한 법률(약칭: 정신건강복지법)에 명시하고 있으며, 업무의 범위와 한계를 다음과 같이 규정하고 있다.

〈표 12-4〉 정신건강전문요원의 업무와 범위 및 한계

1. 공통 업무
   가. 정신재활시설의 운영
   나. 정신질환자 등의 재활훈련, 생활훈련 및 작업훈련의 실시 및 지도
   다. 정신질환자 등과 그 가족의 권익보장을 위한 활동 지원
   라. 법 제44조 제1항에 따른 진단 및 보호의 신청
   마. 정신질환자 등에 대한 개인별 지원계획의 수립 및 지원
   바. 정신질환 예방 및 정신건강복지에 관한 조사·연구
   사. 정신질환자 등의 사회적응 및 재활을 위한 활동
   아. 정신건강증진사업 등의 사업 수행 및 교육
   자. 그 밖에 제1호부터 제8호까지의 규정에 준하는 사항으로 보건복지부 장관이 정하는 정신건강증진 활동

2. 개별 업무
   가. 정신건강임상심리사
      1) 정신질환자 등에 대한 심리 평가 및 심리 교육
      2) 정신질환자 등과 그 가족에 대한 심리 상담 및 심리 안정을 위한 서비스 지원
   나. 정신건강간호사
      1) 정신질환자 등의 간호 필요성에 대한 관찰, 자료수집, 간호 활동
      2) 정신질환자 등과 그 가족에 대한 건강증진을 위한 활동의 기획과 수행
   다. 정신건강사회복지사
      1) 정신질환자 등에 대한 사회서비스 지원 등에 대한 조사
      2) 정신질환자 등과 그 가족에 대한 사회복지서비스 지원에 대한 상담·안내

4) 정신보건사회복지의 과제

첫째, 지역사회 정신건강 사회복지 관리체계가 확립되어야 한다. 이것은 지역사회 차원에서 각 기관의 서비스 전문화와 기관 간 연계·조정을 위해 지역사회 전체를 관리체계 안에 넣어 지역의 사회안전망을 구축하는 총체적 체계가 되어야 한다. 이렇게 될 때 정신장애의 예방 및 발견 - 치료 - 재활 - 지역사회 지지에 걸친 다양한 서비스들이 연속성을 갖고 통합적으로 제공될 수 있다.

둘째, 정신장애인에 대한 실질적인 복지서비스의 개발이다. 이들을 위한 적합 직종의 발굴을 위한 연구도 지속적으로 진행되고 있고, 많은 지역사회시설들이 직업재활을 위해 노력하고 있지만, 장애종별에 따른 세분화된 실질적인 욕구에 맞는 서비스들이 개발되어야 할 것이다

셋째, 정신보건사회복지사의 역량강화 및 처우개선이 이루어져야 한다. 지속적인 교육훈련을 통해 실천영역에 따라 전문성을 강화시킴과 동시에 정신의료기관을 제외한 열악한 환경에서 근무하고 있는 사회복지사들의 신분보장 및 처우 개선이 뒷받침되어야 한다.

넷째, 의료모델과 사회복지모델의 적절한 통합이 필요하다. 현행 정신건강사회복지는 정신질환자 치료를 위하여 존재할 뿐, 인권보장과 복지증진을 위한 법률로서 기능을 수행하기에 한계가 있다. 특히 만성정신장애를 갖고 있는 사람의 경우 의료와 사회복지의 접합은 더욱 절실하다. 정신장애인이 장애인복지와 보건의료영역에서 통합적 서비스를 제공받을 수 있도록 제도적 개선이 필요하다.

꼭 알아야 할 내용

- 의료사회복지의 개념과 목적
- 정신건강사회복지의 개념
- 정신건강사회복지의 목적
- 의료사회복지사 및 정신건강사회복지사의 역할

제3절
학교사회복지

1. 학교사회복지의 개념

1) 학교사회복지의 정의

학교사회복지에 대한 정의는 각 시대의 특징과 여러 학자들의 학문적 관점에 따라 다양하게 정의되어 왔다.

학교사회복지는 처음 미국에서 1900년대 초기에 뉴욕, 보스턴, 하트포드 등에서 민간사회복지기관에 의한 가정과 학교의 협조를 연계해 주는 방문교사의 제도로 시작되어 그 필요성을 인정받아 왔다. 1900년대 중반부터는 학교부적응 학생의 심리치료와 사회기능의 향상에 초점을 둔 정의가 보편화되었으며, 1970년대부터는 생태체계학의 영향으로 인해 학생 - 학교 - 가정 - 지역사회의 연계를 중시하는 학교사회복지가 강조되기 시작하였다. 최근에는 학교를 중심으로 하는 사회복지서비스의 제공에 초점을 둔 학교사회복지의 정의가 대두되기 시작하였다.

학교사회복지란, 학교라는 교육기관에서 전문적 능력과 자격을 갖춘 사회복지사가 제공하는 사회적 서비스를 의미한다. 즉, 공교육체계에서 학교교육의 목적을 달성하는 것을 지원하고 학생들이 학교에 잘 적응할 수 있도록 도와주며, 이를 위해 학교, 가족, 지역사회가 수행하는 노력을 조정하고 영향을 미치는 활동이다(NASW, 1999).

학교사회복지에 대한 개념에 대해 대표적인 학자들의 정의를 정리해 보면 다음과 같다.

미국사회사업연감(1996)에 의하면, 학교사회복지란 학교활동계획의 일부로서 학교생활에 적응하는 데 곤란을 초래하게 되는 사회적, 정서적 문제를 지닌 학생을 돕는 것이라고 정의하고 있다(임춘식 외, 2007).

한인영 등(1997)은 '학교사회복지는 학생 개개인의 잠재력과 사회적 기능을 향상시키고, 이들 학생의 학업성취를 증진시켜 모든 학생들을 건전한 사회구성원으로 성장할 수 있도록 교육시키는 학교교육의 목적을 달성하기 위해 사회복지의 실천방법을 활용하는 전문분야'로 정의하고 있다.

학교사회복지는 주된 실천의 장소가 학교이며, 학교교육의 본질적인 목적의 달성을 도와주고, 사회복지실천의 주요한 기능인 심리사회적 문제의 예방과 해결을 위한 활동을 수행함과 동시에 학생 개인뿐만 아니라 학교, 가정, 지역사회라는 환경에 대한 개입을 고려하는 것이다.

2) 학교사회복지의 목적

학교사회복지는 학교가 교육의 본질적인 목적을 달성하도록 학생들의 학습능력, 문제해결과 의사결정능력, 변화에 대한 적응능력을 가질 수 있도록 도와주는 것이라고 할 수 있다. 즉, 학교사회복지는 학교교육과 사회복지의 목적을 동시에 수행하는 것으로 최적의 교육환경을 제공하는 것이다.

학교사회복지의 일반적인 목적을 종합적으로 정리하면 다음과 같다.

첫째, 학교부적응 학생은 물론 모든 학생들이 자신의 교육적 욕구에 적합한 교육을 받을 수 있도록 공평한 교육기회를 제공하는 것이다.

둘째, 공평한 교육기회를 보장받은 모든 학생들이 학교생활에 잘 적응하며, 자신의 심리사회적 기능을 향상시킬 수 있도록 전문적인 심리치료와 사회복지서비스를 제공하는 것이라고 할 수 있다.

셋째, 학생들의 삶의 질을 향상시켜 궁극적으로는 사회복지를 실현하는 것이며, 이를 통하여 학교가 전인적인 교육의 목적을 달성할 수 있게 도와주는 것이다.

상기의 목적하에 학교사회복지가 추구하는 구체적인 목표는 다음과 같다.

첫째, 기본적으로 학교교육의 목적을 달성할 수 있도록 지원하는 것이다. 이를 위해 학교사회복지사는 아동 및 청소년이 유능함, 문제해결 및 의사결정능력, 변화에 적응할 수 있는 준비, 자신의 지속적인 학습을 위한 책임감을 갖는 목적을 달성하려는 학교의 노력에 일조하여 삶의 질을 향상시키는 데 기여해야 한다.

둘째, 개인적 문제, 가족 또는 대인관계상의 문제, 학교적응과 관련된 문제를 가지고 있는 학생들을 위해 사회복지서비스를 제공하는 것이다.

셋째, 가정 - 학교 - 지역사회 간의 연계를 강화하여 학생들에게 최적의 교육환경을 제공하는 것이다. 학생들의 학교생활을 저해하는 요소들은 학생 개인에게서만 찾을 수 있는 것은 아니며, 학생들이 상호 교류하는 다양한 환경에서도 발견할 수 있다. 또한 학교체계 내에서 발생한 문제의 해결을 위해 제한된 학교자원으로는 부족할 수 있다. 이에 학교사회복지사는 지역사회의 자원을 학교 안으로 끌어들이는 활동을 수행해야 한다(이경남 외, 2007, 재인용).

3) 학교사회복지의 대상 및 역할

초기 학교사회복지의 일차적인 대상은 요보호대상이나 학교부적응 학생이 중심이었으나, 오늘날은 모든 학생에게 교육권을 보장하고 전인교육의 목적을 효과적으로 달성하기 위한 전문사회사업의 한 분야로 자리매김하고 있다(조추용 외, 2008, 재인용).

① 대인관계의 행동상에 문제를 보이는 학생들로서, 폭력행동, 비사교적인 행동, 교사나 성인의 권위에 대항하는 행동을 나타내는 학생

② 심리·정서적 문제를 갖고 있는 학생들로서, 우울증, 소외, 공포, 불안, 자살기도 등을 보이는 학생

③ 학교규칙을 위반하는 학생들로서, 장기결석, 등교거부, 잦은 지각, 무단조퇴, 수업불참 등의 행동을 하거나 근신, 정학을 받은 학생

④ 가정환경의 문제를 갖고 있는 학생들로서 결손가정, 이혼, 재혼, 빈곤, 소년소녀가장세대의 학생

⑤ 부모가 아동양육에 문제를 보이는 학생들로서, 학대나 방임을 받은 학생

⑥ 위기상황을 보이는 학생들로서, 갑작스런 심리적, 행동적 변화를 보이는 학생

⑦ 학습부진을 보이는 학생들로서, 지적 능력은 있으나 학업목표를 달성하지 못하는 학생

⑧ 비행이나 범죄행위를 하는 학생들로서, 폭력, 가출, 본드 흡입, 불량서클 가입, 임신 등의 상태에 있는 학생

⑨ 특수교육 욕구를 가진 학생으로서 정서장애, 시각장애, 언어장애, 지적장애, 청각장애, 지체장애 등을 가진 학생

따라서 학교사회복지의 주 대상은 소득·교육·주거 등 욕구가 결핍된 아동과 빈곤·피학대·비행 등의 문제를 해결하지 못하고 있는 아동이며, 구체적으로 다음의 표로 정리할 수 있다.

〈표 12-5〉 학교사회복지의 대상

욕구결핍 아동		문제 미해결 아동	
결핍욕구영역	대상	문제형태	대상
소득욕구	빈곤아동, 실직가정아동	구조적 문제	빈곤아동
교육욕구	미취학아동, 학교중도탈락아동	해체적 문제	이혼가정아동
주거욕구	시설아동, 가출아동		한부모가정아동
문화욕구	문화여가 부족 아동	탈선적 문제	피학대 아동
건강욕구	장애아동, 질환을 앓고 있는 아동		비행아동, 약물남용아동, 범죄소년

출처: 조흥식 외(2010).

존슨(Johnson)은 학교사회복지의 역할을 특정아동과 일반아동에 대한 역할로 구분하여 다음과 같이 설명하였다.

특정아동에 대한 학교사회복지의 역할을 보면 다음과 같다.

① 문제를 지닌 아동 및 그들의 부모에 대한 개별사회사업

② 문제아동들과의 정기적 혹은 수시적인 상담

③ 교사 및 지역사회기관과의 협력

④ 교사, 교장, 직원과 협의하여 아동을 간접적으로 돕는 일을 한다.

일반아동에 대한 학교사회복지의 역할을 보면 다음과 같다.

① 학교행정 기타 위원회의 참여

② 부모 또는 교사들과의 교육활동

③ 지역사회계획 단체에 의하여 학교사회복지사가 학교를 대표함으로써 학교와

지역사회를 연결하는 역할을 한다.

학교사회복지사의 역할을 전문적 임상사회복지사의 역할, 교육적 카운슬러의 역할, 가정 - 학교 - 지역사회의 연계자, 자원 활용, 정책 입안의 다섯 가지 역할로 구분할 수 있으며, 그 역할은 다음과 같다(한인영 외, 2011).

첫째, 임상사회복지사의 역할로서, 학교사회복지사는 학생의 심리·정서적 문제를 예방하고 해결하는 심리치료전문가로서, 학생문제의 원인을 명확하게 사정하고 이에 따른 치료를 제공한다. 학교사회복지사는 학생의 심리·정서적 문제의 원인을 파악한 후 개별상담, 집단상담, 가족치료 등의 전문적 심리치료를 제공하여야 한다.

둘째, 교육적 상담가의 역할로서, 학교사회복지사는 교사, 동료학생, 학부모 등에게 학생문제의 원인과 예방방법을 교육시켜 학생문제의 예방과 해결에 도움을 준다. 또한 학교사회복지사의 전문적 지식과 기술을 활용하여 교사에게는 학급경영에 관한 행동수정치료방법을 가르쳐 주고, 학생에게는 성교육, 사회성 기술, 동료상담기법 등을 교육시킬 수 있다.

셋째, 학생 - 학교 - 가정 - 지역사회의 연계자 역할로서, 학교사회복지사는 학생 - 학교 - 가정 - 지역사회의 관계를 증진시키는 연계자로서 학교가 지역사회에 기대하는 내용과 학교의 교육목적을 주민들에게 홍보하거나, 반대로 지역사회의 욕구를 학교 당국에 전달하기도 한다. 또한 학생 자원봉사자들을 관리하고 교육시키는 역할을 통하여 학생 자원봉사 활동이 지역사회의 발전과 협력에 실질적 도움을 주도록 하는 연계자의 역할을 수행한다.

넷째, 지역사회의 자원동원가의 역할로서, 학생의 심리·정서적 문제는 경제적 혹은 사회환경적 영향이 중요한 역할을 하기도 한다. 따라서 빈곤가정이나 결손가정의 학생들을 위해서는 심리치료 이외에 경제적 원조를 제공하는 사회복지서비스의 제공도 병행하여야 한다.

다섯째, 정책가의 역할로서, 학교사회복지사는 학교 내·외의 타 전문직과 협력하여 학교행정이나 교육정책이 학생을 위한 최선의 방향으로 이루어질 수 있도록 도움을 준다.

2. 학교사회복지의 발달

1) 미국의 학교사회복지의 역사

(1) 학교사회복지의 도입기(1900년~1930년)

1900년대 초기의 미국사회는 유럽에서 건너온 이민자와 농촌에서 도시로의 이주자들이 급증하였고, 이들에 대한 교육, 빈곤, 범죄 등이 빈번히 발생하였다. 이러한 지역의 학교를 방문하여 요보호아동학생들에게 사회사업서비스를 제공하는 방문교사(visiting teacher)의 시작으로 학교사회복지의 태동을 이루었다.

학교사회복지는 1906~1907년 사이에 뉴욕, 보스턴, 하트퍼드의 지역에 위치하고 있는 학교에 최초로 방문교사제도가 설정되었다. 이때 사회사업가에게 보수를 지급한 기관은 지역사회 사회복지관, 여성운동단체 또는 정신건강클리닉이었다. 이 당시 방문교사는 주로 빈곤가정 특히 최근에 이민 온 가정과 학교 간의 이해와 의사소통을 향상시킴으로써 아동의 효과적인 교육이 이루어질 수 있도록 돕는 데 목적이 있었다(박종삼 외, 2005). 초기의 학교사회복지의 주요 목적은 학업불량, 가정과 환경 간의 적응문제, 학교에서 교사와의 관계에서 성격상 문제를 지닌 학생들에 대하여 가정을 비롯한 다른 여러 환경에 관한 정보수집 및 조정하는 것에 역점을 두었다.

1920년대에 학교사회복지사들이 치료적 역할을 시작하면서 학업상의 어려움을 겪는 학생들의 가족, 사회적 이슈와 학습 이슈를 전보다 많이 다루었다. 전국 30개 지역에 공동기금(Common Wealth Fund)에 의하여 학교사회복지 시범사업을 지원하고, 학생과 가족, 그리고 자원을 연결하는 학생복지사업의 센터로 간주되어, 사회사업의 한 전문분야로 정착되는 데 가장 중요한 시기였다. 1929년 밀포드(Milford)회의에서는 방문교사제도가 채택되어 사회사업의 6대 전문분야 중 하나로 인정받게 되었다. 1930년대의 대공황의 심각한 경제적인 문제는 그러한 노력들을 무색하게 하였다. 따라서 1930년대의 학교사회사업가는 1920년대 말에 시작된 정신위생운동에 관심을 갖게 되면서 문제아동을 진단하고 치료하는 개별사회사업가의 역할을 담당하기 시작하였다.

(2) 전문화 시기(1931년~1979년)

정신건강의 중요성이 대두된 1930년대부터 학교사회복지는 학생들에게 현재의 학교환경을 적절히 활용할 수 있도록 도와주는 개별사회사업에 더 많은 관심을 갖게 되었다.

1945년 방문교사라는 명칭이 점차 학교 내의 공식적인 활동으로 인정되면서 '방문교사협회'가 '학교사회사업협회'로 개칭되었다. 학교사회복지사들은 학교환경의 이용과 개별적으로 아동을 돕는 일에 관심을 집중시켰으며, 이에 대한 방법과 기술의 개선에 일차적인 목표를 두었다.

1960년대 학교사회복지는 학교체계의 필요성이 더 제기되었고, 새로운 목표와 방법들에 대한 변화를 일으켜 학교사회사업이 사회적 체계로서 새로운 인식을 갖게 되었다. 특히 교육과 사회복지전문성 간의 협력을 위한 작업이 시작되었으며 학교복지의 초점은 학교와 지역사회의 다양한 환경조건에 대한 조사에 있었다. 1970년대에 이르러 학교사회복지사들은 심리치료적인 상담서비스 외에 체계학적 관점에 기초한 지역사회, 가정, 학교의 자원개발과 이들 간의 상호 연계, 부모교육 등의 서비스가 이루어졌다. 또한 전문가협회를 통하여 학교사회복지사의 자격과 서비스의 내용을 표준화하고, 학교제도의 변화에도 적극적으로 개입하게 되었다.

(3) 통합서비스 시기(1980년 이후~현재)

학교교육과 학교환경에 대하여 1980년대에는 학교의 사회적 기능은 물론 개별적, 임상적인 학교사회복지사의 역할을 변화시키는 계기가 되었다. 즉, 다양한 청소년들의 학교중퇴, 미혼모, 마약, 가출, 범죄 등의 학생문제와 빈곤아동, 아동학대, 걸인, 부랑아, 이혼, 에이즈 등의 사회문제를 예방하고 해결하기 위해서 보다 포괄적이고 통합적인 학교사회복지서비스가 필요하게 되었다. 특히 체계론적 관점에 의하여 학교와 사회환경 간의 상호관계가 중요시되면서 학생의 학교생활에 영향을 주는 가정환경, 학교환경, 사회환경의 조건들에 대한 연구가 활발하였다(한인영 외, 1997).

1994년에는 전미학교사회사업협회(School Social Work Association of America)가 결성되어 상호협조하면서 학교사회복지사의 권익과 전문성 향상에 노력하고 있다. 현재 미국에는 학교사회복지사가 15,000여 명 정도이며, 자격은 사회복지학 석사를 요구하고, 전미사회사업가협회 산하의 학교사회복지사 분과가 조직되었다. 최근에는 학교사회복지사들이 전문조직을 만들어 이를 세분화하고 더욱 확산시키면서 학교사회복지의 전문성을 더욱 구체화시키고 있다.

2) 우리나라 학교사회복지의 역사

우리나라는 공교육 도입, 의무교육보장으로 학교교육이 정착되고, 학교사회복지는 학교현장에서 이미 서비스로의 제도화를 위한 지속적 행보를 거듭하고 있다.

(1) 1945년~1960년대 후반

우리나라의 학교제도에서 상담의 필요성이 나타나기 시작한 것은 1950년대부터로 학교제도 안에서 혹은 지역사회 내에서 전개하면서 아동, 청소년복지의 중심시기가 형성되었다. 1952년에 내한한 미국 교육사절단은 학생지도를 위한 새로운 교육법으로 상담, 심리검사, 정신건강 등을 소개하였으며, 이를 계기로 학생생활지도와 학생상담에 관한 필요성이 나타나기 시작했다. 1957년에 서울시 교육위원회에서 중·고등학교에 상담제도를 두는 것을 지침으로 규정 후, 1958년부터는 각 학교에 교도교사제도가 실시되었다. 교도교사는 생활지도담당의 전문교사로서 상담조언, 학생자료의 수집, 정보교환의 역할을 수행하는 것을 주요 목적으로 하였다. 교육부는 1963년에 교육공무원법을 제정하면서 교도교사를 정식교사라 하고 교도교사가 되기 위한 자격증제도를 신설하였다. 그러나 교도교사의 배치, 의무고용, 활동업무, 상담실 설치 등의 후속법규가 제정되지 않아 자격증제도의 신설은 외형상의 법규에 지나지 않았다.

(2) 1970년대~1980년대 후반

1970년대 이후 사회복지는 좀 더 구체적으로 세분화, 다양화되면서 학교사회복지에 관한 연구가 시도되었다. 1973년에 교육부가 18학급 이상의 중등학교에 의무적으로 교도주임교사를 두는 것을 법제화하여 학교상담을 위한 상담실 설치를 의무화하면서 학생상담을 위한 최소한의 법적 기준이 마련되기 시작하였다. 이후 교도주임교사제도는 1985년에 중학교 12학급 이상, 고등학교 9학급 이상인 경우에 의무화하였으며, 사회복지에 관한 법률들이 제정, 아동복지와 교육에 관한 기본권이 확대되었으나 한편으로는 학교부적응이나 비행 등의 요보호학생 또한 증가하게 되었다.

(3) 1990년~현재

1993~1994년 학교 중심 학교사회복지가 시작되었다. 1994년에는 교도주임교사의 명칭이 진로상담주임으로 개칭되었다. 1995년에 이르러 국민복지기획단에서 학교사회사업의 제도적 도입을 주장하여 1998년부터 학교사회사업의 순차적 도입을 건의하였다. 이러한 건의를 바탕으로 교육부는 1999년부터 서울을 비롯한 대구·대전·광주에서 1개교씩 선정하여 학교사회사업의 도입을 위한 시범사업을 실시하였다(한인영 외, 1997). 2004년 학교사회복지제도화 추진위원회의 구성, 2004년 교육인적자원부의 교육복지증진 및 학교폭력예방을 위한 사회복지사 활용 연구학교사업이 이루어졌다. 우리나라의 경우 청소년 비행과 학교·가정생활의 부적응에서 오는 각종 사회적, 정서적 문제 등의 증가로 인해 다양한 사업들이 진행되고 있으나 충분한 학생복지 활동을 위한 보다 많은 노력이 필요한 실정이다.

3. 학교사회복지의 실천모델

학교사회사업은 그 시대의 사회적, 문화적 환경이 요구하는 다양한 실천모델들을 발전시켜 왔다. 실천모델들은 학생들이 직면하는 문제에 따라 다양한 개입목적과 기술들, 사회복지사의 활동, 접근방법 등을 포함하고 있다. 이에 따라 Alderson의 실천모델로 전통적 모델, 학교변화모델, 지역사회모델, 상호작용모델의 네 가지로 제시하고자 한다(한인영 외, 2011, 재인용).

1) 전통적 모델

전통적 모델은 정신분석학, 자아심리학, 개별사회사업 등에 그 이론적 근거를 두고 있다. 학생의 문제는 학생이나 가족의 역기능적 어려움 때문에 발생하고 학생의 정서적, 정신적 문제들의 원인은 다른 사회 환경적 요소들보다는 가족에게 있다고 보며, 특히 부모-자녀 사이의 갈등에 기인한다고 본다. 이 모델은 학교에서의 적응과 학업성취에 장애가 되는 사회적, 정서적 문제를 확인된 학생과 가족의 사회적, 정서적 특성들에 관심을 두고 있다. 따라서 학교사회복지사는 주로 학생과 그 가족들에게 개별사회사업서비스를 제공하는 동시에 집단적으로 개입하기도 한다. 또한 이들은 주로 학생들이나 가족에 대해 가능케 하는 자, 지지자, 자문가 등의 역할을 수행한다.

2) 학교변화모델

학교변화모델은 일탈이론과 조직이론에 그 이론적 바탕을 두고 있다. 이 모델은 학생의 문제원인은 학교제도 및 환경이 제공한다고 가정한다. 즉, 학교에 관련된 모든 사람들과 하위집단들을 포함한 총체성으로서의 학교를 표적 집단으로 보고 있다.

이 모델은 역기능적인 학교의 규범과 조건 상태를 변화시키는 데 그 개입의 목적을 두며, 학생의 학업미성취의 원인으로 보이는 제도들을 변화시킨다. 그러므로 이 모델을 '제도적 변화모델'이라고도 한다.

3) 지역사회모델

지역사회모델은 지역사회조직이론, 일반조직이론, 체계이론, 의사소통이론 등에 주로 근거하고 있다. 이 모델은 학생의 문제원인이 빈곤을 포함한 지역사회의 사회적 조건과 문화적 차이에 대한 학교의 이해부족에 기인한다고 본다. 지역사회가 학교의 역할을 이해하고 지지하며, 학교가 이런 취약지역의 학생을 위한 프로그램을 개발할 수 있도록 돕는 것을 목적으로 학생을 전인적으로 교육시킬 수 있도록 돕는다.

따라서 학교사회복지사의 활동은 학교의 역할과 필요성을 지역사회에 교육시켜 학교에 대한 지역사회의 이해와 지지를 얻는다. 특히 학생의 어려움을 야기하는 결핍환경을 개선하는 고도의 숙련된 기술 등 주로 중재자, 대변자, 원조자의 역할을 수행한다.

4) 상호작용모델

상호작용모델은 체계이론, 집단사회사업실천이론, 의사소통이론 등에 기초하고 있다. 이 모델은 문제의 원인을 개인들과 다양한 체계들이 서로 사회적 상호작용의 역기능적 관계성과 이들 사이에서 일어나는 상호 교류의 종류와 질에 관심을 갖는다. 대상체계에 대한 옹호보다는 조정에 더 초점을 두고 있다.

상호작용모델은 학교, 학생, 지역사회 간의 기능적 상호작용을 방해하는 장애를 확인하고, 체계 간의 역기능적인 상호작용 유형에 변화를 주며 이를 통해 함께 일할 수 있도록 돕는 것을 목적으로 한다.

따라서 학교사회복지사는 학교, 학생, 지역사회가 공통적인 근거를 확인하며 인식하도록 돕고, 상호적인 목표를 설정하여 서로의 의사소통을 향상시키고, 상호협조체계를 형성할 수 있도록 돕는다. 이 과정에서 학교사회복지사는 개인들, 집단들, 지역사회 등과 직접적으로 활동을 수행한다. 학교사회복지사의 역할은 대변자보다 중재자로서의 기능이 특히 강조되며 자문가, 가능자로서의 역할을 수행한다.

위의 네 가지 모델은 가장 전형적인 학교사회복지의 실천방법으로 〈표 12-6〉과 같이 정리할 수 있다.

〈표 12-6〉 앤더슨의 학교사회복지의 모델

구분	전통적 모델	학교변화모델	지역사회모델	상호작용모델
대상	사회적 또는 정서적 문제를 가진 학생들	학교제도(학교규범과 규칙)	학교를 오해하고 불신하는 빈곤지역사회	학생과 학교 간의 상호작용에 의한 문제
목표	학교와 관련된 사회·정서적 어려움을 가진 학생이 보다 효과적으로 기능하도록 한다.	역기능적인 학교규범과 규칙을 개선한다.	지역사회에 대한 자원을 개발하여, 학교가 빈곤학생을 원조하고, 이들의 박탈된 상태를 경감시킨다.	상호 원조체계의 발전을 촉진하고 상호작용의 장애물을 제거한다.
표적체계	학생과 그 부모	학교 전체	지역사회	상호 관계적 분야
문제에 대한 관점	가족, 특히 부모-자녀 문제로부터 기인한 아동의 정서적 또는 정신적 어려움	역기능적인 학교규범과 규칙	빈곤과 기타 사회적 조건	학생-클라이언트의 어려움과 사회환경 상호 간에 발생하는 역기능
사회사업가의 과업	개별지도, 집단지도, 가족치료를 중심으로 하여 학생, 부모, 선생님을 포함하는 교육직원 간의 기능을 연계한다.	역기능적인 학교규범과 규칙을 확인하고 선생님, 행정가와 개별적이고 집단적인 협의를 한다.	지역사회조직 활동을 통하여 지역사회와 학교가 상호 이해하고 서로 돕고 관련되도록 조장한다.	학생과 환경 간의 문제를 확인하고 상호간의 목표를 설정하여 의사소통을 향상하고 상호 간의 원조체계를 설립한다.
사회사업가의 역할	지지적인 협동과 협의	옹호, 협상, 협의, 약물치료	중재, 옹호	중재, 협의
이론적 기초	심리분석, 심리사회적, 자아심리학, 개별지도 방법론	사회과학이론, 특히 일탈이론, 조직적 이론	지역사회-학교개념, 의사소통이론	체계이론, 사회과학이론, 의사소통이론

출처: 한인영 외(2011).

최근의 학교사회복지모델은 학생, 학교, 사회의 상호작용이 복합적임을 강조하고 있다. 그리하여 학생들이 생활주기상의 다양한 스트레스 시점에 있을 때 학생집단의 특성과 상호작용하는 특정체계에 초점을 두어 개입한다. 즉, 학교 - 지역사회-학생 관계체계에 변화를 가져와 학생집단이 학습기회를 더 효과적으로 활용할 수 있도록 원조하는 것을 목표로 한다(성민선 외, 1998).

4. 학교사회복지의 과제

오늘날 학생들의 사회적, 심리적 환경은 학교사회복지의 필요성이 증가하고 있다. 이에 따라 현실적으로 요구되는 학교사회사업의 과제를 몇 가지 제시하고자 한다.

첫째, 학교사회복지의 제도화가 이루어져야 하고, 학교사회복지사의 신분과 자격이 규정되어야 한다. 전문적인 학교사회복지사를 통해 학생들이 양질의 서비스를 제공받을 수 있으며, 또한 팀의 일원으로 당연히 학교 내에서 업무를 수행할 수 있어야 한다. 무엇보다 사회복지사업을 규정하는 사회복지사업법 제2조의 조항에 학교사회복지에 대한 항목이 추가로 개정될 필요가 있다.

둘째, 학교사회복지의 서비스 대상과 역할도 전 학생을 대상으로 확대하여 학교생활부적응의 원인을 발견하고 근본적인 해결을 모색해야 한다. 특히 잠재적 부적응의 가능성을 지니고 있는 학생들을 대상으로 예방하는 역할과 치료의 역할을 모두 담당할 수 있어야 한다.

셋째, 학교사회복지의 실천을 위하여 전문성을 갖춘 학교사회복지사의 인력확보가 요구된다.

넷째, 학교사회복지의 활성화를 위한 이론 개발과 학교사회복지사의 조직형성, 학교사회복지실천 프로그램의 개발 등을 위한 노력이 필요하다.

꼭 알아야 할 내용

- 학교사회복지의 개념
- 학교사회복지의 목적
- 학교사회복지의 발달과정
- 학교사회복지의 실천모델
- 학교사회복지의 과제

제 4 절

산업복지

1. 산업복지의 개념

1) 산업복지의 개념

산업복지의 개념은 주로 노동복지 및 근로복지의 용어로 혼재되어 사용하고 있다. 특히 현대 산업구조에서 산업복지에 대한 사용범위가 포괄적으로 사용되고 있어서 산업복지라는 용어로 통용되고 있다.

산업복지란 직장생활을 하는 사람들이 평안히 지내는 상태로서 구성원의 건강, 안정, 조화, 번영 등이 보장되는 행복의 이상적인 상태라고 할 수 있다(조추용 외, 2008). 따라서 산업복지는 이러한 이상적인 상태로 진입하기 위해서 다양한 복지급여와 서비스체계에 대한 욕구 등이 수반되어야 한다.

산업복지에 대한 개념을 요약하면 다음과 같다.

첫째, 산업복지는 노동현장을 초점으로 한다. 노동현장에서 일하는 노동자는 사회복지의 개입을 필요로 하며 다양한 개인적, 사회적 욕구를 산출하는 체계로 이해한다.

둘째, 산업복지는 노동현장에서 복지급여와 서비스 체계를 포함한다. 노동현장은 노동자에게 물질적인 급여를 보상하는 것 이외에도 비물질적인 급여에 대해서도 사회복지적 개입을 요구한다.

셋째, 산업복지는 노동현장에서 나타나는 개인적, 사회적인 욕구를 포함한다. 노동현장을 벗어나서 노동자와 그 가족에 대한 삶의 질을 향상시켜 장기적인 노동현장의 질적 제고를 기대하기 때문이다.

따라서 '산업복지'의 개념은 노동자와 그 가족들의 인간다운 삶의 질을 향상시키기 위하여 산업체 내외에서 개입되는 전문적인 활동으로 정의할 수 있다.

2) 산업복지의 의의

우리 사회에서 산업복지가 지니는 의의는 노동자, 사용자, 정부의 세 가지 측면으로 구분하여 설명하면 다음과 같다(한인영 외, 2011).

첫째, '노동자'의 입장에서 산업복지는 노동자와 그 가족의 존엄성과 효능감을 보장, 안정적인 소득을 보장, 건강한 근로환경을 제공, 노동의 상품화를 방지한다. 따라서 노동자와 그 가족구성원이 노동을 통해 자아실현과 삶의 질을 향상시킨다는 의의를 지닌다.

둘째, '사용자'의 입장에서 산업복지는 안정적인 노동력을 확보·유지, 노동자의 근로동기 강화, 안정적인 노사관계 유지·발전, 기업의 사회적 이미지 제고, 세제 감면 혜택과 매출의 증대로 기여한다는 의의를 지닌다.

셋째, '정부'의 입장에서 산업복지는 자본주의 경제체제 유지, 국민의 복지에 대한 책임을 기업과 분담, 노동자의 조직화와 급진적인 성향을 완화시키는 역할, 노동자의 권익을 적극적으로 보장하는 복지국가로의 성장에 초석을 마련하는 안정성 확보의 의의를 지닌다.

2. 산업복지의 역사

1) 산업화와 산업복지(1961년~1972년)

서구의 경우는 18세기 후반에 산업혁명이 발달하면서 길드와 장원제도가 붕괴되었다. 농민들이 과잉으로 도시로 유입되면서 저임금과 열악한 노동조건이 심화되고 노동자와 그 가족들의 삶의 저하가 사회문제시되었다. 또한 노동과정에서 발생하는 질병, 실업, 재해 등의 문제 이외에도 노동자의 정서적인 지원을 해 주는 제도의 마련이 시급하였다.

따라서 국가적인 차원에서 근로자들을 위한 복지의 필요성을 인식하고 서구의 산업혁명에 영향을 입은 우리나라는 노동에 대한 억압적인 정책과 자본에 대한 지원육성정책을 통해 수출위주의 산업화가 전개되었다. 이 시기부터 산업복지라는 용어가 생기기 시작하였으며, 대다수의 복지 형태는 기숙사 및 사택 등의 주거시설, 양호실 등 의료시설, 구내식당 등 급식시설이 거의 전부였다.

2) 자본주의와 산업복지(1973년~1986년)

서구는 기업의 규모가 증가하고 노동자의 수도 증가하면서 자선적인 방법의 한계에 봉착하게 되었다. 또한 노동자들의 이직이 잦아지면서 우수한 노동자의 유치와 인재 양성의 중요성이 대두되었고 이에 노동자를 위한 복지활동이 발전하게 되었다. 제2차 세계대전의 영향으로 선진국에서는 노동자들을 위한 산업복지의 형태가 다양하게 제공되고, 사업주의 인식도 유연하게 자리 잡아 노동자에 대한 권리가 향상되었다.

우리나라는 1973년 이후 중화학공업의 발달에 따라 노동권의 제한과 임금 가이드라인(최저임금)을 제공하는 등 억압적인 노동정책을 전개하고 있었다. 이러한 사회적인 분위기는 경제성장을 도모할 수 있었지만, 노동자의 처우는 열악하였다. 특히 사무직 선호 사상으로 인해 노동력의 부족현상이 발생하면서 국가차원에서 사회보험에 대한 개입이 시작되었다.

대표적인 복지급여는 의료보험의 실시와 공장 새마을 운동, 사내 복지기금운영준칙 등의 국가적인 차원의 규제가 실시되었고, 주택자금, 자녀 장학금 지원, 자금 대여 등 기업의 규모에 따라 다양한 복지 프로그램이 실시되었다.

3) 노동운동과 산업복지(1987년~1996년)

서구는 이 시기부터 노동자의 다양한 복지급여를 제공하게 되었으며, 유능한 노동자를 확보하기 위하여 기업 간 경쟁이 활발해졌다. 또한 노동조합이 자리를 잡으면서 사업주와 노동자의 수직적인 관계가 수평적인 관계로 되었다. 특히 기업이 지역사회의 복지에 참여하는 기회가 많아지면서 기업 내의 복지뿐만 아니라 넓은 의미의 산업복지가 태동하기 시작하였다.

우리나라는 1987년부터 노동운동이 활성화되면서 다양한 형태의 복지 프로그램이 제공되었다. 자녀의 학비보조, 주택자금 대출 등 재정의 규모가 확대되고 노동자의 임금구조와 노동조건의 개선 등 기본적인 복지비용까지 전면 보완되는 시기이다. 이는 기존의 산업복지가 의식주와 같은 기본적인 욕구를 벗어나기 시작했다는 의미를 지니며 정부의 일관된 산업복지 이외에도 기업의 자체적인 복지 프로그램이 활성화되고 있다.

4) 경제침체와 산업복지(1997년~현재)

서구와 우리나라의 경제위기는 많은 기업의 도산, 폐업으로 실직자가 대거 발생하게 하였다. 따라서 기업은 구조조정을 본격적으로 단행하여 고용 불안정을 야기하였으며, 근로기준법에 의한 정리해고제와 근로자 파견제가 현실화되었다. 많은 수의 노동자들이 기업에 소속하지 못하면 복지급여의 혜택에서 벗어나므로 소득, 고용안정, 산업복지의 불균형이 팽배해졌다.

현 산업복지의 주요 과제는 사회의 복잡한 요인에 의해 발생된 이중 구조적 문제에서 정규 노동자와 비정규 노동자 간의 재분배를 현명하게 대처하는 것이다. 이는 기업뿐만 아니라 범국가적인 정책을 통해 제도화와 실천방안이 선행되어야 한다.

3. 산업복지의 체계

산업복지를 전개하는 사회복지사의 역할은 무궁무진하며, 다음과 같은 중심 역할을 수행하게 된다.

첫째, '변화자'로서 산업현장에 맞게 사회복지사로서의 역할과 실제를 변화시켜 서비스를 제공한다.

둘째, '탐구자'로서 산업현장에 맞는 프로그램과 지역사회 간 공식적, 비공식적 지침을 탐구한다.

셋째, '중재자'로서 산업현장에 맞는 노사 간 협상과 중재의 역할을 수행한다.

넷째, '자문가'로서 산업현장에서 요구되는 다양한 상황에 대해 경영자에게 문제상황을 예방하도록 한다.

이와 같이 산업복지사는 다양한 역할을 수행하면서, 산업복지의 체계가 잘 수행될 수 있도록 다음과 같은 실천가의 역할도 전개해야 한다(한인영 외, 2011; 조추용 외, 2008).

1) 산업복지정책

산업복지정책의 대표적인 형태는 일반적으로 사회보험과 공공부조라고 볼 수 있다. 우리나라의 사회보험은 현재 의료보험, 산업재해보험, 고용보험, 국민연금, 노인

장기요양보험이 있다. 사회보험은 전 국민을 대상으로 보편성을 강조하는 반면, 공공부조는 수급자인 빈곤층에게 최저수준의 생활을 보장하는 고용연계(Workfare)를 통한 선별성을 강조하고 있다.

사회보험과 공공부조의 정책 이외에도 공공부문의 일자리 창출, 민간부문의 보조금 지급, 직업훈련 및 고용촉진 프로그램 등 다양한 노동시장정책이 포함된다.

2) 기업복지

기업복지정책은 기업이 임의로 제공하는 법정 외 복지를 총칭하는 의미로 해석된다. 국제노동기구(ILO)는 기업복지의 내용을 일하지 않는 시간에 대한 보수, 비정기적 현금급여, 현물급여, 사회보장 지원, 직업훈련, 복지서비스 및 기타 제도 등으로 분류하여 정리하고 있다. 기업복지는 사업주의 측면에서 노동력의 확보, 노동자의 동기부여, 생산성의 향상 등 기업의 사회적 이미지를 향상시키는 역할을 한다. 현재 운영되고 있는 기업복지 프로그램을 요약하면 다음의 〈표 12-7〉과 같다.

〈표 12-7〉 기업복지의 영역과 프로그램

영역	프로그램
주거지원사업	기숙사, 사택, 주거비용 융자, 주거관리비용 보조, 주택 조합 결성
생활지원사업	생활용품 염가제공, 자녀 학자금 보조, 탁아, 급식
공제·금융지원사업	공제조직 운영지원, 종업원 융자, 단체보험 가입, 종업원 지주제
건강 관련사업	사내 의무실, 사내 체육시설, 정기 건강진단
심리·사회적 지원사업	고충처리제도, 사내상담 전문가, 사원 휴양소
가족생활지원사업	자녀교육 지원, 배우자 교양교육, 가족상담

출처: 조흥식 외(2001).

3) 자주복지

자주복지는 노동자들이 주체가 되어 노동자와 그 가족들의 복지를 향상시키고자 하는 체계로 볼 수 있다. 자주복지의 주체는 주로 노동조합을 설정하여 계속적인 노동조합의 활동과 주체적인 노동자의 지위가 확보되어야 한다. 노동조합은 일반적으로 경제적인 기능, 공제 및 복리증진 기능, 정치적인 기능 등을 수행하며, 사용자와 국가가 노동자 개인과 그 가족에 대한 복지를 조직화하도록 강제하고 압력을 가하는 전략으로 작용하고 있다. 노동조합의 형태에 따라 다음의 〈표 12-8〉과 같은 자주복지의 형태로 구분할 수 있다.

〈표 12-8〉 자주복지 프로그램의 내용

영역	프로그램
중앙노조 (한국노총)	교육기회/시설 확대, 취업 관련 사업, 보험사업 관련 사업, 장학제도, 소비자 협동조합 운영, 노후대책(정년/취업), 공원묘지
산별노조 (산별연맹)	장학사업, 협동사업(구판장/보험), 우리사주제, 복지회관 건립, 병원 건립, 주택사업, 산재/안전사고 예방, 복지기금 조성, 탁아소 운영, 복지정책 지침서
단위노조	협동조합(소비/공제/신협), 주택사업, 복지시설 건립, 지역봉사, 탁아사업, 장학사업, 산재/안전사고 예방, 문화사업, 생활지원

출처: 조흥식 외(2001).

4. 산업복지의 과제

현대 산업구조의 급격한 변화로 노동자의 복지의식과 노동조합의 성장을 통해 산업현장의 문제를 해결하기 위한 필요성이 증가하고 있다. 이러한 산업현장의 욕구 증대는 다음과 같은 과제를 제시한다.

첫째, 산업복지는 노동자의 욕구에 대해 민감하게 대응할 필요가 있다.

둘째, 산업복지는 정치·기업·노동자 삼자 간의 합의와 협력이 필요하다.

셋째, 산업복지는 지속적인 평가와 프로그램을 개발하여 노동자의 역량을 개발할 수 있는 교육과정 및 훈련과정에 대한 모형이 발굴될 필요가 있다.

꼭 알아야 할 내용

- 산업복지의 개념
- 산업복지의 체계
- 산업복지의 과제

제 5 절 교정복지

1. 교정복지의 개념

1) 교정복지의 개념 및 필요성

교정복지의 개념은 사회복지의 한 유형으로 다양한 사회복지실천 방법을 활용하여 범죄인 및 비행청소년이 사회에 적응할 수 있도록 돕는 서비스 분야이다. 즉, 이들의 재범을 방지하고 사회복귀를 도모하기 위한 조직적인 활동으로 비행과 범죄를 초래한 사회·심리적인 여건을 예방·방지하는 활동까지 포함한다.

교정복지의 필요성은 범죄 발생 건수의 지속적인 증가, 비인륜적인 범죄의 증가 등으로 인해 증가되고 있다. 사회와 단절된 공간에서 엄격한 규율에 의해 생활하게 됨에 따라 나타나는 다양한 문제와 출소 이후 새로운 사회적응에 따른 어려움으로 인해 교정복지의 필요성은 날로 증가하고 있다.

2) 교정복지의 기본원리

교정복지가 추구하는 기본원리는 인권의 보장이라는 기본 개념하에서 다음의 세 가지로 설명할 수 있다(조추용 외, 2008).

첫째, '인도주의'원리는 재소자라 할지라도 헌법에서 보장된 기본적인 인권은 보장되어야 하며, 인간성 존중을 위한 인도주의에 입각해야 한다.

둘째, '과학주의'원리는 재소자에 대한 개별적인 과학적 분석을 통해 교정처우 및 사회복귀에 필요한 기초자료로 활용하며, 담당부서는 경찰청의 과학수사담당부서가 전담하고 있다.

셋째, '교정의 사회화'원리로 재소자가 출소 이후 정상적으로 적응할 수 있으려면 일반사회와 자연스럽게 상호작용할 수 있어야 한다. 기본적인 자유와 자립정신을 통해 스스로 책임질 수 있는 프로그램이 개발되어야 하며, 개방 교도소의 설치, 개방처우의 추진 등 수형자의 책임감에 대한 신뢰와 자유를 보장하도록 해야 한다.

3) 교정복지의 용어

(1) 교정

교정(矯正, correction)은 소년원, 교도소와 같은 교정시설에서 갱생(更生)을 목적으로 환경조절과 심리요법에 의한 사회적 치료를 행하는 기능을 말하며, 범죄인의 성향을 바로잡아 사회에 적응할 수 있도록 돕는 활동이다.

(2) 교정복지

교정복지(矯正福祉, correctional social work)는 비행청소년과 범죄인의 사회적 및 직업적 재활, 비행과 범죄의 예방에 중점을 둔 사회복지실천을 의미한다.

(3) 교정서비스

교정서비스(correctional service)는 범죄인 및 비행청소년을 재활시키기 위해 참여하는 제반의 업무를 의미한다.

(4) 비행

비행(非行, delinquency)은 사회적·시대적·문화적 측면에 따라 개념이 다양하며, 범죄에 비해 행위에 따른 피해가 적고, 형사사건과 구분하여 소년법에 의한 소년보호사건으로 처리하고 있다. 즉, 비행은 청소년의 일탈행위에 초점을 두고 있다.

(5) 범죄

범죄(犯罪, crime)는 사회생활의 이익과 가치를 손상하는 행위로 법익을 침해하는 행위 또는 사회적으로 유해한 반사회적 행위 등으로 정의할 수 있다.

(6) 시설 내 교정

시설 내 교정은 교도소, 소년원, 감호소와 같은 교정시설에 수용한 후에 교정·처우하는 것을 의미한다. 그러나 한정된 공간에서 엄격한 규율에 의해 생활하는 과정에서 발생하는 문제를 해결하고, 출소 이후 재범 예방과 사회적응에 필요한 프로그램이 개발될 필요가 있다.

(7) 시설 외 교정

시설 외 교정은 교정시설에 수감되지 않고 가석방, 가퇴원 등의 절차로 석방되어 사회 내에서 지도 및 감독을 통해 교정·처우하는 것을 의미한다. 일정기간 동안 감독관이 생활을 감독하고 필요한 도움을 제공하여 정상인으로 사회에 복귀시키는 것으로, 소년원의 보호관찰제도, 사회봉사명령제도 등이 해당한다.

2. 교정복지제도

1) 갱생보호제도

갱생보호는 형의 집행유예, 선고유예, 교도소, 소년원 등에서 가석방처분, 가퇴원처분, 형의 종료 등으로 출소한 자 및 소년원에서 출소한 자에 대해 정신적·물질적 서비스를 제공하여 사회복귀를 도모하고, 사회의 안녕과 질서를 유지하는 제도이다.

대표적인 갱생보호 프로그램은 생업조성금 지원, 수용보호, 숙식제공, 여비지급, 직업훈련, 선행지도, 자립지원 등이다. 갱생보호제도의 효시는 1911년 출옥인보호회 활동으로 시작되어 오늘날의 갱생보호활동은 1995년 「보호관찰등에관한법률」이 공포되고 갱생보호법이 보호관찰법에 통합되면서 갱생보호공단이 설립되었다.

2) 법률구조제도

법률구조제도는 1972년부터 법의 보호를 충분히 받지 못하는 사람들의 인권을 보호하기 위해 법률상담, 변호사 소송대리 등의 법률서비스를 제공하는 제도이다.

첫째, '법률상담'은 전 국민을 대상으로 법률문제 전반에 대하여 무료로 법률상담 전용전화 '132'를 운영하고, 이동법률상담을 실시하고 있다.

둘째, '법률구조'는 민사 및 가사, 형사사건으로 구분하여 일정한 요건을 갖춘 사람에 한해 제공하고 있다. '민사 및 가사사건'의 대상자는 농어민, 국민기초생활보장법의 수급자, 6급 이하의 공무원, 위관급 장교 이하의 군인, 국가보훈대상자이다. '형사사건'의 대상자는 농어민, 국가보훈대상자, 국민기초생활보장법의 수급자, 소년소녀가장, 장애인으로 규정하고 있다.

3) 보호관찰제도

보호관찰제도는 법원의 판결 확정이나 보호처분의 결정일이 확정되고, 가석방, 가퇴원, 가출소된 때부터 개시된다. 보호관찰 대상자는 개시일로부터 10일 이내에 주거지를 관할하는 보호관찰소에 출석하여 서면으로 신고하며, 대상자는 보호관찰 기간 동안 보호관찰관의 지도·감독에 순응하며 관련 준수사항을 이행해야 한다. 보호관찰 심사위원회는 보호관찰에 관한 심사를 위해 법무부 산하에 설치되어 있으며, 보호관찰소는 보호관찰의 사무를 관장하기 위해 법무부 산하에 설치되어 있다.

보호관찰제도는 첫째, '사회봉사명령'이 있어 유죄가 인정된 범죄인과 비행청소년을 정상적인 사회생활을 할 수 있도록 지정된 시간 동안 무보수로 지역사회에 봉사하게 하는 제도이다. 둘째, '수강명령제도'는 법원이 소년법 적용 대상자에게 보호처분으로 보호처분을 결정할 때 내리는 명령으로 16세 이상 대상자에게 명할 수 있다.

3. 교정복지의 과제

현대사회에서 발생하는 다양한 범죄의 발생에 따라 교정복지의 중요성은 증가하고 있으며, 교정복지가 활성화되기 위한 과제는 다음과 같다.

첫째, '교정복지'의 전문기술과 프로그램의 개발이다. 범죄와 비행 청소년 범죄가 증가하고 있기 때문에 이들의 재활을 위한 체계적인 프로그램의 마련이 필요하다.

둘째, '교정복지'의 사회복지전문직의 참가가 제도화되어야 한다. 교정에 관심있는 사회복지사가 교정 관련직에 참가하여 사회복지서비스를 제공할 수 있도록 제도화할 필요가 있다.

셋째, '교정복지' 전문가 양성이 필요하다. 범죄인과 비행 청소년을 건전한 시민으로 전환하기 위해서는 교정복지사가 전문적으로 양성되어야 한다.

꼭 알아야 할 내용

- 교정복지의 필요성
- 교정복지제도
- 교정복지의 용어 이해
- 교정복지의 과제

제6절
기타

1. 군사회복지

군사회복지란, 현재 우리나라의 사회복지실천분야의 하나로 일차적으로 군(軍)이 추구하는 국가의 안전과 보호라는 목적하에 소속되어 있는 군인과 그 가족의 안녕과 복지를 증진시키기 위한 제반 복지서비스를 목적으로 하고 있다(박미은, 2005).

군 사회복지의 목적은 다음과 같이 설명할 수 있다(박미은, 2005).

첫째, 군의 구성원과 그 가족들이 환경에 잘 적응하고 보다 향상된 삶의 질을 영위하는 것이다.

둘째, 군의 구성원과 그 가족들이 개인적인 문제, 가족 및 대인관계상의 문제 또는 군생활 적응 등의 문제를 풀어 나가는 것을 돕는 것이다.

셋째, 군의 구성원과 그 가족들이 최적의 환경에서 생활할 수 있도록 서비스를 옹호하고 개발하는 것에 있다. 따라서 군 사회복지의 대상은 병사, 직업군인, 제대군인과 그 가족들이 포함된다고 볼 수 있다.

군사회복지사의 역할은 첫째, '군사회복지의 직접서비스'는 신체적·정신적 질환 및 상해 등의 건강증진 서비스, 가정폭력 및 군인 가족을 위한 서비스 등을 제공한다. 둘째, '군사회복지의 간접서비스'는 정책개발, 제대군인의 구직활동 원조, 군인과 가족을 위한 사회서비스 옹호활동 등을 제공한다.

향후 군사회복지가 정착되기 위해서 다음과 같은 방안이 모색되어야 한다.

첫째, 군사회복지는 군의 구성원과 그 가족을 위해 심리적인 문제를 예방하고, 심리치료를 제공할 수 있어야 한다. 따라서 군사회복지사는 상담 및 치료자로서 전문성을 개발하고 훈련받아야 한다.

둘째, 군사회복지는 군의 구성원과 그 가족을 위해 지역사회와 연계활동을 구축해야 한다. 따라서 군사회복지사는 타 전문직 및 지역사회 등과 활발한 연계자로서 자원을 동원하고 접근할 수 있어야 한다.

셋째, 군사회복지는 군의 구성원이 원만한 병영생활을 할 수 있도록 적절한 스트레스 관리, 갈등 조정방법 등의 방법을 훈련받을 수 있도록 해야 한다.

넷째, 군사회복지의 제도화가 마련되어야 하며, 전문 군사회복지사가 배출될 수 있도록 관련 법률 및 정책이 선행될 필요가 있다.

2. 외국인노동자복지

외국인노동자복지란, 현재 우리나라 사회복지실천분야의 하나로 외국인노동자와 그 가족이 한국사회에서 당당한 노동자로서의 인권을 보장받고, 차별 없이 사회통합할 수 있도록 제공하는 일체의 서비스라고 할 수 있다.

외국인노동자가 증가한 배경으로는, 국내 노동자들이 3D업종을 기피하는 심각한 현상이 발생하면서, 제조업, 건설업, 서비스업 등의 업종에 국내 노동자 인구의 부족 현상이 나타났다. 또한 외국인노동자는 합법 체류자와 불법 체류자의 구분, 합법 체류자라 할지라도 체류기간에 따른 복잡한 수급혜택 등으로 인해 적절한 복지급여는 제한적으로 제공되고 있는 실정이다.

현재 우리나라의 외국인노동자복지는 외국인처우기본법(2007), 다문화가족지원법(2008)을 근간으로 전개되고 있으며, '외국인노동자인권센터'를 주축으로 지역사회 내 종합사회복지관, 건강가정지원센터, 다문화가정지원센터 등에서 전개되고 있다.

외국인노동자복지가 필요한 배경은 다음과 같이 요약할 수 있다.

첫째, 외국인노동자들은 직장 내 폭력과 폭언에 따라 인권유린이 가장 큰 문제로 대두되고 있다. 대부분의 외국인노동자는 외로운 타지생활에 따른 심리적인 고충이 큰 데도 불구하고 경제적인 이유로 국내에 유입된 입장이다. 따라서 외국인노동자들의 인권이 보장될 수 있는 복지체제가 마련되어야 한다.

둘째, 외국인노동자들은 의사소통의 제한으로 인해 부당한 임금과 산재에 대한 적절한 보상을 받지 못하기 때문이다. 합법적인 절차에 의해 유입된 노동자 뿐만 아니라 불법 체류자들의 악덕 사업주에 의한 임금체불, 과다한 근무시간 및 근무일, 적절치 못한 주거시설 등에 대하여 지원해 줄 복지체제가 필요하다.

향후 외국인노동자 복지가 활성화되기 위한 방안을 다음과 같이 요약하였다.

첫째, 외국인노동자를 단순한 노동력을 대체하는 인력으로 보는 편견을 지양하고, 우리 사회의 다양한 구성원이라는 사회통합의 시각에서 수용해야 한다. 둘째, 외국인노동자의 권리를 옹호할 수 있는 전문가가 양성되어야 한다. 특히 법률적인 지식과 제반 지역사회 내 네트워크를 형성할 수 있는 외국인노동자복지를 선도할 사회복지사들이 배출될 필요가 있다. 셋째, 외국인노동자와 그 가족의 안녕을 지원할 수 있는 중·장기계획의 수립으로 전문 사회복지서비스의 체제를 구축할 필요가 있다.

3. 탈북이주자복지

탈북이주자복지는 현재 우리나라 사회복지실천분야의 하나로 북한을 이탈한 이주민을 우리 사회에 정착할 수 있도록 돕는 제한 복지서비스 일체를 의미한다. 탈북이주자를 일컫는 명칭으로는 '새터민', '북한이탈주민'이라고도 사용되지만 일반적으로 '탈북이주자'라고 명명하고 있다.

탈북이주자의 문제가 우리 사회에서 대두된 것은, 1990년대 후반부터 북한의 연이은 홍수와 가뭄으로 인해 식량의 부족현상이 발생하면서 이다. 또한 1994년 이후 북한의 김일성 주석의 사망으로 인해서 북한 경제사회의 급격한 하락과 공산당 체계의 붕괴위기가 악화되기 시작하였다. 탈북이주자들은 목숨을 걸면서 북한을 탈출하여 중국에 불법으로 유입되기도 하지만, 체포되어 재입국되는 수치도 증가하고 있다. 그 중 일부는 현지 브로커들을 통해 우리 남한으로 입국해서 정착한다.

2000년대에 들어서면서 기존의 성인 남자 위주의 유입에 그치던 실태가 가족단위의 입국과 청소년들의 입국이 대거 급증하기 시작하였다. 따라서 탈북이주자들은 북한의 사회적인 상황과 우리 사회의 상황이 다른 배경으로 인해 어려움을 겪게 되면서 탈북이주자복지의 중요성이 대두되었다.

탈북이주자들이 겪는 문제점에 대해서 요약하면 다음과 같다.

첫째, 탈북이주자들은 우리 남한사회가 지니는 편견으로 인해 심리적인 적응상의 어려움을 겪는다. 우리 사회는 오랫동안 반공사상을 교육받고 자라 북한주민에 대한 선입견을 지니고 있어 탈북이주자들을 경계하고 불신하는 분위기가 있다.

둘째, 탈북이주자들은 탈북과정에서 겪은 심리적인 불안과 신체적인 폭력 등으로 인한 심각한 외상 후 스트레스 때문에 정서적인 지지가 필요하다.

셋째, 탈북이주자들은 북한에 남겨진 가족과 고향에 대한 그리움으로 인해 심리적인 위축 현상을 나타내고 있다.

넷째, 탈북이주청소년들은 학교적응 및 진로, 진학 등의 어려움으로 인해 자신의 미래를 건설적으로 계획하는 데 어려움이 있다.

이러한 탈북이주자들을 위한 우리 정부가 지원하는 복지서비스는 다음과 같다.

첫째, 탈북이주자들은 우리 남한사회에 정착하기 위해서 필요한 일정 정착금을 지원받는다. 그러나 필수 보조금이라 남한과 북한의 문화·경제적인 차이로 인한 경제관념이 부족한 탈북이주자들은 어려움을 겪고 있다.

둘째, 탈북이주자들은 일정기간 동안 사회적응 교육을 받고 있다. 지역사회 적응과 교육, 취업의 지원을 받게 된다. 특히 북한이탈주민종합지원센터의 설립으로 인해 사후지도 서비스를 제공하고 있다.

탈북이주자복지가 활성화되기 위해서는 다음과 같이 정책적인 방안이 마련되어야 한다.

첫째, 탈북이주자복지는 탈북이주자들에게 전문적인 정신건강에 관련한 상담과 치료서비스를 마련하여야 한다. 탈북이주자들이 겪게 되는 외상 후 스트레스에 대한 적절한 서비스가 선행되어야 건전한 우리 사회의 일원으로 통합될 수 있을 것이다.

둘째, 탈북이주자복지는 탈북이주자들에게 갖는 사회인식 개선에 중점을 두어야 한다. 우리 사회가 지니는 선입견과 편견은 탈북이주자들이 교육, 취업 등의 전 과정에 영향을 미치고 있기 때문이다.

셋째, 탈북이주자복지는 탈북이주자들에게 현실적으로 필요한 프로그램과 정책적 제반 여건을 개발하여야 한다. 탈북이주자들의 연령, 성별, 경력 등을 고려한 차별적인 프로그램의 제공이 필요하다.

넷째, 탈북이주자복지는 탈북이주자들이 자립적으로 자조모임을 통해 멘토링시스템을 구축할 수 있도록 지원하여야 한다. 탈북이주자들이 겪는 현실적인 어려움을 서로 공감하여 해결할 수 있도록 지원할 필요가 있다.

4. 농촌복지

농촌복지란 개념은 우리나라 사회복지 전문영역에서 아직 정체성이 확립되지 않았으며, 지역사회복지의 소분야로 개입하고 있는 수준에 그치고 있다. 넓은 의미의 농촌복지 개념은, 일반적으로 인지된 농촌 지역사회의 문제를 예방하고, 경감시키고자 전개하는 민·관의 광범위한 조직활동이다. 좁은 의미의 농촌복지 개념은, 농어촌 주민들이 정상적인 사회생활을 유지할 수 있도록 하는 일체의 서비스를 일컬으며, 사회적 기능의 회복을 위한 사회, 공공기관, 자발적 단체의 비영리 활동을 포함한다.

농촌복지가 필요한 배경을 다음과 같이 구분하여 설명하고자 한다.

첫째, 농촌인구의 급격한 감소현상이다. 통계청 자료(2012)에 의하면, 농촌지역의 인구유출 현상이 심각히 전개되고 있음을 나타내고 있다.

둘째, 농촌인구의 초고령화 현상이다. 농가 인구 3명 중 1명은 65세 이상의 노인인 것으로 나타났다. 따라서 면·읍 단위에 따른 지역사회의 특징을 감안한 전략이 필요하다.

셋째, 농촌의 다문화가정 증대현상이다. 이와 같이 농촌지역에 다문화가정의 높은 수치로 인해 이주여성에 대한 심리적인 지원, 자녀양육 문제 등이 나타나고 있다.

넷째, 농촌의 열악한 소득구조 현상이다. 농촌은 일자리를 창출할 수 있는 직장이 부재하여 노동인구가 저하되고 있으며, 도시와 농촌 간의 재정구조도 심각하게 차이가 난다.

정부는 농촌복지를 전개하기 위해 '농어촌주민의 보건복지 증진을 위한 특별법(2003)'과 '농림 어업민 삶의 질 향상 및 농산어촌 지역개발촉진에 관한 특별법'을 제정하거나, 지역사회복지협의체에 의한 지역사회복지계획을 4년마다 수립하는 정책을 시행하는 데 그치고 있는 실정이다.

농촌복지의 활발한 전개를 위해서 다음과 같은 발전방안을 제시한다.

첫째, 농촌복지는 수요자인 농촌 거주민들의 욕구에 기반을 두고 생산성과 경제성을 기대할 수 있는 지원책(예: 귀농정책 등)이 적극 전개되어야 신규 유입인구를 증가시킬 수 있으며, 고령화 현상을 극복할 수 있을 것이다.

둘째, 농촌복지는 다문화가정에 대한 적극적인 지원이 병행되어야 한다. 다문화가정이 건강하게 정착할 수 있도록 이들에 대한 교육적·경제적 지원을 통해 생산인구로 성장할 수 있도록 지원할 필요가 있다.

셋째, 농촌복지는 의료복지를 중심으로 전개될 필요가 있다. 특히 농촌지역의 노인인구가 많은 점을 감안할 때 재가복지서비스와 병행된 의료복지서비스의 확장은 적극 전개되어야 한다.

꼭 알아야 할 내용

- 군사회복지의 개념 및 활성화 방안
- 외국인노동자복지의 개념 및 활성화 방안
- 탈북이주자복지의 개념 및 활성화 방안
- 농촌복지의 개념 및 활성화 방안

Chapter 13

전문직으로서의 사회복지

오늘날 사회복지의 욕구증대와 양적 확대는 사회전반에 걸쳐 다양한 변화와 개혁을 요구받고 있다. 특히 사회복지를 수행하는 사회복지 전문 인력의 활동은 매우 다양한 영역에서 이루어진다는 특징이 있으며, 사회복지서비스 분야의 확대와 함께 수요자의 다양한 욕구에 대응하는 양질의 서비스를 제공하기 위해서는 그 어느 때보다도 서비스 제공자의 전문성을 필요로 한다.

따라서 본 장에서는 전문직의 개념과 속성, 전문직으로서의 사회복지 발전과정, 사회복지전문직의 특성과 사회복지 인력을 살펴보고, 그에 따른 사회복지사의 활동 영역, 사회복지사의 역할과 자질을 이해하며, 현재의 사회복지사의 현황과 노동조건, 활동 영역 등을 살펴보고자 한다.

제1절 전문직과 사회복지인력

1. 전문직의 개념과 속성

1) 전문직의 개념

오늘날 우리들은 특정한 분야에 익숙하거나 능숙한 사람을 보고 '전문가' 또는 '프로'라는 용어를 사용하고 있다. 의사 또는 변호사를 비롯하여 운동선수, 요리사, 마술사에게도 전문가라는 용어를 사용한다. 하지만 의사 또는 변호사에게서 사용되는 전문가와 후자 그룹에서의 전문가라는 용어의 의미에는 현저한 상이성이 존재한다. 직업상의 활동이 갖는 숙련성은 유사하더라도, 후자의 직업들에서는 배타성이 있는 독점적 혜택이 사회적으로 주어지지 않는다. 즉, 의사가 아닌 사람이 진료행위를 하게 되면 사회적 제재를 감수해야만 한다. 반면에 후자의 경우에는 숙련성과 능력만 인정받으면 활동할 수가 있다(최재성·김재엽, 1996, 재인용).

전문직으로 인정받게 되면 특정 직업군이 사회적으로 상승된 지위를 획득하고 관련 분야에서의 독점을 사회적으로 인정받게 되는 통로가 된다. 사회적으로 공식적인 승인을 받기 위해서는 전문직 활동의 기초를 제공해 주는 지식이 제공되어야 한다. 이는 공인되고 자격증을 획득하는 데 필요한 지식을 의미하는 것인데, 여기서 자격증이란 특정 전문직에 속하는가의 여부를 판단하는 주요 기준이 된다.

전문직이란 '전문성'을 가진 직업, 혹은 그 직업에 종사하는 사람들의 집단을 의미하는 것으로 일반적인 직업(occupation)들과는 구분되는 특성을 가진다고 이해된다. 즉, 어느 특정 분야에서 특수적·집중적인 활동을 할 수 있는 '지식과 기술'을 갖춘 스페셜리스트(specialist)를 의미하는 것으로 이해할 수 있다. 전문적 지식과 기술 이외에 제시되는 전문직의 특성으로는 독점적 권위, 자율성, 제도화된 교육, 윤리강령, 자격증, 전문적 문화 등을 들 수 있다(DuBois & Miley, 1996).

전문직은 영어의 profession의 번역어로서 그것은 profess(공언하다, 신앙적 교리를 간증하다)라는 말에서 비롯되었다. 즉, 다른 사람은 할 수 없거나 하더라도 불완전하게 하는 것을 나만이 완전하게 할 수 있다고 공언하는 데서 나온 말이다(한상훈, 1997, 재인용).

따라서 전문직의 개념을 요약하면 어느 특정 분야나 영역에 전문가가 고용·배치되어 직무를 수행하여야 된다는 것이 사회적으로나 제도적으로 인정되고 있는 직무를 전문직이라 할 수 있다.

이는 전문직이 사회에서 독점적인 지위를 얻고자 하는 속성을 반영하는 것이라 할 수 있다. 전문직의 권위와 지식에 기초하여 확보한 서비스 시장을 지키기 위해서는 사회적으로 인정을 받아야 한다. 타 경쟁직과의 경쟁에서 전문적 독점을 지킬 수 있도록 전문직 체계 내의 노력이 유지되고 개선되는 과정이 전문직 발전과정에서 발견된다.

2) 전문직의 속성

그린우드(Greenwood)는 어떤 속성을 갖춘 직업이 전문직이 될 수 있는지에 관해 다음과 같은 네 가지 속성을 들고 있다.

(1) 체계적 이론

전문직업과 비전문직업을 구분하는 가장 중요한 요소 중의 하나는 탁월한 기술(superior skill)이다. 그러나 기술 그 자체만으로 전문, 비전문을 구분하는 것은 핵심을 놓치고 있는 셈이다. 중요한 것은 전문직을 위한 준비는 체계적 이론을 상당히 준비할 것을 포함한다. 체계적 이론이 전문직을 위해 아주 중요하기 때문에 전문직을 위한 준비는 실제적 경험인 동시에 지적인 경험이어야 한다.

(2) 전문적 권위

교육을 통하여 얻어지는 것은 전문적 권위의 기반이 된다. 전문직은 클라이언트를 상대로 하고 그와 전문적 관계를 형성한다. 이 관계에서 전문가가 클라이언트에게 무엇이 좋고 나쁜가를 결정하고 클라이언트는 전문가 판단을 따르게 된다.

클라이언트는 전문적 지식이 없으므로 스스로 자신의 욕구와 그를 충족할 것을 판단할 능력이 없음을 전제로 한다. 전문적 권위에 대한 클라이언트의 협조는 전문가에게 판단의 독점을 부여하게 된다.

(3) 지역사회의 인가

지역사회의 인가는 전문직에 일련의 권력과 특권을 부여한다. 이는 공식·비공식 재가를 모두 포함한다. 권력이란 훈련기관에 대한 통제력을 일컬으며, 인가과정은 학교의 수, 위치, 교육과정, 내용, 교육의 질 등을 규제한다. 또한 전문직에로의 가입을 통제하므로 전문직의 이름(title)을 함부로 쓰지 못하게 한다. 특권이란 비밀보장을 전제한 신뢰감을 형성하는데, 이는 클라이언트로 하여금 비밀을 털어놓게 하며(특권적 의사소통), 기술적 문제에 관한 한 지역사회의 판단을 면제받는다. 이러한 권력과 특권은 지역사회의 인가에 따른 전문가 집단에 주어지는 독점을 구성하게 된다.

(4) 윤리강령

클라이언트와 지역사회로부터 전문직에 부여되어 전문직이 향유하는 독점은 위험할 소지가 있다. 따라서 이에 대한 규제로서 윤리강령이 필요하게 된다. 전문직의 윤리강령은 일부는 공식, 일부는 비공식적인 것이다. 자율규제적 윤리강령은 모든 직업에 다 있다. 그러나 전문직업적 윤리강령은 더욱 명백하고 체계적이며 구속력이 있다. 즉, 보다 이타적이며 공공서비스 지향적이다.

(5) 전문적 문화

모든 전문직은 공식·비공식 집단 관계망을 통하여 운용된다. 공식 집단으로는 첫째, 전문직이 서비스를 수행하는 집단(병원, 사회기관 등)과 둘째, 교육 및 연구기관이 있으며 이는 전문가 양성 및 지식 확대를 담당하고, 셋째, 전문가 협회가 있어 동료의식 고취, 집단 이익 추구의 기능을 담당한다. 이러한 공식·비공식 집단을 통하여 얻어진 사회적 역할의 상호작용이 전문적 문화를 형성하며 이는 전문적 가치, 규범, 상징 등으로 구성된다.

그리고 모레일스와 셰퍼(Morales & Sheafor, 2004, 재인용)는 이를 전문직과 사회가 협상을 하는 것이라 보는데, 책임이 따르는 민감한 영역에서 서비스를 제공하는 대가로 특정 전문직에게 해당 서비스를 독점적으로 제공할 수 있는 배타적인 권한과 영역을 맡기는 것이다.

파발코(Pavalko)는 전문직으로 인정받을 수 있는 속성들을 다음과 같이 제시하였다(Morales & Sheafor, 2004, 재인용).

① 전문직은 이론체계를 갖추어야 한다. 이는 서비스를 제공하게 될 집단에 대한 지적인 이해와 다루어져야 할 상황 그리고 적용하게 될 개입 접근 등을 다루는 것을 의미한다.

② 특정 전문직에 의해 제공되는 서비스는 존재하는 사회적 제도가 부응하지 못하는 요구에 대하여 사회가 기꺼이 책임을 지고자 하는 욕구와 관련된 것이어야

하며 사회적으로는 인정받는 욕구를 다루는 것이어야 한다.

③ 전문직 활동은 일상적인 것이 아니어서 처방된 과정이나 단계로 엄격하게 축소화시킬 수 있는 성격이 아니다.

④ 전문가는 시민으로서 가져야 하는 일반적이고 광범위한 교육을 받아야 할 뿐 아니라 특정 활동을 수행하는 데 필요한 기술에 대한 지식을 갖추어야 한다. 이는 숙련된 전문가를 통하여 수련자에게 전수하게 된다.

⑤ 전문직은 워커의 이해에 우선적으로 반응하는 것이 아니라 클라이언트에 대한 서비스에 초점을 유지해야 한다.

⑥ 전문가는 활동에서 헌신이 중요한 부분을 차지한다. 이는 활동이 완결되었을 때의 느낌(taste) 혹은 부름(calling)등으로 표현되기도 한다.

⑦ 전문가는 그들이 규정하는 목적과 이해를 공동으로 나누는 집단의 공동체를 전문직이라고 본다.

⑧ 전문직은 워커와 클라이언트 간의 관계에 대한 행동윤리강령을 만들고 이를 준수한다. 이는 전문직 회원의 특권 남용에 대한 기준으로 사용되기도 한다.

2. 전문직으로서의 사회복지 발전과정

한국에서의 사회복지전문직 발달과정은 한국전쟁 이후 고아와 과부의 발생과 빈곤에 대응하기 위하여 종교적 성격을 강하게 띤 외원단체들이 소셜워크 활동을 하게 되면서 시작되었다. 종교적 배경을 안고 구호 중심의 소셜워크 활동이 이루어졌으나, 케이스워커가 사례를 담당하고 후원관리 등의 개별 사례 형식의 전문적이고 체계적인 활동이 이루어져 초기에서부터 전문직으로서의 사회복지실천이 이루어져 왔다고 할 수 있다.

미국의 소셜워크(social work)는 사회사업이 전문직으로 성장한 대표적인 예라 할 수 있다. 1915년 이전에는 자원봉사자들이 자선사업의 성격을 띤 소셜워크 활동을 주로 담당하였다. 1915년 플렉스너(Flexener)가 전미 자선 및 교정 컨퍼런스(National Conference on Charities and Correction)에서 '소셜워크는 전문직인가?' 라는 제기에 소셜워크는 전문직이 아니라고 결론지은 것에 대한 본격적인 대응책으로 소셜워커 조직을 형성하려는 다양한 노력이 이루어졌다. 1952년 전미소셜워크교육협회(CSWE)에서는 전문직 지위를 위하여 석사학위 과정을 마쳐야 한다고 보았다.

1955년 전미 단위의 사회사업가 조직이 형성되고 이에 윤리강령을 채택하여 전문직으로서의 인정을 받을 수 있는 단계가 완성되었으며, 1960년대로 들어서면서 소셜워크는 전문직으로서의 위상을 본격적으로 강화하게 되는데 윤리강령, 대학원프로그램, 자격증제도 운영, 대중홍보, 원조직으로서의 소셜워크 위상 확보, 전문화와 인원제한 등을 통하여 전문직으로 자리 잡게 되었으며, 1970년 전미소셜워커협회(NASW)의 인정에 이어, 전미소셜워크교육협회도 1974년 소셜워크 학위를 취득한 이들을 전문가로 인정하게 되었다. 플렉스너의 논쟁 이후 리치먼드(Richmond, 1917)는 그의 저서 『사회진단(Social Diagnosis)』을 통하여 진단, 치료, 평가라는 사회사업실천과정을 제시하면서 이론적 틀을 제시하기 위한 노력이 있었다. 이후 프로이트(Freud) 이론의 도입에서 소셜워크 이론의 구축과 더불어 치료적인 기능을 담당할 수 있는 전문가로서의 위상을 확보하고자 하였다. 개인치료 중심의 이러한 소셜워크의 선호는 소셜워크가 주요 가치로 내세우는 사회정의의 실현과 거리를 두고 사회문제의 통제자 역할을 담당하고 있다는 비난과 우려를 받게 된다. 이에 대한 대표적인 논쟁이 「타락한 천사(Unfaithful Angels)」(Specht & Courtney, 1995)논쟁이다. 저자들은 소셜워커가 사회정의에 대한 미션을 버리고 개인 중심의 치료자 역할을 자처하고 개업 활동을 하는 것에 대하여 소셜워커의 임무를 버린 것임을 지적 비난하였다. 윌렌스키(Wilensky)는 소셜워커가 전문직으로 변천하는 과정을 소개하면서 초기 박애정신에 기초한 소셜워크협회를 형성하고 전문직으로 발돋움하는 과정에서 전문직의 이해를 우선적으로 하는 타협이 이루어졌다고 보았다. 이러한 과정에서 클라이언트의 이해가 차선으로 밀리는 현상이 일어난 것이라고 지적하였다.

3. 사회복지전문직의 특성

사회복지에 있어 전문직 논의는 사회복지직이 등장한 이래 끊임없이 제기되어 온

문제이다. 이는 사회복지를 하나의 전문직으로 출범시킨 미국에서도 그러하거니와 이를 상당 부분 이식하여 온 우리나라 사회복지계에서도 여전히 논의가 되고 있는 문제이다.

사회복지를 전문직 위상을 추구하는 준 전문직으로 보아야 한다는 입장이 있다. 에치오니(Etizioni, 1969) 등은 교직, 간호직, 소셜워크직을 준 전문직에 포함시켰다. 사회복지 전문성에 대한 논란은 사회복지사의 탄생과 더불어 지속적으로 진행되어 왔고 시대의 변화에 따라 진보해 왔으며 오늘날에도 여전히 도전받고 있는 현실이다.

사회복지는 학문적 성격과 실천적 성격을 모두 요구한다. 실천학문으로서 이론적 측면과 사회복지실천 현장에서 필요한 기술이나 지식 그리고 실제 현장에서의 활동 등 실천적 측면을 포함한다. 또한 사회복지는 인간과 환경 사이에 발생하는 다양한 영역에 개입하는 실천적 특성을 가지고 있어 다차원적인 영역에서의 활동을 수행하게 된다.

따라서 사회복지 대상 영역이 광범위하고 포괄적이어서 사회복지라는 고유의 차원으로 통합하여 제시할 수 있는 이론 구축이 어렵다는 지적이 있다(김태성 외, 1998; Morales & Sheafor, 2004, 재인용). 이에 대해 짧은 사회복지의 역사에서 그 원인을 찾는 의견도 있다. 고유의 지식체계, 명확한 역할 등 전통적인 의미에서의 전문직을 정의하는 관점에서 전문직으로서의 사회복지 기능을 찾는 것은 쉽지 않은 일이다. 앞서 언급하였듯이 사회복지 특성상 인간과 환경 사이에 발생하는 문제에 대한 다차원적이면서도 포괄적인 영역을 다루어야 하기 때문이다.

사회복지사가 전문가로 인정받기 위해서는 국가공인자격증 제도를 갖추는 것과 전문가 집단의 세력화가 중요한데 1997년 개정된 사회복지사업법에서 사회복지사 자격의 국가시험화, 사회복지사협회의 법정 단체화를 정함으로써 사회복지사가 일반 국민들 사이에서 전문가로 인정받을 수 있는 계기가 마련되었다.

사회복지전문직의 특성은 서비스 대상자의 특성과 사회복지전문직의 가치 등을 중요하게 고려해야 한다는 점에서 독특하다. 이는 여타 휴먼 서비스 전문직에 비해 가치와 윤리강령에 높은 비중을 두고 있다는 점에서 드러난다(Garcia,1990). 사회복지 서비스 대상자인 클라이언트는 문제해결을 위해 도움이 필요한 취약한 상황에 있는 경우가 대부분이어서, 자격이나 훈련이 미비한 서비스 제공자가 서비스를 제공할 경우 해를 입을 가능성이 높다.

따라서 사회적 약자인 클라이언트에게 최선의 서비스를 제공하기 위하여 사회로부터 전문가로서의 독자적인 결정 권한을 승인받아야 할 필요가 있다. 이는 법적 규제를 통하여 보호 장치가 이루어져야 한다. 사회복지전문가 제도는 이를 실현하는 장치라고 볼 수 있다.

사회복지가 전문직 위상에 관심을 가진 반면, 고유의 과업인 사회변화를 위한 사회행동은 간과하였다는 지적이 있다. 더불어 전문직의 가치나 윤리 준수보다는 기관의 이해나 관심에 치중하는 추세에 대한 우려가 있다.

사회복지전문직은 기관을 중심으로 서비스를 제공하므로 기관의 이해와 목적이 활동의 근거가 된다. 기관의 행정적인 절차나 목적이 관심의 우선 대상이 될 때 사회복지전문직의 관료화가 초래된다는 지적이 있다(Hall, 1968; Wagner, 1989). 관료제는 전문가주의의 속성을 반영하는 것으로 서비스 제공에 있어 공익 추구나 클라이언트의 욕구와 이해보다 전문가 이해를 우선하는 의사결정을 실행하게 된다는 비판이다.

사회복지의 전문가 위상이 사회복지전문직의 이해나 관료적 행정체계 유지로 이어지지 않기 위해서는 전문직의 발전과 클라이언트의 이해를 최우선으로 하는 책임 있는 서비스 제공이 동시에 실현되도록 하여야 한다. 이것이 사회복지전문직이 이루어야 할 과제가 될 것이다. 이는 사회복지 교육체계에서 충분히 다루어져야 할 주제다. 교육현장과 실천 현장은 사회복지전문직이 사회복지 윤리와 가치 체계에 기반을 두어 클라이언트의 최고의 이해를 추구하고 책임 있는 서비스를 제공할 수 있도록 협력해 나가야 할 것이다.

사회복지서비스는 앞서 언급한 바와 같이 다면적인 영역에 개입하기 때문에 단일 전문직으로만 개입하기 어려워 팀 접근이 요구되는 경우가 많다. 이는 서비스 제공자 간의 파트너십을 기반으로 이루어지는데, 여기서 전문직의 특성이 안고 있는 고유 영역에 대한 독점적 배타성이 침범될 수 있다. 이는 전문직의 고유 영역을 훼손하는 것으로 전문직 발전에 부정적인 영향을 미칠 수 있다(Masterson, 2002).

또한 클라이언트에 대한 정보 공유에서 사회복지의 주요 원칙인 '클라이언트의 비밀보장' 면에서 윤리적 갈등을 경험할 수 있다. 게다가 전문직 간의 주요 관심사에 따른 의견 차이로 개입의 우선순위나 역할분담이 불명확하게 될 우려가 있다.

이는 특히 사회복지서비스 제공이 기관의 주목적이 아닌 병원이나 학교와 같은 이차 세팅에서 흔히 경험할 수 있는데, 현장의 독특성을 이해하고 타 전문직과 팀 접근을 할 수 있도록 파트너십을 형성할 수 있는 능력을 갖추어야 한다. 더불어 관련 세팅에서 요구되는 지식과 문제와 클라이언트의 특성에 따른 실천기술을 습득하는 것이 중요하다.

다음의 표는 인간의 생활을 지원하는 케어부분에서 전문직과 비전문직을 비교하여 전문직의 특징을 나타낸 것이다.

〈표 13-1〉 전문적 지원과 비전문적 지원의 비교

전문적 지원	비전문적 지원
1. 지식, 동찰, 기본원리, 이론 및 구조를 강조	1. 감정과 기분(구체적, 실천적 중시)을 중시
2. 계통화(systematic)	2. 경험, 상식적인 직관, 관습이 중심
3. 객관적: 거리를 두고 계획을 세워서 자기의 감각과 지식을 중시하며, 감정이입을 조절함	3. 주관적: 친근감을 가지고 스스로 참가함
4. 감정이입: 통제된 감정	4. 상대와 동일시함
5. 일정한 기준에 의해서 실시함	5. 때에 따라서 자발적으로 실시함
6. 아웃사이더 지향	6. 인사이더 지향
7. 이론적 지향성을 가진 실천(praxis)	7. 경험에 의한 실천(practice)
8. 신중한 시간제한, 계통적인 평가, 치료를 중시	8. 시간을 문제 삼지 않으며, 비공식적으로 직접 책임을 묻는 동시에 케어를 중시함

출처: 吉川孝順 外(1996), 재구성.

위의 표에 의하면 전문적 원조란 지식과 이론을 가지고 객관적인 입장에서 치료중심의 전문적 원조를 실천하는 것이고, 비전문적 원조는 감정과 기분 및 경험에 의해서 주관적으로 케어 중심의 서비스를 제공하는 것이다. 또한 전문적 원조는 객관적인 원조를 하지만 비전문적 원조는 주관적인 개인적 감정을 가지고 대상자에게 접근한다.

사회복지전문직의 이러한 특성과 경향에 근거하여 한국사회복지사협회는 '한국사회복지사 윤리강령'의 제정(1982)·개정(1992), '정신보건사회복지사' 자격제도(1996), '임상사회복지사' 자격제도(1996), 사회복지사업법에서 '사회복지사의 자격' 취득에 시험제도를 도입(1998), 사회복지사 1급 시험 실시(2003) 등 형식적 규정을 통하여 사회복지의 전문성 향상 및 사회복지사의 권익옹호를 위하여 노력하고 있다.

4. 사회복지인력

사회복지인력은 사회복지서비스를 효과적이고 효율적으로 제공하기 위해 노력하는 사회복지 관련 전문인을 말한다. 좁은 의미의 사회복지인력은 사회복지사로서 사회복지에 관한 소정의 전문지식과 기술을 가진 자로 사회복지사 자격을 부여하고 복지업무를 담당토록 함으로써 아동, 청소년, 노인, 장애인 등 보호가 필요한 사람들에게 전문적이고 체계적인 복지서비스를 담당하는 사회복지전문가를 말한다. 넓은 의미로서의 사회복지인력은 사회복지사를 포함한 사회복지 관련 연구원, 생활지도원, 생활보조원, 보육사, 의사, 물리치료사, 직업훈련교사, 사회복지 관련 공무원, 간호사, 조리사, 영양사, 취사부, 세탁부, 관리인, 경비원, 자원봉사자, 사회복지관련 위원회 위원 등 사회복지시설과 사회복지 관련기관 및 단체에서 사회복지를 위해 활동하는 모든 인력을 말한다.

사회복지인력은 일반적으로 네 가지 직업군으로 나눌 수 있다.

첫째, 사회복지대학원·대학교(2, 3년제 포함) 등을 통해 사회복지교육과 훈련을 받아 사회복지행정기관, 사회복지기관, 시설, 단체 등에서 활동하는 종사자들이다.

예를 들면, 중앙정부 및 지방정부의 사회복지행정요원, 지방정부의 사회복지전담공무원, 보육교사, 생활지도원, 의료사회복지사, 정신보건사회복지사, 청소년기관에서의 청소년 상담사, 사회복지관·단체의 사회복지사 등을 들 수 있다.

둘째, 대학원, 대학(2, 3년제 포함) 등에서 사회복지와는 다른 분야의 교육을 받고, 사회복지행정기관이나 시설, 단체 등에서 활동하는 종사자들이다. 예를 들면, 의사, 간호사, 물리치료사, 작업치료사, 직업훈련사, 언어치료사, 직업상담사, 영양사, 위생사, 중앙 및 지방정부의 행정요원 등이 있다.

셋째, 각종 대학(4년제·2년제)의 사회복지교원 및 각종 연구원, 연구소의 사회복지연구원 등을 들 수 있다.

넷째, 자원봉사자들을 들 수 있다.

이와 같이 사회복지인력은 사회복지제도 전반에 걸쳐 활동하고 있는 사회복지종사자를 일컫는다. 이들 사회복지인력은 사회복지 분야에 있어 매우 중요시되고 있으며, 그들의 역할 또한 사회복지서비스의 질적 수준을 높이려는 관심과 사회복지서비스의 전문화와 연결되어 인정받고 있다.

제2절 사회복지사의 활동 영역과 전문성

1. 사회복지사의 활동 영역

우리나라에서 사회복지사들이 활동하고 있는 구체적인 영역은 사회복지사업법과 여타 사회복지 관련법에 명시되어 있으며, 아직 명시적인 법적 뒷받침이 없는 몇몇 영역은 보건복지부의 업무지침으로 대신하고 있다. 사회복지사업법에 나타난 사회복지사업(동법 제2조, 25개 하위법)이라 함은 다음 각 목의 법률에 의한 보호·선도 또는 복지에 관한 사업과 사회복지상담·부랑인 및 노숙인보호·직업보도·무료숙박·지역사회복지·의료복지·재가복지·사회복지관운영·정신질환자 및 한센병력자 사회복귀에 관한 사업 등 각종 복지사업과 이와 관련된 자원봉사 활동 및 복지시설의 운영 또는 지원을 목적으로 하는 사업을 말한다. 관련 법률로서 「국민기초생활보장법」, 「아동복지법」, 「노인복지법」, 「장애인복지법」, 「한부모가족지원법」, 「영유아보육법」, 「성매매방지 및 피해자보호 등에 관한 법률」, 「정신건강증진 및 정신질환자 복지서비스 지원에 관한 법률」, 「성폭력방지 및 피해자 보호 등에 관한 법률」, 「입양특례법」, 「일제하일본군위안부피해자에 대한 생활안정지원 및 기념사업 등에 관한 법률」, 「사회복지공동모금회법」, 「장애인·노인·임산부 등의 편의증진 보장에 관한 법률」, 「가정폭력방지 및 피해자보호 등에 관한 법률」, 「농어촌 주민의 보건복지증진을 위한 특별법」, 「식품 등 기부 활성화에 관한 법률」, 「의료급여법」, 「기초연금법」, 「긴급복지지원법」, 「다문화가족지원법」, 「장애인연금법」, 「장애인활동 지원에 관한 법률」, 「노숙인 등의 복지 및 자립지원에 관한 법률」, 「보호관찰 등에 관한 법률」, 「장애아동복지 지원법」, 「발달장애인 권리보장 및 지원에 관한 법률」, 「청소년복지 지원법」, 그 밖에 대통령령으로 정하는 법률로 정리된다.

이러한 영역과 관련하여 사회복지사협회는 사회복지사 고용의 촉진과 확보, 권익향상을 위한 이익집단의 결성 등과 같은 역할을 수행할 수 있을 것이다. 구체적인 사회복지사의 영역으로 일반 영역에서는 다음과 같다. 공적 사회복지영역은 사회복지사업법 제14조 사회복지사업에 관한 업무를 담당하게 하기 위하여 시·도, 시·군·구 및 읍·면·동 또는 복지사무전담기구에 사회복지전담공무원을 두도록 규정하고 있다. 사회복지기관 및 시설 영역에서는 지역복지사업, 아동사업, 노인복지, 장애인복지, 모자복지 등의 민간 사회복지기관의 영역이 있다.

보건의료 영역(의료법 및 정신건강증진 및 정신질환자 복지서비스 지원에 관한 법률에서 규정)에서 우선 의료사회복지사(Medical Social Worker)는 병원이나 진료소에서 임상치료팀의 일원으로 질병의 직·간접적인 원인이 되고 치료에 장애가 되는 환자의 심리·사회적인 문제들을 해결하도록 도와주며, 환자가 퇴원한 후에도 정상적인 사회기능을 발휘할 수 있도록 환자와 그의 가족에게 전문적인 사회복지서비스를 제공하는 사회복지사이다. 정신보건사회복지사(Psychiatric Social Worker)는 사회복지사 1급 자격증 소지자 중에서 정신보건 분야의 전문적인 지식과 기술을 가지고 정신질환자의 개인력 및 사회조사, 정신질환자에 대한 사회복지 지도 및 방문지도, 사회복귀 촉진을 위한 생활훈련 및 직업훈련, 정신질환자와 그 가족에 대한 교육·지도 및 상담업무, 정신질환예방활동 및 정신보건에 관한 조사·연구를 하는 사회복지사이다.

확장영역에는 다음과 같은 영역이 있다. 교정사회복지사(Correctional Social Worker), 정신건강사회복지사(Mental Healtth Social Worker), 의료사회복지사(Medical Social Worker), 학교사회복지사(School Social Worker), 산업사회복지사(Industrial Social Worker), 군사회복지사(Military Social Worker), 자원봉사활동 관리 전문가(Voluntary Activities Coordinator), 보육교사(Adu-Care Teacher), 사례관리자(Case Manager) 등이다.

2. 사회복지사의 전문성

1) 사회복지사의 역할

사회복지사는 개인, 집단, 가족, 조직 그리고 지역사회와 함께 일하게 되는데, 이 과정에서 상담, 옹호, 중개자, 조정자, 교육자 등 다양한 역할을 수행한다. 재스트로(Zastrow)는 사회복지사의 역할을 다음과 같이 소개하고 있다(Zastrow, 2004, 재인용).

① 능력부여자(enabler): 개인이나 집단이 욕구를 표현하고 명확하게 파악하도록 돕는다. 문제에 효과적으로 대응할 수 있는 능력을 개발하고 해결 전략을 찾아내어 선택하고 행하는 것을 도와준다. 능력부여자는 집단, 가족과 일하면서 가장 빈번하게 수행하는 역할인데, 지역사회 수준에서는 조직을 형성할 수 있도록 원조할 때 능력부여자 역할을 수행하기도 한다.

② 중개자(broker): 중개자는 개인이나 집단이 지역사회 내 서비스를 이용할 수 있도록 도와주는 역할을 수행한다. 사회복지사는 지역사회 내 다양한 기관 네트워크에 대하여 잘 알아야 한다.

③ 옹호자(advocater): 클라이언트나 시민집단에게 도움이 필요하나 기존의 기관들이 비우호적일 경우, 옹호자는 능동적이고 지시적인(directive) 역할을 담당하게 된다. 정보를 수집하고 클라이언트의 욕구나 요청이 정당하다는 것을 알리기 위해 리더십을 발휘하게 된다. 특정 서비스나 기관의 변화보다는 서비스와 관련된 정책을 변화시키는 것을 목적으로 한다. 옹호자 역할에서 사회복지사는 클라이언트나 시민집단과 한편을 이루며, 서비스와 정책의 변화를 가져와 그들을 역량 강화(empower)한다.

④ 행동가(activist): 행동가는 사회의 부정, 불공평, 박탈 등에 관심을 두며 해결전략으로 투쟁, 직면, 중재 등을 사용한다. 그 목적은 사회환경이 개인의 욕구에 부응하도록 변화되는 것이다. 그 예로 지역사회 내의 에이즈 클라이언트 서비스 향상에 관심이 있는 시민들이 조직화할 수 있도록 활동하는 것을 들 수 있다. 사회행동은 지역사회 혹은 국가 문제를 대상으로 이루어질 수 있다.

⑤ 중재자(mediator): 중재자 역할은 편이 갈려 다툼이 일어난 경우에 타협을 찾아 내고 서로의 차이점을 조정하여 상호 만족스러운 동의를 이루어 내는 역할이다. 이혼사례, 이웃과의 분쟁, 자녀 후견 등의 문제를 다룰 때 중재자로서 사회복지사 역할을 수행하게 된다. 중재자는 어느 한편도 들지 않고 중립적 위치를 유지하는데, 각자의 입장을 명확하게 이해하도록 도와주거나 서로의 차이점에 대하여 의사소통이 이루어지도록 하고, 각자의 입장을 명확하게 밝힐 수 있도록 도와주는 역할을 수행하게 된다.

⑥ 조정자(negotiator): 조정자는 다툼이 있는 당사자들을 모이게 하여 상호 수용할 수 있는 타협과 협상을 이끌어 내는 역할을 수행한다. 다소 중재자의 역할과 유사한 면이 있는데, 중재자는 중립적인 입장을 견지하지만 조정자는 어느 한 편의 입장에 서서 역할을 수행하게 된다.

⑦ 교육가(educator): 클라이언트에게 정보를 주고 적응기술(adaptive skills)을 가르치는 역할이다. 교육가로서의 사회복지사는 관련 지식을 갖추어야 하며, 클라이언트에게 정보가 잘 전달되고 이해되도록 의사소통을 할 수 있어야 한다. 실업자를 대상으로 한 취업훈련 프로그램, 분노 조절이 어려운 클라이언트를 대상으로 한 분노조절 기술, 십대 부모를 대상으로 한 양육기술 제공 등에서 교육가로서의 역할을 수행하게 된다.

⑧ 발의자(initiator): 현재 존재하는 문제 혹은 문제의 가능성이 있는 사안에 대하여 사회적 관심을 불러일으키는 역할이다. 이는 문제를 사전에 발견할 수 있다는 점에서 중요하다. 예를 들어, 저소득층 주거지 재개발 계획은 중산층의 주택을 공급하는 효과는 가져올 수 있지만 현재 거주하는 저소득층은 집을 잃어 홈리스가 될 수 있다. 따라서 발의자는 문제에 대한 관심을 불러일으키는 것에 그쳐서는 안 되며 이후에 필요한 역할을 수행해야 한다.

⑨ 역량강화자(empowerer): 사회복지실천의 주목적은 개인, 가족, 집단, 조직 그리고 지역사회를 원조하는 과정에서 이루어지는 역량강화다. 역량강화는 환경을 향상시켜 그들의 강점, 대인관계와 사회경제적·정치적 강점과 영향력을 증대시키고자 하는 것이다. 클라이언트는 그들의 환경에 대하여 이해능력을 개발하

고, 필요시 선택을 결정하며, 그 선택에 대한 책임을 지고, 조직이나 옹호 활동을 통하여 자신들의 상황에 영향을 미칠 수 있어야 한다. 사회복지사는 클라이언트가 이러한 활동을 할 수 있도록 역량강화 중심의 실천 활동을 수행해야 한다. 이 외에도 역량강화자로서의 사회복지사는 사회에 존재하는 다양한 집단이 공정한 자원과 권력을 획득할 수 있도록 노력해야 한다.

⑩ 코디네이터(coordinator): 코디네이터는 조직화된 방법으로 필요한 구성요소를 한 데 모으는 역할을 한다. 예컨대, 재정, 정서, 법률, 건강, 사회, 교육, 여가, 상호작용 등의 복합적인 문제를 가진 가족을 대상으로 한 개입에서는 관련된 욕구에 부응하기 위하여 다수의 기관이 함께 일해야 한다. 여러 기관에서 서비스가 제공될 때는 중복을 피하기 위하여 조정하는 코디네이터 역할을 담당하는 사례관리 제공 기관이 정해져야 한다. 또한 코디네이터는 서비스 목적이 일치하지 않을 경우 상호 충돌을 방지할 수 있도록 조정해야 한다.

⑪ 조사자(researcher): 모든 사회복지사는 조사자다. 사회복지실천에서 조사는 관심 주제 문헌 연구, 사회복지실천 평가, 프로그램의 장단점 사정, 지역사회 욕구조사 등을 포함한다.

⑫ 집단 촉진자(group facilitator): 집단 촉진자로서의 사회복지사는 집단활동에서 리더 역할을 수행한다. 치료집단, 교육집단, 자조집단, 민감성 증진 집단, 가족치료 집단, 이 외에도 다른 목적을 지닌 집단에서 역할을 수행할 수 있다.

⑬ 대중 홍보인(public speaker): 사회복지사는 종종 지역사회에서 다양한 집단을 만나 이용 가능한 서비스와 새로운 서비스를 홍보할 기회를 갖게 된다. 사회복지사는 그들에게 서비스에 대한 내용을 잘 전달할 수 있는 대중홍보 기술을 갖추어야 한다.

2) 사회복지사의 기본 자질과 자격 요건

사회복지사가 전문직으로서 업무를 수행하기 위해서 그들 나름대로 전문 인력으로서의 자질을 갖추어야 한다. 전문 인력으로서 사회복지사는 스스로의 판단에 의해 다음과 같은 역할을 수행할 수 있어야 한다.

① 체계적 이론과 전문적 기술이 필요하다.
② 전문적 권위와 권한이 있어야 함과 동시에 사회적인 인정이 있어야 한다.
③ 전문직의 규범과 전문적 문호가 요구된다.
④ 반드시 전문적 단체가 있어야 한다.
⑤ 지위획득을 위한 자격요건과 적절한 보수가 수반되어야 한다.

한편 전문직에서 가장 중요한 요소가 가치와 지식 및 기술이라고 할 때 사회복지사가 전문가로서 자질을 갖추고 있느냐 여부는 사회복지사가 바로 이와 같은 사회사업적 가치에 얼마나 투철하고 또한 얼마나 사회사업에 대한 고도의 지식과 기술을 겸비하고 있느냐에 달려 있는 것이다. 이들에 대해 간략히 논의해 보고자 한다(남기민, 2005, 재인용).

(1) 가치

사회복지사는 사회사업 전문직의 가치(values)에 투철해야 한다. 왜냐하면 이와 같은 전문직의 가치가 사회사업을 실천하는 데 사회복지사들에게 영향을 미치고 안내자 역할을 하기 때문이다. 사회복지사는 누구나 다 개인적 가치를 지니고 있다.

그런데 이 개인의 가치가 전문직 가치와 달리 명확한 체계가 서 있는 것도 아니고 항상 전문직 가치와 일치하는 것도 아니기 때문에 문제가 있다.

따라서 사회복지사들은 먼저 이와 같은 자신의 개인적 가치나 신념을 명확히 인식하는 것이 클라이언트에게 전문적으로 도움을 주는 데 있어 아주 중요하다는 것을 알아야 한다. 사회복지사가 사명감을 갖는다는 것은 사회복지사 개인의 가치를 사회사업 전문직의 가치에 접근시키는 논리적 결단의 행위라고 볼 수 있다.

사회사업 전문직은 사람을 원조하고 사람의 개성과 잠재력을 실현시킬 책임이 있으며 상대방의 권리와 의견을 존중하는 민주주의적 이념에 의거해서 사회사업을 실천할 의무를 가진다. 이 책임과 의무를 다한다는 것은 사회적으로 매우 중요한 것으로서 사회사업 전문직의 기본적인 가치이다. 이 기본적인 가치를 달성하는 수단적 가치를 보면 다음과 같다.

① 클라이언트를 하나의 인간으로서 존중하고 개별화시킨다.
② 클라이언트가 자기 스스로 결정하도록 돕는다.
③ 클라이언트의 비밀을 보장한다.
④ 보충적 관점보다는 제도적 관점에 입각해서 서비스를 전달한다.
⑤ 약자를 위한 옹호 및 사회행동을 한다.
⑥ 사회사업서비스의 초점을 개인보다 가족에 둔다.
⑦ 프로그램 수행의 책임성을 강조한다.

따라서 사회복지사는 이상과 같은 기본적 가치를 인식함과 동시에 이의 달성을 위한 수단적 가치들을 지키면서 클라이언트와의 관계를 형성해 나가야 한다.

한편, 사회사업 전문직의 가치를 실현하기 위해서는 좀 더 구체적인 원칙과 지침이 필요하다. 사회복지사 윤리강령은 바로 이러한 원칙과 지침을 제공해준다. 2001년에 2차 개정된 한국 사회복지사 윤리강령은 사회사업 전문직의 가치를 구체적으로 잘 반영하고 있다.

(2) 지식

사회복지사에 의해 사용되는 지식은 광범위하고 다양하며 종합적이다. 따라서 사회복지사는 다음과 같은 지식적 기반을 필요로 한다(Johnson, 1995).

첫째, 광범위한 교양과목에 대한 기초지식이 요구된다.

인간사회 및 인간의 본질에 대해 좀 더 잘 이해하기 위해 사회학, 심리학, 교육학, 인류학, 역사학, 정치학과 같은 사회과학적 지식이 요구되며 과학적 사고와 인간의 육체적 측면을 보다 잘 이해하기 위해 자연과학적 지식이 요구된다. 또한 사회복지사에게 철학과 문학과 같은 인문과학은 창조적이고 비판적 사고력을 길러 준다. 이와 같이 사회복지사는 광범위한 교양교육을 통해 폭넓은 지식적 능력과 기반을 갖춘 사람이어야 한다.

둘째, 인간과 인간 간의 상호작용, 그리고 인간들이 기능하고 있는 사회적 상황에 대한 충분한 기초지식이 요구된다. 즉, 정서적·인지적·행동적·발달적 측면에서 인간을 이해하기 위한 지식이 필요하며 인간의 다양성과 그 다양성이 인간의 기능과 발달에 미치는 영향, 그리고 인간 상호작용에 대한 이해는 필수적이다. 그리고 case by case의 인간관계, 가족관계 및 소집단관계, 더 나아가서 사회조직 및 제도 그리고 인간의 기능에 영향을 미치는 사회문제에 관한 지식이 다 이에 포함된다.

셋째, 돕는 관계에서의 상호작용, 돕는 과정, 그리고 다양한 상황 및 체계에 적합한 다양한 개입전략에 초점을 둔 실천이론에 관한 지식이 요구된다. 이와 같은 지식에는 도움이 필요한 사람들에게 서비스 전달을 하기 위한 전문적·사회적 구조와 제도뿐만 아니라 더 적합한 욕구충족을 위한 서비스 구조를 적응시키고 발전시키는 방법도 포함된다.

넷째, 특수한 상황에서 특정한 클라이언트 집단과 더불어 사회사업을 하는 데 필요한 전문지식이 요구된다. 이 경우 개개 사회복지사들이 어떠한 지식을 선택하여 적용하는냐 하는 것은 사회사업실천상황과 사회복지사 자신의 직업적 포부에 좌우된다. 한편 1982년 미국의 사회사업교육위원회(Council on Social Work Education)는 사회사업학사와 사회사업석사과정을 위한 교육과정 정책성명서를 채택하였고, 1992년 이를 다시 수정하였다.

여기에서의 진술내용을 보면 사회사업학사과정과 사회사업석사과정 사이에 강조점과 이론적 깊이에 차이를 두어야 하지만 전문사회사업 기초교육은 기본적으로 ① 사회사업 가치와 윤리, ② 인간의 다양성, ③ 사회 및 경제정의의 촉진, ④ 취약인구층, ⑤ 인간행동과 사회환경, ⑥ 사회복지정책과 서비스, ⑦ 사회사업실천방법, ⑧ 조사, ⑨ 현장실습에 관한 내용을 포함해야 한다고 진술하고 있다. 따라서 우리는 이와 같은 내용으로부터 사회복지사의 지식적 기반에 대한 시사점을 얻을 수 있다.

(3) 기술

사회사업의 기술은 클라이언트의 욕구에 반응하여 클라이언트의 사회적 기능을 향상시키려는 목적으로 사회사업의 가치와 지식을 잘 조화시켜 이를 행동으로 옮기는 실천적 구성요소이다. 사회사업은 하나의 기술만을 갖고 있는 것이 아니라 다양한 상황에서 필요한 다양한 기술을 갖고 있다.

베어와 페데리코(Baer & Federico)는 사회사업은 네 가지 영역에서의 기술이 필요하다고 주장하고 있는데 이들은 ① 정보수집 및 사정기술, ② 전문적 자아를 발전시키고 활용하는 기술, ③ 개인, 집단 및 지역사회와 더불어 사회사업을 실천하는 활동기술, ④ 평가기술 등이다. 이와 같은 기본적이고 핵심적인 기술들은 모든 사회복지사들에게 필요하다(Johnson, 1992).

한편 미국 사회사업교육위원회의 교과과정정책성명서를 보면 사회사업학사 및 석사졸업생들에게 요구되는 기술을 두 가지로 분류하고 있다. 하나는 인지기술이고 다른 하나는 상호작용 또는 관계기술이다.

인지기술(cognitive skills)은 상황 속의 인간을 고려하고, 인간과 상황에 대한 이해를 발전시키고, 적용할 지식을 찾아내고, 개입계획을 세우고, 평가를 하는 데 사용되는 기술을 말한다.

상호작용기술(interactive skills)은 개인, 집단, 가족, 조직 및 지역사회와 더불어 관계를 맺고 사회사업을 하는 데 사용되는 기술을 말한다. 사회복지사는 이 두 가지 형태의 기술에 정통해야 한다(Johnson, 1992).

사회복지사의 기술적 수준은 오랜 시간이 지나면서 사회사업실천에 가치와 지식을 조화시킨 여러 가지 방법들을 적용해 보는 실천결과로서 발전하게 된다. 사회복지사의 기술적 발전을 음악가의 기술에 비유해 볼 수 있다. 음악가가 연습을 통해 손잡는 법, 악보 읽는 법과 같은 단순한 기초로부터 시작하여 점점 더 복잡한 기법을 익히는 것과 마찬가지로 사회복지사도 단순한 실천으로부터 복잡한 실천에 이르기까지 실천경험을 통해 그들의 기술 수준을 높여 나가는 것이다.

이상을 종합해 볼 때 사회복지사의 기본적 자격요건으로서 첫째, 사명감, 마인드, 철학, 가치 등을 들 수 있으며, 둘째, 사회복지 지식체계, 셋째, 사회복지실천과 관련된 숙련된 기술, 넷째, 자격(증)을 취득하는 동시에, 다섯째, 타인으로부터(국가, 사회) 인정을 받을 수 있어야 한다. 그리고 사회복지 전문직으로서 더욱 존경받고 그 정체성을 확보하기 위해서는 다음 네 가지 즉, 열정, 창조, 겸손, 실천력이 요구된다고 할 수 있다. 사회복지전문직의 기본 자격 요건을 그림으로 나타내면 [그림 13-1]과 같다.

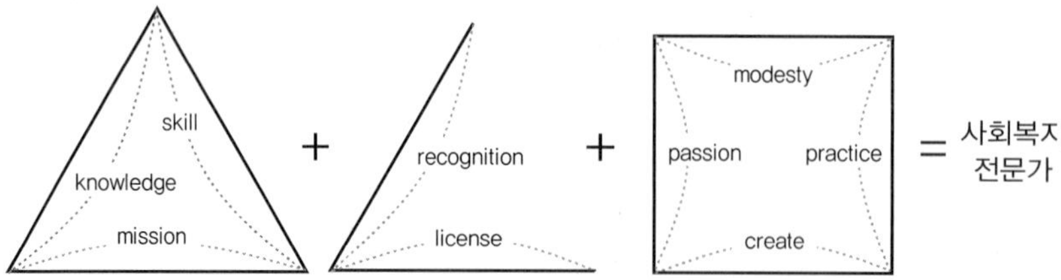

[그림 13-1] 사회복지사의 기본 자질과 자격 요건

제3절

사회복지사의 근로조건

1. 현황

사회복지사는 사회복지사업법에 근거하여 자격을 부여받고 활동하게 된다. 「사회복지사업법」 제11조에는 사회복지에 관한 전문 지식과 기술을 가진 자에게 사회복지사 자격을 부여할 수 있다고 명시되어 있다. 2020년 6월 현재 사회복지사 자격증 교부자 수는 1,083,129명이며, 이 중 남성이 280,589명, 여성이 802,540명이다. 이 중 1급 159,656명, 2급 919,012명 및 3급 4,461명으로 나타나고 있다(한국사회복지사협회, 2020). 한국고용정보원(2013)의 자료에 의하면 보건업 및 사회복지서비스업 종사자의 경우 1,153,320명으로 여성이 높은 비율을 차지하고 있고 사회복지사는 고령인구 증가, 기업의 사회적 책임 강조에 따른 사회공헌 및 복지 전담 인력 증대가 요인으로 꼽히고 있다.

보건과 사회복지사업을 분류할 경우에 결과는 달라질 수 있으나, 이전의 임금 수준보다는 향상되고 있다고 볼 수 있다. 그러나 여전히 과도한 사회복지사의 공급은 수요와 공급 구조를 왜곡시킬 뿐 아니라 사회복지사의 열악한 근무환경과 낮은 처우 수준을 고착화하는 악순환의 고리를 형성하게 된다는 우려가 높다.

사회복지서비스의 양적 확대에 이어, 책무성과 서비스 질에 대한 사회적 요구가 증가하고 있는 가운데 사회복지사의 노동조건에 대한 개선이 우선되어야 한다는 목소리가 일어나고 있다.

사회복지사의 처우 개선을 제도화시키고자 하는 노력의 일환으로 「사회복지사 등의 처우 및 지위 향상을 위한 법률」이 제정(2011. 3. 30.)되어 2012년 1월 1일부터 시행되었다.

이 법은 "사회복지사 등에 대한 처우를 개선하고 신분보장을 강화하여 사회복지사 등의 지위를 향상하도록 함으로써 사회복지 증진에 이바지하는 것을 목적으로 한다(동법 제1조 목적)"고 규정하고 있으며, 제3조에서는 '사회복지사 등의 처우개선과 신분보장'에 관한 내용과 제4조의 '사회복지공제회' 설립에 대한 내용을 구체적으로 규정함으로써 비로소 사회복지사 등의 처우향상과 지위 향상을 위한 기반을 마련하게 된 것이다.

사회복지전담공무원은 사회복지사 자격을 가진 자로 하며(법률 제13조 제1항), 그 임용 등에 관해서는 지방공무원 임용령이 정하는 바에 의한다. 사회복지전담공무원은 기초생활보장수급자, 노인, 장애인 등 저소득 사회취약층에게 전문적인 복지서비스를 제공하기 위하여 1987년부터 저소득 밀집지역 읍·면·동사무소에 배치된 사회복지전문요원들이다. 2000년에 「국민기초생활보장법」이 시행되면서 사회복지전담공무원이 단계적으로 확충되어 왔다.

2012년 1월 1일부터 「사회복지사 등의 처우 및 지위 향상을 위한 법률」이 시행되면서 사회복지 현장 종사자에 대한 처우와 관련하여 중앙정부와 지방정부는 각종 제도를 마련하는 등 근로조건과 근로환경의 개선을 위해 크게 노력하고 있다.

2. 사회복지사의 활동 영역

1) 사회복지활동 분야

전문직은 각자 고유의 협회에서 자격을 인증하는 문화를 가지고 있다. 한국사회복지사협회에서는 사회복지사업법 제2조에 의거하여 신고된 시설에서 근무한 경력을 사회복지사활동이라고 인정한다.

사회복지시설은 크게 이용시설과 생활시설로 구분되고 있지만 사회복지 관련법에서 이용시설과 생활시설에 대한 명확한 개념설명은 제시되지 않고 있다. 사회복지서비스 관계법에서 규정하고 있는 사회복지서비스 전달대상에 따라 아동복지시설, 한부모가족복지시설, 노인복지시설, 장애인복지시설, 부랑인복지시설, 정신요양복지시설 등으로 구분할 수 있다. 그 활동 분야를 이용시설과 생활시설로 분류하여 정리하면 다음과 같다.

〈표 13-2〉 사회복지 관련법 기준 사회복지이용시설의 종류

사회복지 관련법	시설종류	사회복지이용시설	소관 부서
사회복지사업법	종합사회복지관 부랑인·노숙인시설	• 종합사회복지관, 재가복지봉사센터 • 노숙인쉼터 • 상담보호센터	보건복지부
국민기초생활보장법	지역자활센터	• 지역자활센터	
아동복지법	아동복지시설	• 아동상담소 • 아동전용시설 • 아동복지관 • 지역아동센터 ※ 2개 이상 아동시설이 혼합되어 있는 종합시설 설치 가능 • 아동보호전문기관 • 가정위탁지원센터	
노인복지법	노인복지시설	• 재가노인복지시설 • 노인여가복지시설 • 노인보호전문기관	
장애인복지법	장애인복지시설	• 장애인지역사회재활시설 • 장애인직업재활시설	
한부모가족지원법	한부모가족복지시설	• 여성복지관 • 한부모가족복지상담소	
영유아보육법	어린이집	• 어린이집	
정신보건법	정신보건시설	• 사회복귀시설 중 이용시설	
농어촌주민의 보건복지 증진을 위한 특별법	복합노인복지시설	• 농어촌지역에 한해 노인복지시설 중 '노인보호전문기관'을 제외한 2종류 이상의 노인복지시설을 동일 또는 인접 건물에 설치 가능	
성매매방지 및 피해자 보호 등에 관한 법률	성매매피해지원시설	• 자활지원센터	여성가족부
성폭력범죄의 처벌 및 피해자보호 등에 관한 법률	성폭력피해보호시설	• 성폭력피해상담소	
가정폭력방지 및 피해자보호 등에 관한 법률	가정폭력보호시설	• 가정폭력상담소	

〈표 13-3〉 사회복지 관련법 기준 사회복지생활시설의 종류

사회복지 관련법	시설종류	사회복지생활시설	소관부서
사회복지사업법	부랑인·노숙인시설 결핵·한센시설	• 부랑인복지시설 • 결핵 및 한센병 요양시설	보건복지부
아동복지법	아동복지시설	• 아동양육시설 • 아동일시보호시설 • 아동보호치료시설 • 아동직업훈련시설 • 자립지원시설 • 아동단기보호시설 • 공동생활가정	
노인복지법	노인복지시설	• 노인주거복지시설 • 노인의료복지시설	
장애인복지법	장애인복지시설	• 장애인생활시설 • 장애인유료복지시설	
한부모가족지원법	한부모가족복지시설	• 모자보호시설 • 모자자립시설 • 부자보호시설 • 부자자립시설 • 미혼모자시설 • 미혼모자 공동생활가정 • 모자 공동생활가정 • 부자 공동생활가정 • 미혼모 공동생활가정 • 일시보호시설	
정신보건법	정신보건시설	• 정신요양시설 • 사회복귀시설 중 생활(주거)시설	
농어촌주민의 보건복지 증진을 위한 특별법	복합노인복지시설	• 농어촌지역에 한해 노인복지시설 중 '노인보호전문기관'을 제외한 2종류 이상의 노인복지시설을 동일 또는 인접 건물에 설치 가능	
성매매방지 및 피해자 보호 등에 관한 법률	성매매피해지원시설	• 일반지원시설 • 청소년지원시설 • 외국인여성지원시설	여성가족부
성폭력범죄의 처벌 및 피해자보호 등에 관한 법률	성폭력피해보호시설	• 성폭력피해자보호시설	
가정폭력방지 및 피해자 보호 등에 관한 법률	가정폭력보호시설	• 가정폭력피해자보호시설	

출처: 보건복지부(2012). 2012 사회복지시설관리안내.

2) 자원봉사 인력

자원봉사 인력은 전통적으로 사회문제에 대응하는 중요한 자원이었다. 초기 사회사업이 자선가 역할을 담당하던 시기로 거슬러 올라가면서 자원봉사 인력이 서비스를 제공하는 역할을 담당하였음을 알 수 있다. 이러한 전통은 지금까지 이어지고 있다.

자원봉사의 본질은 어려움에 처한 타인을 돕고자 하는 휴머니즘으로 사회 전반에서 이루어지고 있다. 사회복지사의 직무 중 중요한 영역이며 자원봉사자 관리와 관련된 것으로서, 자원봉사 인력에 대한 사회복지 영역의 관심이 높다.

자원봉사 인력은 다양한 구성으로 이루어진다. 지역사회 내의 주요 인사나 전문직이 사회복지기관 서비스에 필요한 전문적인 도움을 주는 경우부터 청소년 자원봉사자에 이르기까지 다양한 인력들이 자원봉사에 참여하게 된다. 서구에서는 본격적인 노령화 시대로 들어서면서 노인 자원봉사 인력이 다양한 분야에서의 자원봉사 실천을 확대하여 가고 있다.

특히 지역사회에 실질적인 이익이 돌아올 수 있는 활동을 후원해 보다 나은 환경으로 변화하는 데 기여하고자 하는 움직임이 증대되고 있다. 이처럼 사회의 변화에 따라 자원봉사 인력의 역할과 내용 또한 다양한 형태로 변화되어 가고 있다.

또한 청소년 자원봉사자들은 조직과 기관에서 봉사활동 과정을 통해 사회에서 발생하는 문제와 욕구에 대하여 그들 행동의 중요성과 책임 있는 활동에 대한 필요성을 깨닫게 된다. 이는 사회구성으로서의 성숙함을 고양하는 데 기여함으로써 궁극적으로 비행 등 청소년 문제의 대안적인 해결책이 될 수 있다.

자원봉사 인력이 지속적으로 역할과 기능을 할 수 있도록 기관과 조직의 노력이 요구된다. 스코그런드(Skoglund, 2006)는 자원봉사자들이 지속적으로 활동을 하는 데 필요한 기반을 기존의 문헌 연구를 통하여 세 가지로 정리하였다. 첫째, 자신이 소중하게 여겨진다는 정서적 느낌과 기관에 대한 소속감, 둘째, 자원봉사 활동을 통한 사회적 역할에 대한 역할 정체성(role identity), 셋째, 새로운 배움의 기회가 자원봉사자의 지속적인 활동은 물론 개인적인 발전에 기여할 수 있다고 보았다.

따라서 사회복지사 또한 자신의 전문성을 사회에 기여하도록 자원봉사 활동에 참여해야 할 사회적 책임을 가지고 있으므로 자원봉사 활동을 통한 자기개발과 꾸준한 동기부여에 힘써야 한다.

3) 위험관리

(1) 클라이언트의 폭력

사회복지사의 활동과정에서 종종 경험하게 되는 위험요인으로는 클라이언트의 폭력, 직무 스트레스, 소진 등을 들 수 있다. 이러한 위험요인들은 사회복지사의 이직의사나 결정에 영향을 미치는 것으로, 궁극적으로는 사회복지종사자의 잦은 이직으로 인해 서비스의 분절 및 질 저하 등 최고의 서비스를 받을 클라이언트의 권리를 침해하는 결과로 나타날 수 있다.

한국에서 사회복지사의 위험요인에 대한 관심은 비교적 최근에 일어나고 있다. 서울특별시 복지재단 자료(2006)에 의하면 절반 이상의 사회복지사가 경미한 신체적 폭력을 당한 경험이 있으며, 물건 던지기 등 높은 수준의 신체적 공격을 당한 경험이 32.5%, 치명적인 신체적 공격의 경험이 11.3%로 클라이언트로부터의 폭력 위험이 높은 것으로 나타났다. 따라서 이에 대한 체계적인 대응이 요구된다.

미국의 통계에서 휴먼 서비스 워커는 직장에서 평생 동안 공격을 당할 확률이 50%가 된다고 보고한다(James & Gilland, 2001, 재인용). 이는 약물 문제의 증가와 1970년대의 정신보건정책의 주를 이룬 최소한의 규제환경 운동(least restrictive environment movement)에 이어 수준별 다양한 지역사회 기관, 인력미비, 약물복용 관리의 어려움, 갱 폭력의 증가 등에서 휴먼 서비스 워커의 위험 수준이 높아졌다고 분석한다. 클라이언트의 폭력이나 사고가 발생하였을 경우 워커를 적극적으로 지지하고 사전에 예방할 수 있는 교육과 기법에 대한 지침이 기관에서 제공되는 것이 필요하다.

클라이언트의 폭력이나 각종 재난사고로부터 사회복지사를 보호할 수 있는 법적·제도적 장치, 사고 후의 의료 및 상담 서비스 제공 등 포괄적인 방안에 대한 지침이 개발되어야 한다. 시설현장 단위에서의 클라이언트 공격에 대한 대응 및 보고 방법에 대해 구체적인 지침들도 제공되어야 할 것이다.

(2) 소진

소진은 사회복지사에게 종종 나타나는 현상으로 보고된다. 파인스와 애런슨(Pines & Aronson, 1988)에 따르면 소진은 동기가 높고 이상주의적이며 자신의 일에서 인생의 의미를 부여하는 전문직에서 경험하게 된다.

특히, 종사자의 노력과 활동에도 불구하고 상황이 악화될 경우 소진이 오게 되는데, 휴먼 서비스의 특성상 성공적인 결과를 조기에 거두기가 매우 어려운 현실에서 종사자는 많은 소진을 경험하게 된다. 소진은 더디고 점진적으로 진행되기에 일반적으로 위기 상황으로 인식되기 어렵고, 사회복지활동에서 문제가 지속적으로 쌓일 때 발생할 수 있다.

해결해야 할 과제에 대한 불특정한 신체적 반응을 스트레스라 할 때, 어느 정도의 스트레스는 최적의 수행을 완성하기 위하여 도움이 되지만, 지나치게 되면 해가 될 수밖에 없다. 스트레스는 환경으로부터의 요구와 개인이 대응할 수 있는 능력 간의 불균형에서 오는데, 이는 주관적으로 인지한 불균형이거나 혹은 실제 상황일 수 있다. 소진은 스트레스가 완화되지 않고 워커가 끊임없이 압박감을 감소할 수 있는 지지자원이 없을 경우 발생하게 된다.

소진과정에서는 열정→정체→좌절→무관심을 거쳐 마지막으로 소진을 경험하게 되는데, 이는 위기로 보아야 할 만큼 다양한 신체, 심리, 대인관계에서의 부정적인 결과를 낳는다(James & Gilland, 2001). 소진은 개인과 나아가 기관에 영향을 미치기 때문에 초기에 그 현상을 자각하는 것이 중요하다.

교육과 워크숍 활동을 통해 소진에 대한 인식을 개선하고 기관 내에 지지집단을 형성하여 도구적이고 정서적인 도움을 제공하는 자원을 형성하는 것이 도움이 된다. 과거에는 소진을 개인적 취약성으로 이해하는 경향이 있었으나, 이제는 기관과 휴먼 서비스 체계 관점에서 이해되고 해결되어야 할 것이다.

소진을 방지하기 위한 노력으로는 업무 분담의 명확화, 사회복지전문직에 대한 정체성의 제고, 새로운 임상 분야의 개척, 학회 활동 등의 학문적 소양 강화, 유머감각의 향상, 클라이언트로부터의 보상을 소중히 수용하기, 근로조건 및 처우의 개선 등을 들 수 있다. 소진은 사회복지사의 개인적인 문제로 치부되어선 곤란하다. 소진은 사회복지사 개인에게 영향을 미치는 것뿐 아니라 사회복지실천에 손상을 가져오고, 결국에는 클라이언트에게 질 낮은 서비스를 제공토록 할 것이다. 그러므로 이를 예방할 수 있는 제도적 뒷받침과 함께 기관 측의 체계적인 노력이 수반되어야 할 것이다.

(3) 서비스 과실

사회복지사는 클라이언트에게 최선의 서비스를 제공해야 할 전문적 책임이 있다. 그러나 실천 현장에서 예기치 못한 상황이나 실수로 클라이언트에게 불이익이나 위해를 가져올 수 있다.

리머(Reamer, 1995)는 서비스 과실(malpractice)은 클라이언트의 권리를 적극적으로 침해하거나 혹은 해야 할 의무를 다하지 않았을 때 발생한다고 보고, 구체적으로 네 가지로 분류하여 제시하였다.

첫째, 서비스 과실에 대한 주장이 제기되는 것은 전문가와 클라이언트 사이에 지켜야 할 법적 의무와 관련된다. 예컨대, 치료 정보에 대한 비밀보장이 그것이다.

둘째, 태만이나 혹은 작업과정에서 직무유기가 일어난 경우다. 활동과정 중에 혹은 실수로 비밀보장이 지켜져야 하는 정보가 클라이언트의 동의 없이 기관에 누출되는 경우라 할 수 있다.

셋째, 클라이언트가 손실을 입거나 해를 입는 일이 발생하는 것으로서, 비밀보장이 지켜지지 않아 클라이언트에게 제공되던 서비스가 종결되는 경우가 해당된다.

넷째, 클라이언트가 입은 손실이 직접적으로 전문가의 직무 태만에 원인이 있는 경우다. 예컨대, 전문가가 비밀보장을 지키지 않아 재정적으로 손해를 보는 경우가 해당된다.

우리나라에서는 공공 서비스를 제외한 사회복지실천 현장 전반에서 서비스 과실과 관련된 체계적인 노력이 아직 이루어지지 않고 있다. 미국의 예를 살펴보면, 전미소셜워커협회(NASW)에서는 사회복지사의 책임 있는 서비스와 함께 클라이언트에게 최선의 서비스를 제공할 전문가의 의무를 강조한다. 서비스 과정에서 발생한 불만사항이나 법적 조치에 대응하는 전문적인 조사과정(professional review)을 제시하고 있다 (NASW, 2005).

이 과정은 사회복지서비스의 질을 향상시키는 데 그 목적이 있다고 강조하고 있으며, 법적 소송과 연계되는 것이 아닌 참여자의 중재와 회복을 목적으로 이루어지고 있다. 이러한 과정을 통하여 클라이언트와 소비자, 기관, 동료, 일반 대중을 보호하는 것을 목표로 하고 있음과 동시에, 협회의 회원 보호는 물론 사회복지전문직의 보호를 기할 수 있을 것으로 기대하고 있다.

꼭 알아야 할 내용

- 전문직의 개념과 속성
- 사회복지전문직의 특성
- 사회복지사의 자질
- 사회복지사의 활동 영역

Chapter 14

복지국가와 복지사회

복지국가의 황금기라고 일컬어지는 2차 세계대전 이후에서 1970년대까지의 기간 동안 복지국가 체제에 대한 합의를 바탕으로 선진 국가들은 다양한 사회적 위험으로부터 국민을 보호하는 시스템을 구축하였다. 지속적인 발전을 거듭해 온 복지국가는 1970년대부터 중동전쟁으로 인한 석유파동 등 사회·경제적 요인으로 인해 어려움에 처하게 되었고, 이로 인해 지속적인 복지국가의 발달에 적신호가 켜지게 되었다.

오늘날, 세계 거의 모든 곳에서 인구의 노령화, 가족구조의 변화, 경제성장의 하락, 높은 수준의 실업, 치솟는 재정 적자, 높은 세금에 대한 저항의 증가, 세계화와 기술 변화의 가속화 등의 요인으로 복지국가에 대한 합의는 공격받고 있으며 새로운 방향으로 재편되고 있다.

본 장에서는 복지국가와 복지사회의 개념을 정리해 보고 복지국가의 발달과정과 복지국가의 위기와 재편과정을 살펴보고자 한다.

제1절 복지국가의 개념

1. 복지국가의 어원

복지국가란 용어는 영국의 켄터베리 대주교 윌리엄 템플(William Temple)이 자신의 저서 『서민과 성직자(Citizen and Churchman)』에서 가장 먼저 사용하였다고 알려져 있다. 즉, 템플 대주교가 나치 독일을 전쟁국가(warfare state) 또는 무력국가(power state)로, 영국을 복지국가(welfare state)로 대비시켜 규정한 데서 비롯되었다는 것이다. 그에 의하면, 전쟁국가는 시민과 인접 국가를 억압하는 폭군적인 국가인데 비해 복지국가는 시민의 복지를 위해 봉사하고 이웃 국가를 존중하는 하나의 공동체로 대비된다. 그러면서도 그는 시민의 복지를 향상시키려는 자비로운 국가 권력이 자칫하면 전체주의를 가져올 수 있다고 경고했으며, 가급적 많은 권한과 책임을 비정부기구에 위임할 것을 권고했다(원석조, 2012).

복지국가라는 말에 구체적인 의미부여가 되어 사람들이 주목하게 된 것은 1942년 영국에서 베버리지가 「사회보험과 관련서비스」라는 보고서를 발표하고, 나아가 1944년에 완전고용에 관한 정부의 백서가 발표되어, 광범위한 사회보장과 완전고용을 행하는 것이 국가의 책임이라고 보게 되었기 때문이다.

복지국가(welfare state)라는 어휘가 사전(Oxford English Dictonary)에 처음 수록된 것은 1955년이다. 그에 대한 정의는 '국민 모두의 적절한 생존과 제반 유리한 조건을 국민 모두에게 보장할 수 있도록 구성되어 있는 정치체제'라고 되어 있다.

우리나라에서는 1959년 9월 10일자 '국회보'에 최초로 사용되었고, 우리말 사전에 1961년부터 복지국가의 정의가 나와 있다.

복지국가의 어원과 생성배경은 제2차 세계대전 후의 소위 자본주의 경제선진국들에게 한정적으로 사용되었다. 즉, 국제간의 평화가 보장되는 가운데 높은 수준의 물질적 풍요를 모든 국민이 누릴 수 있으며 정치적 민주주의는 고도로 유지되고, 동시에 국민 개개인의 복지 향상에 대한 국가의 막중한 책임이 구현되는 국가를 지칭하는 것이다.

2. 복지국가와 복지사회의 개념

1) 복지국가의 개념

복지국가란 일반적으로 주요 국가목적으로서 국민의 복지증진을 실현하기 위해 사회보장, 사회복지 등의 정의를 실현하는 국가를 의미한다. 좀 더 구체적으로는 경제적으로 혼합경제체제를 유지, 발전시키고 정치적으로 사회민주주의 요소를 지니는 체제, 사회적으로 사회보장과 복지정책의 확충 등을 위해 국가가 국민생활에 적극적 개입을 시도하는 체제이다. 이렇게 복지국가는 국민의 복지증진을 위하여 국가가 적극적으로 사생활 전반에 개입하는 것을 큰 특징으로 삼는다.

일반적으로 '복지'라는 말의 사전적 의미는 '만족스러운 상태, 건강, 번영, 안녕'등이다. 그러므로 복지는 더할 나위 없이 좋고 만족스런 삶이 영위되며 건강과 행복의 조건들이 충족되는 상태를 말한다고 볼 수 있다. 이러한 사전적 의미와 대비시키면 비복지란 '만족스럽지 못한 상태, 질병, 빈곤, 불안, 불행한 상태'를 뜻한다고 할 수 있다. 이렇게 복지 - 비복지를 대비시킬 때 가장 단순한 수준에서 복지국가는 '국민들의 비복지를 제거하고 복지를 향상시키기 위해 노력하는 국가' 혹은 '국민들의 복지향상을 가장 중요한 책임과 의무로 삼는 국가'로 정의될 수 있다.

복지국가에 대한 개념을 일률적으로 정의하기란 쉽지 않지만 관련 학자들의 견해를 살펴보면 다음과 같다. 티트머스(Titmuss, 1979)는 "시장에서는 제공되지 않는 서비스를 국가가 모든 국민에게 제공하는 국가를 복지국가"로 규정하였다. 웰렌스키(Wilensky, 1979)는 "자선으로서가 아닌 국민의 기본원리를 인정하는 최소한의 소득, 영향, 보건, 주택 및 교육 등을 정부가 보호하는 국가를 복지국가"로 정의하였다. 이러한 복지국가에 대한 개념을 정리하면 복지국가란 사회적 서비스를 제공하고 사회적 문제와 위험한 생활로부터 보호하며 모든 자유와 평등을 포함한 국민이 인간다운 생활을 유지할 수 있도록 보장하기 위해 노력하는 국가라고 할 수 있다.

여러 학자들의 정의를 종합하여 신섭중은 복지국가에 대한 정의를 다음과 같이 내리고 있다. "복지국가란 일반적으로 완전고용과 사회보장정책에 의하여 모든 국민에 대하여 곤궁의 원인이 의료, 노령, 실업 및 그 밖의 어떠한 이유로든지 간에 최저한의 생활보장을 목적으로 자본주의의 폐단을 제거함과 동시에 사회주의도 회피하기 위한 제3의 정치경제체제를 지향(志向)하는 것이다." 이 정의에서 복지국가는 개인주의와 집합주의라는 특징을 가지고 있다. 다시 말해서 복지국가는 자유방임의 가치관을 부정하고 민주주의 정치기구를 가지는 혼합경제체제를 조직한 것이다. 따라서 복지국가는 자본관계 그 자체에는 손대지 않고 다만 국가의 간섭과 조정에 의해 분배관계를 변경하여 계층 간의 대립과 모순을 완화하고 현대 자본주의 체제적 위기에 대처하고자 하는 것이다.

복지국가는 시장 기제의 작동에서 오는 문제들을 수정하기 위한 노력의 일환으로 정치와 행정을 통한 조직화된 권력을 다음과 같은 세 가지 방향에서 의도적으로 사용하는 국가를 말한다. 즉, 개인의 능력과 자산이 시장에서 가지는 가치와 무관하게 모든 개인과 가족에게 최소한의 소득을 보장한다. 개인과 가족에게 있어 위기를 초래하는 사회적 지위나 계층의 차이에 관계없이 모든 국민에게 일정 범위의 사회적 서비스를 가능한 최고의 수준으로 보장한다(박광준, 2008).

2) 복지사회의 개념

복지국가의 실천과정에서 상황의 변화에 따른 새로운 불만이 발생하는 인간의 속성 때문에 많은 문제가 노출되어 개선의 소리가 높아졌다. 결국 복지사회라는 단어는 복지국가에 대한 미래지향적 불만과 과거지향적 비판의 복합적 산물인 것이다.

1930년대의 경제공황, 당시 케인즈의 수요관리 경제이론은 자본주의의 전통에 변질을 가했다. 경제공황이 자본주의의 변화를 초래했던 내적 계기라고 한다면 2차대전은 외적 환경을 제공해 준 것으로 해석할 수 있겠다. 사회변혁의 요인들 중에서 전쟁에서 파생되는 영향은 엄청나게 큰 것이었다.

전후 1970년까지 영국의 실업률은 3% 이하의 완전고용을 유지했으며 실질임금의 인상으로 국민의 생활수준은 꾸준히 향상되고 있었다. 그러나 공적부조 대상자의 2/3는 노인들이 점유하게 되었으며, 오히려 인플레이션이 새로운 문제로 등장하게 되었다. 결국 복지국가의 실현에 의해 저임금과 실업에 의한 빈곤은 사라진 반면 노령이나 인플레이션에 의한 새로운 형태의 빈곤이 대두되었던 것이다.

윌렌스키와 르보는 산업화가 지속될수록 모든 사회제도는 점차 사회복지를 지향하게 되며 복지모형은 잔여적인 것에서 제도적인 것으로 변화됨에 따라 복지국가는 복지사회가 될 것으로 예측하고 있었다.

1960년대 중반부터 등장하게 된 복지사회란 복지정책이 적극적으로 이루어지고 있고 복지의 수준도 높은 사회로 복지국가의 확대된 형태 혹은 복지국가보다 더 포괄적인 개념으로 이해될 수 있다. 구체적인 내용을 살펴보면 복지사회는 관료주의적 성격을 탈각한 사회, 정부의 역할은 후퇴하고 보다 분권적인 사회, 복지의 향상이 일국단위에서가 아닌 세계적 차원에서 진행되고, 모든 시민의 삶의 질과 생활의 즐거움을 적극적으로 추구하는 사회, 공공부문, 시장부문과 가족 및 볼런티어 등의 비공식적인 부문 모두가 복지 공급을 담당하는 복지혼합사회, 소득재분배 복지형의 복지국가를 뛰어넘어 자산 재분배형의 사회이다.

결국 복지사회라는 단어는 복지국가의 실제 경험으로부터 나온 부산물로, 복지국가의 부정개념이 아니라 그 제도의 많은 부분을 전제로 계승함에 의해 성립한다. 즉, 복지국가의 기본선은 변함이 없지만 시대의 진전과 역사적 경험에 의한 여러 원칙이 수정·확충된 것이 복지사회이다. 복지사회에 관한 논의는 복지국가의 위기 이후 영국을 중심으로 한 복지 다원주의 논의에서 중점적으로 다루어진다.

제 2 절 복지국가론

1. 복지국가의 기원

일반적으로 1880년대에 독일에서 수립된 사회보험제도를 복지국가의 기원으로 잡는다 하더라도, 유럽의 여러 국가들이 빈민통제를 위해 국민의 복지문제에 개입하기 시작한 것은 멀리 14세기로 거슬러 올라가는 긴 역사를 가지고 있다.

고대에서 근대에 이르기까지 개인이 다양한 삶의 문제에 직면했을 때 그에게 일차적으로 복지제공을 담당한 가장 중요한 주체는 가족과 친족이었고, 그 다음으로는 공동체 내의 친구, 이웃, 동업조직, 그리고 종교단체를 비롯한 각종 자선단체 등이 부차적으로 복지제공 기능을 수행했다. 인류역사의 오랜 기간 동안 보통 사람들은 문제 상황에 처했을 때 국가로부터 제도적 복지제공이 없는 상태에서 자신을 중심으로 형성된 방어선을 따라 비공식적·자발적 복지제공 통로를 통해 생존을 영위해 왔다는 뜻이다.

그러나 봉건제가 해체되던 14세기, 흑사병, 인클로저 운동 등으로 수많은 유망인과 걸인이 양산되었다. 이러한 빈민을 통제하기 위해 국가는 복지제공에 깊숙이 개입하기 시작함으로써 서서히 가장 중요한 주체로 부상하기 시작했다. 영국에서 가장 체계적인 구빈법으로 알려진 1601년 '엘리자베스 구빈법'은 14세기 이후 확립된 빈민통제와 노동통제, 그리고 빈민구제에 대한 국가의 법적·재정적 책임을 명시하였다. 그러나 이것은 잔여적 복지제공으로서 모든 사람들이 자신의 생존을 유지하기 위한 필요에 턱없이 모자라는 것이었다. 이런 가운데 1880년대 독일에서 제정된 일련의 사회보험 제도들은 공적, 노동계급 포섭적, 항상적, 예방적, 제도적 복지제공의 새로운 주체인 복지국가를 태동시키는 역사의 전기를 조성하였다.

독일에서의 사회보험제도 수립으로부터 비롯된 복지국가의 태동은 각 국가에 존재하는 여러 가지 상이성에도 불구하고 전 유럽으로 확산되어, 1919년까지는 거의 모든 유럽 국가에서 복지국가의 가장 핵심적 제도로 정착되었다. 유럽과 정치·경제·사회·문화적 측면에서 이질성이 높은 미국과 캐나다에서는 이 제도들이 다소 늦은 경제공황기에 도입되었지만 역시 복지국가의 초보적 기초는 다졌다고 할 수 있다. 이처럼 19세기 후반과 20세기 초반 사이에 유럽과 북미에서 수립된 핵심적 복지제도들은 그 이후 복지국가가 양적·질적으로 더욱 확장되는 토대가 되었다.

2. 복지국가 발전의 역사

1) 복지국가의 정착기(1920년~1945년)

1920년대부터 제2차 세계대전의 종결시점까지는 세계적 수준에서 진행된 대규모 전쟁과 경제공황이 복지국가 발전의 가장 중요한 요인이었다.

이 시기는 복지국가의 실현을 위한 복지국가 정책이 확실한 모습을 갖추게 된 시기인데, 그것은 1929년의 세계대공황과 뒤이은 제2차 세계대전에서 비롯되었다. 다시 말해서 1929년에 시작된 세계적 규모의 경제공황에서 1930년대의 암울한 전쟁 전야기를 거쳐, 제2차 세계대전의 참혹한 역사와 그 후의 복구의 시대로 이어졌다. 1·2

차 대전 같은 총력전이 치러지는 동안 구미의 국가들은 효과적 국민동원을 위해 전후에 국가가 국민들에게 더 나은 삶을 보장할 것이라는 약속을 할 수밖에 없었다. 국민들로부터 엄청난 희생을 강요하고 동시에 국민생활의 광범위한 영역에 국가가 개입하여 국가의 국민에 대한 복지책임이 증가하게 되었다. 이 시기에서는 이전 시기의 각종 사회보험 이외에 고용, 교육, 보건 및 주택 등의 광의의 사회복지 분야의 정부프로그램이 확대되었고, 뉴딜 정책의 기조와 틀도 안정성을 갖추게 되었다. 또한 사회보험의 개념도 확대되어 '국민최저한(national minimum)'의 개념이 점차 수용되었고 사회권으로서의 사회복지의 의미가 크게 부각되었다. 따라서 이 시기에 복지국가의 개념이 정착되기 시작하였다. 이처럼 가장 어려웠던 시기에 복지국가의 바탕이 공고해진 것은 무엇보다도 공유적 위험과 피해가능성에 따르는 공동체의식과 집단적 대응의 필요성 때문이었으며 이러한 정신적 바탕은 국가개입의 여지를 크게 넓혔던 것이다. 특히 세계 2차대전이 끝나자 사회적 평등주의의 뚜렷한 조류 속에 사회권의 재정의를 위한 진출이 시작되었다.

한편 경제공황은 전쟁과 다른 측면에서 국가의 경제개입과 복지개입을 초래하였다. 1920년대 말과 1930년대의 경제공황은 세계 곳곳에서 광범위한 생산중단을 가져왔고 동시에 엄청난 수의 실업자를 양산하였다. 복지국가로 성장하게 된 결정적인 계기는 1942년의 베버리지(Beveridge)안과 그것에 근거한 노동당 내각의 포괄적인 사회보장체계의 수립으로 이것은 영국형 복지국가의 탄생을 알리는 획기적인 사건으로 기록되었다. 베버리지계획의 정치적 타결은 1945년의 총선거에서 노동당이 압승함으로써 가능했다고 할 수 있다(양정하, 2008).

이 시기에 영국은 복지국가의 기틀을 마련·실시했던 것이다. 이러한 복지국가의 기틀을 마련하게 된 계기는 복지국가에 대한 대대적이고 체계적인 국가개입이었는데, 이러한 개입은 보수당과 노동당 간의 정치적 정설의 일부로 되었다. 마샬(Marshall)에 의하면 복지에 대한 국가개입은 전후 시기의 주요 정당 간의 합의정치의 반영인 것이다. 이 시기의 베버리지 보고서, 국민보건서비스 및 중등교육의 도입 등은 영국 사회의 경제 및 사회생활에 대한 국가개입이라는 전후 30년간의 특징이었다. 특히 제2차 세계대전을 계기로 사회 제반분야에 대한 국가개입이 있었던 것이다.

이러한 변화들은 무엇보다도 19세기 후반부터 태동하기 시작한 복지국가의 제도적·재정적 기틀을 확고부동하게 정착시킨 것은 물론 복지 수혜자를 확대시킴으로써 복지국가를 지탱하게 하는 지지세력을 확보하게 되었다는 점에서 커다란 의의를 갖는다.

2) 복지국가의 팽창기(1945년~1975년)

이 시기에는 정부지출의 증가에 따른 공공사회지출이라는 특징이 나타났는데, 이 사회지출은 전후의 지속적인 경제성장으로 가능하였다. 이러한 상황에서 제2차 세계대전 이후 15년 동안의 시기는 합의, 권위에 대한 신뢰 및 정당성의 시기였다. 전후 보수당 및 노동당 정부의 정책은 매우 비슷하였다. 언론가들이 1950년대의 사회정책 및 경제정책을 기술하기 위해 버츠켈리즘(Butskellism)[14]라는 용어를 개발하였던 1950년대에 특히 그러하였다. 대략 1945년에서 1970년까지 영국에 있어 합의정치는 보수당과 노동당 간의 공약을 포함하는데, 그 공약은 혼합경제와 복지국가에 관한 것이었다.

2차 대전이 종결된 1945년부터 대략 1975년까지는 '복지국가의 황금기'로 불린 시기였다. 그 이유는 1920~1945년 기간 동안 제도적·재정적 측면에서 그리고 복지 수혜자 측면에서 확고하게 정착된 복지국가가 2차 대전 이후 약 30년간 지속적으로 경제적 번영과 함께 복지국가의 발전이 모든 측면에서 극대화되었기 때문이다. 그뿐 아니라 이 시기에는 그 이전 시기에 뉴딜, 사회계약, 혹은 역사적 타협을 위해 국가-자본-노동 간에 형성된 화해적 정치구조가 그대로 지속되어, 경제성장-완전고용-복지국가를 한 묶음으로 하는 '동의의 정치'가 장기간 동안 실현되었다.

이 기간 동안 구미 선진국들이 높은 경제성장률, 낮은 인플레, 그리고 낮은 실업률을 기록하였다는 것은 그 만큼 이들 국가들이 복지비 지출을 더 많이 할 수 있는 좋은 조건을 가지고 있었다는 것을 뜻한다. 일본과 미국을 제외한 대부분의 나라들이

14) '버츠켈리즘'(Butskellism)이란 대립정당이 같은 정책을 들고 나오는 상황을 일컫는 용어이다. 많은 사람들이 영국의 복지국가 발전을 이해하면서 전후 복지국가의 발전을 노동당 정부의 산물로만 기억한다. 그러나 좀 더 들여다보면 보수주의자(보수당)의 협조 없이 이것은 불가능하였다. 영국의 경우 국가교육계획들은 1944년에 연합정부하에서 보수주의자(보수당원)들에 의해 도입되었던 것이고 이것을 노동당정부가 발전시켰다. 그리고 1950년대의 보수당정부는 개혁의 정신을 지지했고 이전의 노동당정부하의 개혁의 기본적 구조를 유지했다

1960년대까지 대체로 GDP 대비 10%대의 복지비를 지출했으나, 1970년대 중반에 오면 모두 20% 이상을 복지비로 지출했다.

제도적인 측면에서의 뚜렷한 변화는 없었다고 할 수 있다. 그 이전까지 구축되어 온 다양한 복지제도들이 개별 국가들로 빠르게 확산되어 나라마다 산재보험, 질병보험, 노령연금, 실업보험, 가족수당 등의 제반 복지제도를 갖추었고 또한 사회서비스와 공적부조를 위한 제도도 더욱 확충되었다. 이 시기의 복지국가는 복지 수혜자 또한 보편화되어 복지발전이 절정기에 이르렀다고 할 수 있다.

3) 복지국가의 재편기(1975년~현재)

지속적인 경제성장에 힘입어 국가의 복지지출이 증대함으로써 복지국가의 확대일로를 걷게 되었다. 그러나 이러한 경제성장에 조율을 맞추어 성장해 온 복지국가는 70년대 중반 이후에 새로운 전환점을 맞게 된다. 1973년에 무려 5배의 유가상승을 가져온 오일쇼크는 2차 대전 이후 약 30년간 지속되어 온 자본주의의 안정적 축적체제를 근원적으로 뒤흔드는 결정적 작용을 했다. 경제성장률은 저하되고, 인플레는 급증했으며 실업률은 상승했다.

1970년대 후반 이후 사회민주당이 확고한 정치적 헤게모니를 행사하던 구미 선진국의 대부분의 나라에서 보수회귀의 물결이 일어났다. 흔히 신우파(new right) 혹은 신보수주의(neo-conservatism)로 불리는 보수세력은 1973년 오일쇼크 이후의 경제위기가 오직 유가상승이라는 외부적 요인에 의해서만 기인한 것이 아니라, 근본적으로는 자유시장 기제의 작동을 왜곡하는 국가의 경제개입과 복지개입이라는 내적 요인에서부터 비롯되었다고 주장한다. 그리하여 이들은 경쟁력을 강화하고 경제성장과 고용증대를 이루기 위해서 국가의 경제개입을 축소하는 것은 물론 생산비의 경직적 상승을 가져오는 복지지출을 감축해야 한다고 주장한다.

그러나 보수정권에 의한 지속적 복지삭감 노력에도 불구하고 1975년 이후 국가에 의한 복지비 지출은 실제로는 증가해 왔다.

보수정권의 대대적인 복지삭감에도 불구하고 실제로 복지비가 증가한 이유는 다음의 다섯 가지 요인으로 설명될 수 있다.

1) 노령화의 진전에 따라 노령연금의 지출이 빠르게 증가했다.
2) 실업률의 증가에 따라 실업수당과 공적부조 지출도 대폭 증가했다.
3) 인플레의 심화에 따라 물가에 연계된 각종 급여지출이 늘어났다.
4) 복지 수혜자와 복지 분야 종사자 수가 늘어나게 됨으로써 복지삭감에 반대하는 친복지 세력이 증가했다.
5) 선거경쟁은 복지삭감 정책이 가져올 부정적 결과를 두려워하는 정당들로 하여금 이 정책을 피하게 하거나 보다 적극적으로 복지증진정책을 추구하게 만들었다.

이러한 사실은 비록 복지국가에 대한 보수세력의 이데올로기적·이론적 공세가 치열했고 복지삭감을 위한 정치적 조치들이 강경했다 하더라도, 경제악화와 인구학적 변화에 따른 복지비 증가의 내적 요인들이 너무나 광범위하고 강력했음을 잘 반영한다고 볼 수 있다.

3. 복지국가 유형화

복지국가를 유형화하는 연구들은 지금까지 많이 이루어졌다. 이러한 연구들은 다양한 기준들에 따라 복지국가들을 유형화하려고 시도하였는데 여기서는 복지국가의 성격에 관한 여러 가지 개념분석에 따른 유형화를 살펴보고자 한다. 오늘날의 다양한 복지국가들을 유형화하는 작업을 통하여 복지국가에 관한 좀 더 구체적인 분석이 필요하다.

1) 윌렌스키와 르보(Wilensky & Lebeaux)

(1) 잔여적 모델(residual model)

가족이나 시장이 사회복지 욕구해결에 주된 기능을 하고, 단지 이러한 기능이 실패했을 때만 정부가 개입하여 정부의 역할은 최소화된다. 일차적으로 안전망(Safety net) 기능을 하는 존재로 보는 입장이다.

(2) **제도적 모델**(institutional model)

국가의 역할이 극대화되고, 소득조사에 의한 급여가 아닌 하나의 사회권으로 보편적인 사회복지 급여가 제공된다. 모든 사람에게 사회복지서비스를 제공하며 현대사회의 구조적인 문제로 대두된 사회적 위험에 대해 국가가 개입하여 항상적으로 사회보장제도, 조세제도 등 사회복지제도를 마련하고 소득의 재분배 기능을 수행하여 전체 국민들이 최적의 삶을 영위할 수 있게 하는 권리차원의 보편적인 복지개념이다.

2) 티트머스(Titmuss)

(1) **잔여적 복지모델**(residual welfare model)

두 개의 잔여적 통로, 즉 시장과 가족이 제 기능을 하지 못할 때에만 사회복지제도는 시행되며, 이때 사회복지제도의 필요성은 일시적이다. 시장과 가족의 사회복지에서의 역할을 중시하며 공적부조 프로그램을 강조한다.

(2) **산업적 성취 모델**(industrial achievement-performance model)

소득보장과 복지서비스의 제공이 국가나 사회에 대한 개인의 공헌도와 연계되고 있는 제도를 의미한다. 즉, 사회적 욕구는 개인의 업적, 노동수행, 생산성에 기초하여 해결되어야 한다는 것이다.

(3) **제도적 재분배 모델**(institutional redistributive model)

사회복지를 사회적 통합을 지향하는 중요한 제도로 간주하고, 시장경제 외부에서 주어지는 보편주의적 서비스, 보편적 프로그램을 강조한다. 복지국가에 대한 분석의 척도는 보편주의 원칙의 실시여부와 서비스가 얼마나 예방적이고 재활적인 특성을 지니고 있는가이다. 티트머스가 말하는 복지사회는 보편주의와 예방적 성격을 띤 공공복지서비스가 확대되는 국가를 말한다.

3) 퍼니스와 틸톤(Furniss & Tilton)

(1) 적극적 국가(positive state)

자본주의 사회에서 발생하는 자유시장의 불안정성과 재분배의 요구로부터 자본가들을 보호하는 데 근본적인 목표가 있다. 따라서 자유와 경제적 효율을 중요한 가치로 인식하였고 경제적 효율성에 반하는 복지정책에 대한 강한 저항이 있다. 엄격하게 보험수리원칙을 바탕으로 하는 사회보험 프로그램에 크게 의존한다. 사회복지정책의 방향은 주로 경제정책을 통해 이루어진다고 보았다.

(2) 사회보장국가(social security state)

국민 전체의 최저생활보장을 중요한 목표로 한다. 이러한 목적을 이루기 위해서는 사회보험 이외의 다른 프로그램들이 중요하게 되고, 사회보험 프로그램은 보험원칙에 엄격하게 의존해서는 안 되지만, 사회보장을 하는 데 개인의 동기, 기회, 책임 등을 무시해서는 안 된다고 강조한다. 따라서 사회보험으로 충당하고 남은 부분만을 국가가 보조하는 것이다. 최저수준 이상의 부분에 대해서는 개인 간의 자유로운 경쟁이 인정된다.

(3) 사회복지국가(social welfare state)

정부와 노동조합의 협동을 강조하고, 노조는 정부의 임금과 고용정책에 깊이 개입하여 정부와 기업의 통제를 넘어서며, 평등과 국민화합을 통해 전반적인 삶의 질의 평등을 추구한다. 국민의 최저수준 이상의 보장을 하고 환경계획, 연대적 임금정책, 각종 공익사업을 강조하였다.

4) 조지와 윌딩(George & Wilding)

(1) 반집합주의(anti-collectivism)

시장경제를 강조하기에 국가의 시장 참여를 반대하며 복지에 있어서도 국가의 적극적 개입을 반대하게 된다. 특히 국가적 개입은 권위주의적 사회주의 혹은 집합주의로의 위험성을 내포하고 있다고 보며 소극적 자유와 개인주의, 개인책임을 강조한다. 또한 복지제도는 잔여적, 시혜적인 수준을 넘어서기 어려운 이념이다.

복지국가를 근본적으로 반대하는데, 그 이유는 시장경제의 효율성을 저해하고 개인의 자유를 침해한다고 보기 때문이다.

(2) 소극적 집합주의(reluctant collectivism)

자본주의의 효율성이라는 장점을 유지하고 다만 자본주의의 특정 문제점만을 해결하기 위해 정부의 개입을 어느 정도 인정한다. 공공부문과 병행하여 민간부문의 역할도 강조한다. 즉, 경제성장을 위해 국가가 일정부분 개입할 수 있고 복지에 있어서도 국가의 개입을 인정하고 있다. 자본주의 실패 이후로 대두되었으며 시장의 불완전성을 보완하기 위해 복지국가를 지향한다. 흔히 수정자본주의, 중도우파라고 불리기도 한다. 시장경제를 인정하지만 불완전성을 인정하고 있으며 복지국가도 인정하고 있다. 하지만 국가는 시장경제의 불완전성을 보완하는 수준에서 개입이 가능하며 그 이상의 적극적인 개입은 반대한다. 최저수준의 보장을 주로 하게 되며 개인주의, 실용주의, 합리주의적 이념을 가지고 있다.

(3) 페이비언 사회주의(Fabian socialism)

평등과 박애에 주로 관심을 가지며 복지국가를 인정하여 빈곤퇴치와 불평등을 해소하기를 원한다. 하지만 궁극적으로 복지국가를 목표로 하는 것이 아니라 자본주의 개혁 또는 사회주의 이행을 위한 전단계로 인식하는 것이 특징이다.

복지국가가 확산되면 자본주의의 모순을 깨닫게 되며 개혁이 가능하다고 보고 적극적 자유, 국가의 적극적 개입을 인정하고 자본주의의 수정 또는 개혁을 목표로 한다. 보편주의, 사회주의, 복지국가를 인정하는 중도 좌파적 성향을 가지고 있다. 복지국가를 궁극적으로 도달하여야 할 사회주의로의 길에서의 한 단계로 보고 경제성장, 평등, 사회통합을 위하여 복지국가의 확대가 필요하다. 공공부문이 절대적으로 강조되고 민간부문의 역할은 극소화된다.

(4) 마르크스주의

복지국가의 궁극적 목적은 국민들의 복지가 아닌 자본주의를 살리기 위한 수단으로 보았다. 복지국가는 자본계급의 노동계급에 대한 불가피한 최소한의 양보로 자본가의 이익을 위해 존재한다. 복지국가를 통한 사회주의 건설은 불가능하다.

복지국가는 자본주의의 모순을 감추려는 수단에 불과하며 복지국가로는 불평등을 완전히 해소하는 것이 불가능하다고 인식하고 있다. 그래서 자본주의의 개혁, 혁명을 통해서만 해결할 수 있으며 시장경제를 부정하고 있다. 적극적 자유, 국가의 적극적 개입, 복지국가 반대, 자본주의에 반대하는 좌파적 시각이다.

5) 에스핑 엔더슨(Esping-Andersen)

(1) 자유주의적 복지국가(liberal welfare state)

개인의 책임을 비교적 강조하며 자산조사를 수반하는 최저수준의 공공부조 프로그램을 강조한다. 급여 대상을 저소득층에 초점을 맞추는 경향이 있다. 탈상품화 효과는 최소화되며, 따라서 사회권의 영역은 제한되고 다차원의 사회계층체제를 발생시킨다. 예를 들면 미국, 캐나다, 오스트레일리아, 일본 등이 있다.

(2) 조합주의적 복지국가(corporatist welfare state)

국가는 국민들이 교육과 훈련을 받을 수 있는 시스템을 마련하고 소득보장은 사회보험 방식으로 국민 최저 소득 이상으로 보장한다. 직업별, 계층별 구분하여 사회복지 제공 또한 가족의 중요성을 강조하고, 전통적인 종교나 문화신념에 지배받으면서도 교회나 자원봉사단체가 사회복지 역할을 하게 된다. 탈상품화[15] 정도가 자유주의 복지국가보다는 높지만 사회민주주의 복지국가보다는 낮다. 독일, 프랑스, 오스트리아, 이탈리아, 벨기에 등 대부분의 유럽 국가들이 여기에 속한다.

(3) 사회민주적 복지국가(social democratic welfare state)

국가는 사회적 평등과 사회연대성을 위해 적극 개입하며 각종 복지정책, 노동정책을 통한 평등을 지향한다. 조세, 임금, 복지급여 등에 적극 개입하며 급여는 보편주의

---

15) 근로자가 자신의 노동력을 상품으로 내다 팔지 않고도 살 수 있는 정도이다. 자신이 노동시장에서 일을 할 수 없는 상황에 처했을 때 국가가 어느 정도 수준의 급여를 제공해 주는가의 정도를 의미한다.

에 맞춰서 지급하고 비교적 높은 수준을 유지한다. 보편주의 원칙과 사회권을 통한 탈상품화 효과가 가장 크고 또한 새로운 중간층까지 확대되는 국가들이 있다. 노르웨이, 스웨덴, 덴마크, 아이슬란드, 핀란드 등 노르딕국가가 이에 속한다. 가능한 최대한의 수준에서의 평등을 추구하고 사회의 모든 계층이 하나의 보편적이고 포괄적인 복지체계에 통합된다. 이러한 복지국가의 성공은 완전고용 정책의 성공여부에 크게 달려 있다.

제3절 복지국가의 재편

1. 복지국가 위기

복지국가의 급속한 확대는 1970년대 중반까지 계속되다가 이후부터는 확대의 폭이 줄어들거나 어떤 국가에서는 오히려 축소되는 양상을 나타냈다. 복지국가는 19세기 말에서 20세기 초에 실험적으로 시작하였다가 이후 2차 세계대전까지 강화 내지는 정착되었고, 전후에 폭발적으로 확대되는 과정을 거치게 되었다.

1973년의 오일쇼크는 2차 대전 후 지속되어 온 경제성장에 일격을 가하였고, 결국 자본주의의 안정적 축적체제는 흔들리기 시작하였다. 일반적으로 물가가 오르면 실업률은 떨어지고 실업률이 오르면 물가가 내려가는 상충관계에 있는데 그 시기에는 물가가 올라도 실업률이 떨어지지 않는 이른바 스태그플레이션[16]이 일어났다.

각국에서 경제성장률은 저하하였으며, 실업률은 증가하였고, 이것은 다시 복지국가 황금기에 잘 유지되었던 조합주의적 정치구조의 토대를 위협하게 되었다. 1980년을 전후하여 특히 영국, 독일, 미국에서는 보수당 정권이 들어서게 되었는데, 이들은 국가의 경제개입과 복지확대를 비판하면서 기존의 사회정책과 복지정책을 후퇴시키

16) 스태그플레이션은 스태그네이션(stagnation)과 인플레이션(inflation)의 합성어로, 거시경제학에서 고물가(인플레이션)와 실직, 경기 후퇴(스태그네이션)가 동시에 나타나는 경우를 뜻한다.

려고 노력하였다. 따라서 실업, 의료, 연금, 공적부조 등등에서 복지비 지출의 삭감이 대대적으로 이루어졌다(김태성, 2012).

1970년대 세계적인 경제위기 이후 신자유주의 진영에서 복지국가의 지출에 대한 본격적인 비판이 제기되었고 경제위기의 주범으로 복지국가를 들고 있다. 즉, 복지국가에서의 지나친 지출이 한편으로는 만성적인 국가재정 적자를 야기했고, 다른 한편으로는 국민들의 노동의욕을 약화시키고, 대신에 '기대심리', '의존심리'만을 부풀려 왔다는 것이다. 따라서 이러한 구조하에서는 생산성의 저하, 산업부문의 위축으로 인해 경제적 위기를 초래하게 되고, 결국 복지국가는 위기에 직면하게 된다는 것이다.

신자유주의자들에 따르면 노동조합의 존재와 복지국가적 개입은 인간적 노동조건과 최소한의 소득보장이 이루어지지 않았던 과거에는 필요했을지 몰라도 오늘날에는 더 이상 필요하지 않다고 한다. 왜냐하면 오늘날의 시대는 더 이상 동질적인 노동대중의 시대가 아니라 개인주의의 새로운 시대이고 따라서 노동시장의 규제와 기타 여러 이전 시스템 같은 복지국가적 조치들은 개인들이 각자의 창의성을 발전시키고 나름대로 독자적인 생활을 영위하는 데에 장애가 될 뿐이라는 것이다. 따라서 이러한 폐해를 줄이기 위해서는 개인적 능력과 창의성 그리고 개인의 자기책임감을 일깨우고 강화하는 것이 매우 시급하다고 주장한다.

하지만 시장경제가 발전하고 효율적으로 기능하기 위해서는 사회적 조정과 개혁이 점점 더 필요하다. 따라서 산업의 전반적인 구조변화에의 적응은 시장기제를 통한 자동적인 개혁만으로는 불가능하고 광범위한 소득정책과 조세정책 등이 효과적으로 병행되어야만 하는데 신자유주의적 정책은 이에 역행하고 있다. 또 신자유주의에서 주장하는 개인의 능력과 소득 그리고 오로지 이를 근거로 한 사회보장은 결코 사회 전체의 효율을 증대시키지 못한다. 신자유주의에서 출발점으로 삼고 있는 가정, 즉 개인화와 사회적 보장은 서로 대립된다고 하는 것은 잘못된 것이다. 선진자본주의 사회에서의 개인화 과정은 바로 개인의 능력과 창의성의 신장을 수반하는 것으로서 이는 복지국가적 발전에서의 사회보장과 분리시켜 생각할 수 없다.

2. 복지국가 위기에 대한 관점

복지국가 위기에 대해 그것이 왜 발생하게 되었는가, 또한 어떻게 해결이 가능한가에 대한 관점에 대한 논의이다.

1) 신보수주의적 관점

이 관점은 국가의 사회복지프로그램에 대한 지나친 지출에서 복지국가의 위기를 초래하였다고 보았다. 위기에 대한 해결방안은 국가의 개입을 줄이고 자유경쟁 시장체제로 돌아가야 한다는 입장이다. 이러한 신보수주의적 관점에서는 정부의 개입 증대로 인한 정부의 과부담이 결정적인 원인이라고 보고 있다.

Mishra의 세 가지 진단은 다음과 같다. 첫째, 선거의 압력 및 경쟁적인 민주주의 때문으로 경쟁적인 민주주의에서는 정당들이 국민의 지지를 받기 위해 경쟁하여 정부에 대한 과도한 기대를 촉진한다. 둘째, 조직화된 이익집단의 활동으로 이들이 정부활동의 영역을 넓히는 데 기여한다. 셋째, 거대한 국가관료제의 등장이다. 관료제는 국민에 대한 봉사기구가 아니라 그 자신의 권리를 추구하는 하나의 분파적인 이익집단이라는 것이다.

신보수주의적 관점에서의 해결방안은 국가개입이 없는 자유경쟁 시장체제로 돌아가야 한다는 것이다. 또한 사회복지 프로그램들은 잔여적 원칙에 의해 수혜자의 수를 제한하고 가족이나 자발적인 민간기관에 의해서 사회적 욕구가 해결될 수 있다고 본다.

2) Maxist의 관점

Maxist들은 복지국가 위기를 고도로 발달된 자본주의 체제가 갖고 있는 기본적인 모순의 필연적인 결과로 본다. 고도로 발달된 자본주의에서 국가가 한편으로는 자본가들의 자본축적을 유지시켜야 하고, 다른 한편으로 이로 인한 정치적, 사회적 문제를 해결하기 위하여 정당화의 기능을 해야 하는데 복지국가의 위기는 바로 이러한 두가지 기능을 수행하면서 국가의 재정파탄을 가져온다는 데 있다. 자본가들을 위한 자본축적을 위하여 국가는 많은 지출을 해야 하는데 이때 이러한 자본을 통한 이윤이 국가예산에 회수되지 않고 자본가들에게 남게 되어 결국 정당화의 문제는 더욱 악화되고 국가는 적자예산으로 정당화의 기능을 수행할 수밖에 없으며 결국 국가의 재정은 파산되어 복지국가는 붕괴될 수밖에 없다는 논리이다. Maxist의 관점은 단순히 정부의 과부담을 넘어 자본주의 체제 자체에 내재된 모순에 근거를 두고 있다.

3) 실용주의적 관점

이 관점은 복지국가의 위기는 복지국가의 발전에서 나타난 시행착오와 상황의 변화로 인한 일시적인 현상이라고 보고 기본 복지국가의 정치적, 경제적 체제 내에서 해결될 수 있다고 본다.

이러한 관점들은 몇 가지의 측면으로 나누어 볼 수 있다. 첫째, 실용주의적인 관점은 복지국가 위기를 기본적으로 1970년대에 악화된 경제상황 때문이라고 본다. 특히 유가파동, 전반적인 세계경제의 침체 등 외부적인 경제환경의 변화로 인해 경제상황이 나빠졌기 때문에 복지국가가 원하는 목표를 이룰 수 없게 되어 위기가 온 것으로 본다. 대표적인 나라로 영국과 스웨덴이 있다. 둘째, 실용주의적 관점은 복지프로그램의 형태나 그것의 운영방법에서 잘못되었기 때문에 발생하였다고 본다. 이 관점에서는 복지국가 프로그램들이 지방분권화나 민영화 등의 방법을 통해서 효율적으로 운영되면 국민들의 복지국가에 대한 신뢰감을 회복하고 결국 복지국가의 위기는 해결된다고 보고 있다.

3. 복지국가의 재편

복지국가의 재편은 지구경제화, 탈산업화되면서 노동시장의 유연화, 정치구조의 균열조짐, 이혼과 낮은 출산율 등 가족체계의 불안정, 노동자의 동질성 약화, 인구의 고령화, 고실업 등은 새로운 변화로서 복지국가에 대한 생각과 정책을 바꾸게 하는 요인이 되었다. 복지국가의 재편은 내부적 투쟁과정을 경험하기 때문에 다양한 방식으로 전개되고 있다.

복지국가의 위기는 그것이 위기이건 아니면 문제이건 간에 1970년대 중반 이후 새로운 변화를 모색하는 정책을 이끌었다. 이러한 복지국가의 새로운 단계를 복지국가의 재편이라는 주제로 서구 자본주의 국가들의 사회정책과 관련된 제반 흐름을 신보수주의적 관점과 사회 조합주의적인 관점의 유형으로 나누어 살펴본다.

1) 신보수주의적 재편

신보수주의는 기본적으로 복지국가의 핵심원리와 제도를 부정한다. 즉, 복지국가의 일반원리란 정부가 모든 시민의 최소한의 생활수준을 유지시킬 책임을 져야 한다는 것이다. 이러한 목적은 세 가지 방향으로 이루어진다. 첫째, 높고 안정된 고용수준을 유지할 수 있도록 시장경제를 규제하는 것과, 둘째, 복잡다단한 사회에서 시민들의 기본적인 욕구를 충족시키기 위하여 일련의 보편적인 사회서비스 특히 교육, 소득보장, 의료 및 대인 사회서비스를 공적으로 제공하는 것, 셋째, 예외적인 경우의 욕구를 충족시키고 빈곤을 감소시키기 위하여 소득조사나 자산조사를 통한 안전망으로서 부조서비스를 제공하는 것 등이다. 이러한 완전고용, 보편적 사회서비스 및 사회부조가 바로 사회권으로서 국민 최저 수준의 생활을 유지시키는 집합적인 책임의식의 구체적인 표현인 것이다.

신보수주의는 이러한 전략으로 발달된 복지국가가 그 결함의 요인으로 지적받고 있는 낭비와 비효율성을 해소하고 정부의 과부담과 관료주의적 비능률성을 줄이며 궁극적으로는 정부에 대한 실추된 신뢰감 회복이라는 목표를 지니고 있다고 볼 수 있다.

영국에 있어서의 신보수주의적 정책은 1979년 집권한 대처로부터 시작된다. 대처의 주요 신보수주의적 정책 중 특히 사회정책 부문에 있어서의 목표로 내세우고 있는 전략은 민영화, 지방정부의 억제, 불평등의 장려 등으로 집약된다.

(1) 민영화

민영화란 국가 및 공공단체가 특정기업에 대해 갖는 법적 소유권을 주식매각 등의 방법을 통해 민간부문으로 이전하는 것을 말한다. 사회복지 민영화는 특정 사회복지서비스나 재화가 공공부문 혹은 민간부문에서 제공되는 것이 바람직하기 때문에 공공과 민간의 역할 분담이 필요하다는 맥락에서 시작된다. 정부는 규제자, 재원제공자로서 인정되는 것이지만 서비스제공 차원에서는 효율성의 가치에 따라 민간이 제공할 수도 있다는 것이다. 민영화란 기본적으로 국가의 역할을 줄이고 그 기능의 일부를 민간제도에 이양하는 것을 말한다. 여기서 민간제도는 상업적 성격을 지닌 기관이나 공식적 또는 비공식적 조직 혹은 가족, 친구 및 이웃의 비공식적인 관계망이 해당된다.

(2) 지방정부의 억제

지방정부의 억제 또는 통제 방법으로 첫째, 지방정부의 지출에 대한 통제를 행사하는 것이며, 둘째, 지방정부의 권한, 영국에서의 예를 보면 런던과 같은 거대도시에 대한 도시정책을 직접 정부가 관장하고 지방정부의 권한을 축소시키는 조치가 있으며 셋째, 주택과 교육부문 등과 같은 영역에서의 기능 축소화를 들 수 있다.

(3) 불평등의 장려

영국에서 이에 대한 사례를 보면 보수당 정부하에서 불평등이 증대되었다. 보수당 정권의 목표 자체가 직접수단을 통해 불평등을 증대하려고 했을 뿐만 아니라 불평등을 불가피한 것으로 받아들이도록 전략적 차원에서 시도되었다.

2) 조합주의적 재편

복지국가에 대한 비판에 있어서 사회주의자와 신보수주의자들의 경우에는 전후 형성된 복지국가에 대한 합의, 자본주의와 사회주의의 가치기준을 종합화하려는 시도를 하지 않는다는 공통점을 가지고 있다. 그러나 복지국가 재편에 있어서 복지국가와 혼합경제체제를 거부하지 않는 또 하나의 선택이 있었는데 그것이 조합주의(corporatism)이다. 조합주의란 정부와 사용자단체 그리고 노동조합 간의 정치적 교섭장치로서 이것이 중요한 의사결정기구가 되어 국가정책을 추진해 가는 방식의 국가체제이다. 조합주의의 노선에 따라 복지국가를 재편한 대표적인 경우는 스웨덴과 오스트리아이다.

제 4 절 복지사회론(한국복지사회의 성장과 과제)

1. 복지사회

1960년대 중반부터 등장하게 되는 복지사회란 단어는 또 다른 시점에서의 서구 자본주의 국가들의 이상을 상징하고 있다. 즉, 복지사회는 복지국가의 실제 경험으로부터 나온 부산물이라 할 수 있다. 복지사회는 모든 국민들이 이기적이고 탐욕적이 아니면서도 근면하고 자조정신이 투철한 인간들로 구성된 사회, 인정이 흘러넘치며 자기에게 부여된 권리와 자유를 마음껏 즐길 수 있고 그런 가운데 계급의식은 사라지고 모든 사회구성원들이 평등을 누리는 사회, 국가와 국민은 상호 협조와 신뢰를 바탕으로 경제적 안정과 힘의 균형을 유지하는 사회를 기반으로 구축되는 국가의 형태이다.

2. 복지국가와 복지사회의 비교

현대사회는 복지국가를 지향하는 시대이다. 경제적인 관점에서 볼 때 선진국과 후진국은 물론이려니와 각 국가마다 국민복지를 지향하고 있다.

오늘날에는 복지국가와 복지사회가 혼용되어 사용되는데, 양자의 목표는 같으나 강조점에는 차이가 발생한다. 왜냐하면 복지국가는 국가에 의해서 형성되고 유지되는 복지사회를 의미하고 있다. 따라서 사회구성원의 복지가 충분하게 국가에 의해서 제공되는 사회제도로서 국가복지를 통해 풍요로운 삶이 유지되는 경우를 복지국가라고 부른다. 그러나 복지사회가 반드시 복지국가는 아니다. 국가가 개인들의 복지에 개입함이 없어도, 시민사회 내에서 개별 사회구성원들의 복지가 이루어질 때 우리는 이러한 사회를 복지국가는 아니지만 복지사회라고 볼 수 있기 때문이다.

서구적 맥락에서 국가와 사회가 엄연히 다르듯이 복지국가와 복지사회는 다른 개념이다(김승의 외, 2009).

1) 이데올로기적으로 복지국가는 자유주의의 진화과정에서 발생한 데 반해 복지사

회는 사회주의적 경향이 농후하다 할 수 있다. 사회주의의 인간해방과 평등의 구현은 사회복지 자체이기도 하다.

2) 복지의 주체와 대상과 범위 및 수단이 무엇이냐에 따라 구분된다. 복지국가는 정부가 주체가 되고 대상과 범위도 정부가 결정하여 사회복지를 구현한다는 의미가 강하다. 반면 복지사회는 주체도 다양하고 대상도 사회일반으로까지 확장된다. 개인과 공동체, 집단과 회사가 다 주체가 되고 기초적 복지 개념을 훨씬 뛰어넘는 적극적이고 포괄적이며 전반적인 복지의 총칭으로 볼 수 있다. 누구나 인간답게 행복한 삶을 살 수 있는 모든 사회적 조건과 환경을 조성하는 것을 복지의 지표라고 할 때, 진정한 복지사회의 추구는 한없이 진행될 것이다.

3) 복지국가는 경찰, 야경국가에 대응해서 탄생한 만큼 한계를 띨 수밖에 없다. 피동적인 행정적 복지서비스의 제공만으로는 실효를 거두기 어렵다. 복지사회는 정부에 더해 시민사회 등 모든 사회적 주체들이 능동적으로 전반적인 복지서비스를 창출해 내고 끝없이 증진시켜 나갈 때 비로소 구현될 수 있다 하겠다.

3. 복지사회의 과제

1) 복지제도의 확충

국민 개개인이 생애과정의 각 단계에서 직면하는 다양한 삶의 문제와 위험을 보호·예방하기 위해 보다 포괄적인 복지제도가 수립되어야 한다. 이러한 노력은 의료보험제도, 국민연금제도, 산재보험제도, 최저임금제도, 생활보호제도를 바탕으로 새로운 제도들을 수립하는 방향으로 진행되어야 한다. 실업보험의 제도화, 취업, 경력발전, 재취업 등을 위해 전 국민을 대상으로 하는 직업훈련, 직업교육 프로그램의 제도화, 유아와 취학 전 국민을 대상으로 하는 직업훈련, 직업교육 프로그램의 제도화, 유아와 취학 전 아동에 대한 공공교육 프로그램을 제도화, 결혼한 신혼부부의 정착을 돕는 주택지원 프로그램과 생활자금 대부 프로그램의 제도화, 여성의 취업을 촉진하고 뒷받침하기 위한 공공탁아 프로그램의 제도화, 이혼한 가정 혹은 한부모가정의 빈곤, 자녀양육, 자녀교육을 보조하기 위한 가족수당제도의 제정 등이다.

2) 복지수혜자의 범위 확대

보편적 복지제도라고 할 수 있는 국민연금, 산재보험, 최저임금제도의 경우 보다 실질적으로 수혜를 입을 수 있도록 제한규정을 제거하여 주요 복지제도의 혜택을 받을 수 있게 해야 한다. 또한 선별적 복지제도라고 할 수 있는 생활보호제도와 기타 특수집단을 보호하기 위한 제도의 경우 국가는 면밀한 실태조사를 통해 보호대상자를 파악하고 이들 모두에 대해 적절한 금전적 지원이나 사회서비스를 제공해야만 한다.

3) 복지혜택의 적절성 증진

전 국민에게, 그리고 문제를 가진 특수집단에게 적절성이 높은 복지혜택을 제공하기 위해서는 무엇보다도 국가가 더 많은 복지지출을 해야만 한다. 이를 위해 국가의 재정규모 자체를 확대하는 것을 적극적으로 고려할 수 있다. 여러 면을 고려할 때 국민경제에서 차지하는 복지비의 비중을 어느 선까지 증가시켜야 하는가 하는 문제에 일률적으로 어느 수준의 복지비 비중이 좋다, 혹은 필요하다고 하는 것은 그렇게 의미 있는 논의는 아니라고 할 수 있다. 왜냐하면 이 문제는 복지비를 증가시킬 때 국민경제가 그것을 어느 정도 지탱해 줄 수 있는가를 고려해야만 하기 때문이다.

4) 복지혜택의 재분배 효과 제고

복지제도를 확충하고, 수혜자의 범위를 확대하고, 혜택의 적절성을 증진시키면서 동시에 복지혜택의 재분배 효과도 제고되어야 한다. 이를 위해서는 다음과 같은 세 가지 차원의 중요한 개혁이 이루어져야 한다.

첫째, 세입 재분배의 효과를 증가시키기 위해 장기적으로 간접세의 비중을 낮추고 직접세의 비중을 높여야 한다.

둘째, 세출 재분배의 효과를 증가시키기 위해 의료보험, 산재보험, 국민연금 등에 대한 국가의 재정적 기여를 제도화하여야 한다.

셋째, 생활보호제도와 기타 특수집단에 대한 사회서비스의 강화를 통해 역시 국가의 복지비 지출을 증가시켜야 한다.

4. 한국복지사회의 성장과 과제

우리나라도 1948년 정부수립 당시 건국헌법을 제정하면서 우파의 자본주의 시장경제체제를 기본으로 하고 유럽에서 발달한 복지국가정책을 도입하기로 한 바 있다. 그러나 전쟁, 혼란, 빈곤 등 시련을 겪으며 복지정책은 거의 실천에 옮기지 못했다. 한국이 복지정책을 본격적으로 추진한 것은 1970년대 말 이후부터 지금까지 35년 정도이다. 비교적 짧은 기간이지만 그동안 선진국이 발전시켜 온 사회보험제도, 공공서비스제도 등 웬만한 복지제도를 갖추게 되었다. 사회복지재정지출은 아직 선진국 수준에는 크게 미치지 못하고 있지만 이것도 앞으로 10여년 정도면 선진국을 따라잡을 것으로 보인다. 현재 우리나라는 선진복지국가의 문턱에 들어서고 있는 형국이다.

이제 우리가 할 일은 그동안 발전시켜 온 복지정책의 틀을 완성하고 그 내실을 다지며 복지국가의 목표를 충실히 추구하는 것이다. 국민의 표를 생각하는 복지포퓰리즘이 아니라 진정한 국민의 생활보장을 생각하는 복지국가의 방향설정이 중요하다. 정략적 이해관계에 휘말려서는 안 된다. 진보, 보수 이념 싸움 때문에 복지정책의 왜곡을 가져오는 일도 피해야 한다. 유럽제국은 1970년대 이후 복지국가의 위기를 경험하고, 많은 나라가 복지정책의 개혁을 추진한 바 있다. 과도한 복지에 따른 정부재정적자와 경제성장 둔화 등 부작용을 경험했기 때문이다. 우리는 이 값진 경험을 교훈 삼아 경제성장과 사회복지가 균형 발전하는 한국형 복지국가를 만들어 나가야 한다.

복지국가의 전형은 사회복지의 본질인 인간 사랑을 바탕으로 모든 국민이 골고루 잘 사는 나라를 만드는 것이다. 그 이념적 지향은 개인의 자유, 경쟁과 부의 축적을 기본으로 하되, 모든 국민이 더불어 사는 공동체사회를 만드는 것이다. 개인책임과 국가책임의 조화가 기본이다. 국민 개개인과 기업이 열심히 일하며 부를 축적하도록 하고, 한편 국가가 세금과 사회보험료 등 재원으로 도움이 필요한 국민의 생활을 보장하는 복지정책을 강화하여 중산층이 두터운 원형 복지사회를 만들어 나가야 한다.

꼭 알아야 할 내용

- 복지국가의 개념
- 복지국가의 정착기
- 복지국가의 위기와 재편
- 복지국가의 기원
- 복지국가의 팽창기
- 복지사회의 개념
- 복지국가 발전의 역사
- 복지국가의 재편기

Chapter 15

한국 사회복지의 전망과 과제

향후 우리나라 사회복지의 여건 및 환경변화를 전망해 보면, 지방자치가 실시되고 소득수준이 향상됨에 따라 국민의 복지욕구는 다양화, 다원화, 고도화될 것이며 또한 남북한 통일에의 관심증대, 대외 개방, 산업화, 도시화, 핵가족화 및 여성의 경제활동 증가, 노령인구의 증가 등 정치, 경제, 사회적 전 분야에 걸쳐 새로운 복지수요를 증대시키고 나아가 복지정책의 수립과 집행을 요구받게 될 것이다.

한편, 이러한 향후 우리나라 사회복지의 여건 변화에 대응하기 위해서는 한국적 복지모형의 정립, 복지행정 및 전달체계의 재정비, 사회보험제도의 자립도 향상, 사회복지제도와 복지재원의 확충, 가족복지제도의 정착, 지방자치단체의 역할 증대, 농·어민을 위한 사회복지제도의 확립방안 마련 등과 같은 중요 정책과제가 해결되어야 할 것이다.

따라서 본 장에서는 향후 우리나라 사회복지의 여건 및 환경 변화를 전망해 보고, 이러한 여건 변화에 대응하기 위한 발전과제를 검토하였다.

제1절

한국사회복지의 전망

1. 정치적 여건 변화

1) 지방자치의 실시와 욕구의 다양화·다원화·고도화

이는 중앙정부 중심에서 지역복지를 강화하는 방향으로 전환해야 한다는 것으로, 원래 사회복지란 인간의 존엄성과 삶에 대한 연대감을 바탕으로 할 때 더욱 가치가 있으며, 구체적인 삶의 현장인 지방자치단체야말로 지역의 복지문제를 더욱 정확하게 파악할 수 있는 것이다.

지역주민의 능동적 참여가 바탕이 되고 지역사회마다의 고유한 특성을 사회복지사업에 반영할 수 있게 될 때 현실성 있고 내실 있는 복지사회를 구현할 수 있다. 지역의 특성을 살리고 지역마다 적절한 사회복지 프로그램을 마련하고 실시하는 것이 곧 지역복지이다.

지금까지의 사회복지는 대체로 계층별 대상으로 취급하는 경향이 강했지만 지역복지는 일정한 지역차원에서 전개하되 주민이 주체가 되어 사회복지를 통합, 시행하는 데 특성이 있다.

지역단위 사회복지로서의 지역복지는 넓은 개념에서 지역주민의 삶의 질 향상과 관련된 대책의 일환으로 고용, 노동정책, 사회보장 및 일반정책을 최종적으로 보완하는 활동으로 볼 수 있으며, 구체적으로 지역주민의 복지를 위하여 공적, 사적인 기관이 협력하고 지역주민을 조직화하여 지역주민의 생활문제 전반을 개선해나가는 시책, 활동이라고 할 수 있다.

지방자치의 실시로 지역주민의 정치참여가 용이해지고 이에 따라 정치권을 통한 국민의 욕구분출이 계속 증대될 것으로 예상된다. 이 중에서도 분배정의의 실현과 양극화 문제, 저출산·고령화에 대비하는 복지증진에 대한 욕구가 우선적으로 대두될 것이며, 풀뿌리정치의 장에서 각 정치집단은 정치적 지지를 획득하기 위해 이러한 국민적 욕구를 더욱 민감하게 경쟁적으로 대변·옹호함으로써 복지욕구를 한층 상승시킬 가능성이 높다.

그리고 지방자치의 본격적인 실시에 따라 사회 각계각층의 복지욕구의 양적 증대뿐만 아니라, 지역적 특수성이 반영된 다양한 복지욕구가 표출될 것으로 보인다. 이에 따라 지방자치단체의 사회복지 역할 증대의 필요성이 커지게 될 것이며, 이익집단의 다양화에 따라 사회적 갈등을 조정할 수 있는 사회복자제도의 재정비가 요구될 것이다. 그러나 지역별 특수욕구에 대처하는 사회복지정책 및 행정의 발전은 복지수준의 지역별 격차를 심화할 수도 있으므로, 중앙정부는 전국적인 기준을 제시하여 지역 간 균형적인 복지행정을 유지하면서 동시에 지역 특성에 의한 지역적 복지수요를 최대한 충족시킬 수 있도록 하는 이중적인 기능을 수행하여야 한다. 이를 위해 중앙정부와 지방자치단체 간 복지행정기능의 역할분담이 정립되어야 한다. 구체적으로는 재원조달방법의 재정립, 복지전달체계의 확충과 체계화 등이 요구된다.

2) 남북한 통일에의 관심증대

통일문제는 21C 대한민국의 공통된 바람이며 최대과제이다. 평화적인 통일을 이루는 데 초석이 되는 것은 민족복지 문제로서, 통일의 기운이 무르익을수록 남·북한 주민의 복지에 대한 관심은 더욱 증대될 것으로 보인다. 남북관계의 진전과 통일문제는 향후 복지정책 계획수립에 고려되어야 할 주요한 여건 변화이다. 실제적인 통일은 상당 기간이 소요되겠지만 남북 간에 인적·물적 교류와 정보의 상호교류는 조만간에 실현될 가능성이 매우 높다. 교류의 실현은 상호체제에 대한 비교와 함께 이질적 문화와 의식, 이데올로기 등 이에 따른 사회적 충격을 다양한 분야에서 겪게 될 것으로 예상된다.

자유주의의 이념하에 경제 발전을 이룩한 대한민국이 체제경쟁에서 북한보다 우위에 있음은 이미 기정사실로 받아들이고 있지만, 복지 분야에서는 타 분야에 비해 상대적으로 우리의 우위 정도가 덜하여 좀 더 급속한 발전을 촉구하는 계기가 될 것으로 예상된다. 사회주의 체제는 표방하는 이념에도 불구하고 경제수준이 열악하여 국민의 전반적인 복지수준 또한 자본주의 체제보다 열등하다는 것으로 기존의 동구권과 중국의 실태에서 알 수 있고, 또 북한도 이와 유사한 것으로 알려져 있지만 그

럼에도 사회주의 체제가 가지는 평등성의 강조가 우리의 복치체계에도 영향을 미칠 것으로 예상된다.

이것은 우리의 사회복지정책이 기본적으로 추구하는 공평성(equity), 적절성(adequacy), 평등성(equality) 가운데 평등성이 더욱 강조되어야 함을 의미하는 것으로, 구체적으로 국민적 최저수준(national minimum)의 확보로 구현될 수 있다. 이를 위해 주택·의료·소득 분야에서 이에 대한 보장이 효율적으로 확보될 수 있도록 복지정책을 입안·집행할 것이 요구됨을 예상할 수 있다.

사회복지 분야에서의 우위 확보는 이미 압도한 경제 분야에서의 우위와 더불어 우리의 체제에 대한 우위성을 남·북이 함께 공유하여 향후 본격화될 통일방안 논의에서 우리의 입장을 강화하는 데 크게 기여하게 될 것이다.

3) 사회복지에 있어 국가적 책임의 강화

사회복지 분야와 관련이 있는 국, 내외 활동은 세계적 규모이며, 각 국가마다 NGO나 NPO 단체들이 중심이 되어 많은 활동을 하고 있다. 그러나 인간의 건강하고 문화적인 삶에 필요한 최소한의 것을 보장하는 책임은 일차적으로 개인과 가족에 있지만 노동력이 유일한 삶의 수단인 산업사회에서 많은 사람들은 노령, 장애, 유족, 질병, 실업 등 사회적 위험에 직면하게 된 개인의 능력이 그러한 사고에 대처하는 데 한계가 있고, 최소한의 생존권마저 상실될 때 그 책임은 사회 전체의 책임이다. 특히 사회 유지 및 안전망 기능은 국가가 책임져야 한다. 이런 의미에서 국민의 삶과 직결되는 기본적인 보장은 국가적 책임이라 할 수 있다.

4) 사회복지 전달체계의 확립과 사회복지전문가의 처우향상

사회복지서비스의 효율성과 효과성, 신속성, 공평성, 정당성 등이 담보되기 위해서는 범정부적 차원의 시급한 과제이다. 사실 사회복지서비스는 전문가에 의하여 실천되는 것이고, 전문가가 제대로 일할 수 있도록 하는 여건이 마련되어야 한다. 오늘날 사회복지의 전달체계에서 공·사 전달체계를 구분하여 이루어지고 있으나 공적 사회복지 전달체계는 사회복지 전문가들로 하여금 사회복지행정서비스가 제대로 작동될 수 있도록 하는 체계의 확립은 매우 중요하다.

특히 사회복지 영역에서 공공과 민간 공히 양질의 전문가가 끊임없이 양성되고 이들로 하여금 전문적 서비스를 행할 수 있도록 하는 근로조건과 처우향상이 시급하다. 정부는 지속적이고 계획적으로 전문 인력에 대한 수급이 효과적으로 작동될 수 있도록 인력수급계획을 체계적으로 대비해 나가야 한다.

2. 경제적 여건 변화

1) 소득수준 향상에 따른 복지욕구의 다양화, 다원화, 고도화

우리나라의 1인당 GDP는 1995년에 1만 달러를 넘어섰고, 2020년에는 3만 달러를 훨씬 넘어서고 있으며, 경제규모 또한 세계 10위 수준을 유지하고 있다. 이러한 소득수준의 향상에 따라 사회복지 욕구가 더욱 다양화 · 다원화 · 고도화 될 것으로 보인다. 생활의 질적 개선에 대한 욕구가 증대됨에 따라 생활편의시설, 보건, 위생, 여가, 문화 및 다양한 사회복지서비스에 대한 수요가 급증하게 될 것이다. 소득수준의 향상에 따라 절대빈곤의 문제는 어느 정도 완화될 것이나 최소한의 인간다운 삶을 보장하는 최저생계비의 범위와 수준은 더욱 확대되어야 할 것이다. 자본주의 사회에서 빈부의 격차현상은 불가피할 수밖에 없는 것일지라도 조세정의와 분배정의 실현을 통해 이를 완화해 나가는 노력은 사회복지의 기본 가치일 것이다.

그리고 상대적 빈곤해소를 위한 국민적 욕구도 증대될 것이며, 또한 산업화 진전에 따른 산업재해, 의료, 보건, 주택, 교육, 고용, 여가, 문화 등의 욕구 증가와 함께 사회적 위험으로부터 보호받기 위한 생활안정 및 근로여건 개선에 대한 욕구도 더욱 확대될 수밖에 없다.

2) 노동시장과 근로조건의 변화

20세기와 같은 남성 정규직 숙련노동자를 위주로 하는 노동시장은 더 이상 존재하지 않는다. 탈산업사회 내지 지식기반사회에서 성별보다는 인적자원의 우수성이 노동시장 참여의 전제조건이 되며, 서비스 경제가 확대되기는 하지만 기술지향적인 고임금의 서비스직종과 단순한 저임금의 서비스직종이 혼재한다.

단순·저숙련 서비스 노동자의 기술적 수준을 향상시키는 것만으로 노동시장에서 이들을 성공적 지위로 전환 시키는 데는 한계가 있을 수밖에 없다. 국가가 끊임없이 공공부문에 일자리를 마련하는 것도 쉽지 않은 일이며, 노동시장에서 안정적인 일자리의 비중이 줄어들면서 저임금 일자리가 늘어나는 노동양극화에 대한 처방은 모든 복지국가의 고민거리가 될 것이다.

아울러 근로현장에서의 노동의 강도로 인한 육체적 고통과 위험보다는 생산성 향상을 위해 책임의 분권화와 비정형 근로자의 증가 등으로 인해 각종 스트레스와 관련된 정신건강·정신보건의 문제가 건강보장체계의 가장 큰 고민거리가 될 것이다.

3) 대외개방에 따른 새로운 복지정책의 수립

세계화·개방화에 따른 양극화의 심화 현상으로서, 이미 한·미 FTA, 한·EU FTA의 체결 그리고 한·중 FTA의 체결 가능성 등 다양한 형태의 개방 추세가 자타에 의해 더욱 가속화될 전망이다. 그러나 조세와 복지제도를 통한 소득재분배 효과가 심각한 현실에서 개방화의 시너지 효과가 전 국민에게 골고루 나누어지기는 현재로선 매우 어려운 상태이다.

따라서 선제적인 복지부문에의 투자와 제도 확대에 따른 양극화 저지 효과를 갖추어야 한다. 그리고 대외개방에 따른 노동력의 국제 이동을 촉진함으로 다수의 외국인력 유입에 따른 새로운 사회복지문제를 야기 시킬 수밖에 없을 것이며, 이에 대한 대처로서 새로운 복지정책의 수립을 통한 대처 방안이 모색되어야 할 것이다.

4) 세계화·정보화에 따른 현대 산업사회의 복지수요 증대

대내·외 여건의 어려움에도 불구하고 지난 40여 년간 경제성장을 이룩해 온 저력을 감안해 보면, 21세기도 지속적인 성장을 달성할 수 있을 것으로 예상된다. 지속적인 경제성장은 산업구조의 고도화와 정보화, 경쟁력을 더욱 진전시켜 이로 인한 현대 산업사회의 복지수요가 전형적으로 나타나게 될 것이다. 즉, 농촌인구의 고령화와,

장애인문제, 빈곤문제, 인구의 도시집중, 가족규모와 구조의 변화로 인한 부양과 보호인력의 부재, 해외근로인력의 유입 등 새로운 복지 수요로 인한 사회복지정책이 수행해야 할 과제가 이전보다 더 증가하게 될 것이다.

증대된 복지수요를 충적시키기 위한 재원은 직·간접 조세와 민간의 자발적 부담으로 충당되어야 하는데, 이는 결국 국민 전체의 부담으로 귀결되므로 복지재원 마련의 적절한 방안이 시급하게 마련되어야 한다. 즉, 증대된 복지부담은 필연적으로 조세부담의 형평성 제고를 요청하게 될 것이며, 이에 경제성장력을 잠식시키지 않는 범위 내에서 복지 부담이 이루어질 수 있도록 부담의 적정수준에 대한 국민적 합의가 도출되어야 할 것이다.

5) 신·구사회적 위험의 중첩

빈곤문제에 대응하여 국민의 정부 시절 과거의 생활보호제도를 대체한 국민기초생활보장제도의 도입을 통해 근로능력이 있는 집단을 포함한 모든 빈곤층에게 최저소득을 보장한다는 점에서 사회복지정책에 획기적인 기초를 마련한 바 있다. 그러나 이러한 탈빈곤정책의 개선에도 불구하고 여전히 대물림과 같은 세대 간 격차까지 우려되는 현상이 나타나고 있다. 그뿐만 아니라 사회보험의 사각지대도 해소되지 않고 있어 사회안전망 장치는 아직도 부실하다고 할 수 있다. 이런 점에서 한국 사회는 여전히 빈곤구제와 사회보험의 사각지대 해소라는 전통적인 구 사회위험을 안고 있는 동시에, 신 사회위험에도 처해 있다. 세계화, 저출산, 고령화, 지식기반경제로의 전환, 노동시장의 유연화 및 비정규직 양산으로 표현되는 노동시장구조 변화, 가족구조의 변화와 가족 해체 등 서구의 복지국가와 동일한 위험에 처해 있음을 알려 준다. 이렇게 구 사회위험과 신 사회위험을 동시에 안고 있는 우리나라의 경우 이제 기존의 사회복지정책과는 다른 새로운 패러다임의 정책 대안을 제시하지 않을 수 없게 되었다.

이런 점에서 인적 자원을 중시하는 사회투자(social investment) 전략은 하나의 전략적 대안이 될 수 있을 것이다.

3. 사회적 여건 변화

1) 저출산·고령화에 따른 수요의 증대

저출산·고령화 사회는 우리 사회의 많은 변화를 요구받고 있다. 이에 따라 노동인구의 내·외연적 확대가 필연적이며, 경제활동인구로의 편입확대, 기존 노동시장정책의 재편, 인구 감소의 억제를 위한 출산장려정책, 이를 위한 일과 돌봄의 양립이 가능한 사회구조로의 재편과 함께, 노령인구의 비중 증대에 따른 사회적·경제적 대응도 필요할 수밖에 없다.

특히, 노인부양에 대한 사회적 부담이 증대할 것으로 보인다. 또한 가족유대감의 약화로 빈곤 노령층의 생활보장 및 자립기반 마련을 위한 정부의 역할이 커지게 될 것이며, 노령계층의 유료·무료 사회복지서비스에 대한 수요도 크게 증가할 것이다.

그리고 노령층은 신체적 특성에 의한 의료수요의 증대와 취업의 곤란으로 인한 소득의 불안정, 급격히 변화하는 사회에서의 부적응 등 여러 가지 복지수요를 창출하게 되는데, 노령인구의 증대와 더불어 노령층의 정치적 위상이 강화되고 노령문제에 대한 국가적 해결이 당면과제로 부상될 것이다. 노령층의 의료 및 복지수요는 그 해결에 많은 재원을 지속적으로 요구하므로 노령인구가 본격화되기 전에 이를 대비하는 정책의 시행이 있어야 효율적으로 대처할 수 있다.

2) 핵가족화 및 여성의 경제활동 증가에 따른 새로운 복지수요의 증대

탈산업화의 진전은 핵가족화를 촉진하고 여성의 경제활동의 증가에 따라 보육수요 증가 등 새로운 복지수요를 발생시킨다. 이는 어린이집 등 취업여성을 위한 사회복지 프로그램에 대해 사회적 관심이 증대될 것임을 의미하게 되는데, 건전한 가정육성이 사회문제해결의 근원이 됨을 상기해 보면, 이의 중요성은 매우 크다는 것을 알 수 있다. 따라서 여성의 취업에 따른 복지수요는 정부, 산업계, 개인이 협력으로 해결해 나가야 할 분야로 대두될 것이다.

또한 이혼율 증가, 가족기능 저하 등으로 아동복지, 청소년복지 및 가족복지에서 더욱 전문화된 사회복지서비스에 대한 수요가 증대할 것으로 보인다.

3) 삶의 질을 향상시킬 수 있는 복지수요의 증대

선진국 대열로의 진입은 단순히 경제수준의 상승만을 의미하는 데 그치지 않고 전반적인 생활수준의 향상도 의미하므로, 국민의 복지수요도 질적인 측면으로 변모되는 것은 당연한 추세이다. 이는 국민이 단순한 물질적 급여뿐만 아니라 대인 서비스를 제공할 것으로 기대한다는 것을 의미한다. 이를 충족하기 위해서는 복지전달체계에 전문 인력이 배치되어야 하며, 제공되는 제반 서비스의 체계적 관리와 함께 이용자의 접근이 용이할 수 있도록 하는 지역사회의 노력과 함께 복지관련 정보의 D/B 구축, 관련 자료의 전산화도 시급히 추진되어야 한다.

4. 사회복지 분야 변화

1) 사회보험

사회보험이란 국민에게 발생하는 사회적 위험을 보험방식에 의하여 대처함으로써 국민의 건강과 소득을 보장하는 제도이다. 국민이 질병·사망·노령·실업 기타 장애 등으로 인하여 활동의 능력을 상실하거나 소득의 감소가 발생하였을 때에 보험방식에 의하여 그것을 보장하는 제도가 사회보험이다.

사회보험은 국가가 사회보장정책상의 목적을 달성하기 위해 보험기술을 응용한 것으로서 보험에 가입하여 보험집단의 일원이 된다는 것은 연대적 책임을 통해 위험을 분산시키는, 즉 자기위험의 일부를 타인에게 부담시키는 상호부조제도라 할 수 있다.

그러나 민간보험과는 달리 사회보험은 국가가 사회적 고려에 기반한다는 점에서 차이가 있으며, 국가가 행하는 최후의 사회안전망으로서 그 기능을 한다.

문제는 급격한 복지수요의 증대와 함께 사회보험에 대한 재정 부담을 지속적으로 가중시킴과 동시에 막대한 재정의 투입이 큰 부담으로 작용되고 있다. 이는 곧 재정 적자의 악순환이 되풀이되고 있으며, 재정 부담을 완화하기 위한 보험제도의 대폭적인 개편과 함께 구조조정이 불가피할 것으로 보인다.

2) 공공부조

기초생활보장 수급자의 생계보장 수준은 현재 최저생계비 수준에 그치고 있으며, 가구주가 근로능력이 있더라도 생계유지가 곤란한 가구가 지원대상에서 일부 제외되고 있는 등 지원수준 및 범위가 매우 한정적이라는 문제점을 안고 있다. 또한 학비지원 및 생업자금 융자지원 등 자활급여의 경우에도 지원내용이 제한되어 있는 데다 지원수준도 미흡하여 큰 효과를 거두지 못하고 있다.

삶의 질 향상을 추진하기 위해서는 이러한 빈곤계층에 대한 최저생활의 보장과 자립기반의 조성이 최우선되어야 할 것이며, 이를 위해서는 기초생활보장 수급자의 범위 확대 및 생활보장 수준의 향상 등 국민기초생활보장제도의 개선이 시급히 이루어져야 할 것이다.

3) 사회복지서비스

과거의 사회복지정책은 빈곤을 예방하고 구제하는 소득보장에 주안점을 두었으나, 오늘날에 와서는 소득보장은 물론 대인적 도움이 필요한 모든 국민에게 적절한 물질적·비물질적 서비스를 제공하여 삶의 질을 향상시키고자 하는 좀 더 광범위하고 전문적인 방향으로 발전되고 있다. 이러한 변화는 지방자체제 실시에 따라 가속화되어 지역사회의 사회복지서비스에 대한 새로운 접근과 대안을 요구하게 될 것이다. 우리나라의 사회복지서비스가 사회복지예산에서 차지하는 비율은 대단히 낮고, 그나마 이러한 사회복지서비스 예산의 대부분도 시설보호사업을 중심으로 쓰이고 있어 재가복지서비스 등 본격적인 사회복지서비스에 대한 예산은 아직도 미미한 실정이다.

현대사회에서는 노인·장애인·아동·청소년·여성·가족 등 전 계층에서 다양한 사회문제가 생겨나고 있으며, 이러한 문제가 어느 특정계층에 국한되는 것이 아니라 국민 대다수의 삶에 직·간접적인 영향을 미치고 있다는 점을 감안할 때, 종래의 생활시설 위주의 사회복지서비스 정책은 급증하는 사회문제를 해결하기에는 이미 그 한계에 도달한 것으로 보인다. 따라서 향후 사회복지서비스에 대한 투자증대와 아울러 시설보호에서 재가보호로, 사후치료적 서비스에서 예방적 서비스로 전환되어야 할 것이다.

4) 보건·의료부문

보건·의료부문은 우리나라의 사회복지부문 중에서도 가장 취약한 부문으로 재정지출 면에서 높은 지출우선순위를 정해야 함에도 최근 증가율이 오히려 떨어지고 있어, 재정수요와 공급 간의 괴리가 넓어지고 있다. 우리나라 의료인력 및 시설수준은 통계적으로 선진국에 비해 일부 대형병원을 제외하고는 대체로 후진성을 면치 못하고 있으며, 의료인력 및 시설의 도시지역 편중, 지방의료시설의 낙후성, 응급의료체계의 미구축 등 많은 문제점이 제기되고 있다. 향후 소득수준의 향상에 따라 보건·의료서비스의 양적·질적 개선에 대한 수요증대는 기존의 수급격차를 더욱 확대시킬 것이며, 이를 완화하기 위해서는 대폭적인 재정지원의 증대가 요구될 것이다.

제2절 한국사회복지의 과제

1. 사회복지서비스 공급 주체의 다원화

사회문제의 다양화와 이에 따른 클라이언트 집단의 다양화는 결과적으로 사회복지서비스의 공급주체의 다원화로 연결된다. 지금까지는 공공주도의 정책이념이었으나 점차적으로 민간 부문의 참여를 확대시켜 공공과 민간의 특성을 증대시켜 나가는 방안을 모색하여야 한다. 효율적인 사회복지서비스 공급을 위해서는 주체의 다원화에 따른 복지서비스 형태에도 변화가 있어야 할 것이다. 무엇보다도 중요한 것은 중앙정부와 지방정부의 사회복지에 대한 새로운 인식과 이해가 필요하며, 민간영역의 변화와 함께 공공과 민간의 진정한 협력(partnership)을 통해 사회복지서비스 공급주체도 공급자 중심의 일반적 평균적 복지서비스에서 수요자 중심의 전문적인 복지서비스로 전환하여 수요자 만족의 복지서비스가 요구된다.

2. 특성화된 양질의 복지프로그램 개발

사회복지조직이 책임성과 전문성에 대한 요구가 증대하면 사회복지기관들은 복지프로그램에 대한 자기 점검과 물리적 환경의 개선, 전문지식과 기술을 가지고 있는 직원 배치 강화 및 시설의 내실화를 필연적으로 요구받게 될 것이며, 시설평가의 진전이 가져오는 핵심적인 문제는 얼마나 효과적이고 효율적인 프로그램의 개발과 운영으로 귀결되었느냐일 것이다. 또한 사회복지서비스 공급주체의 다원화는 선의의 경쟁적 상황을 조성하게 되고, 상호보완적 역할의 재정립이 필요에 따라 의뢰와 연대라는 형태로 나타날 것이다.

지방자치의 정착은 주민의 욕구라는 지역중심의 복지프로그램을 요구하게 될 것이다. 따라서 지금까지의 나열식 프로그램에서 과감히 탈피하여 지역의 특수성을 감안한, 지역주민의 욕구에 부응하는 사회복지 프로그램이 요구된다.

또한 프로그램의 질적인 측면을 제고함과 동시에 지역사회의 기초조사를 통한 수요와 공급이 적절하게 조정될 수 있어야 하며, 변화와 개선을 동시에 추구할 수 있는 생산적 복지프로그램으로 전환될 수 있어야 한다.

3. 복지국가의 원칙 활용

에스핑과 앤더슨(Esping & Andersen)이 제시한 복지국가 모형을 변수에 따라서 한국사회복지정책의 현실과 비교하고, 여섯 가지 사회복지의 원칙인 사회성·다양성·종합성·적절성·평등성·보편성 등의 원칙을 상호 모순 없이 적절하게 조화시켜 적용함으로써 선진복지국가 모형을 도입하여 활용할 수 있는데 이를 요약하면 다음과 같다.

첫째, 인간의 기본욕구를 충족시키는 데 사회적 연대성을 강조하고, 누구에게나 차별 없이 보장되는 보편성의 원칙을 강조해야 한다.

둘째, 급여의 종류는 물질적 욕구뿐만 아니라 정신적 안정에 기할 수 있도록 다양해야 한다.

셋째, 급여수준은 최적 수준을 지향해야 한다. 최적 수준은 생존에 필요한 기본적

생활보장수준과 안락한 문화생활을 영위할 수 있음은 물론이고, 가용자원의 최적 배분이 이루어질 수 있는 거시적인 최적 상태를 의미한다. 이 수준에서는 근로의욕이 극대화되면서 국민경제의 향상도 지속될 수 있는 이상적인 수준을 의미한다.

넷째, 가족복지서비스의 기능도 강화되어 가족의 유지와 보호를 위한 각종 서비스가 제공되어야 한다.

다섯째, 사회보험 운영체계는 혼합적인 형태로서 지역의 특수성 등을 반영하는 분권화와 재정관리의 집권화 간의 조화를 이루는 혼합방식이 바람직할 것이다.

여섯째, 사회보험에서 보험료의 본인부담 규모는 보험재정 상태에 따라서 적정하게 결정되어야 하며, 일정 소득 이하인 계층에 대해서는 면제시켜 사회적 형평성을 높여야 할 것이다.

일곱째, 근로자에 대한 기업의 책임은 사회보험 갹출료의 부담과 법정 퇴직금의 형태를 통하여 기업복지가 강조되어야 하지만, 이는 유량 개념인 소득발생근거를 기준으로 하고 있기 때문에 자산 규모에 따른 소득재분배 기능을 강조함으로써 사회적 책임이 강조되어야 한다.

여덟째, 사회복지에 대한 가족의 책임 또한 강조되어야 한다. 가족구성원의 위험에 대해서 가족의 일차적인 책임이 강조되어야 하지만, 사회적 책임이 잔여적 성격을 띠어서는 안 된다. 가족은 제 일차적 집단으로서 가족원 보호기능이 가장 효율적이기 때문이며, 사회적 책임을 면제하는 개념이 아닌 기능상 분담의 성격이 되어야 한다.

아홉째, 복지국가의 원칙인 소득재분배 기능이 강조되어야 한다. 사회보장제도 중 소득재분배 기능은 공공부조가 가장 크고 국민연금, 건강보험 순이다. 그러나 소득계층 간의 갈등을 해소하고, 근로동기를 유발하여 생산성을 높일 수 있는 적정 수준의 소득재분배 기능이 강조되어야 할 것이다.

이와 같이 우리나라에서 복지국가의 원칙을 활용하는 데 모든 국민의 기본적 욕구를 충족하기 위한 사회보장은 최적의 급여수준을 목표로 하고, 급여의 종류와 사회복지서비스는 욕구유형에 따라 다양화되어야 한다. 그리고 구사회위험이든 신사회위험이든 간에 이에 대한 가족의 일차적 책임과 국가의 최종적인 책임이 강조되고, 강화된 소득재분배 기능에 기초를 두어야 할 것이다.

4. 복지다원주의와 복지거버넌스

닐 길버트(Neil Gilbert)는 복지국가의 축소가 반드시 복지총량과 제공의 감축을 의미하지 않을 수도 있다는 점을 복지다원주의 또는 복지의 혼합경제 개념을 통해 설명하고 있다. 복지제공의 주체는 정부뿐 아니라 민간자원영역, 민간 비공식영역 및 민간 영리영역으로 구성되며, 이들이 역할을 분담하여 제공하는 복지의 총량이 결코 부족하지 않다는 점을 지적하고 있다.

과거의 사회복지정책이 시장으로부터 소외되고 자립할 능력이 없는 계층에 대해 사회적 권리로서 국가가 보편적인 급여를 행하는 것이었다면, 탈산업사회에서 복지정책은 수급자 개인의 책임을 강조하고 노동참여를 요구하며, 사적 책임에 대해 공적인 지원이 체계를 강조하는 것이다. 이때 공적 책임 자체도 과거처럼 중앙집중적으로 부담하는 것이 아니라 탈집중화, 분권화된 형태로 수행하고, 민간의 다양한 복지제공 주체들과의 협력 속에서 전달하고자 하는 것이 올바른 복지국가의 방향이다. Gilbert는 이를 능력개발국가라 칭하고 있으며, 능력개발국가는 개인, 시장, 민간자원영역들이 사회적 보호제공 능력을 제고할 수 있도록 유도하고 국가가 이러한 공급행위의 최전선에서 물러난 형태의 국가를 의미하게 된다.

5. 사회복지행정 체계의 재정비

현행 우리나라 사회복지행정 체계는 사회보험, 공공부조 및 사회복지서비스와 프로그램 사회서비스 체계로 크게 구분할 수 있으나, 현재의 사회복지행정 체계로서는 소득수준의 향상 및 민주화의 진전에 따라 증가일로에 있는 국민의 복지욕구와 기대를 수용하는 데 한계가 있다. 즉, 사회복지행정의 영역 확대 및 각 부처 간 복지행정 업무의 분산 혹은 중첩으로 전 정부차원의 복지정책 조정기능을 확보하는 데 어려움이 있으며, 사회복지제도 상호간의 연계성 결여 및 급여의 부분적 중복으로 예산낭비의 우려와 일선기관의 사회복지담당 인력부족 및 전문성 결여로 공공부조제도 및 사회복지서비스 행정의 비효율성을 초래할 수 있다.

따라서 사회복지행정 체계의 재정비와 함께 사회복지정책에 대한 기획·조정 및 연구·평가기능을 강화하고, 새로운 복지수요에 대한 사전예측과 능동적인 대응이 가능하도록 지속 가능한 사회복지행정 추진체계로 전환하여 사회복지행정을 중앙부서에서부터 일선 행정기관에 이르기까지 전문적·효율적으로 집행해 나가야 할 것이다.

특히, 사회복지행정의 비효율성을 완화하고 복지투자의 생산성을 제고하기 위해서는 사회복지 관련 법체계 및 사회복지행정 조직의 재정비 등이 시급히 요구되고 있다.

6. 사회보험제도의 자립도 제고

사회복지정책 추진에 대한 자원제약을 완화하기 위해서는 갹출성 사회보험제도의 과다한 정부재정 의존도를 낮추고 자립도를 향상시키는 방안도 함께 강구될 필요가 있다. 우리나라의 공적연금 및 의료보험 등의 사회보험제도는 기본적으로 갹출주의 원칙에 입각하고 있음에도 불구하고 재정 건실도가 매우 취약하여 정부재정에 큰 부담요인이 되고 있다.

또한 국민연금제도 역시 2008년부터 연금급여가 본격적으로 지급되면서부터는 급속히 적자로 반전하게 될 것으로 예상된다. 건강보험의 경우에도 국가가 예산을 지원하는 비능률적 지원방식을 택하고 있어 과다한 재정 부담요인으로 대두되고 있다.

사회보험제도는 공공부조나 사회복지서비스 등과는 달리 갹출주의에 입각하고 있으므로 가입자가 받게 되는 급여혜택에 상승하여 각 가입자의 지불능력을 감안한 적정 수준의 보험료 또는 사회보장세를 부담하는 것이 원칙이다.

또한 정부의 지원도 도시빈곤층이나 저소득농어민 등 소득보조의 필요성이 있는 특정계층을 대상으로 하는 것이 바람직할 것이다. 그러나 우리나라의 사회보험제도는 급여 혜택에 비해 상대적으로 보험료 부담수준이 낮게 책정되고, 정부의 보험재정 지원이 저소득층과는 무관하게 이루어지고 있어 결과적으로 소득지원의 필요성이 없는 고소득층까지도 정부지원의 혜택을 받게 된다. 이는 사회복지정책상의 부조 원리나 보험 원리, 사회형평성 증대 목표에 비추어 볼 때 바람직하지 못하며, 불필요한 재정 부담으로 사회복지 재원이 더욱 효율적으로 쓰이는 것을 제약하게 된다.

따라서 현행 사회보험제도의 개선을 통하여 정부 의존도를 낮추고 장기적으로 건실한 사회보험 재정을 유지할 수 있는 방안을 도모함과 동시에 절감 재원을 통한 의료·보건 등 낙후부문으로 전환함으로써 복지재정 투자의 생산성을 높여 나가야 할 것이다.

7. 사회복지제도의 확충

향후 우리나라 재정이 사회복지체계를 중심으로 한 선진형복지제도의 틀을 갖추기 위해서는 첫째, 보건·의료부문 및 사회보장부문 등 미흡한 부문에 대한 지속적 투자 강화, 둘째, 사회보험제도의 확대 적용, 저소득층 대책의 질적 개선, 인구 고령화에 대응하는 프로그램 개발 등의 사회보장제도의 내실화, 셋째, 주거안정, 생활편익시설 증설 등의 생활환경의 개선 및 의료기반의 확충, 의료서비스의 강화 등 보건·의료부문 투자 강화 등이 시급히 요구된다.

특히, 소득보장 및 의료보장부문의 확충은 가장 시급한 과제일 것이다. 이를 위해서는 현재 사회보험 사각지대를 채워 나가는 일이 시급하다. 공공부조 분야에서는 저소득층의 기초생활보장 수준을 최저생계비 수준과 연계하여 보조수준을 향상시켜 나가야 할 것이며, 사회복지서비스 분야에서도 사회취약 계층에 대한 자립지원 시책 및 사회복지서비스 수준을 점차적으로 향상시키고 사회복지 전달체계의 개선을 서둘러야 할 것이다.

또한 보건·의료부문에서도 모든 국민에게 양질의 보건의료서비스를 제공하기 위해서는 의료시설 및 인력의 확충과 국민의료비의 안정화를 지속적으로 도모해 나가야 할 것이다. 이를 위해서는 검사료·약값 등의 하향 조정 등의 의료수가제도의 개선, 요양 일수의 점진적 연장, 입원비 본인부담률 인하 등의 건강보험제도의 개선, 양·한방 협진제 도입 등의 의료기관의 증설 및 시설 개선 등과 아울러 인구 고령화에 의한 질병 구조 변화, 노인의료비 증가에 대한 대책 등을 마련하여 이를 실천해야 할 것이다.

8. 생애주기별 사회투자 전략의 활용

사회투자 전략을 활용할 때, 가장 중요한 단계는 아동·청소년을 대상으로 한 생애주기의 첫 번째 단계이다. 그런데 학습능력은 가정의 소득수준과 문화적 수준에 크게 영향을 받는다. 따라서 빈곤의 대물림과 사회이동성의 고착을 막기 위해서는 저소득가정의 아동에 대해 취학 전 적정 수준의 보육과 교육을 사회적으로 제공할 필요가 있다. 이런 관점에서 사회적 보육은 중장기적으로 보편주의 사회서비스의 구축에 다른 정책 영역보다 가장 높은 우선순위를 부여받아야 할 것이다.

생애주기의 두 번째 단계에서는 유연안정성을 확보하는 정책을 우선적으로 시행해야 할 것이고, 생애주기의 마지막 단계에서는 고령화 사회에서 고령자의 고용촉진과 재정효율성이 높은 기초보장제도의 구축에 강조점을 두어야 할 것이다.

9. 사회복지재원의 확충

그동안 미흡했던 우리나라 복지재정 분야에 대한 정부투자를 강화하기 위해서는 재원조달 측면에서의 재정능력의 추가적 확보와 아울러 재정구조조정 및 예산배정의 우선순위 재정립을 통한 복지재원의 확충이 가장 큰 과제이다. 원활한 사회복지정책을 수행하기 위해서 추가적 복지재원을 확보해야 하며, 또한 지역사회 민간단체에 의한 사회복지활동을 활성화할 필요가 있으며, 민간영역의 자원개발에도 새로운 접근이 필요하다.

10. 가족친화 복지정책의 개발

노인복지·아동복지·장애인복지·여성복지 등 대상·분야별로 구분하여 실시되고 있는 현행 사회복지서비스 정책을 '가족'이라는 장을 통해 통합적인 관점에서 사회복지서비스 정책을 재조명해 볼 필요가 있다. 시설보호 중심의 사회복지서비스에서 재가복지서비스, 커뮤니티 케어로 전환되어 가는 사회복지서비스 정책의 일반적인 추세에 적극 대응해 나가기 위한 가족복지정책의 개발이 필요하다. 즉, 가족문제에 대한 예방서비스의 강화로 복지수요의 사회화를 억제할 뿐 아니라 가족제도의 변화추세에 탄력적으로 대응하고, 가족복지기능의 강화를 통해 복지욕구에 대한 가족단위의 자율적·효율적 해결능력을 키워 나가야 할 것이다.

11. 지방자치단체의 사회복지정책 강화방안 마련

지방자치시대에서 지방자치단체의 지역주민을 위한 사회복지정책의 강화방안을 제시하면 다음과 같다.

첫째, 중앙정부에 의해서 주도되는 사회복지정책은 지역사회의 특성을 무시하고 일방적으로 수행되어 왔기 때문에 많은 문제가 제기되었다. 따라서 지방자치단체는 지역실정에 부합하는 종합적인 복지모형을 설계하고 이를 집행하기 위한 독자적인 사회복지발전계획을 수립하여 지역사회복지정책을 강화하여야 한다.

둘째, 효과적이고 능률적인 지역복지정책의 수행을 위해서는 지역주민의 참여가 필수적이다. 따라서 지방자치단체는 지역주민 각자의 욕구나 문제를 지역단위로 해결하고 지역사회복지활동에 적극 참여할 수 있는 동기부여와 이를 유인하는 행정적 노력이 필요하다.

셋째, 탈산업화와 도시화에 따라 사회연대의식과 상부상조 정신이 점차 약화되고 있다. 따라서 효과적인 사회복지정책 수행을 위해서는 주민의 공동체의식이 선행되어야 하며 지방자치단체는 사회복지 저변확대를 위한 주민참여의 확대와 체계적 사회복지 교육, 홍보 등의 노력이 필요하다.

넷째, 지금까지 정부는 시설보호 위주의 사회복지정책을 전개해 왔으나, 이제는 재가복지서비스를 포함한 커뮤니티 케어의 제도적 정착이 필요하다.

다섯째, 사회복지정책은 중앙정부나 지방정부의 인적·물적 자원으로는 한계가 있을 수밖에 없다. 따라서 민간 사회복지조직의 육성과 그들의 활동을 장려하는 정책이 필요하다.

12. 농·어민을 위한 사회보장제도의 확립방안 마련

농·어민의 상대적 박탈감과 빈부격차를 해소하고 계층 간의 생활격차를 줄이는 생활보장을 위해서는 기본적으로 농업정책에 의한 농업생산성과 가격정책이 뒷받침되어야 하겠지만 생산수단이나 경쟁 능력이 약한 농·어민에게는 무엇보다도 생존권을 보장하는 것이 급선무이다. 이 경우 사회보장제도는 상대적으로 효과적인 정책으로 쓰일 수 있을 뿐만 아니라 이를 통하여 간접적인 소득보완 효과도 거양할 수 있다.

따라서 농·어민복지를 위한 바람직한 정부의 사회복지정책 과제는 소득보장을 기본으로 하는 사회보장 재원조달과 함께 농·어민의 참여를 전제로 하는 사회복지서비스 전달체계의 구축이 필요하다.

꼭 알아야 할 내용

- 한국사회복지의 여건 및 환경 변화
- 한국사회복지의 과제

참고문헌

강남식 외(2003). 보육정책의 새로운 관점 정립 및 개선방안연구. 여성부 보고서.

강선경 외(2007), "사회서비스 품질향상방안 및 관리모형 도출에 관한 연구". 보건복지부.

강영돈 외(2007). 사회복지학개론. 공동체.

강영실(2003). 장애인복지의 이해. 신정.

______(2006). 사회복지정책의 이해. 신정.

강용규(2005). 사회복지개론. 효일.

강용규 외(2005). 사회복지개론. 효일.

______ 외(2007). 사회복지행정론. 공동체.

강욱모 외(2004). 21세기 사회복지정책. 청목출판사.

강 인 외(2007). 사회복지개론. 북카페.

강창현(2002). "지역복지 공급 거버넌스 연구", 한국행정학회, 한국행정학보, 제36권 제2호.

강혜규(2004). "참여복지 5개년 계획: 사회복지행정부문". 보건복지포럼, 통권 87호.

______(2005). 사회복지 전달체계의 현안과 전망. 보건복지포럼. 한국보건사회연구원.

강혜규 외(2008). "사회서비스 확충방안 연구". 한국보건사회연구원. 정책보고서. 2007.

강흥구(2004). 한국사회복지실천 현장의 변동과 전문 인력의 양성을 위한 과제, 연세사회복지연구. Vol.10.

______(2007). 의료사회복지실천론. 현학사.

강희갑·전대성·이상주·오현숙·정왕용·이진우(2008). 사회복지법제론. 양서원.

건강보험심사평가원(2019). "우리나라 건강보험제도의 개요". www.hira.or.kr

건강보험연구센터(2005). "우리나라 건강보험제도의 개요"

고명석(2007). 사회복지개론. 동문사.

______(2008). 사회복지개론. 동문사.

고미영 외(2002). 사회복지의 실천의 가치와 윤리, 사회복지실천연구소.

고수현·김상태·윤선오·이종일(2004). 노인복지론. 양서원.

고승덕 외(2003). 사회복지개론. 교문사.

공계순·박현선·오승환·이상균·이현주(2003). 아동복지론. 학지사.

공익광고협의회(2006). 출산장려광고 <이런 모습, 상상은 해보셨나요?>. 공익광고협의회.

광주전남 읍·면·동장 교육 자료 (2011). 광주전남공무원교육원.

국민건강보험공단(2008). "노인장기요양보험 제도 개요".

______________(2009). "노인장기요양보험 제도 안내".

______________(2013). "노인장기요양보험 제도 개요".

______________(2013). "노인장기요양보험 제도 안내".

_______________(2019). "건강보험제도 안내". www.nhis.or.kr/retrieveHomeMain.xx
_______________(2019). "노인장기요양보험 제도 소개". www.nhis.or.kr/retrieveHomeMain.xx
_______________(2019). "노인장기요양보험". www.nhis.or.kr/retrieveHomeMain.xx
국민연금공단(2009). "국민연금제도".
___________(2013). "국민연금제도".
___________(2019). "국민연금제도". www.nps.or.kr
___________(2019). "연금정보". www.nps.or.kr
권선진(2005). 장애인복지론. 청목출판사.
권육상·신상수·김희성·나용선·조상윤(2010). 사회복지개론. 공동체.
권은숙(2003). 한국 사회사업의 전문(직)화 지향에 관한 연구. 한신대학교대학원 석사학위논문.
권중돈 외(2011). 사회복지개론. 학지사.
권진숙·신혜령·김정진·김성경·박지영(2006). 가족복지론. 공동체.
김광숙(2005). "복지정보시스템 통합에 관한 연구". 서울시립대학교 도시과학대학원 석사학위논문.
김규수(2004). 의료사회복지실천론. 형설출판사.
김근홍(2001). 한·독 노인복지이해. 학문사.
김근홍 외(2007). 사회복지역사와 철학. 학지사.
김기원(2000). 공공부조론. 학지사.
______(2003). 한국사회복지정책론. 나눔의집.
김기태(2007). 사회복지실천론. 공동체.
김기태 외(1999). 사회복지의 이해. 박영사.
_________(2004). 사회복지의 이해. 박영사.
_________(2007). 사회복지실천론. 공동체.
김만두·한혜경(1993). 현대사회복지개론. 홍익출판사.
____________(2001). 현대사회복지개론. 홍익재.
김미성(2005), "공공복지전달체계 개편방안에 관한 연구". 이화여대 사회복지대학원, 석사학위논문.
김민용 외(2002). "웹을 기반으로 한 경기도 지역복지네트워크 구축방안". 경기개발연구원.
김범수 외(2012). 자원봉사론. 학지사.
김 병 외(2008). 사회복지개론. 창지사.
김상규(1983). 사회복지론. 형설출판사.
______(1990). 현대사회와 사회정책. 서울대학교출판부.
______(2005). 사회복지개론. 나남출판.
김상규 외(1987). 현대사회와 사회정책. 서울대학교출판부.
김상균(2002). 사회복지개론. 경기: 나남.
김상균 외(2006). 사회복지개론. 나남출판.
_________(2007). 사회복지개론. 나남출판.
김상균·최일섭(2002). 사회복지개론. 나남출판.

김상균·최일섭·최성재·조흥식·김혜란·이봉주·구인회·강상경·안상훈(2007). 사회복지개론(개정2판). 나남.
김상균·최일섭·최성재·조흥식·김혜란(2005). 사회복지개론. 나남.
김성이(1993). 청소년복지론. 한국청소년개발원.
김성천·강욱모·김혜성·박경숙·박능후·박수경·송미영·안치민·엄명용·윤혜미·이성기·최경구·최현숙·한동우(2009). 사회복지학의 원리와 실제. 학지사.
김승권(2004). 건강가정기본법의 제정 기대효과. 심포지엄 자료.
김승의 외(2008). 현대사회복지개론. 공동체.
________(2009). 현대사회복지개론. 공동체.
김승훈(2010). 사회복지 발달사. 나눔의 집.
김안호 외(2006). 사회복지개론. 청목출판사.
김연명 편(2002). 한국복지국가성격논쟁. 인간과복지.
김영석(2002). 사회조사방법론 SPSS WIN 통계분석. 나남출판.
김영종(1988). 복지정책론. 형설출판사.
______(2001). 사회복지행정론. 학지사.
______(2007). 사회복지조사론 이해와 활용. 학지사.
김영화(2001). 사회문제론. 대학출판사.
김영화 외(2005). 사회복지정책론. 삼주사.
______ 외(2011). 사회복지개론. 정민사.
김유경·김양희·임성은(2009). 한국가족의 위기변화와 사회적 대응방안 연구: 경제위기 이후 가족생애주기별 위기유형을 중심으로. 한국보건사회연구원.
김융일(2003). 사회복지학 교육을 통한 정체성 확립. 2003년도 추계 학술대회 자료집, 한국사회복지학회.
김융일 외(2003). 사회복지개론. 동인.
김익균 외(2003). 사회복지행정론. 교문사.
________(2007). 사회복지개론. 파워북.
김익균·남일재·이계윤·신현석(2004). 장애인복지론. 교문사.
김정헌(2002). 복지정책론. 대명.
______(2003). 복지행정론. 대명.
김태성(2000). 정치적 민주주의와 사회복지. 사회복지연구, 15, 19-40.
______(2004). 사회복지정책입문. 청목출판사.
______(2012). 사회복지정책입문. 청목출판사.
김태성·김진수(2006). 사회보장론. 청목출판사.
____________(2006). 사회보장론. 청목출판사.
김태성·성경륭(1997). 복지국가론. 나남출판.
김태성·손병돈(2004). 빈곤과 사회복지정책. 청목출판사.
김태성·송근원(1993). 사회복지정책론. 나남출판.
____________(1995). 사회복지정책론. 나남출판.

김태성·최일섭·조흥식·윤현숙·김혜란(1998). 사회복지전문직과 교육제도. 도서출판 소화.

김태성·홍선미(2006). 사회복지개론. 청목출판사.

김태성·홍영미(2007). 사회복지개론. 청목출판사.

김해동(1998). 조사방법론. 법문사.

김형수 외(2011). 사회복지개론. 정민사.

김형식 외(2009). 사회복지행정론. 양서원.

남기민 외(2006). 현대사회복지학의 이해. 양서원.

남기민(2004). 사회복지정책론. 학지사.

______(2006). 현대사회복지학. 양서원.

남세진·조흥식(1995). 한국사회복지론. 나남.

남세진·최성재(1998). 사회복지조사방법론. 서울대학교출판부.

남일재 외(2006). 사회복지개론. 공동체.

남진열 외(2010). 지역사회복지론. 공동체.

노동부 한국고용정보원(2007). 2006년 산업·직업별 교용구조조사. 한국고용정보원.

노동부(2007). "발주자 및 감리원 안전관리 실무편람".

노무법인산재(2009). "산재보상의 절차와 종류".

__________(2013). "산재보상의 절차와 종류".

__________(2019). "산재보상의 절차와 종류". www.isanjae.com/main/main.php

노충래(2007). 사회복지사 보수교육 시행방안. 전문사회복지사 자격제도 및 보수교육시행방안 마련을 위한 공청회. 한국사회복지사협회.

대구대학교 사회복지연구소(1995). 사회복지사전. 경진사.

대통령자문 양극화·민생대책위원회. 기획예산처 양극화·민생대책본부(2007). 국민과 함께 보는 참여정부 사회정책 돋보기.

대통령자문 정책기획위원회(2006). 선진복지 한국의 비전과 전략. 동도원.

대한신경정신의학회(1997). 신경정신과학. 하나의학사.

도광조(2012). 사회복지개론. 양서원.

도미향 외(2009). 건강가정론. 신정.

도미향·남연희·이무영·변미희(2006). 아동복지론. 공동체.

류종훈(2006). 사회복지실천론. 청목출판사.

______(2011). 사회복지 발달사. 정민사.

모지환(2005). 사회보장론. 학지사.

문수열 외(2010). 사회복지의 이해. 창지사

문진영(1999). 국민기초생활보장법의 제정의 쟁점과 운영방안에 관한 연구. 한국사회복지학 38, 100-125.

문화체육부(2005). 청소년백서.

민성길(1991). 최신정신의학. 일조각.

박경일 외(2001). 사회복지학강의. 양서원.

_________(2010). 사회복지학강의. 양서원.

박경일·김경호·김희년·서미경·양정하·이경희·이명현·장중탁·전광현(2004). 사회복지학강의. 양서원.

박광덕(1998). 현대사회복지정책론. 박영사.

박광준(2002). 사회복지의 사상과 역사. 양서원.

______(2003). 사회복지의 사상과 역사. 양서원.

______(2008). 사회복지의 사상과 역사. 양서원.

박미숙(2004). "보건복지 통합서비스 공급에 영향을 미치는 요인에 관한 연구," 원광대학교 대학원 박사학위논문.

박미은(2005). 우리나라 군사회복지의 필요성과 제도화 방향. 2005년 한국사회복지학회 추계 공동학술대회 발표자료집.

박병현(2005). 사회복지정책론. 학현사.

박상하 외(2006). 사회복지개론. 양서원.

_________(2008). 사회복지개론. 양서원.

박석돈(2003). 사회복지서비스법. 삼영사.

______(2005). 사회보장론. 양서원.

______(2006). 사회보장론. 양서원.

______(2010). 사회복지개론. 양서원.

박석돈·김만호·성희자·이애재·신원식·배성우·남영옥·명선영·임성옥·이옥희·김수정·손지아·권신영·박순미(2008). 사회복지개론. 양서원.

박세정·손명희(2008). 사회복지실천론. 창지사.

박영조(1996). 사회복지학원론. 학문사.

박옥희(2008). 사회복지의 이해. 학지사.

______(2012). 사회복지이해. 학지사.

박용순(1999). 사회복지개론. 학지사.

______(2002). 사회복지개론. 학지사.

______(2003). 사회복지개론. 학지사.

______(2004). 사회복지개론. 학지사.

______(2007). 사회복지개론. 학지사.

______(2008). 사회복지개론. 학지사.

박용순 외(2005). 사회복지개론. 학지사.

박은주(2004). 재혼프로그램 개발. 전남대학교 대학원 박사학위논문.

박정호(2001). 사회복지정책론. 학지사.

______(2004). 사회복지정책론. 학지사.

박종보(2007). 다문화가족지원법안 발제문. 다문화가족지원법 제정을 위한 입법 공청회 자료집. pp. 7~58.

박종삼 외(2002). 사회복지개론. 학지사.

_________(2005). 사회복지학개론. 학지사.

박종우(1997). 전문직 이론에 관한 일 고찰-사회사업을 중심으로. 경성대학교 사회과학연구소. 사회과학연구. 제13집.
박차상(2001). 사회복지행정론. 대학출판사.
______(2007). 사회복지행정론. 양서원.
박차상·김옥희·배창진·엄기욱·이경남·정상양(2003). 한국노인복지론. 학지사.
박차상 외(2010). 사회복지학개론. 학현사.
박태룡(2004). 사회복지행정론. 홍익출판사.
배기효(1995), "일제시대의 복지행정", 대구대학교 대학원 박사학위논문.
배기효 외(2011). 사회복지개론. 창지사.
배기효·이해영·문혜숙·이연복·이채식·이형열·박영·박영국·이남순·최순옥(2009). 사회복지개론. 창지사.
백종만(2005.11). 지방분권과 사회복지 전달체계의 변화. 보건복지포럼, 한국보건사회연구원.
백종만 외(2001). 사회와 복지. 나눔의집.
______ 외(2004). 사회와 복지. 나눔의집.
변화순·백경희·김현주(2000). 한국가족의 변화와 여성의 역할 및 지위에 관한 연구. 한국여성개발원.
보건복지가족부(2008). 다문화가족지원법. 보건복지가족부.
______________(2009). 2009년 국민기초생활보장사업안내.
보건복지부(2001). "2000년도 장애인실태조사".
__________(2006). "2005년도 장애인실태조사".
__________(2006). "2006 정신보건사업안내서".
__________(2007). "요양보호사 및 장기요양기관 인프라 확충 설명회". 노인장기요양보험추진단 설명회 자료..
__________(2007). 보건복지백서 2006.
__________(2007a). 2007 보건복지부 통계연보. www.mohw.go.kr
__________(2007b). 사회복지관 및 재가봉사센터 운영 관련 업무처리 요령안내.
__________(2011). 요양보호사 공통표준 교재. 들샘.
__________(2012). 2011년 장애인실태조사.
__________(2012). 2012 사회복지시설관리안내. 보건복지부.
__________(2012). 2012년 보건복지부 업무계획자료..
__________(2012, 2013). 내부자료..
__________(2012, 2013, 2019). 내부자료..
__________(2017). 2017년 장애인실태조사.
__________(2018) 2017년 보건복지부 세계보건통계자료 내부자료..
서상목·최일섭·김상균(1988). 사회복지 전달체계의 개선과 전문 인력 활용방안. 한국개발연구원.
서울복지재단(2006). 복지시설 종사자 위험관리 매뉴얼. 서울복지재단.
서 윤 외(2006). 사회복지학의 이해. 학지사.
성규탁(1993). 사회복지행정론. 법문사.

성영혜·김연진(2003). 아동복지의 이론과 실제. 동문사.

성정현(2004). 가족복지론. 양서원.

성정현 외(2007). 가족복지론. 양서원.

손광훈(2004). 장애인복지론. 현학사.

송근원·김태성(1995). 사회복지정책론. 나남출판.

_____________(1999). 사회복지정책론. 나남출판.

송성자(1998). 가족관계와 가족치료. 법문사.

송정부(1991). 밝은 사회 건전한 청소년. 체육청소년부.

송호근 편(2001). 세계화와 복지국가. 나남출판.

송효인(1986). 전문직업인으로서 사회복지사의 역할. 대구대학교 석사학위논문.

신복기 외(2002). 사회복지행정론. 양서원.

_________(2008). 사회복지행정론. 공동체.

신상준(1989). 복지행정학. 한국복지행정연구소..

______(1996). 복지행정학. 한국복지행정연구소..

신섭중(1996). 우리나라 사회복지사제도의 문제점과 개선방향. 계간 사회복지. 통권 제129호.

안병영·임현백 편(2000). 세계화와 신자유주의. 나남출판.

안상훈(2006). 사회서비스 투자국가로의 전환논리: 하나의 비교사회정책학적 서설. 2006년 추계학술대회자료집. 한국사회복지학회.

안향림 외(1997). 정신의료사회사업. 홍익재.

양옥경(2001). 사회복지실천론. 나남출판.

양옥경·김정진·서미경·김미옥·김소희(2000). 사회복지실천론. 나남출판.

양옥남·김혜경·김미숙·정순둘(2006). 노인복지론. 공동체.

양은숙(2004). "공적 사회복지 전달체계 개선방안". 탐라대학교 경영행정대학원 석사학위논문.

양정하(2008). 사회복지 발달사. 학현사.

양정하 외(2005). 사회복지정책론. 양서원.

양정하·임광수·이명현·황인옥·신현석·임혁(2008). 사회복지정책론. 양서원.

엄명용 외(2000). 사회복지실천의 이해. 학지사.

_________(2007). 사회복지실천의 이해. 학지사.

오완섭(2006). 사회복지학(개론)-공무원·1급 사회복지사 시험대비. 서울고시각.

______(2009). 사회복지개론. 서울고시각.

오정수 외(2012). 사회복지학개론. 양서원.

오창순 외 역(2001). 사회복지실천론-통합적 관점. 아시아미디어리서치.

오혜경(2005). 사회복지조사론. 창지사.

원석조(2002). 사회복지정책학원론. 양서원.

______(2004). 사회복지정책론. 양서원.

______(2008). 사회복지개론. 양서원.

______(2008). 사회복지 발달사. 공동체.

______(2011). 사회복지행정론. 양서원.

______(2012). 사회복지 발달사. 공동체.

원석조·강남기(1993). (George, V., Wilding, P.). 이데올로기와 사회복지. 홍익제.

유영주(1984). 한국도시가족의 가족생활주기 모형설정에 관한 연구. 한국가정관리학회지, 제2권. 111-129.

윤기영(1997). 한국 사회사업 전문직의 윤리체계에 관한 연구. 강남대학교대학원 석사학위논문.

윤찬영(2005). 사회적 소수자의 인권과 복지. 비판과 대안을 위한 춘계학술대회자료집. 89-107.

______(2010). 사회복지의 이해. 학현사.

윤철수·노 혁·도종수·김정진·김미숙·석말숙·김혜경·박창남·장은숙(2008). 사회복지개론. 학지사.

윤철수 외(2012). 사회복지개론. 학지사.

윤혜미·김혜래·신영화(2005). 아동복지론. 청목출판사.

윤홍식(2006). 새로운 사회적 위험과 한국사회복지의 과제: 사적(가족)영역으로부터의 접근. 2006년도 한국사회복지학회 추계공동학술대회, 2006.11, 103-137. 한국사회복지학회.

이경남 외(2007). 사회복지개론. 공동체.

________(2008). 사회복지실천론. 학지사.

이경남·김경미·김남숙·김인숙·김현주(2012). 사회복지개론. 공동체.

이군성(2005). "사회복지 정보네트워크에 관한 연구,". 단국대학교 정책경영대학원 석사학위 논문.

이기영·최명민(2006). 사회복지전문직과 인적자원 개발. 2006년도 춘계 학술대회 자료집. 한국사회복지학회.

이달엽(2003). "지체장애근로자의 직업성공요인에 관한 연구". 한국사회복지학. 통권 55.

이두호 외(1992). 빈곤론. 나남출판.

이목훈(2008). 사회복지행정론. 대왕사.

이미진(2008). "장기요양보험제도의 문제점 및 개선방향". 복지동향 2008년 11월호. 참여연대 사회복지위원회.

이봉철(1992). "인권, 청소년 그리고 청소년권". 청소년의 권리와 사회적 불평등. 한국청소년연구원.

이상문(2006). "공공복지서비스 전달체계 비교 평가와 개선 방안에 관한 연구,". 신라대학교 사회복지대학원 석사학위 논문.

이성재 외(2007). 복지국가 혁명. 도서출판밈.

이소희(2004). 가족문제와 가족복지. 양서원

______(2005). 아동복지론. 학현사

이소희 외(2004). 사회복지개론. 교문사.

______ 외(2007). 사회복지개론. 학현사.

이순형 외(2003). 아동복지 이론과 실천. 학지사.

이영철 외(2002). 사회복지학. 양서원.

________(2007). 사회복지학. 양서원.

이영호 외(2006). 정신보건사회복지의 이해. 학지사.

이영환(2005). 한국사회와 복지정책-역사와 이슈. 나눔의집.

이용환 외(2007). 사회복지법제론. 대왕사.

이원숙(2008). 사회복지실천론. 학지사.

이익섭 외(2004). 사회복지조사방법의 이해. 학지사.

이인재·류진석·권문일·김진구(2002). 사회보장론. 나남출판.

______(2008). 사회보장론. 나눔의집.

이재원(2008). "수요자 중심의 사회서비스 공급과 품질관리" 사회서비스 토론회.

이정석 외(2002). 사회복지학개론. 유풍출판사.

이정우(2004). 사회복지정책. 학지사.

이종복 외(2008). 사회복지개론. 학현사.

이준영(2008). 사회보장론. 학지사.

이진면(2008). "사회서비스의 산업적 분석과 발전방안". 사회서비스 토론회.

이창희 외(2007). 사회복지조사론. 창지사.

이철수 외(2009). 사회복지학사전. 블루피쉬.

이채식(2004). "정신지체인의 직업유지에 영향을 미치는 요인에 관한연구". 경기대학교 박사학위논문.

이채식 외(2008). 장애인복지론. 창지사.

이채식·이은영·이형열·김재익·전영록(2008). 장애인복지론. 창지사.

이태복·심복자(2006). 사회복지정책론. 나남출판.

이태용·고영훈(2004). 사회복지법제론. 동인.

이팔환 외(2007). 사회복지조사방법론. 신정.

이해영(2006). 노인복지론. 창지사.

이현주(2007.8). 주민생활지원서비스 전달체계 구축 목표와 행정조직구조 개편. 보건복지포럼, 한국보건사회연구원.

이현주 외(2001). "국민기초생활보장제도 운영실태 평가 및 개선방안". 한국보건사회연구원.

이혜원(2001). 노인복지론. 유풍출판사.

임경혜(2004). 국제결혼 사례별로 나타난 가족문제에 따른 사회복지적 대책에 관한 연구. 대구대학교 석사학위논문.

임상록·고명수·구승신·신후경·윤영미·이명순·이복희·이양훈·정옥희(2010). 청소년복지론. 학지사.

임춘식 외(2007). 사회복지학개론. 공동체.

______(2008). 사회복지학개론. 공동체.

장동일 외(1995). 한국공적부조론. 대학출판사.

장동일(2008). 사회복지행정론. 동문사.

장인협(1986). 사회복지학개론. 서울대학교출판부.

______(1989). 사회사업실천방법론(상), (하). 서울대학교출판부.

______(1994). 사회복지학개론. 서울대학교출판부.

장인협 외(1999). 사회복지학개론. 서울대학교 출판사.

______ 외(2003). 사회복지학. 서울대학교출판부.

______ 외(2007). 사회복지개론. 서울대학교출판부.

장인협·오정수(1989). 유아복지론. 양서원.

_____________(2001). 아동청소년복지론. 서울대학교출판부.

장인협·이정호(2006). 사회복지행정론. 서울대학교출판부.

장인협·이혜경·오정수(2007). 사회복지학. 서울대학교출판부.

장혜경(2001). 여성한부모가족을 위한 사회적 지원방안. 여성부.

장혜경·민가영(2001). 재혼가족의 적응실태와 지원방안에 관한 연구. 한국여성개발원 연구보고서.

전국대학사회복지교육협의회 편(1999). 사회복지개론. 유풍출판사.

전병유(2004). 국민소득 2만불 시대 여성경제활동 참가 변화 추이와 정책적 함의. 한국노동연구원.

전선영(2004). "사회복지교육과 사회복지 가치 및 옹호의 관계에 관한 연구". 서울여자대학교 대학원 박사학위논문.

전영록 외(2010). 사회복지학개론. 학현사.

전영호(1995). 장애인복지론. 학문사.

전재일·김규수·박태룡·남상만·이영희·김태진·김영호·박태영·이팔환(1999). 사회복지개론. 형설출판사.

전재일 외(2005). 사회복지개론. 형설출판사.

_________(2006). 사회복지개론. 형설출판사.

_________(2010). 사회복지개론. 형성출판사.

정길홍(2006). 노인복지론. 한마음출판사.

정무성(2006). 현대장애인복지론. 학현사.

정민숙 외(2007). 사회복지개론. 공동체.

정영숙·이현지(2003). 장애인복지론. 현학사.

정이환·이병훈·정건환·김연명(2003). 노동시장 유연화와 노동복지. 인간과복지.

정일교·김만호(2007). 장애인복지론. 양서원.

정일선(2008). 경상북도 결혼이민자가족 지원 서비스추진체계 효율적 연계방안. 경상북도여성정책개발원.

정정길(1989). 정책학원론. 대명출판사.

조성연 외(2009). 청소년복지론. 창지사.

조성은(2007). 사회복지법령집. 나눔의집.

조성한(1998). 사회복지행정서비스 전달체계 연구. 한국행정연구원.

조추용(1998). 사회복지전문직에 관한 연구. 한국사회복지학회. 한국사회복지의 패러다임 전환. 추계학술대회 자료집.

______(2006). 사회복지 전문성 향상을 위한 사회복지사협회의 역할과 과제. 꽃동네현도사회복지대학교. 복지논총, 창간호.

조추용 외(2001). 가족복지론. 창지사.

______ 외(2008). 사회복지개론. 창지사.

조추용·오정옥·한성심·이채식(2006). 가족복지론. 창지사.

___________________________(2008). 가족복지론. 창지사.

조휘일·강정숙·권순미·권현진·김경희·전선영 외(2005). 사회복지실천기술론. 학현사.

조홍식(1992). 가족과 청소년정책. 가족학논집, 제4집. 한국가족학회.

______(1995). 가족복지론. 학지사.

______(2004). 농어촌복지정책의 중장기 목표 및 실천방안.

조흥식 외(1995). 가족복지론. 학지사.

______ 외(2001). 산업복지론. 나남출판.

______ 외(2008). 사회복지학개론. 창지사.

______ 외(2010) 사회복지학개론. 창지사.

______ 외(2012). 사회복지학개론. 창지사.

조흥식·권기창·이태수·박경수·이용표(2008). 사회복지학개론. 창지사.

차은희(2005). "사회복지서비스 전달체계의 문제점과 개선방안,". 대구대학교 사회복지대학원 석사학위 논문.

차흥봉(2004). 도전의 재활50년, 도약의 50년, "한국장애인복지 50년기념 국제학술대회". 한국장애인복지 50년기념 국제학술대회 자료집.

참여연대 사회복지위원회(2007). 한국사회복지의 현실과 선택. 나눔의집.

______________________(2008). 전환기의 한국복지 패러다임. 인간과복지.

채구묵(2005). 사회복지조사방법론. 양서원.

채서일(2002). 사회과학조사방법론. 학현사.

천정웅(1999). "청소년정책의 발전과 특성". 청소년학총론. 한국청소년학회.

최성균 외(2005). 사회복지개론. 대왕사.

_________(2007). 사회복지개론. 대왕사.

최성재(2005). 사회복지조사방법론. 나남출판.

______(2011). 한국복지정책의 방향. 한국사회복지협의회·한국사회복지사협회·한국보건사회연구원 공동주체 토론회 자료..

최성재·남기민(2000). 사회복지행정론. 나남출판.

최영인(2008). 다문화가족지원정책의 네트워크에 관한 실태분석. 성균관대학교 국정관리대학원 석사학위논문.

최일섭·김상균·최성재·조흥식·김혜란·이봉주·구인회·강상경·안상훈(2011). 사회복지개론. 나남.

최일섭·류진석(1996). 지역사회복지론. 서울대출판부.

최일섭·정은(2006). 사회복지개론. 공동체.

최일섭·최성재(1995). 사회문제와 사회복지. 나남.

____________(1996). 사회문제와 사회복지. 나남출판.

최재성·김재엽(1996). 전문직에 대한 규제특성의 측면에서 본 미국의 사회복지사제도. 계간사회복지, 통권 제129호.

충남여성개발원(2011). 생애주기별 맞춤형 복지계획. 충남여성개발원.

통계청(2005). 인구주택총조사.

______(2006). 내부자료..

______(2011, 2015, 2018). 인구·가구 통계.

______(2012). 인구조사자료..

______(2013). 내부자료..

______(2019). 내부자료..

______(2019). 인구동태통계연보..

표갑수(2002). 사회복지개론. 나남출판.

하상락(1989). 한국사회복지사론. 박영사.

한국고용정보원(2013). 고용보험정보..

____________(2019). 고용보험정보.. https://www.keis.or.kr/main/index.do

한국노인복지학회(2000). 현대재가복지사업. 홍익재.

한국보건사회연구원(2007). 주민생활지원서비스 업무수행 현황과 개선방안.

한국복지연구회(1995). 사회복지의 역사. 이론과 실천.

한국복지행정학회(2007). 사회복지정책. 양서원.

한국사회복지(1999). 21세기 한국사회복지전망. 홍익재.

한국사회복지교육협의회(2006). 2006년도 사회복지학교과목 지침서.

한국사회복지사협회(2000). 사회복지사국제포럼 2000.

______________(2004). 사회복지사의 표준직무 매뉴얼. 서울: 학문사

______________(2007). 사회복지사자격증. www.welfare.net.

한국사회복지실천학회(2006). 사회복지개론. 유풍출판사.

한국여성복지연구회(2005). 가족복지론.

한국임상사회사업학회(2004). 노인복지론. 양서원.

________________(2007). 사회복지개론. 신정.

한국장애인고용촉진공단(2005). 함께해요 장애인 고용. 한국장애인고용촉진공단 고용개발원.

__________________(2009). 2008 장애인통계.

한국전문대학사회복지교육협의회 편(2003), 신사회복지론. 유풍출판사.

__________________________(2007). 사회복지개론. 유풍출판사.

한국정신보건사회사업학회편(2000). 정신보건 전문요원 수련교재. 양서원.

한미현 외(2007). 아동복지. 창지사.

한상훈(1997). 사회학적 관점에서 본 전문직. 교육연구. 제13집, 공주대학교 교육연구소.

한인영 외(1997). 학교와 사회복지. 학문사.

________(2011). 사회복지개론. 창지사.

________(2012). 사회복지개론. 학지사.

한인영·최현미(2000). 의료사회사업론. 학문사.

행정자치부(2006). 지방자치단체 주민생활지원기능 강화계획.

행정자치부·한국보건복지인력개발원(2007). 주민통합서비스실현을 위한 민-관 협력체계 모형개발.

허남순 외 역(2004). 사회복지실천이론과 기술. 나눔의 집.

현승일(1992). 사회학. 박영사.

현외성(2002). 사회복지정책강론. 양서원.

현외성 외(1993). 사회복지학의 이해. 유풍출판사.

________(1996). 사회복지학의 이해. 유풍출판사.

________(1999). 사회복지학의 이해. 예풍.

현외성·조추용·윤은경·김양이(2005). 한국노인복지학 강론. 유풍출판사.

홍봉선·남미애(2004). 청소년복지론. 양서원.

홍봉수 외(2010). 사회복지법제론. 공동체.

홍숙자(2000). 노년학개론. 하우출판사.

황성동(2007). 알기 쉬운 사회복지조사방법론. 학지사.

Babbie. Earl.(1992). *The Practice of Social Research*(6th ed.). Belmont, CA: Wadsworth Publishing Company.

Beveridge, W.(1942). *Social Insurance and Allied Services*: Reprinted 1984. London: HMSO.

Biestek, F. P.(1957). *The Casework Relationship*. Illinois: Loyola University Press.

Bradshaw, J.(1972). The concept of social need. *New Society*, *30*, 640-643.

Bruce, M.(1961). *The Coming of the Welfare State*. London: B. T. Batsford.

Burgess, A. W., & Holstorm, L.(1974). Rape trauma syndrome. AM. J. Psycbiatry, 131, 981-986.

Burns, E.(1961). *Social Policy: The Stepchild of the Curriculum, Proceedings*. New York: Council on Social Work Education.

Cater, B., & McGoldrick, M.(1996). *The Changing Family Life Cycle: A Framework for Family Therapy*, 정문자 역(1997). 가족생활주기와 가족치료. 서울: 중앙적성출판사.

Cater, B., & Mcgoldrick, M.(Ed.(1988). *The changing family life cycle*(2nd ed.), Boston: Allyn and Bacon. 정문자 역. 가족생활주기와 치료적 개입. 중앙적성출판사.

Cater, B., & Mcgoldrick, M.(Ed.(1989). *The changing family life cycle*(2nd ed.), Boston: Allyn and Bacon. 정문자 역. 가족생활주기와 치료적 개입. 중앙적성출판사.

Chang, C. F., & Mo, L. L.(2007). Social work education in Taiwan: Toward professionalism. *Social Work Education, 26*.

Cobb, R. W., Elder, C. D.(1983). *Participation in American Politics: Dynamics of Agenda Building*. Boltimore: The John Hopkins University Press.

Compton, B., & Galaway, B.(1984). *Social Work Process*. Illinois Press.

Compton, R., & Galaway, B.(1994). *Social Work Processes*(5th ed.) Belmont: Wadswoth.

Corning, P. A.(2011). *The Fair Society*. University of Chicago Press.

Cowles, L. A. F.(2000). *Social Work in the Health Field: A Care Perspective*. New York:: The Haworth Press.

Crabtree, C. R.(2000). Who We Really Are: An Analysis of the Relationship Between Professional Attainment and Social Work Values. Ph.D. dissertation. The University of Texas at arlington.

Dinitto, D. M.(1995). *Social Welfare: Politics and Public Policy*(4th ed.). Boston: Allyn and Bacon.

DiNitto, D. M.(2000). *Social Welfare: Politics and Public Policy*. Needham Heights, MA: Alyn and Bacon.

Dolgoff, R., Lowenverg, F. M., & Harrington, D.(2005). E*thical Decisions for Social Work Practice*(7th eds.). Thomson

& Brooks/cole.

Douglas, P. H.(1936). *Social Security in the United States*. Washington, D.C.: Bear Books.

Dubois, B. & Miley, K. K.(1996). Social Work: An Empowering Profession. Allyn & Bacon.

Ehlers W. et al,(1967). *Administration for the Human Services*. New York: Harper & Row, Publishers.

Esping-AAndersen, G.(1996). After the Golden Age? Welfare State Dilemmas in a Global Economy. In G. Esping-Andersen(Ed.), *Welfare State in Transition*. London: Sage Publications.

Etizioni, A.(Ed.)(1969). The semi−professions and their organization. New York: Free Press.

Etzioni, A.(1967), "Mixed Scanning, A Third Approach to Policy Making," *PAR*, 27(5), Dec.

Fraser, D.(1984). *The Evolution of the British Welfare State*(2nd ed). London: Macmillan.

Frement, K., & James, R.(1970). *Organization and Management: A Systems Approach*. New York: McGraw-Hill.

Friendlander, W. A. & Apet, R. Z.(1980). *Introduction to Social Welfare*. EngleWood Cliffs, New jersey: Prentice-Hall, Inc.

Furniss, N. & Tilton, T.(1979). The Case for the Welfare State From Social Security to Social Equality.

Garcia, A.(1990). An examination of the social work profession's efforts of achieve legal regulation. *Journal of Counseling & Development*, *68*(5), 491-497.

George, V., & Wilding, P.(1985). *Ideology and Social Welfare*(2nd ed.) London: Routledge & Kegan Paul.

George, V., & Wilding, P.(1994). *Welfare and Ideology*. Hertfordshire, UK: Harvester Wheatsheaf.

Gilbert, N.(2001). 김영화 외 역. 복지국가에서 능력개발국가로. 한울아카데미.

Gilbert, N., & Specht, H.(1974). *Dimensions of Social Welfare Policy*. New Jersey: Prentice-Hall.

Gilbert, N., & Specht, H.(1977). *Dynamics of Community Planning*. Cambridge, MA: Ballinger Publishing Co.

Gilbert, N., & Specht, H.(1978) *Dimension of Social Welfare Policy*. New Jersey: Prentice-Hall Inc. p. 119.

Gilbert, N., & Specht, H.(1986). *Dimension of Social Welfare Policy*, Englewood Cliffs, N.J.:Prentice-Hall.

Gilbert, N., & Terrell, P.(2002). *Dimensions of Social Welfare Policy*(5th ed.). Boston: Allyn & Bacon.

Gilbert, N., & Terrell, P.(2005). *Dimensions of Social Policy*(6ed.). New York: Pearson Education Inc.

Gillbert, N., & Specht, H.(1974). *Dimension of Social Welfare Policy*. New Jersey: Prentice-Hall.

Gillbert, N., & Terrell, P.(1998). *Dimensions of Social Welfare Policy*. Boston: Allyn and Bacon.

Gladding, S.(2003). *Group Work*. Merill-Prentice Hall.

Gordon, William E.(1965). Knowledge and Value: Their Distinction and Relationship in Clarifying Social Work Practice. *Social Work*, *10*(3), 32-39.

Gulick, L., & Urwick, L.(1966). *Papers on the Science of Administration*. New York: John Wiley.

Hall, R. H.(1968). Professionalization and bureaucratization. *American Sociological Review, 33*(1).

Harvey(1978). *Social Justice and The City*.

Hepworth, D. H., Rooney, R. H., Rooney, G. D., Strom-Gottfried, K. S., & Larsen J.(2006). *Direct Social Work Practice: Theory and Skills*(7th eds.). Thomson Brooks/Cole.

Hill, M.(1980). *Understanding Social Policy*. Oxford: Basil Blackwell.

James, R. K., & Gilland, B. E.(2001). *Crisis intevention strategies* (4th ed.). Belmont, CA: Brooks/Cole.

Johnson(1995). *Social Work Practice: A Generalist Approach(5th ed.)*. Boston: Allyn and Bacon.

Jones, K.(1991). *The Making of Social Policy in Britain 1830-1990*. London: Athlone.

Kadushin, A.(1984). *Child welfare service*. NY: McMillan Publishing Co. Inc.

Kadushin, A., & Martin, J. A.(1988). *Child Welfare service*(4th Ed.). N.Y.: Macmillan Publishing Co.

Kahn, A. J.(1973). Social Policy and Social Services. New York: Random House.

Kahn, A. J.(1979). *Social Policy and Social Services*(2nd ed.). New York: Random House.

Kahn, A.(1969). Theory and Practice of Social Planning, Sage.

Kingson, E. R., & Berkowitz, E. D. (1993). *Social Security and Medicare: A Policy Primer*. Westport, Connecticut: Auburn House.

Kurtz, R.(1960). *Social Work Year Book*. New York: NASW.

Laffin, M., & Young, K.(1990). *Professionalism in Local Government*. London: Longman.

Lampert, H.(1994). 윤여덕 역. 사회정책론. 민영사.

Levy, C. S.(1973). The Value Base of Social Work. *Journal of Education for Social Work*, 9(1), 34-42.

Levy, C. S.(1976). *Social work ethics*. New York: Human Sciences Press.

Lowenberg, F. M., & Dolgoff, R.(1996). *Ethical decisions for social work practice*(4th ed.). F. E. Peacock Publishers.

Macarov, D.(1978). The Design of Social Welfare. New York: Halt. Rinehart and Winston.

Martin, H. P., & Schmamm, H.(2003). 강수돌 역. 세계화의 덫. 영림카디널.

Maslow(1954). *Motivation and Personality*. NY: Harper & Row.

Masterson, M.(2002). Cross−boundary working: A macro- political analysis of the impact on professional roles. *Journal of Clinical Nursing, 11*(3).

Mauss, M.(1990). The Gift: The form and reason for Exchange in Archaic Societies. Rranslated by W. D. Halls. W. W. Norton.

Mishra, R.(1977). *Society and Social Policy: Theory and Practice of Welfare*, London: Macmillan.

Morales, A. T., & Sheafor, B. W.(2004). Social Work: A profession of many faces(10th ed.). Boston, MA: Pearson/Allyn and Bacon.

NASW(1999). 사회복지대백과사전. 나눔의집.

National Association of Social Wodkers(1983). *Standards for Social Service Manpower*. N. Y.: NASW.

National Association of Social Workers(2005). NASW procedures for professional review. Revised. Fourth Edition. Washington: NASW.

National Association of Social Workers, Ad hoc Committee on Advocacy(1987). *NASW Standards for Social Work in Health Care Settings*. Washington, DC: NASW press.

National Association of Social Workers.(1996). *Code of Ethics*. Washington, D.C.: author.

Oliver, D.(1991). Government in the United Kingdom: The Search for Accountability, Efficiency and Citizenship. Buckingham: Open University Press.

Perlman, R.(1975). *Consumers and Social Services*, New York: John Wiley.

Pierson, C.(1999). 현외성·강욱모 역. 전환기의 복지국가. 경남대학교 출판부.

Pincus. A., & Minahan, A.(1973). *Social Work Practice: Model and Method.* Itasca: F. E. Peacock.

Pines, A., & Aronson, E.(1988). Career burnout: Causes and cures. New York: Free Press.

Polansky, N. A.(1960). *Social Worker Research.* Chicago: The University of Chicago Press.

Pumphrey, M. W.(1959). *The Teaching of Values and Ethics in Social Work Education.* 3. Washington, D.C.: GPO.

Reamer, F. G.(1995). Malpractice claims against social workers: First facts. *Social Work, 40*(5).

Reamer, Frederic G.(1999). *Social Work Values and Ethics.* New Work: Columbia University Press.

Reid, P. Nelson(1992). The Social Function and Social Morality of Social Work: A Unilitarian Perspective. In P. N. Reid and P. R. Popple(eds.). *The Moral Purposes of Social Work.* Chicago: Nelson-Hall.

Rejda, G. E.(1999). *Social Insurance and Economic Security*(6th ed.). N.J.: Prentice-Hall.

Richmond, M. (1917). Social Diagnosis. New York: Russell Sage Foundation.

Romanyshyn, J. M.(1971). *Social Welfare: Charity to Justice*, N.Y.: Random House and Council on Social Work.

Ross, J. W.(1995). Hospital social work. *Encyclopedia of social work.*

Sainsbury, R.(1999). "The Aims of Social Security", in J. Ditch ed. *Introduction to Social Security: Policies. Benefits and Poverty.* London: Routledge.

Skidmore, R. A.(1983), *Social Work Administration: Dynamic Management and Human Relationship.* Elglewoood cliffs, NJ: Printice-Hall.

Skidmore, R. A., & Thackeray, M. G.(1982). *Introduction to Social Work*, 3th ed., Englewood Cliffs, N.J.: Prentice-Hall, Inc.

Skoglund, A. G.(2006). Do not forget about your volunteers: A qualitative analysis of factors influencing volunteer turnover. *Health and Social Work, 31*(3).

Smith, C. A. Cohen-Callow, A., Dia, D. A., Bliss, D. L., Gant, A., Cornelius, L. J., & Harrington, D. (2006). Staying current in a changing profession: Evaluating perceived change resulting from continuing professional education. *Social Work, 42*(3).

Specht, H., & Courtney, M.(1995). Unfaithful angels: How social work has abandoned its mission. Free Press: New York.

Spencer, S.(1959). The Administration Method in Social Work Education. New York: CSWE.

SSA.(1999). *Social Security Programs Throughout th World: 1999.*

Taylor-Gooby(2004A). *New Risks and Social Change.* pp.1-28. in New Risks, New Welfare, edited by P. Taylor-Gooby. New York: Oxford University Press.

Timms, M.(1983). *Social Work Values: An Enquiry.* London: Routledge and Kegan Paul.

Titmuss, R. M.(1974), *Social Policy: An Introduction*, London: George Allen Ltd.

Titmuss, R. M.(1979). *Social Policy.* London: George Allen and Unwin.

Townsend, P.(1970). *The Fifth Social Services.* London: Fabian Society.

Veit-Wilson, J.(1987). Consensual approaches to poverty lines and social security. *Journal of Social Policy, 16*(2), 183-211.

Vogt. W. Paul(1993). *Dictionary of Statistics and Methodology: A Nontechnical Guide for the Social Sciences.* Newbery

Park, CA: Sage Publications. Inc.

Wagner, D.(1989). Fate of idealism in social work: alternative experiences of professional careers. *Social Work, 34*(5).

Watson, D.(1985). *A Code of Ethics For Social Work*. Lon: RKP.

Weiss, C.(1976). "Symposium on the 'Research Utilization Quandary'," *Policy Studies Journal*, 4(3), Spring.

Wholey, J. S. et al.(1976). *Federal Evaluation Policy*, Washington, D.C.: The Urban Institute.

Wildavskey, A., & Pressman, J. L.(1979). *Implementation(2nd ed.)*. L.A.: Univ. of California Press.

Wilding, P.(1982). Professinal Power and Social Welfare. London: Routedge and Kegan Paul.

Wilensky, H., & Lebeaux, C. N.(1965). *Industrial Society and Social Welfare State*, N. Y.: Russel Sage Foundation.

Williams, R. M., Hr.(1968). The Concept of Values. In *International Encyclopedia of the Social Sciences*. vol. 16. New York: Macmillan/Free Press.

Yuen, A. W. K., & Ho, D. K. L.(2007). Social work education in Hong Kong at the crossroads: Challenges and opportunities amidst marketization and managerialism. *Social Work Education, 26*(6).

Zastrow, C.(1992). *The Practice of Social Work*. California: Wadsworth Pub. Co.

Zastrow, C.(1996). Introduction to Social Work and Social Welfare. Brooks Cole.

Zastrow, C.(2004). *Intorduction to social work and social welfare*. Belmont, CA: Thomson & Brooks/Cole.

Zastrow, C.(2006). 사회복지개론. 시그마프레스.

高山忠雄・黑澤貞夫(2002). リハビリテ-ション論. 川島書店.

古川孝順 外(1995). 社會福祉論. 有斐閣.

吉川孝順 外(1996). 介護福祉. 東京: 有裵閣.

本村汎(1989). 家族と福祉の未來. 全國社會福祉協議會.

三友雄夫 外(1997). 高齡者のケアシステム. 中央法規.

三浦文夫 外(1982). 社會福祉政策. 有斐閣.

兒島美都子・成淸美治・村井龍治(2001). 障害者福祉概論. 學文社.

安井秀作(1999). 職業リハビリテ-ション. 中央法規出版.

裝村多加志(2002). ICF 國際生活機能分類. 中央法規出版.

裝村多加志(2006). 障害者福祉論. 東京: 中央法規出版.

仲村優一(1991). 社會福祉概論. 誠信書房.

仲村優一, 三浦文夫 編(1993). 社會福祉敎室. 有斐閣.

河合克義 外(1995). これからの在宅福祉サービス. あけび書房.

국민건강보험공단 www.nhic.or.kr

국민연금공단 www.nps.or.kr

노동부 www.molab.go.kr

노무법인산재 www.sanjae.co.kr

노인장기요양보험 www.longtermcare.or.kr
법제처 www.moleg.go.kr
보건복지부 www.mw.go.kr
삼성경제연구소 www.seri.org
여성가족부 www.mogef.go.kr
중앙건강가정지원센터 www.familynet.or.kr
통계청/국가통계포털 www.kosis.kr
성남시 지역사회보장협의체 www.snwelfare.net.
중증장애인거주시설 해밀 www.haemil..or.kr.
노원1종합사회복지관 www.nowon.or.kr.

저자소개(저자 가나다순)

배 기 효(裵基孝)

대구대학교 대학원(행정학 박사)
현재 대구보건대학교 사회복지과 교수
주요저서 자원봉사론(공저, 2010)
사회복지정책론(공저, 2008) 외 다수

박 영 국(朴榮國)

대구대학교 대학원(철학 박사, 사회복지방법전공)
현재 안동과학대학교 사회복지과 교수
주요저서 사회복지실천론(공저, 2012)
사회복지실천기술론(공저, 2010) 외 다수

송 정 애(宋貞愛)

동국대학교 대학원(이학 박사), 협성대학교 대학원(사회복지학) 박사
현재 신한대학교 사회복지학과 교수
주요저서 가족복지론(공저, 2007)
가족상담의 이론과 실제(2006) 외 다수

오 현 숙(吳賢淑)

대구대학교 대학원 철학(사회복지학)박사
현재 경산1대학교 노인보건복지과 교수
주요저서 아동복지론(공저, 2012)
가족치료-이론과 실제-(공저, 2010) 외 다수

이남순(李南順)

사회복지학 박사

현재 송곡대학교 사회복지상담과 교수

주요저서 사회복지조사론(공저, 2011)

사회복지실천론(공저, 2010) 외 다수

이은영(李恩英)

숭실대학교 대학원(사회복지학 박사)

현재 강동대학교 사회복지학과 교수

주요저서 사회복지실천기술론(공저, 2020)

장애인복지론(공저, 2020) 외 다수

이채식(李埰植)

경기대학교 대학원(사회복지학 박사)

현재 우송정보대학 사회복지과 교수

주요저서 장애인복지론(공저, 2010)

가족복지론(공저, 2008) 외 다수

이형렬(李亨烈)

대전대학교 대학원(사회복지학 박사)

현재 대전보건대학교 노인보건복지과 교수

주요저서 사회복지학개론(공저, 2013)

장애인복지론(공저, 2013) 외 다수

전영록(全永騄)

대구대학교 사회복지대학원(철학박사)

현재 제주관광대학교 사회복지학과 교수

주요저서 지역사회복지론(공저, 2015)

자원봉사론(공저, 2020) 외 다수

2판

사회복지학개론

초 판 1쇄 발행 2013년 2월 28일
증 보 5쇄 발행 2018년 2월 27일
제2판 2쇄 발행 2024년 1월 12일

지은이 | 배기효·박영국·송정애·오현숙·이남순
이은영·이채식·이형렬·전영록
펴낸이 | 김기섭
편집인 | 최명인·이초롱
펴낸곳 | 창지사 www.changjisa.com
08589 서울시 금천구 가산디지털 1로 83 파트너스타워 1차 9층
전화 (02) 719-2211~3
팩스 (02) 701-9386
등 록 | 1977년 4월 28일·제1-421호

ISBN 978-89-426-1397-7 (93330)

값 21,000원